Zu diesem Buch Das Narrenthema ist nicht nur ein *Motiv* der Literatur, es zeigt etwas vom Habitus und von der Rolle der Literatur. Die Studie von Promies beleuchtet das Gegeneinander von Rationalität und Einbildungskraft, ein scheinbares Gegeneinander, denn in der Gestalt des Narren wird das Gegeneinander aufgehoben. Das Nichtgeheure, Groteske der Narrengestalt ist in der Epoche, deren sich dieses Buch annimmt: im 18. Jahrhundert, im Zeitalter der Aufklärung, deutlich erkennbar. – Auf den ersten Blick hat jede Epoche die ihr entsprechende Verrücktheit, das 18. Jahrhundert die Hypochondrie, das 19. die Hysterie, das 20. die Bewußtseinsspaltung. Näher besehen sind diese historisch akzentuierten Erscheinungsbilder verschiedene Ausprägungen eines Grundnarrentums, ohne das weder Literatur noch Gesellschaft je ausgekommen sind – Ausdrücke einer Spannung zwischen Regel und Konvention einerseits, vernünftiger Tollheit und widerständiger Phantasie anderseits. Promies deckt diese Dialektik an der Literatur des Rationalismus auf – im Gegenspiel der Maskerade, der Erfindungen, der feixenden Unruhe.

Der Autor Wolfgang Promies ist Professor der Germanistik an der Universität Oldenburg. Er hat über Lichtenberg, Lope de Vega und über Probleme der Literaturkritik gearbeitet.

WOLFGANG PROMIES

Der Bürger und der Narr oder das Risiko der Phantasie

Sechs Kapitel
über das Irrationale
in der Literatur des Rationalismus

FISCHER TASCHENBUCH VERLAG

Die Ziffern in [ ] verweisen auf die Anmerkungen

Ungekürzte Ausgabe
Veröffentlicht im Fischer Taschenbuch Verlag GmbH,
Frankfurt am Main, Januar 1987

Lizenzausgabe mit freundlicher Genehmigung
des Carl Hanser Verlags, München
© 1966 by Carl Hanser Verlag, München
Umschlaggestaltung: Jan Buchholz/Reni Hinsch
Druck und Bindung: Clausen & Bosse, Leck
Printed in Germany
1680-ISBN-3-596-26872-9

INHALT

VORWORT 9

ERSTES KAPITEL
GOTTSCHED UND DIE FOLGEN

I. Die Verbannung Hanswursts vom Theater der
   Aufklärung 14
II. Das weitläufige Schauspiel des regelmäßigen
    Geschmacks 30

ZWEITES KAPITEL
BÜRGERTUM UND NARRENTUM
IM ACHTZEHNTEN JAHRHUNDERT

I. Das Ärgernis des Lachens 54
II. Die Wissenschaft vom Narren 76
III. Der Verruf der Singularität 99

DRITTES KAPITEL
DAS MASKENSPIEL DES AUFGEKLÄRTEN GEISTES

I. Anno 1761: der freigesprochene Harlekin 118
II. Die lachenden Philosophen 143

VIERTES KAPITEL
DER TRIEB ZUM ABSURDEN ODER DIE EINBILDUNGSKRAFT

I. Der Prinz von Pallagonia 170
II. Die Unmöglichkeit aller Poesie aus dem Grund
    der Frühaufklärung 180
III. Die Einbildungskraft als Problem für Dichter und
     Denker des Rationalismus 202

FÜNFTES KAPITEL
DER SPÄTRATIONALISMUS – EIN BEDLAM FÜR VERSTIMMTE TALENTE

I. Unruhige Geister, fliegsame Seelen 230
II. Der Mensch als Monstrum und Kuriosität 257

SECHSTES KAPITEL
ANSICHTEN DER VERNÜNFTIGEN TOLLHEIT

I. Die Fratze der Vernunft 276
II. Songes Hannswurstiques 289

SCHLUSSBEMERKUNG 322

Anmerkungen 327
Bibliographie 341
Personenregister 356

VORWORT

Der erste, buntscheckige Gedanke zu einem Buch über den Narren kam mir am 29. Dezember 1955 abends zwischen 19 und 22 Uhr im Burgtheater zu Wien anläßlich einer Uraufführung von Priestley. Das Stück hieß SCHAFFT DEN NARREN FORT. Es hatte keine gute Presse. Mir öffnete es – ein Grund für mich, ihm dankbar zu sein – die Augen. Priestleys Narr kam mir bekannt vor. Ich beschloß, ihm nachzugehen, las mich im zwanzigsten Jahrhundert allmählich um Jahrzehnte zurück und glaubte mich schon sehr weit gekommen, als ich auf die Galerie von Narren stieß, die der deutsche Expressionismus angelegt hatte. Aber der Gegenstand narrte mich, ließ mir bald Nietzsche wichtig werden und führte mich endlich auf die Spuren der Romantik, ihre tragischen Narren und transzendentalen Buffonerien. Das Buch schien damit fast schon geschrieben, sein Titel prangte vorwitzig in dem einschlägigen Verzeichnis: »Der tragische Hanswurst als Maske des sentimentalischen Menschen.« In einer Einleitung zu dem geplanten Buch über den Narren der Romantik wollte ich kurz auf das achtzehnte Jahrhundert eingehen, an Gottscheds schnödem Autodafé darlegen, wie humorlos der Rationalismus zum Narren gestanden hatte. Gedacht, getan. Allerdings begann, während ich noch immer an der Einleitung zur Romantik zu schreiben meinte, die Einleitung sich mehr und mehr selbständig zu machen. Das – vorläufige – Endergebnis ist die vorliegende Darstellung. Bisweilen blättre ich wohl in Exzerpten, die ich zur Romantik machte, und bedaure, von Priestley so abgekommen zu sein. Meistens finde ich es jedoch verdienstvoller, einer Epoche Aufmerksamkeit bewiesen zu haben, die wohl ohne Übertreibung das Aschenbrödel der deutschen Literaturgeschichtsschreibung ist.

Mehrere geistige Kräfte prägen das deutsche achtzehnte Jahrhundert. Keine war so ausführlich, so langlebig wie der Rationalismus; für gewöhnlich schätzt man ihn darum nicht höher. Es hat den Anschein, als gäbe es angesichts der Vielzahl seiner Schriftsteller lediglich die Wahl, sie als die nötigen Wegbereiter nach Weimar immerhin zu ästimieren oder aber unverzüglich in den Untergrund der Literatur zu verweisen. Eine redliche Betrachtung des Unternehmens Aufklärung scheitert, wenn nicht an dem Überfluß seiner papiernen Zeugnisse, jedenfalls an einem eingefleischten Vorurteil, das für literarische Erscheinungen fern von Weimar, fern auch von Jena das Schlagwort der Trivialliteratur unbesehen bereit hält. Dabei hat ein modifizierter Rationalismus im späten achtzehnten Jahrhundert eine beachtliche Reihe von respektablen Schriftstellern hervorgebracht, die es unbedingt nötig machen, jenen Jahrzehnten des Rationalismus unser Augenmerk zu schenken. Die Betrachtung des Spätrationalismus hat desto mehr Berechtigung, als er auf eine eigentümliche Weise Probleme und Themen der Zeit behandelt, die man sonst der Romantik zuzuschreiben geneigt ist, ja die zuweilen den Abstand zwischen den Erstlingen der Frühromantiker und den reifen Produkten einer scheinbar gegenläufigen Bewegung beinahe vergessen machen. Offenbar war der Protest der romantischen Jugend im Grunde mehr auf das zeitgenössische Bürgertum, das sich – kurz gesagt – mit der Wolffschen Philosophie situierte, weniger auf den spätrationalistischen Schriftsteller gemünzt, der sich häufig selbst von Gottscheds Aufklärung weit entfernt behauptet und zeigt. Diese Entfernung von Ausgangspunkten der Aufklärung bedeutet aber nicht, daß sie der seelischen Verfassung des Sturm und Drang, der Romantik näher gestanden hätten. Dem exzentrischen Überschwang blieb man durchaus abhold.

Uns beschäftigt die Unentschiedenheit des Schriftstellers im fortgeschrittenen Vernunftzeitalter. Wir verstehen das Vernunftzeitalter als jene Epoche zwischen dem späten Barock und der Frühromantik, die auf den verschiedensten Wegen das dem Jahrhundert spannendste Problem des Irrationalen zu lösen versucht hat, ohne die scheinbar verläßliche Grundlage des Rationalismus zu verlassen. Das Problem stellte sich aber in der Bewandtnis zwischen Urteilskraft und Einbildungskraft, selbstbewußtem Ich und reglementierender Gesellschaft, zwischen Regel und Ausnahme, Poesie und Philosophie, Barbarei und Kultur, Ordnung und Unordnung. Es fixierte sich nachträglich als ein ästhetischer Streitpunkt – etwa die Vertreibung des Bühnenbuffos vom aufgeklärten Theater. Im Grunde war es ein seelisches Anliegen. Mit dem bürgerlichen Rationalismus trat eine Epoche auf den Plan, welche sich nichts dringlicher wünschte als heilsame Orientierung in einer Welt, die gründlich aus der Ordnungshut von Kirche und Palast geriet. Eben dieser Anspruch, aus sich selbst die neuen Maßstäbe zu setzen, das gewonnene Recht auf Selbstbestimmung machten den eingeschworenen Rationalisten zu der je nachdem ridikülen oder erschütternden Figur: selbständig, wo es doch an Selbstsicherheit gebrach; selbstbewußt, wo man seiner nicht gewiß war. Aus dieser seelischen Unsicherheit erklären sich zwei bestürzende Beobachtungen.

Zum einen die Erbitterung, mit der die Frühaufklärung bekriegte, was nur der gesunden Vernunft, dem vagen Ordnungsprinzip, zu spotten schien; sie stellte die Einbildungskraft in der Kunst wie im Leben unter Kuratel der Vernunft und schalt Narr jeden, dessen Betragen, Sinnesart und Äußerung nicht der Regel entsprachen. Zum andern aber die Entschlossenheit des späten Rationalismus, mit der er gegen das Diktat der Regel aufbegehrte. Er rehabilitiert den Bühnennarren, verficht den Eigenwert des Individuellen, läßt der Einbildungskraft bis zu dem Grade einer vernünftigen Tollheit freien Lauf, da er hoffte, auf diese Weise die zerstrittenen Schwestern Einbildungskraft und Urteilskraft eher zu versöhnen. Denkart, Schreibweise, Lebenslos dieser und jener Spätrationalisten läßt geradezu von einem krassen Subjektivismus aus Vernunft sprechen. Aber es hat den Anschein, als sei der Spätrationalist anders als der Romantiker den verwirrenden Sensationen des Irrationalen noch nicht gewachsen gewesen. Berichte von Zeitgenossen wie auch Biographien vermerken beängstigend oft am Ende des bewußten Narrenspiels die wirkliche Narrheit: Wahnsinn, Entgeisterung.

Die Betrachtung des Rationalismus unter dem Gesichtspunkt seiner Stellungnahme zur Einbildungskraft, seiner Auffassung vom Narren ergibt fast unwillkürlich einen Beitrag zum Grotesken mindestens als einer seelischen Dimension: nicht in der Romantik erst nahm der problematische Künstler der Neuzeit, der Narr, der Mensch nichtgeheure Gestalt an.

ERSTES KAPITEL

GOTTSCHED UND DIE FOLGEN

I. Die Verbannung Hanswursts vom Theater der Aufklärung

Selten hat in der deutschen Geistesgeschichte dem Anschein nach so ohne weiteres sich Wort in Tat umgesetzt wie in dem Falle Gottscheds (1700-1766) und seines ominösen Verdikts gegen den Hanswurst. Sein Beispiel wirkt um so fesselnder, als die Tat selbst, nämlich die Vertreibung der Lustigen Person vom Theater (der Neuberin), von Anfang an in sonderbares Zwielicht getaucht ist – ganz zu schweigen von der tatsächlichen Beteiligung Gottscheds. Eigentlich greifbar ist die mit dem wachsenden Widerstand gegen seine Kunstdoktrin schon bald sich ausbildende Legende *um* die Tat und den mutmaßlichen Anteil Gottscheds an ihr. Johann Jakob Bodmer (1698-1783) bringt in Eduard Grandisons Geschichte in Görlitz, einer Streitschrift, die 1755 in Berlin erschien, als erster den mißliebigen Leipziger mit der folgenreichen Farce in Verbindung. Aber Lessing (1729-1781) – noch ein Knabe, als Hanswurst vertrieben wurde – war es, der kurz und gut und obendrein witzig vorgeschrieben hat, was man künftig von Gottsched zu erinnern pflegte. Über einen Zeitraum von mehr als hundert Jahren genügte Lessings Vorurteil, um Gottsched in fast allen literarhistorischen Werken bis auf Eichendorffs und der Jungdeutschen Darstellungen hin aber und abermals das Urteil zu sprechen. Launige Beobachtung: man entrüstet sich, rügt, als sei Gottsched noch am Leben, die Tat ganz frisch im Gedächtnis. Zuletzt muß immer das seit jenem 17. Literaturbrief reichlich abgenutzte Wortspiel herhalten, Gottsched habe mit seinem Bannspruch gegen Hanswurst die eigentliche Hanswurstiade veranstaltet. Die Tatsachen der Vertreibung, so weit sie mittlerweile offenbar wurden, verdienen eine kurze Rekapitulation [1].

Gottscheds Besserungsvorschläge für das zeitgenössische Theater – veröffentlicht in seinen Wochenschriften, in den Beiträgen zur kritischen Historie der deutschen Sprache, Poesie und Beredsamkeit und vor allem in der Kritischen Dichtkunst (1730) – wurden bekanntlich von der Prinzipalin Friederike Caroline Neuber (1697-1760) aufgegriffen. Nach den 1759 anonym erschienenen Briefen, die Einführung des englischen Geschmackes in Schauspielen betreffend hat es den Anschein, als sei es 1728 – das Jahr zuvor war Gottsched zu den beiden Neuber in Beziehung getreten – zu einer ersten Aktion gegen Hanswurst gekommen. Sie bezweckte, den Possenreißer wenigstens von der Tragödie auszuschließen. In Komödien und Possen, auf die aus merkantilen Rücksichten vorerst unmöglich verzichtet werden konnte, trieb er weiterhin Allotria, wenngleich er – und mit ihm das Publikum – von Mal zu Mal in strengere Zucht genommen wurde. Wie aus einer Reihe uns erhaltener Theaterzettel hervorgeht, wollte man den uferlosen Hanswurstiaden durch Zweiteilung des komischen Parts dramatische Bewegung geben, Hanswurst durch die Entlehnung von Harlekinstücken aus dem ›Théâtre italien‹ und solchen französischer Autoren wie Deslisle, Boissy, Legrand, Marivaux, Molière allmählich an die Regelmäßigkeit gewöhnen. Schließlich fristete der ungern gesehene Lustigmacher noch in den Nachspielen seine Existenz. Er trug neuerdings ein weißes anstelle des gewohnten buntscheckigen Habits und spielte, seinem Naturell nach Kräften entfremdet, Philosophen, Kaufmannsdiener, Tanzmeister, Briefträger.

Dieser erstaunliche Wandel der stehenden Figur vollzog sich in der überraschend kurzen Zeit bis 1737, jenem Jahr, in dem endlich auf dem Roßmarkt zu Leipzig, nahe dem Augustusplatz, jener berüchtigte öffentliche Akt tragiert wurde, der Gottscheds Forderung zur drastischen Anschauung bringen, aber auch der dortigen Konkurrenz, der Truppe des Harlekinspielers J. P. Müller Abbruch tun sollte.

Wie die Farce der Neuberin beschaffen war, bleibt zweifelhaft. Im Gehalt, wenn schon nicht ihrer Gestalt nach, glich sie gewiß einem Vorspiel, das zehn Jahre später in Braunschweig gespielt wurde. Johann Christian Krüger ist sein Verfasser, sein Titel Der Sieg der Schauspielkunst: im Laufe des Spiels ziehen Harlekin und Skaramuz ihre Hanswursttracht aus und legen die ihnen von der Komödie und Tragödie übergebenen Kleidungsstücke an. Gottsched selbst berichtet über die Leipziger Darstellung mit keinem Wort, so daß der Mystifizierung später keine Grenzen gesetzt waren. Auf dem Leipziger Stadttheater wurde 1881 ein lebendiges Bild gestellt, das die Neuberin zeigte, wie sie an einem Rauchaltar hantierte, während Gottsched und Lessing mit Befriedigung daneben standen [2]. Die Version, daß Hanswurst in einem regelrechten ›Autodafé‹ verbrannt wurde, hielt sich bis ins zwanzigste Jahrhundert [3], obgleich E. A. Hagen in seiner GESCHICHTE DES THEATERS IN PREUSSEN schon 1854 mit dieser Legende aufzuräumen versuchte. Johann Christian Rost (1717–1765), einer der wenigen Augenzeugen, schrieb in seinem 1742 erschienenen komischen Heldengedicht DAS VORSPIEL [4] nur so viel:

Ich singe von der Frau, die um den Pleißenstrand
Den deutschen Harlekin aus ihrer Zunft verbannt.

Jedenfalls gehört die Farce zu der Art von Bühnenallegorien, welche die Neuberin mit Eifer und nicht ohne Sinn für derbe Komik verwendete, mehr oder minder jenem Vorspiel ähnlich, das sie 1736 in Lübeck aufgeführt hatte, um die neue, die Gottschedsche Reform zu propagieren, theaterwirksam, wie Gottsched am 18. September 1741 an der eigenen Person erfahren sollte, als die Neuberin ihr gegen den ehemaligen Verbündeten gerichtetes Deutsches Vorspiel DER ALLERKOSTBARSTE SCHATZ aufführte, ohne daß Gottsched bei dem Grafen Brühl ein Verbot erwirken konnte. Dessen ungeachtet war es der Neuberin 1737 augenscheinlich nicht um eine spektakuläre Schaustellung auf Kosten ihres theatralischen Nebenbuhlers, sondern ernstlich darum zu tun, die Bühne von dem leidigen Hanswurst zu reinigen. Das geht aus einem Briefe Gottscheds vom 28. Dezember 1737 hervor, in dem es heißt: »Übrigens sind die Fratzen und Zoten aus dieser Bande so gar verwiesen, daß man auch keinen Harlekin oder Skaramuz mehr zu sehen bekömmt.«

Nicht ein einziges Mal hat aber Gottsched, der anläßlich der Einführung des regelmäßigen Trauerspiels im sechsten Band der BEITRÄGE ausdrücklich auf »das Einraten und den Beistand der Gelehrten« hinwies, einen schriftlichen Anhaltspunkt für die Nachrede gegeben, er sei der Inszenator jener lächerlichen Posse gewesen, die geeignet erschien, ihn selbst einer dauerhaften Lächerlichkeit auszuliefern. Auch die schon genannten BRIEFE, DIE EINFÜHRUNG DES ENGLISCHEN GESCHMACKES IN SCHAUSPIELEN BETREFFEND wenden sich entschieden gegen den Verdacht, als habe Gottsched mit dem Neuberschen Theaterstreich geradenwegs zu schaffen. Tatsächlich wird er jene Truppe in den ihm genehmen Kunstbestrebungen bestärkt, sie beraten und gefördert haben; aber die Neuberin handelte aus eigenem Antrieb, wenngleich ruhigen Gewissens, daß die derzeit tonangebende literarische Clique ihrem vorlauten Satyrspiel nicht ohne Wohlwollen gegenüberstand.

Die Aufzählung aller Vorgänge und Argumente, die zur endgültigen Vertreibung Hanswursts geführt haben, täuscht aber nicht darüber hinweg, daß dem späteren Betrachter jene ganze Säuberung einigermaßen unverständlich, wenn nicht gar unverständig erscheinen muß. Eichendorff wies in seiner 1854 zu Leipzig erschienenen Abhandlung ZUR GESCHICHTE DES DRAMAS auf die unversehrten Schatzkammern des süddeutschen und österreichischen Jesuitenschauspiels, seiner dramatischen Legenden, Volkssagen, Passionen und auf die »unverwüstliche Lustigkeit« in den Komödiantenbuden hin: »Aus jenem tiefsinnigen Ernst und aus diesem ungezogen kräftigen Volkstumult *konnte*, bei ungestörter Fortentwicklung, das Höhere sich gestalten.« Er war überzeugt, daß sich bei einiger »Bildungsunterstützung« Hanswurst gewiß »zu einer echt nationalen komischen Figur« entwickelt hätte. Wie man weiß und begreift, haben die Romantiker (und die ihnen verpflichtet sind) Gottsched immer wieder den Vorwurf gemacht, er habe für die im Volke virulenten schöpferischen Kräfte keine Witterung besessen und alles Heil bei dem französischen Ausland gesucht. Der Vorwurf besteht nicht ganz zu Recht. Gottsched beteuerte verschiedentlich, so etwa in dem NÖTHIGEN VORRATH ZUR GESCHICHTE DER DEUTSCHEN DICHTKUNST (I, 3), daß er die Hebung der deutschen Schaubühne für die Pflicht eines »guten Patrioten« halte, und verstand seine HISTORIE DER DEUTSCHEN SCHAUBÜHNE als zukunftweisendes Werk, in dem er, wie es die BEITRÄGE (VIII, 486) sagen, zu zeigen hoffte, »daß wir den Ausländern wenig oder nichts nachgeben dürften« [5]. Desto mehr befremdet es, daß Hanswurst, altdeutscher als seine mißgünstigen Landsleute in den dreißiger Jahren des achtzehnten Jahrhunderts, so ohne jede patriotische Rührung beseitigt wurde. Sollte ihn Gottsched unter seiner welschen Schminke und Benamsung, die er neuerdings trug, gar nicht mehr als deutschtümlich anerkannt, überhaupt erkannt haben? Nach den Theaterzetteln macht Pickelherings und Hanswursts Name anfangs des achtzehnten Jahrhunderts dem Harlekins Platz. Für das Jahr 1709 erwähnt Schütze in der HAMBURGISCHEN THEATERGESCHICHTE von 1794 eine Hauptaktion mit Arlekins Lustbarkeiten. Und Johann Friedrich Löwen nennt 1766 in der GESCHICHTE DES DEUTSCHEN THEATERS Denner junior, der im zweiten Jahrzehnt des achtzehnten Jahrhunderts agierte, den ersten deutschen »Harlequin«. Gottsched spricht seinerseits im siebten Band der BEITRÄGE die Vermutung aus, daß Hanswurst »aus dem Pierrot der Welschen entstanden sei« und darum mit den verpönten »närrischen Burlesken der italienischen und anderer gemeinen Komödianten«, wie es in der KRITISCHEN DICHTKUNST heißt, verschwinden mußte.

Übrigens läßt sich denken, daß Gottsched in Hanswurst alias Harlekin mehr zu treffen ahnte als nur den fratzenhaften welschen Zotenreißer. Es ist bemerkenswert, daß ein *Bürgerlicher* das Verdikt erließ. Der Adel, um die Zeit noch durchwegs in dem barocken Weltbild befangen, konnte an der Abschaffung des Bühnennarren, der den Verkörperungen des Ersten Standes auf dem Theater nie als Zerrbild oder gar als Satire diente, keineswegs Interesse haben. Was wäre Don Quijote ohne den getreuen Sancho Pansa? Für das Barockzeitalter war das Theaterstück noch ein *Schauspiel:* »die universalistisch konzipierte, repräsentative Darstellung eines wohl ständisch-ideologisch determinierten, aber doch noch allgemein anerkannten Weltzustandes, der *schauend* erlebt wurde, weshalb sein Stilcharakter nicht Einheit, sondern Vielseitigkeit, ja Allseitigkeit war, in deren Rahmen die Komik neben dem Ernste, das heißt: die Unzulänglichkeit des Versagens neben dem Triumphe der Bewährung ihre ebenbürtige Funktion hatte« [6]. Christian August Vulpius verlieh in den 1800 zu Halle erschienenen HARLEKINS REISEN UND ABENTEUER der völligen Entfernung des bürgerlichen achtzehnten Jahrhunderts vom barocken Gusto trefflichen Ausdruck. Er fingiert dort, den Topos der Totengespräche wieder aufnehmend, »Unterhaltungen in Elysium« zwischen alten und neueren Dichtergrößen, deren Gespräch über die deutschen Theaterzustände, insbesondere Wesen und Unwesen Harlekins geht. Im Verlauf der Kunstdebatte läßt Vulpius die Spanier das bezeichnende Resümee ziehen, das des achtzehnten Jahrhunderts ist:

LOPE. Unterscheidet ihr nicht das Lustspiel von der Posse?
EHRENFRIED. Allerdings.
LOPE. Nun, so brauche ich weiter nichts zu sagen. Jede Person, wohin sie gehört.
CALDERONE. Der König ins Trauerspiel, der Narr in die Posse.

Das zwischen einer pathetischen Idealität und naiv jovialischer Diesseitslust ausgespannte barocke Weltbild wäre ohne den Narren mangelhaft gewesen. Die auf den Barock folgende Epoche erkannte jedoch als Mangel, was uns heute vielmehr kunstsinnig und vollendet human dünkt. Als Leidwesen beklagen, belächeln der – bürgerliche – Schriftsteller der Aufklärung, die Gottschedianer den ›haut gout‹ des Adels, der sich an den Späßen Hanswursts delektiert, ihn zumindest augenzwinkernd gewähren läßt. So meint Löwen (1727–1771), der Schwiegersohn Johann Friedrich Schönemanns, in seiner 1760 veröffentlichten Abhandlung über DIE VORTREFFLICHKEIT DER GEDICHTE, DIE LEICHT ZU LESEN SIND [7], »wer alle diejenigen zum Pöbel zählen wollte, die über den Skaramuz lachen, daß ihnen der Bauch schüttert, und die bei einer Stelle im Hofmannswaldau ebenfalls vor Vergnügen außer sich sind, der würde selbst viele Prinzen, Ordensbänder, genädige und gnadenleere oder bürgerliche Damen gewaltig heruntersetzen. Ich kenne eine sehr gnädige Frau, die über die lustigen Schwänke ihres spaßhaften Picanders ebenso heftig lacht, als Leute von Geschmack über gewisse Züge im Rabener lächeln würden ...« Für Skaramuz könnte hier ebenso gut Hanswurst, für Hofmannswaldau der von Gottsched verfemte Lohenstein stehen. Picander, der mit bürgerlichem Namen Christian Friedrich Henrici (1700–1764) heißt, war seinerzeit ein erfolgreicher Vielschreiber, den man heutzutage einen ›Boulevardautor‹ nennen würde. Noch 1768 schrieb Lichtenberg in der ersten Fassung seiner Verssatire auf Göttingen von einem – adligen – Studenten [8]:

Verlangt sein Magen was piquantes,
So half Picander und Menantes (So wars ein neuerer Menantes).

Aber die Lebensdaten Picanders täuschen. Nach Talent und frivoler Laune schickt dieser Autor sich besser ins Barock als in das Leipzig Gottscheds, wo er sich 1720 niedergelassen hatte. Hie Skaramuz und Picander, hie Rabener – in dieser aufschlußreichen Spitze ist der ganze Geschmacks- und Gefühlskontrast zwischen dem ›gros rire‹ [9] des siebzehnten und dem anständigen Lächeln des bürgerlichen achtzehnten Jahrhunderts enthalten!

In Cronegks 1754 entstandenem Vorspiel DIE VERFOLGTE COMÖDIE [10] äußert sich das von Harlekin verkörperte ›Possenspiel‹ ruhmredig selbst: »Bei Hof bin ich beliebt und bei den jungen Herrn« und spielt den Trumpf aus: »Vom größten Staatsmann an bis zu dem Gassenjungen / Liebt man mich ...« Was bei Cronegk als bedauerliche Zeitverirrung konstatiert wurde, ist bei Gotter 1772 in seiner DORFGALA [11] zum freien Geleitbrief und Empfehlungsschreiben des Marionettenspielers, Bänkelsängers und spaßigen Vaganten Niklas geworden: »ich habe auf meinen Reisen angemerkt, daß je vornehmer die Leute sind, je lieber lachen sie und je weniger Mühe kostet es unsereinen, sie lachen zu machen.« Verbürgte Äußerungen von Angehörigen der Aristokratie strafen seine Worte nicht Lügen. So vertraut die preußische Prinzessin Heinrich ihrem Tagebuch 1761 an: »Deutsche Komödie, über die Plattheiten des Hanswurst haben wir herzlich gelacht«, und die Landgräfin Karoline von Hessen schreibt noch 1773 ihrer Tochter, daß bei der Vorstellung einer deutschen Truppe nur der Hanswurst amüsant gewesen sei. Doch es genügt zum Exempel die nähere Umgebung Gottscheds. Der Dresdener Hof, an dem 1734 nach vierzig Jahren wieder eine deutsche Truppe spielte, die ihren größten Beifall eben mit dem an der Pleiße verpönten Hanswurst fand, war Gottscheds Reformplänen keineswegs gewogen. Ähnlich stand es in Prag. Dort applaudierte der Adel dem mimischen Theater Johann Joseph von Brunians, der einen ›galanten Hanswurst‹ vorstellte und auch mit besonderer Vorliebe die von seinem Freund Joseph von Kurz geschaffene Gestalt des Bernardon spielte, während eine bürgerliche Opposition unter Führung Johann Sagars für das regelmäßige Schauspiel und edlere Lustspiel eintrat. Von Flögel [12] erfährt man, »daß im siebenjährigen Kriege Schuchs Possenspiele in Breslau weit stärker besucht wurden als Tragödien und regelmäßige Komödien; und nicht bloß vom Pöbel, sondern auch von Leuten von Stande und Geschmack«. Noch 1798 führt in München das geistliche Ratskollegium beim Kurfürsten Karl Theodor über die Lipperlspiele des Komödianten Lorenzoni Klage [13]: »Welch ein Nachteil

muß dem Genius der hiesigen Einwohner und dem guten Geschmacke hierdurch nicht zugehen, wenn man dererlei elende Spiel sogar von charakterisierten und distinguierten Zusehern besuchen siehet zu einer Zeit, wo man mit Verfeinerung des Geschmacks sehr weit fürgeschritten zu sein sich schmeichelt...«
Schließlich sei noch auf ein Zeugnis aus England, das unter anderen Voraussetzungen zu ähnlich radikalen Purismen neigte, verwiesen. In Fieldings TOM JONES, der 1749 erschien, ist es wiederum der Adelige, der für unverbesserliche Lustigkeit anstelle einer unlustigen Bessermacherei einzutreten wagt und dreist behauptet, daß durch die Verbannung Hanswursts das Spiel »nicht sowohl verbessert wie vielmehr verschlechtert« werde, während das bürgerliche Publikum — Aktenschreiber, Akzisbeamter, Dorfschullehrer, ehrbare Matrone — mit dem Spieldirektor darin übereinstimmt, daß man durch Abschaffung des Hanswurst »endlich einen sehr vernünftigen und lehrreichen Zeitvertreib herzustellen verstanden habe« [14].

Hat Gottsched Epoche gemacht oder ist er nicht vielmehr ein Kind seiner Zeit? Er wirkte aus seiner Epoche heraus, dachte, schrieb, eiferte so getreu seiner Zeit, daß man ihn getrost zum Repräsentanten für seine ganze Epoche der bürgerlichen Frühaufklärung nehmen und jedenfalls sagen kann: Gottscheds Maßnahme bedeutete eine Reduzierung des Weltbildes. Die großartige barocke Antithese muß nun wie im Leben so in der Kunst einem Gradualismus Platz machen, in planer Übertragung des gesellschaftlichen Gefüges. Dem König und Edelmann geziemt die hohe Tragödie, dem Bürger, Bauer, Bettelmann die Komödie. Einer Doktrin, welche die Ordnungen soziologischer Natur auf die Dichtung übertrug, um ebenso regelgerecht auf die sozialen Stände zurückzuwirken, mußte verständlicherweise eine Figur anstößig erscheinen, die sich durch sich selbst von jeder Ordnung ausschloß. Jedermann hatte die seinem Stande zukommende Tracht; Hanswursts buntscheckiger Anzug aber, der sich nie änderte, so Verschiedenes sein Träger auch vorstellte, dokumentierte sein unständisches, um nicht zu sagen unanständiges Wesen. »Geschöpfe einer unordentlichen Einbildungskraft, die kein Muster in der Natur haben«, nannte Gottsched in dem zweiten Band (Kapitel 11, § 24) seiner KRITISCHEN DICHTKUNST alle Lustigen Personen! Tatsächlich liegt dieser abschätzigen Definition eine treffende Beobachtung zugrunde. Lob und Tadel der Lustigen Person stimmen in Zukunft darin überein, daß sie das Inkommensurable für das Wesen jenes Geschöpfes, die Künstlichkeit als seine Natur erkennen und seine Menschheit als Zerrbild bestimmen. »Jeder halbwegs gebildete Mensch würde die krasse Unnatur des Harlekin heute empfinden« [15], ist das Urteil eines Leipzigers von 1878, dem Sinn nach eine bloße Nachschrift dessen, was 1736 die Neuberin in ihrem Vorspiel DIE VON WEISHEIT WIDER DIE UNWISSENHEIT BESCHÜTZTE SCHAUSPIELKUNST ausgedrückt hatte. Danach wird Harlekin, vor dem die Natur wie vor einer Mißgeburt erschrickt, verworfen, »denn die Natur hat ihn nicht gegeben, wenn sie gleich viele Harlekins erhält und wieder annimmt«. Einer anderen Generation war die Lustige Person desto reizender und tiefsinniger, je mehr sie wurde, was der Aufklärer von der Art Gottscheds ihr verdachte: reine Kunstfigur, die Ausgeburt einer vormals suspekten Phantasie, eine verkörperte Unnatur und abenteuerliche Bildung. Novalis [16] bringt diese Auffassung auf die kürzeste Formel: »Wenn der Spaß poetisch sein soll, muß er durchaus unnatürlich und Maske sein«.

Man verkennt die eigentliche Tragweite des von Gottsched und ihm gleichgesinnten Aufklärern gegen die Lustige Person angestrengten Prozesses, wollte man ihn ein tragikomisches Zwischenspiel, ein Kapitel aus der deutschen Theatergeschichte nennen. Als das Geschöpf einer unordentlichen Einbildungskraft definierte Gottsched die Lustige Person. Hübsch schleierhafte Formulierung, zieht man nicht die Stellungnahme seiner Epoche zum Phänomen der Einbildungskraft, Gottscheds Begriff von der Dichtung zu Rate. Was im allgemeinen als eine theatergeschichtliche Anekdote passiert, stellt sich danach als ein vielsagender Beitrag zur Geistes- und Seelengeschichte heraus. Margret Dietrich faßte Gottscheds Einsatz in ihrer 1952 zu Wien erschienenen EUROPÄISCHEN DRAMATURGIE als Kampf »gegen das Irrational-Dunkle« [17] auf. Es geht sicher nicht an, Gottsched schlechtweg nachzusagen, daß er in Hanswurst das Irrationale ausmerzen wollte; dennoch hat er es letztlich unternommen. In aller Verruchtheit, Verrottung Pickelherings und Hanswursts, in dem Behagen an Kot und Tod und Zote steckt ein archaischer Rest, ein Stück Chaos. Einer Kunstanschauung, die nur den als Dichter gelten ließ, der – laut WELTWEISHEIT [18] – den Bestand der Gotteswelt »in einer harmonischen Rede« aufzuzählen begabt war, mußte alles, was darüber hinaus ging, im höchsten Grade verdächtig sein. Plötzlich ungemein beredt, ja wortschwelgerisch prangerte Gottsched in den VERNÜNFTIGEN TADLERINNEN [19] jene Art zu dichten, jenen Typ von Dichtern an, die »uns die Phantasien ihres verrückten Gehirns anstatt der Natur vormalen, weder Wahrheit noch Ordnung noch Verstand in ihren Werken zeigen, sondern Chimären, Hirn-Gespenster und alberne Zoten in Reime zwingen«. Das Zitat hat überdies Interesse, weil Gottsched solche Wahndichter als »Pritschmeister« abtut!

Wie man aus Adelungs WÖRTERBUCH DER HOCHDEUTSCHEN MUNDART erfährt, das 1775–1777 in Leipzig erschien, bedeutet das Wort zunächst nichts anderes als die »lustige Person der Schützengesellschaft, der den getroffenen Ort in der Scheibe zeiget und mit der Britsche in der Hand die Zuschauer zum Lachen beweget; ... Weil sich dergleichen lustige Personen zuweilen auch mit Versemachen abgaben, so wurde nachmals eine Art lustiger Poetaster, die bei öffentlichen Aufzügen, Vogelschießen usf. aus dem Stegreife reimeten, Britschmeister genannt, die man aber zur Ungebühr mit den Meistersängern verwechselt hat«. Aus der Standesbezeichnung entwickelte sich also eine literarische Schelte, die eine überholte Art des Dichtens als Pritschmeisterei bespöttelte wie seinerzeit Gryphius in der Parodie auf Meistersingerweise, dem PETER SQUENTZ: »Hilf Gott das sind treffliche Vers ... Nach Art der alten Pritschmeister Reimen.« DER THÖRICHTE PRITSCHMEISTER ODER DER SCHWÄRMENDE POET überschreibt Christian Friedrich Hunold, genannt Menantes (1680–1721) eine Komödie, Apostrophe Christian Wernickes (1661–1725), mit dem er in einer literarischen Fehde lag, die anfangs des achtzehnten Jahrhunderts wie das Vorspiel zu den Auseinandersetzungen zwischen Leipzig und Zürich anmutet, eigentlich aber eine – Gottscheds Streit wider den Hanswurst vergleichbare – Auseinandersetzung zwischen dem Spätbarock und der Frühaufklärung darstellte. Noch 1770 bedient sich eine in Göttingen erscheinende anonyme Persiflage – sie hatte Johann Heinrich Christian Meyer zum Verfasser –

auf die literarischen Zustände und Moden der Zeit jener Vokabel, die endgültig in den Wortschatz literarischer Schmähschriften eingegangen ist, boshaft schillernd zwischen der Bedeutung ›Ungereimter Narr‹ und ›Närrischer Reimschmied‹. Der Titel jener Göttinger Persiflage lautet übrigens: DIE NEUE DEUTSCHHEIT NUNIGER ZEITVERSTREICHUNGEN. ALLEN PRITSCHMEISTERN, AFTER-MORVEN-SKALDEN-BARDEN-MINNIGLICHEN- UND WONNIGLICHEN POSSIERLICHKEITSMACHERN ZUGEEIGNET. Die Verwendung der gebräuchlichen Schelte bei Gottsched ist aber insofern eigenartig, als er zur Bestimmung dessen, was und wie ein pritschmeisterlicher Dichter schreibt, Formulierungen gebraucht, die verblüffend an jene gemahnen, mit denen Gottsched die Unzulässigkeit von Possenspiel und Lustiger Person begründete, dem, sozusagen, Wahrheit, Ordnung und Verstand verlachenden Dichter innerhalb der Posse. In der Tat war die letzte und entscheidende Wendung in der gesamten Polemik Gottscheds gegen den Hanswurst und Harlekin, daß sie nicht die »Handlungen des gemeinen Lebens nachahmen«, sondern mit ihren Streichen die Traumvorstellungen weit überbieten [20].

Daß klassizistischer Skrupel gegen eine unkontrollierte Einbildungskraft der Beweggrund für das rigorose Vorgehen gegen den Hanswurst der Bühne und die Pritschmeister der Literatur gewesen ist, geht im übrigen aus der Verwahrung Gottscheds gegen einen Dichter hervor, der uns nach Herkunft, Denkart, Schreibweise als der Prototyp des aufgeklärten Autors gilt: Voltaire. Der Verfasser der HENRIADE und diverser Trauerspiele fand die Billigung des Leipziger Literaturrichters. Der Dichter der CONTES PHILOSOPHIQUES, die jener als »unordentlichen Roman« charakterisierte, mußte sich Worte sagen lassen, als wäre Hanswurst ihr Verfasser. Zumal der CANDIDE, den Gottsched eine »Mißgeburt« nannte, erregte seinen Abscheu, dem er 1759 im NEUESTEN AUS DER ANMUTHIGEN GELEHRSAMKEIT, Voltaire wie andre Wahndichter des Genres mehr einschätzend, Luft machte: »Sie raffen alle Greuel ihrer Einbildungskraft zusammen, die sie durch eine unordentliche Phantasie selbst ausgeheckt haben; häufen sie in einen wilden Roman zusammen, der voller scheußlicher Begebenheiten ist, und spotten hernach in einer tollen Frage: ob eine Welt, die so voller Scheusale, voll Laster und Gottlosigkeiten ist, wohl die beste von allen möglichen oder, welches gleichviel ist, ein Werk des weisesten Wesens sein könne? ... Der Poet erklärt, beweiset und widerleget nicht; sondern erdichtet. Und was seiner unordentlichen Einbildungskraft in einem fieberhaften Parroxismus träumet, das soll jener gewichtigen Frage zur Auflösung dienen ... Gottlob! daß es nur in dem Gehirne dieses Dichters solche verdammliche Bosheiten gibt, die man in der Welt entweder gar nicht oder doch in ganzen Jahrhunderten kaum ein oder das andere Mal erblicket hat!« Im übrigen hatte Gottsched triftigen Grund, sich gegen den CANDIDE entschieden zu verwahren. Er war nämlich verdächtigt worden, Verfasser dieses wilden Romans zu sein. Gottsched parierte die Unterstellung mit der niederschmetternd richtigen Bemerkung [21]: »jeder weiß, wie abgeneigt der in Verdacht gezogene Gelehrte von solcher wilden Art zu denken ist ...«!

Die – berechtigte – Sorge, daß die Einbildungskraft des Zuschauers von dem phantastisch ausschweifenden Theater mitgerissen würde, das sich von jeher in Hanswurst inkarnierte, muß hinter der auf den ersten Blick unverständlichen Tatsache gesehen werden, daß Gottsched in diesem Falle nicht dem Ausland, vornehmlich Frankreich folgte, wo sich Harlekin aus einem noch im siebzehnten Jahrhundert reichlich diabolesken Affenmenschen [22] zu einem weltläufigen Salonsatiriker gebildet hatte und in dieser Gestalt seinen Platz auf dem Theater vor den Bellesprits im Parterre wohl zu behaupten wußte; wo Dramatiker eiferten, die Harlekinade formvollendet zu neuem Leben zu erwecken. Gottsched aber schloß den Hanswurst gänzlich aus. Die Neuberin folgte ihm darin, obwohl sie in der Zwischenzeit bereits auf einem Wege gewesen war, auf dem Hanswurst mühelos ins Weltbild des achtzehnten Jahrhunderts hätte hinübergespielt werden können. Der Dresdener Hofpoet und ehemalige ›Pritschmeister‹ Johann Ulrich von König (1688 bis 1744) kann als Zeuge für solche nahliegende Bestrebungen der Zeit dienen. Er machte sich nicht Gottscheds Reformpläne zu eigen, sondern unternahm es von sich (und Frankreich) aus, den ungeschliffenen Lustigmacher Höfischheit zu lehren. Sein dem ›Théâtre de la foire‹ entlehntes Spiel DIE VERKEHRTE WELT wurde noch 1760 in Berlin mit Erfolg aufgeführt! Vorausgegangen waren Johannes Velten (1640–1693), der unter dem Einfluß der Commedia dell'arte bereits zur Einführung eines zweiten Komikers, zu kavaliersmäßigerer Staffage der Lustigen Person, ›Cortisan‹ mit Namen, gelangt war, und Christian Weise, der 1690 in der Vorrede zu Lust und Nutz der spielenden Jugend äußerte, der Narr müsse »gleichsam die Stelle der allgemeinen Satyrischen Inclination vertreten«. Aber auch der von der Literaturgeschichte allzusehr mit Gottscheds Augen angesehene Picander beschäftigte sich mit der Person des Possenreißers. Der Ansicht, daß der komische Charakter allein nicht genüge und gerade die Burleske eine besondere Vertretung durch einen Spaßmacher verlange, formulierte er seine Auffassung, die obendrein, was den erwünschten moralischen Zweck der Komödie betrifft, der Gottschedschen Schulmeinung entgegenkam [23]: »Gleichwie nicht alle Patienten geneigt sind, die bittern Tropfen ohne Vermischung eines süßen Saftes zu verschlucken, also muß auch ein Moraliste, der mit kranken Gemütern zu tun hat, seine beißenden Pillen mit lachendem Gemüte vorhalten und mit angenehmen Scherzen einreden. Dahero ist die lustige Person in einer Comödie unentbehrlich.«

Hanswurst in Erinnerung des klassischen »ridendo dicere verum« den – heilpraktischen – Moralisten spielen zu lassen, ist freilich die Lösung des achtzehnten Jahrhunderts und Rettung der Lustigen Person zumindest auf dem ausländischen Theater geworden. Im Deutschland Gottscheds fand die Lösung vorläufig keine Billigung. Seine Verwahrung gegen ein Substrat von Aufklärung, das von dem ursprünglichen Spaßmacher längst entfernt war, hat – da man von Gottscheds Situation völlig entfernt war – noch Ende des Jahrhunderts bei einer anderen Rationalisten-Generation Verwundern erregt. Mit Recht läßt Vulpius in der Retrospektive Harlekin sagen, daß er der lieben »Frau Pathe Aufklärung« ehemals »manchen Ritterdienst« erwiesen habe. »Die guten Leute waren damals alle enragiert«, schließt er aus der Treibjagd auf seine Buntscheckigkeit, die ihm unverständlich ist, noch dazu er behauptet, Dominiques Wahlspruch »Castigat ridendo mores« zu seiner Devise gemacht zu haben. Der theoretische Harlekin zur Zeit der deutschen Romantik hatte leicht und besser reden als der Possenreißer in der Tat und Wirklichkeit zur Zeit Gottscheds. In dem Maße nämlich, in dem das Theater eine Stätte der Volksbildung, der unverstellten Nutzanwendung wird – Komödien sind in gemeiner Sprache abzufassen –, in dem Maße verliert es sein spezifisches, beglückend leichtes Gewicht: Spiel zu sein, aus Spiel zu bestehen, für Spiel genommen zu werden. Das 1640 gedruckte Schauspiel ANTIPODES des Engländers Brome bezeichnete es bereits als Unsitte, daß der Clown das Publikum ins Spiel ziehe, eine Unsitte, die noch aus der Zeit der alten Clowns Tarlton und Kemp stamme. Das Illusionstheater in der Ausprägung der Aufklärung kündet sich an, das als lehrreiche Demonstration verstandene Theaterspiel, desto wirkungsvoller, je leichter man es dem Zuschauer machte, sich ›einzufühlen‹. Hanswurst konnte darum nicht goutiert werden. Seine Rolle auf dem Barocktheater war, nicht aus der Rolle – darin blieb er sich ja nur getreu –, sondern aus der Illusion zu fallen, indem er ›ad spectatores‹ sprach und auf diese Weise Pathos und Tragik gröblich durchkreuzte, ›alles bloß Spiel‹ bedeutete: »Diese Zerstörung der Illusion wurde nicht mehr geduldet« [24]. Damit der Mensch sich selbst erkennen kann, muß die größtmögliche Ähnlichkeit mit der Natur bestehen. Auf diesen scheinbaren Realismus zielt Gottscheds Bühnendoktrin ab. An Hand der Bühnenanweisungen zum STERBENDEN CATO und vor allem zur BLUTHOCHZEIT läßt sich eine zunehmende Signifikation und Verlebendigung feststellen [25]. Sein Realismus gibt jedoch dem Zuschauer nur so viel, daß er ›comparaison‹ hat, nicht mehr.

Der Schauspieler, dem aufgegeben ist, naturgemäß zu agieren, damit der geistige Transport von der Darstellung auf der Bühne in die Vorstellung der Zuschauer reibungslos vonstatten gehen kann, ist letztlich kein Schau*spieler* mehr, sondern ein Verhaltenszeiger. Diese Art, das Theater zu gebrauchen, ist mindestens für das achtzehnte Jahrhundert ein allgemeines deutsches Phänomen. Schon das Schultheater des Zittauer Pädagogen wurde nicht um des Theaters willen gehalten, sondern diente der Erlernung gesellschaftlichen Auftretens. Das achtzehnte Jahrhundert war die große Zeit der Liebhabertheater, der DRAMATISCHEN UNTERHALTUNG UNTER GUTEN FREUNDEN, um den vielsagenden Titel eines 1763 geschriebenen Stückes von Hafner zu zitieren, das allerdings mehr aus seiner groteskkomischen Einbildungskraft als aus dem zeitgenössischen Leben gegriffen scheint. Es ist einzigartig, daß mehrere der seinerzeit in aller Welt berühmten Schauspiele jenes Mannes, der vor dem Ausland das deutsche Drama repräsentierte, ihre Uraufführung an einer Liebhaberbühne erlebten. Wir meinen selbstverständlich Kotzebue. In Reval wurde am 23. November 1788 MENSCHENHASS UND REUE zum erstenmal vorgestellt. Trotz der Verbreitung solcher Privattheater, trotz dilettantischer Spiellust hat diese Erscheinung mit dem echten Theater – ob es nun als Kunst oder als Laster verstanden wurde – wenig gemein. Es geschah wohl, daß derselbe belanglose Autor gleichzeitig Stücke für Liebhabertheater schrieb und für ihre Mitglieder NÜTZLICHE ERINNERUNGEN [26] machte. Wo man jene wahrhaft bürgerliche Lustbarkeit zu rechtfertigen suchte, tat man es mit Worten, wie sie ein Ungenannter unter den Initialen S. B. im Oktober 1799 in dem »Berlinischen Archiv der Zeit und ihres Geschmacks« unter der Überschrift ÜBER PRIVATBÜHNEN gebrauchte: »kein Erziehungsinstitut vermag die Cultur zu verbreiten, die hier spielend gelehrt wird, wenn die Tugend aus dem Munde gebildeter Menschen spricht ... Hierher rufe man denn unsre Jünglinge und Jungfrauen ... Hier erscheine der blöde Schäfer ... hier die schüchterne Jungfrau ... Laßt sie die Meisterstücke unsrer Dichter darstellen und haltet bei den Proben moralische Vorlesungen über die Wissenschaften!« Wenigstens auf dem Papier jener Epoche bedeuten für den Dilettanten wie für den Berufsschauspieler die Bretter das unübertreffliche Erziehungsinstitut. Und in Wirklichkeit? Man beobachtet im achtzehnten Jahrhundert wohl große deutsche Theaterpersönlichkeiten, aber keinen großen, die Bühne und das Drama sprengenden *Mimen*. Für die »fortdauernde und vielleicht nie zu zerstörende Mittelmäßigkeit des deutschen Theaters« machte Goethe in dem aus dem Nachlaß überlieferten Entwurf für das 13. Buch von DICHTUNG UND WAHRHEIT »die ununterbrochene Folge von drei Schauspielern« verantwortlich, »welche, als Menschen schätzbar, das Gefühl ihrer Würde auch auf dem Theater nicht aufgeben konnten und deshalb mehr oder weniger die dramatische Kunst nach dem Sittlichen, Anständigen, Gebilligten und wenigstens scheinbar Guten hinzogen. Ekhofen, Schrödern und Ifflanden kam hierin sogar die allgemeine Tendenz der Zeit zur Hilfe, die eine allgemeine An- und Ausgleichung aller Stände und Beschäftigungen zu einem allgemeinen Menschenwerk durchaus im Herzen und im Auge hatten. Die Sentimentalität, die Würde des Alters und des Menschenverstandes, das Vermitteln durch vortreffliche Väter und weise Männer nahm auf dem Theater überhand«.

Während das aristokratische Zeitalter, der Rokoko, eben erst zu kulminieren begann, seine spielerische Schwerelosigkeit in den Harlekins der Porzellane Gestalt und übermütigen Ausdruck in den Bildern aus der Commedia-Welt und auf Wandteppichen findet, darin die welsche Burleske stilisierte Spieltriumphe feiert, befahl ein Bürgerlicher strikt den Tod des Spiels, die Verdammung des Zwecklosen. Und er hat Erfolg! Seine Losung formuliert die Neuberin in einer Petition an den sächsischen Kurfürsten so: der eigentliche und vernünftige Endzweck des Theaters soll sein, »die Zuschauer nicht sowohl zum Lachen zu reizen, als solche zu verbessern«. Aus Furcht vor der in sich spielenden ›vis comica‹, die leicht den Verstand überwältigte, sperrte man sich gegen das, wie Tieck in den KRITISCHEN SCHRIFTEN sagte, »eigentliche lachende Lustspiel«, entrüstete man sich übrigens auch über einen Schriftsteller, der sich etwa unterstanden hätte, komisch zu schreiben, ohne moralisch zu meinen. »Die Begierde eines Scribenten, etwas Lustiges zu schreiben, kann niemals abscheulich genug vorgestellt werden«, heißt es im zweiten Teil der VERNÜNFTIGEN TADLERINNEN!

Erst als das Jahrhundert sich zu Ende neigt, sieht man das Bügertum in jenem sonderbaren Rumor begriffen, der sich nach dem Theatralischen in jeder Bedeutung wendet. Dieser Vorgang blieb nicht auf einzelne beschränkt, sondern wird als eine Art Theatromanie [27] augenscheinlich; Manie, weil jene Sucht zum Theater als Spielfeld, als Möglichkeit der Selbstfindung so wenig natürlich ist wie das von Gottsched proklamierte Natürlichste von der Welt. In der Romantik ist der Spielbegriff vollends ein regelrechter Affront gegen das als pedantisch verschriene Philistertum geworden – und eine selbstverordnete Entwöhnung von der eigenen Schwere. Es ist immer bedauerlich, daß die romantischen Wunschträume, die dem deutschen Theater eine Prise italienischer Buffonerie gönnten – man denke an die Pläne Tiecks und Brentanos –, nicht zum Theater gefunden haben, um wirksam werden zu können.

Zusammenfassend stellt sich Gottscheds Aktion gegen den Hanswurst nach ihrer Bedeutung und Tragweite so dar: als der Einsatz des literarischen Theaters, des Kunstdramas anstelle der Stegreifbühne und des improvisierten Spiels; als die bewußte Abkehr von dem Theater als einer »Anstalt des Spaßmachens, womit man es nicht so genau nehmen müsse« (Tieck) und Postulierung der Schaubühne als einer moralischen Anstalt; als der beredteste Ausdruck bürgerlicher Weltanschauung gegenüber der mißverständlich gewordenen aristokratischen Lebenshaltung; seelengeschichtlich als die Kampfansage des rationalen Zeitalters an die beargwöhnt irrationalen Unterströmungen auf allen Gebieten: wider unordentliche Einbildungskraft und abenteuerliche Bildungen; schließlich als eine Ablösung des barocken ›gros rire‹ durch die kleine Lach-Münze der vernünftigen Kunstgeschmäckler.

II. Das weitläufige Schauspiel des regelmässigen Geschmacks

Eine literarisch festgelegte Schaubühne konnte aber nur errichtet werden, wenn Modellstücke zu Verfügung standen. Für die regelmäßige Tragödie schuf Gottsched selbst das Muster in dem Sterbenden Cato, Muster für sehr bissige Satiren und Bühnentravestien. Für die Komödie griff er von vornherein auf das Ausland zurück, auf die Franzosen selbstverständlich, aber auch auf einen so eigenartigen Dramatiker wie Holberg, der, interessant genug, in der Romantik aus Gründen abermals Epoche machte, die denen Gottscheds genau entgegen waren. War es ehedem der Verfasser von natürlichen, zuweilen handfest komischen Szenen aus dem Alltagsleben gewesen, der Gottscheds Zensur passierte, so in der Romantik der Dichter, der mit der Form spielte, Theater im Theater machte und die Illusion spielerisch zerstörte wie in dem gepriesenen Ulysses von Ithacia. Man übertrug, man bearbeitete und eiferte schließlich nach dem deutschen Originallustspiel. Im Jahre 1736 erschien die Pietisterey im Fischbeinrock von der Hand der Gottschedin. Mit diesem Stück setzte sich Gottscheds Lustspielreform so nachdrücklich durch, daß sämtliche Komödien der folgenden fünfzehn Jahre, die durch den Druck überliefert sind, von seinen ästhetischen Forderungen bestimmt werden: selbst Lessings Jugendlustspiele, einschließlich des SCHATZ von 1750, stehen unter dem Einfluß der vorbildhaften Leipziger Schule.

Die Lustspiele der Gottschedianer haben allen guten Willen, den in der KRITISCHEN DICHTKUNST festgestellten Richtlinien genugzutun. Sie verschmähen Wortwitz, Fratze und Zote, was nach der Schulmeinung den Hanswurst und die unartigen Schreibgeister kennzeichnete, und eifern einer Komödie nach, die aus sich selbst, aus Handlungen, Sachen komisch sein sollte. Allerdings gelang es nicht von heute auf morgen, sich ganz von dem Schema der Harlekinade zu lösen. In Gestalt des livrierten Dieners fand Hanswurst ein zwar weniger lustiges, aber immerhin annehmbares Auskommen, wenn auch unter anderem Namen, was bekanntlich Lessing als höchst lächerlich empfand. Alle jene, mit Friederici [28] zu reden, »lustigen, pfiffigen, vorlauten, frechen oder auch treuherzigen, unbeholfenen, dümmlichen, faulen, verschlafenen, gefräßigen Bedienten beiderlei Geschlechts« charakterisieren sich ungezwungen als Possenreißer alter Zeit. Besonders handgreiflich ist der Schatten Hanswursts in dieser und jener Komödie Quistorps, Johann Elias Schlegels, Borkensteins, in den ÄRZTEN und dem UNERTRÄGLICHEN von Mylius, in Lessings DAMON und MYSOGYN, vorzüglich aber in Krügers BANQUEROTIERER, dem EHEMANN und seinen berühmten CANDIDATEN. Krüger ist insofern ein eigenwilliger Gottschedschüler, als er für die Lustige Person ein gutes Wort einlegt. Der Beschäftigung mit Marivaux, von dem er zwölf Lustspiele übersetzte, die zwischen 1747 und 1749 in zwei Bänden erschienen, entnimmt er die Brauchbarkeit des Harlekin für den Lustspieldichter, wie er in der Vorrede zum ersten Bande mitteilt. Am reinlichsten verfuhr schließlich Gellert. Er entledigte sein Lustspiel nahezu auch der Dienerrollen. Das veranschaulichen beispielhaft seine BETSCHWESTER, die ZÄRTLICHEN SCHWESTERN und die KRANKE FRAU.

Gewichtiger als jene vage Fortsetzung der Lustigen Person in der Dienerrolle dieses und jenes Lustspiels der im Sinne Gottscheds tätigen Komödienschreiber ist jedoch ihre ernstliche Bemühung um das gesteckte Ziel, die verächtliche Preisgabe der Lustigen Person. Hanswurst und Harlekin ließ man aus dem Spiel. Da ist fast niemand, der nicht irgendwann sich theoretisch, vorrednerisch zu seinen Zielsetzungen geäußert hätte. Es bildet sich geradezu ein formelhaftes Vokabular des aufgeklärten Kunstrichters aus, ein sanktioniertes Sprachfeld, innerhalb dessen jeder Begriff seinen festen Stellenwert besitzt. Im Bilde entspricht solcher normativen Begriffs-Schablone folgerichtig die Allegorie, intellektuell erklügelte Montage aus so und so vielen zweckdienenden sinnlichen Details. Was hier die Vorrede auf dem Papier, ist dort das Vorspiel auf dem Theater. Zum Beispiel kann uns Johann Elias Schlegel (1719–1749) dienen. Bei Eröffnung des dänischen Theaters 1747 trägt der künftige Intendant in der allegorischen Maskierung seines Vorspiels LANGEWEILE [29] vor, was er seinem Publikum schmackhaft machen möchte: die neue Komödie, »ein noch unerwachsenes Frauenzimmer«, betrete die Bühne! Sie kommt nicht allein, sondern der wie Apollo gekleidete VERSTAND gesellt sich mit einem Gefolge von Künsten und Tugenden zu ihr. FREUDE und SCHERZ bieten sich der jungen KOMÖDIE als Vasallen im Streit wider die LANGEWEILE an, die, dunkelgekleidet, mit Nachteulen- und Fledermausemblem hinreichend ausgewiesen, einzig Ennui verbreiten darf. Wenn die Neuberin in ihrem oben genannten Vorspiel Gottsched mit Fledermausflügeln emblematisierte, so ergibt sich nach der ausgesprochenen Fixheit des aufklärerischen Vokabulars daraus die Folgerung, daß der Literaturprofessor die Langeweile zu verkörpern hatte!

Aber der Kampf der Komödie gilt nicht nur der Langeweile, gilt auch dem Menschenhaß – der kommunikative Glückseligkeitsfaktor der Kunst ist von Aufklärern ja immer wieder betont worden. Der Kampf gilt vor allem dem UNVERSTAND. Er geht »mit einem langen Barte, einer großen Perücke, in einem Pantalonsmantel, mit den Unterkleidern eines Harlekins« staffiert! Die harlekinsche Allegorie des Unverstands nun ist ein akkurates Konterfei dessen, worüber man sich, rasch erstarkt und selbstbewußt geworden, mokierte. Denn der Unverstand ist die Antiquiertheit in Person: das bedeuten der Bart und die große, die Allongeperücke. Darum muß er den ärgsten Schimpf aus aufgeklärtem Munde erfahren, der ist, ohne Verstand zu sein, weil nicht von heute, närrisch, weil reaktionär: Harlekin schimmert durch! In der Verharrung an verzopfter Konvention, in Vorurteil und gesellschaftlichen Mißbräuchen lag denn auch der Ansatzpunkt der Komik im Lustspiel der Aufklärung oder zumindest dessen, was man seinerzeit als belachenswert empfand. Überspitzt kann man sagen, wurde in jeder Aufklärer-Komödie Harlekin als der personifizierte Unverstand wieder und wieder ausgetrieben: der ehemals zum Lachen stimulierende Narr selber nun Zielscheibe des Gelächters!

Den eklatanten Beleg für diese merkwürdige Umorientierung liefert der Gottsched-Schüler Christlob Mylius (1722–1754) mit seinem 1746 erschienenen Lustspiel DER UNERTRÄGLICHE. In dem negativen Helden der Komödie, Unhold, auf den sich die Satire konzentriert, seinem Tun und ewigen Verwandeln ist geradezu der Bühnenbuffo alten Schlages gezeichnet. Weil er glaubt, die Liebe eines Mädchens zu gewinnen, falls er Offizier wäre, verkleidet er sich in einen Bramarbas. Er wird Schulmeister, weil ein anderes Mädchen angeblich nur Gelehrten zugetan ist, und verlobt sich schließlich mit einer Kammerzofe, die sich ihm zur Strafe ihrerseits in eine Dame verwandelte. Die Gesellschaft, die den lästigen Menschen nicht los werden konnte, hatte ihn zu seinen Verkleidungen beredet, um über den Narren lachen zu können. Die Apperzeption der harlekinschen Aktionsweise geht so weit, daß ihm außer der Hauptrolle auch freie Hand zu improvisierten Späßen gelassen wird. Eine von Mylius gegebene Szenenanweisung ruft den abgehenden Narren beim zweiten Aktschluß zu neuen Fragen auf die Bühne; aber der immer wieder hervortretenden Lustigen Person sind keine bestimmten Worte für die Fragen vorgeschrieben – Spielweise der Commedia dell'arte in der nach Gottscheds Richtschnur aufgesetzten Besserungskomödie!

»Mit Weisheit lachen« hat DIE VERFOLGTE COMÖDIE in Johann Friedrich von Cronegks gleichnamigem Vorspiel von 1754 als Losung und feinste Sittenlehre auf ihr Panier geschrieben. So gerüstet bekriegt sie ihre ärgsten Feinde: das Laster, prächtig stutzerhaft gekleidet; den Unverstand, der hier nicht synonym mit Harlekin ist, aber wie bei Schlegel eine große »Alonsche-Perücke« trägt und sich als die pedantische Gelehrsamkeit bekundet. Überhaupt gemahnt die allegorische Staffage stark an die Schlegels; auch bei Cronegk geht die Komödie »als ein junges Frauenzimmer gekleidet, einen Spiegel in der Hand, auf dem hinten eine Masque ist«. Neben dem Unverstand gilt es, die Matrone Heuchelei – sozusagen die Pietisterei im Fischbeinrock – und erst recht die Dummheit zu treffen, die bürgerlich aber abgeschmackt gekleidet geht. Dummheit, Unverstand, Laster und Heuchelei sind endlich die Helfershelfer des Possenspiels, in dessen Gestalt Harlekin sich einmal noch auf der Bühne produzieren darf, mit der Absicht, ihn durch sich selbst endgültig zu kompromittieren. Aber wie es Dichtern oft geht, daß ihnen die Bösewichter besser gerieten als die idealen Helden, so ist auch hier Harlekin wider Willen Cronegks unendlich lustiger als die Komödie und völlig im Recht, wenn er sagt, daß dieser Art Komödie das Volk gähnen mache. Zuletzt siegt selbstverständlich die Komödie, wenn auch nur mit Hilfe der strahlend thronenden Tugend, über ihre Widersacher und empfängt den guten Rat:

Vergnüge, doch dabei belehr die frohe Jugend,
Daß kein Vergnügen sei, als nur im Arm der Tugend.

Cronegk (1731–1758) ist nun bereits ein Zeuge, der nicht mehr zu den eigentlichen Gottschedianern, sondern zu jenen Aufklärern zählt, die der Schule entwachsen sind und sogar gegen den Leipziger Literaturpapst Wendung machen. Seine Freunde sind Rabener, Kästner, Gellert, Gleim; seine literarischen Absichten zielen mit der Zeit immer mehr in Richtung auf die britischen Dichter; von ihm stammt übrigens der erste Hinweis auf die Schätze des spanischen Theaters. Um so bedeutsamer, wie nachhaltig die einmal ausgegebene Parole weiter wirkt: formelhaft geworden, aber steter ideeller Vorsatz. Das findet erneut durch einen Autor Bestätigung, der gleichfalls Gellert und Gleim nahesteht, aber Gottsched in Leipzig »als den Mann hörte, welcher der Kanal zu Stipendien und Freitischen war«, wie es in der Einleitung zu den 1791 in Wien erschienenen SÄMMTLICHEN POETISCHEN WERKEN von Johann Benjamin Michaelis (1746–1772) heißt. Michaelis, eine Zeitlang Theaterdichter bei der Truppe des Prinzipals Abel Seyler, hat ein Poem geschrieben, das DIE KOMÖDIE [30] überschrieben ist: zwei ungemein aufschlußreiche Strophen!

Gottsched und die Folgen

Die Komödie

Durch Gründe läßt allein sich der Vernünft'ge rühren.
Der Feige fürchtet die Satyren;
Den Härt'sten rührt die Comödie.
Doch kann ihn die durch Spott auch noch nicht überführen,
Was hilft? Die Welt kann ihn verlieren!
Ins Tollhaus, Herr! das bessert Sie!

Glücksel'ger Augenblick der Sitten, seit die Bühnen
Der freien Tugend Lob verdienen
Und nur der Lasterhafte schmäht;
Seitdem Geschmack und Zeit den Harlequin vertrieben
Und alle das Theater lieben,
Die nicht der Hypochonder bläht!

Michaelis zieht mit wenigen Worten die Summe dessen, was seit Gottsched als Aufgabe, Möglichkeit und Bedeutung der Komödie beziehungsweise des Theaters in Umlauf gebracht worden war, und in dem stolzen Bewußtsein, das Ziel nunmehr erreicht zu haben. Geschmack und, wie Michaelis ehrlich genug ist einzuräumen, die Zeit haben schließlich dem Hanswurst den Garaus gemacht. Gefahr droht allein von den Unbelehrbaren, dem Lasterhaften – ein Mensch, der die geläuterte Bühne zu verunglimpfen wagt, kann nur ein lästerlicher Charakter sein – und dem hypochondrischen Gemüt. Man wird unter dem theaterfeindlichen Hypochondristen eine Metonymie nicht nur des krankhaft ernsthaften Zeitgenossen verstehen müssen, sondern – nimmt man die Situation des damaligen Theaters zu Rate – die des weit einflußreicheren sittenstrengen Eiferers. »Was dem Fortschreiten und der Ausbildung des deutschen Dramas und Theaters auch Hindernisse in den Weg legte, waren die Spenerischen und pietistischen Grundsätze, durch welche alle theatralische Schöpfungen und Vergnügungen für unerlaubt und gottlos erklärt wurden«, schreibt Carl Friedrich Stäudlin in seiner Geschichte der Vorstellungen von der Sittlichkeit des Schauspiels, die 1823 in Göttingen erschien. Denn das darf nicht vergessen werden: die Gottschedianer, Streiter für den guten Geschmack, bekämpften aus Liebe zum Theater eine, wie man glaubens war, Unform des Theaters, während eine orthodoxe, vornehmlich protestantische Geistlichkeit, die ihren Luther recht zu verstehen glaubte, wenn sie gegen theatralische Lustbarkeiten und schöne Künste überhaupt als Verderberin der Sitten wetterte, gegen das Theater als solches polemisierte. Ein paar Tage vor dem Tode der Neuberin verlangte der Wirt, bei dem sie mit vieler Mühe Unterkunft gefunden hatte, sie müsse sein Haus verlassen, das er nicht durch den Tod einer Komödiantin diffamiert sehen wollte. Ihr Sarg durfte nicht ›ehrlich‹ beigesetzt werden, sondern mußte nachts über die Kirchhofmauer befördert werden und wurde bei ausgestoßenen Menschen, bei den Verbrechern unter die Erde gebracht! Dem Schauspieler und Lustspieldichter Adam Gottlieb Uhlich wurde seines früheren Berufes wegen noch 1753 von den Geistlichen auf dem Sterbebett das Abendmahl verweigert. Die Pointe liegt aber darin, daß hier von der Geistlichkeit der Schauspieler noch immer als Angehöriger eines vor Zeiten immoralischen und asozialen Standes deklassiert wurde, während er inzwischen von sich aus alles tat, um in den Genuß bürgerlicher Achtung und Ehre zu gelangen. Uhlich war Mitglied der Schuchschen Truppe, die ausgezeichneten Ruf genoß, und er verfaßte bei seinem Abschied eine Adresse, die folgenden Titel trägt: SEINEN / HOHEN GÖNNERN / UND / GÜTIGEN FREUNDEN / HINTERLIESS / FOLGENDE VON IHM VERFERTIGTE / VERTHEIDIGUNG DER SCHAUBÜHNE / BEY SEINEM ABSCHIEDE / ADAM GOTTLIEB UHLICH, / MITGLIED DER SCHUCHISCHEN SCHAUBÜHNE [31]. Uhlich verteidigt darin das Theater – denkwürdig genug, daß er es verteidigen muß – mit Worten, die fast gottschedischer anmuten als die von Gottsched selbst. Er proklamiert das Theater unter Anrufung der Kronzeugen Aristoteles, Rom und Athen – mag die Geschichte auch anderes lehren – als »Sitten- und Tugendschule« und sucht vor allem Beispiele anzuführen, nach denen Geistliche der Schauspielkunst gewogen waren. Daraus ist unschwer ersichtlich, woher im achtzehnten Jahrhundert der widrige Wind wehte. »Ich will hier nur von Deutschen reden, da dann bekannt, daß der berühmte Dänische Oberhofprediger und Beichtvater Lassenius über 10 Jahr mit den Treuischen Comödianten zu seinem größten Nutzen gereist. Den Pastor Erdmann in Eschenburg und den Prediger Walther bei Narva nebst verschiedenen andern zu geschweigen.« Uhlich geißelt selbst die Auswüchse des Theaters; abgöttische Huren- und heidnische

Narrenspiele sind auch ihm greulich; umso mehr hofft er auf Verständnis für die, welche die Schaubühne unbeirrt gesäubert haben, und bittet, diesen nicht die »Menschlichkeit« abzusprechen: »Die Klugheit möchte sich sonst einmal an euch rächen!«

Goethe weiß in DICHTUNG UND WAHRHEIT – 3. Teil, 13. Buch – über dieses fatale Kapitel zu berichten: »Unter den strengen Christen entstand nämlich die Frage, ob das Theater zu den sündlichen und auf alle Fälle zu vermeidenden Dingen gehöre oder zu den gleichgültigen, welche dem Guten gut und nur dem Bösen bös werden könnten. Strenge Eiferer verneinten das letztere und hielten fest darüber, daß kein Geistlicher je ins Theater gehen sollte.« Über die ganze exzessive Streitigkeit kann auch die belletristische Literatur der Zeit unterrichten, wie zum Beispiel Hempel in seinem Roman HANS KÖMMT DURCH SEINE DUMMHEIT FORT, der 1783 zu Leipzig erschien: »Viele Bürger und Einwohner glaubten nichts Gottloseres begehen zu können, als die Komödie zu sehen, sie beklagten ihre Nebenbürger, die sich dies Vergnügen erlaubten, und glaubten sie der Verdammung nahe. Einer der vornehmsten dieser Klasse war ein reicher Kaufmann, der bei der strengsten äußerlichen Frömmigkeit sich doch jeden Kunstgriff erlaubte, sein Vermögen zu vergrößern. Dieser würdige Mann war einst nebst etlichen Offizieren und andern angesehenen Personen der Stadt zu Gaste – Bei Tische ward von der Komödie gesprochen und verabredet, daß alle auf den Abend dahingehen wollten, die Komödie zu sehen ... Dies hielt der fromme Mann nicht aus, sein Eifer entbrannte ... gegen alle, die sich dieses Vergnügen erlaubten, beschuldigte alle der Ruchlosigkeit, verkündigte schwere Strafen und verließ zuletzt die Gesellschaft mit den Worten: ›Man müsse das Böse fliehen, um nicht selbst böse zu werden‹!«

Nicolai erwähnt im ersten Abschnitt des zweiten Buches seines SEBALDUS NOTHANKER den Magister Christian Matthesius (1714 bis 1780), Frühprediger und Oberkatechet an der Petrikirche, später Diakon und Archidiakon an der Nikolaikirche zu Leipzig, der »salbungsvolle Predigten wider die Schaubühne« gehalten hat, nicht anders als der in der dritten Auflage von 1776 an seiner Stelle erwähnte Magister Degenkolb an der Thomaskirche. Höhepunkt dieser Kampagne gegen das inzwischen längst recht sittsame Theater bildeten die Auslassungen des Hamburger Hauptpastors Johann Melchior Goeze über die SITTLICHKEIT DER HEUTIGEN DEUTSCHEN SCHAUBÜHNE im Jahre 1769. Man sieht, wie Stäudlin sagte, »überhaupt aus der Geschichte dieses Streits, wie viel Anteil man damals an diesem Gegenstande nahm«. Goezes Schrift fand, wie sich denken läßt, »viel Widerspruch in Recensionen und Gegenschriften«, so daß der Hamburger Magistrat zuletzt bei Strafe verbot, über jene Materie fernerhin etwas drucken zu lassen. Der Zwist erhielt neue Nahrung, als das Gutachten der theologischen Fakultät der Universität Göttingen im Druck erschien, die Goeze um ihr Urteil über die in seiner Schrift fixierten Streitpunkte ersucht hatte. Der junge Lichtenberg hat sich übrigens in ZWO SCHRIFTEN, DIE BEURTEILUNG BETREFFEND, WELCHE DIE THEOLOGISCHE FAKULTÄT ZU GÖTTINGEN ÜBER EINE SCHRIFT DES HERRN SENIOR GOEZE GEFÄLLT UND DEM DRUCK ÜBERGEBEN HAT satirisch über den Kasus ausgelassen, ist jedoch über Entwürfe nicht hinausgelangt. Inmitten einer aufgeklärten Zivilisation holte die evangelische Orthodoxie noch einmal zu einem grimmigen Schlag gegen die verweltlichte Kultur aus und trug damit zum Debakel des Hamburgischen Nationaltheaters und zur Misere der Wandertruppen bei. Göttingen versagte der Seylerschen Truppe, in deren Reihen Ekhof war, die Spielerlaubnis; in Osnabrück warf eine pietistisch verhetzte Menge mit Steinen nach den Schauspielern. So betrachtet, ist Gottscheds und seiner Gefolgsleute Eintreten, ist Sulzers Fürwort für das veredelte Theater allerdings ein bedeutendes Verdienst gewesen, nur daß die Absichten mit dem Theater auf die Dauer das Theater zu einem öden Tempel machen mußten.

Wie man es ansah, erhellt ja trefflich aus Michaelis. Der Vernünftige – das Idol der Aufklärung – ist derjenige, welcher Sünden wider die gesunde Vernunft durch ›Gründe‹, das ist durch logische Beweisführung einsieht. So erbringt etwa Gottsched in der WELTWEISHEIT erstem Teil nach mathematischem Muster den logischen Beweis, daß Komödie und Satire dem gemeinen Wesen nützlich sind. Dem verstockten Sünder, der logischen Gründen unzugänglich bleibt, dient – abermals laut Gottsched – die Dichtung als Versinnlichung und Mundgerechtsame der Sittenlehre in Gestalt der Satire: die bessert, weil der Mensch sie fürchtet. »Komödien sind oft bessere Beweggründe, vom Bösen abzustehen als die besten Vernunftschlüsse der Sittenlehre«, heißt es in den VERNÜNFTIGEN TADLERINNEN. Am zwingendsten aber ist die Komödie, die Gottsched in der WELTWEISHEIT [32] als eine Satire definierte, nur daß dieses Strafgedicht mit lebenden Personen, nicht aus Lettern gebildet wird:

»Eine Satire ist ein Gedichte, welches das Auslachungswürdige der menschlichen Handlungen sehr lebhaft beschreibet.«

»Eine Comödie ist ein Gedichte, welches das Auslachungswürdige der menschlichen Handlungen in einer solchen Fabel vorstellet, die von lebendigen Personen gespielt werden kann.«

Die philosophische Besserung geschah durch Überzeugung, die sinnliche Besserung durch Befürchtung oder Verspottung – vermittels der Buch- und Bühnensatire. Sollten aber auch diese Besserungsmittel nichts fruchten, so hält der Aufklärer, hält Michaelis seinem Gedicht zufolge nur noch eins für hilfreich, das Narrenspital!

Dies nun ist die schlagendste Folgerung aus dem Fassungsvermögen des aufgeklärten Zeitgenossen. Ein Individuum, das trotz guter Begründung, trotz satirischer Widerspiegelung sich nicht ändern will, muß notwendig von Sinnen, toll, närrisch sein; undenkbar ein Mensch, der aus Vernunft anderer Gesinnung, Gesittung ist. Damit führt sich in die Schlagwort-Kartei des aufgeklärten Zeitalters der immer wieder begegnende Begriff des ›Narren‹ ein. Es ist einleuchtend, daß der Begriff, gern an das mit dem Theater verbundene neue Wollen anschließend, Anwendung im Kampf gegen die Stegreifkomödie und Hanswurstresistance findet, wie sie im Verlauf des Jahrhunderts noch in Wien zuletzt vorhanden war. Johann Heinrich Friedrich Müller, der lebhaft an der Bekämpfung der Bernardoniaden von Kurz beteiligt war, verspottet ihn 1776 mit dem Vorspiel VIER NARREN IN EINER PERSON, ein Titel, der Schule machte. E. F. Jester nahm ihn nachmals wieder auf und attackierte 1781 mit ihm die extemporierte Posse. Selbst Flögel, der im übrigen als Bahnbrecher für eine vorurteilslose Anschauung vom Wesen des Komischen und des Harlekin bedeutend wurde, griff mit Formulierungen in der Art von Michaelis auf die Argumentation der Gottsched-Schule zurück, als er den Vorteil der Komödie erweisen wollte. »Noch beträchtlicher ist der Nutzen des Komischen in Absicht seines Einflusses auf den moralischen

Charakter des Menschen. Satyre und Komödie, wenn sie auch nicht alle Narren klug machen, haben doch schon manchen angereizt, daß er in seinen Busen fühlte, ob er noch Fleisch und Blut hätte, und daß er sich umsahe, ob auch andre mit Fingern auf ihn wiesen und sagten: dieser ists. Wenn ein Mensch noch nicht gänzlich in Schande und Schamlosigkeit versunken ist, so muß er sich doch vor dem Spott fürchten, der seine lächerliche Seite der Welt aufdecken kann. Der Mensch sieht sich in der Satyre und Komödie wie in einem Spiegel; ... Freilich wird ein Narr, der ganz Narr ist, in der Komödie und Satyre nicht gebessert; denn dieser gehört eigentlich unter die Geißel des Tollwärters. Aber es gibt verständige Leute, welche diesen und jenen Flecken an sich haben, der ihnen durch lange Gewohnheit, durch andre Verdienste, durch Schmeichelei ihrer Anhänger oder durch eingewurzeltes Vorurteil unsichtbar werden oder wohl gar Schönheit scheint; diese können durch das Lächerliche gewarnt werden.«

Das Theater als Instrument der moralischen Besserung war der Vernunftepoche ernstlich ein Allheilmittel für etwelche sozialen Aberrationen. Daß aber Narren, die ganz Narren sind und, mit Flögel zu sprechen, unter die Geißel des Tollwärters gehören, von dem Theater Heilung finden könnten, ist die Überzeugung eines ›Tollwärters‹ selbst, in konsequenter Weiterführung, Übertragung ästhetisch-moralischer Intentionen auf Seelen-Zustände. In seinen RHAPSODIEN ÜBER DIE ANWENDUNG DER PSYCHISCHEN CURMETHODE AUF GEISTESZERRÜTTUNGEN, die 1803 zu Halle erschienen, redet Reil dem Theater als Instrument der seelischen Besserung das Wort: »Ich bemerke bloß im Allgemeinen, daß jedes Tollhaus ... ein für diese Zwecke besonders eingerichtetes, durchaus praktikables Theater haben könnte, das mit allen nötigen Apparaten, Masquen, Maschinerien und Dekorationen versehen wäre. Auf denselben müßten die Hausofficianten hinlänglich eingespielt sein, damit sie jede Rolle eines Richters, Scharfrichters, Arztes, vom Himmel kommender Engel und aus den Gräbern wiederkehrender Toten, nach dem jedesmaligen Bedürfnisse des Kranken, *bis zum höchsten Grad der Täuschung vorstellen könnten*. Ein solches Theater könnte zu Gefängnissen und Löwengruben, zu Richtplätzen und Operationssälen formiert werden. Auf demselben würden Donquichotte zu Rittern geschlagen, eingebildete Schwangere ihrer Bürde entladen, Narren trepaniert, reuige Sünder von ihren Verbrechen auf eine feierliche Art losgesprochen. Kurz der Arzt würde von demselben und dessen Apparat nach den individuellen Fällen den mannichfaltigsten Gebrauch machen, die Phantasie mit Nachdruck und dem jedesmaligen Zwecke gemäß erregen, die Besonnenheit wecken, entgegengesetzte Leidenschaften hervorrufen, Furcht, Schreck, Staunen, Angst, Seelenruhe usw. erregen und der fixen Idee des Wahnsinns begegnen können.« Der Arzt als Dichter und Theatraliker, sein Publikum zugleich seine Menge von Patienten – frappierende Verkehrung einer üblichen Metapher und ihre praktische prosaische Anwendung.

In diesem Sinne ist für die Ausbildung des deutschen Lustspiels im achtzehnten Jahrhundert niemand so mustergültig geworden wie Christian Fürchtegott Gellert (1715–1769). Ihm rühmte schon Lessing – im 22. Stück seiner HAMBURGISCHEN DRAMATURGIE – nach, daß seine Stücke spezifisch ›deutsch‹ wären. Deutsch – das ist zum Verständnis der wütenden Entgegnung einer jüngeren Generation bemerkenswert – meint hier durchaus das so degoutant gewordene Hausbackene: »jeder Zuschauer glaubt, einen Vetter, einen Schwager, ein Mühmchen aus seiner eigenen Verwandtschaft darin zu erkennen.« Vorzüglich dienen Gellerts Stücke aber Lessing zu dem Beleg, daß Deutschland keinen Mangel an Originalnarren leide, eher an den Augen, jene zu bemerken, und an der Hand, sie mit Witz und Verstand töricht auf die Bühne zu stellen. Gellert, der Bühnendichter, der am gründlichsten mit den Relikten Harlekins noch in der Dienerrolle aufräumte, verwirklichte eine gereinigte Komödie und produzierte das gänzlich deutsche Lustspiel, den aus dem deutschen Leben gegriffenen Narren anstelle jenes denaturierten Lustigmachers. Es versteht sich übrigens von selbst, daß Gellerts theoretische Äußerungen zur Komödie sich in nichts von den Äußerungen seiner Vorgänger, Zeitgenossen und nachkommenden Aufklärer unterscheiden – läßt man einmal seine fundierten Vorschläge zur Hebung des deutschen Theaters durch Subventionierung, Einsetzung eines Dramaturgen und so fort außer acht. In seinen BRIEFEN, NEBST EINER PRAKTISCHEN ABHANDLUNG VON DEM GUTEN GESCHMACKE IN BRIEFEN, die 1751 zu Leipzig erschienen, schreibt er wenigstens einer

Dame, welche er von dem Nutzen der Komödie überzeugen will, daß menschliche Torheit und ungereimte Neigung und Meinung »auf eine sinnliche und spöttische Art lächerlich« zu machen, auch für ihn der ernsthafte Vorsatz des Komödienschreibers ist, der ja keinesfalls spotte, »um zu spotten, sondern um zu lehren«. Spott aber muß sein, weil gewisse Krankheiten des Geistes ebenso wenig durch gelinde Mittel zu kurieren sind wie gewisse Krankheiten des Körpers. Die Satire ist nach Gellert und jedermann im Moralischen so heilsam wie in der Medizin das zubereitete Gift. Menschenliebe wäre da ein ungutes Medikament. »Einen mutwilligen Narren, als einen Narren, heißt mich kein Gesetz der Religion lieben. Ich soll ihn vielmehr in diesem Verstande verabscheuen und nur so viel Liebe für ihn haben, als nötig ist, ihn zu bessern, wenn er sich nicht selbst widersetzt.« Auch den Vorwurf, Komödie und Theater wären dem vernünftigen Manne eine Zeitvergeudung, weiß Gellert zu entkräften, indem er sie einen »nutzbaren Zeitvertreib« nennt, durch den Geschmack, Verstand, Herz, Sitten und Lebensart verbessert werden können. Selbstverständlich könnte man die Komödie auch daheim lesen und sein Vergnügen und Nutzen dabei finden. Aber er gibt zu bedenken, daß auf der Schaubühne »alles begreiflicher und sinnlicher« wird, und empfindet den guten Akteur geradezu als einen Arzt, der durch seine Geschicklichkeit unsere Aufmerksamkeit auf das Stück lenkt, selbst dort, wo wir uns vergnügen wollten.

Für die Geschichte des deutschen Lustspiels stellt Gellert innerhalb des achtzehnten Jahrhunderts die zentrale Gestalt dar. Man muß sagen, daß von Gottsched über Gellert bis zu Iffland und Kotzebue hin die Ausbildung des deutschen Lustspiels folgerichtig stattgefunden hat. Ohne Übertreibung: das zeitgenössische Lustspiel wirkt, wenn schon nicht von einer Hand, so aber aus einerlei Geist verfaßt, dem des aufgeklärten Bürgertums. Darum erübrigen sich beinahe weitere Nachweise der Harlekin-Ausmerzung an Hand des derzeitigen Lustspielrepertoires. Nichts beleuchtet die Situation so gut wie etwa Art und Weise, in der ausländische Autoren, die entweder notgedrungen noch auf die Commedia dell'arte zurückgriffen wie Goldoni oder absichtlich die Masken beibehielten wie Gozzi, auf einheimischer Bühne nachgespielt wurden.

Das achtzehnte Jahrhundert hat unter Übersetzung eines Theaterstückes durchweg den Versuch verstanden, jedwede ausländische Besonderheit in jedem Sinne einzudeutschen. Man nahm, kurzum, dem Stücke das, worum es heute eigentlich sehenswert wäre: sein fremdländisches Kolorit. Solche Behandlung erfuhr das Schaffen Carlo Goldonis (1707–1793), seit es zuerst auf dem deutschen Theater – nachweislich ab 1751 – vorgestellt wurde. Damals übernahm der Freiherr von Lopresti die Verwaltung des deutschen Schauspiels zu Wien. Um dem Mangel an deutschen Originalstücken abzuhelfen, ließ er, ein geborener Italiener, Übersetzungen seines Landsmannes anfertigen [33]. Das erste im Druck erhaltene Stück ist DER LEUTANSETZER ODER DIE STOLZE ARMUTH nach dem IMPOSTORE Goldonis, von Friedrich Wilhelm Weisker, dem Patron der Wiener Burleske, übertragen; es ist zugleich der älteste Versuch, das italienische Stück auf deutsche Verhältnisse umzuschreiben. Da es in Wien geschah, bedeutet es also die Transfiguration des Arlecchino in den Wiener Wurstl. Bis zu Sonnenfels hin war Goldoni immer gut als Stoff für die ›hungrige‹ Wiener Volkskomödie, die keinen Anstand nahm, selbst in Goldonis, die von Harlekin frei waren, einen Hanswurstpart hineinzuschreiben. Bezeichnend für die Art, wie man Goldoni in Deutschland adaptierte, ist Lessings und seiner Freunde Beschäftigung mit dem Italiener. Lessing selbst versucht sich an einer Bearbeitung der EREDE FORTUNATA, die zunächst den Arbeitstitel DIE CLAUSEL IM TESTAMENTE trägt, endgültig DIE GLÜCKLICHE ERBIN heißt; die wichtigste Änderung gegenüber der Vorlage: Arlecchino wird zum Kammerdiener umgemodelt [34]! Nicolai dagegen bespricht bis 1766 zweiundvierzig Goldonische Komödien, wobei er anläßlich des IL CAVALIERE E LA DONNA etwa hervorhebt, daß Goldoni hier wie zuerst in der PAMELA die vier Larven menschlicher gemacht habe – durch andere Namensgebung und persönlichere Zeichnung. Man sieht, Lessing und Nicolai sind praktisch gar so weit von Gottsched nicht entfernt. Nicolai findet übrigens auch, daß der SERVITORE DI DUE PADRONI, das Stück also, das Goldoni eigentlich dem heutigen Theater wert macht, »manche Kennzeichen der alten, fehlerhaften italienischen Bühne an sich hat« [35]. Joseph von Sonnenfels, der gern der Lessing von Wien geheißen hätte und es doch nur zum lokalen

Gottsched brachte – Nicolai bestimmte ihn übrigens indirekt zur Literatur –, verwahrt sich 1768 in den BRIEFEN ÜBER DIE WIENERISCHE SCHAUBÜHNE gegen das Unwesen der welschen Fratzenspiele und zielt dabei vornehmlich gegen den ›eingewienerten‹ Goldoni: »Die Dichter dieser Stücke scheinen nicht nach Scherzen zu jagen, sie laufen nach dem Buffo, nach Fratzen, nein! auch der Ausdruck ist zu gelinde: sie laufen nach der Narrheit und suchen ihre Lustigmacherei in den Kämmerchen des Tollhauses auf – und oft in Orten, wo Schmutz und Doppelsinnigkeiten die Haussprache sein mögen.« Aber der Höhepunkt des Goldonischen Einflusses auf das deutsche Theater fällt erst in die Jahre 1775–1779, in denen er von allen namhaften Truppen – der Ackermannschen, der Kochschen, der Seylerschen – gespielt wird! Nicht ohne Reiz liest man in diesem Zusammenhang ein Preisgedicht auf Goldoni, das aus der Feder Hagedorns stammt und folgendermaßen anhebt [36]:

Von vielen, die sich itzt Thalien zugesellen,
Kennt keiner, so wie er, was bessert und gefällt.

Wenn man Goldoni daher ein Mittel auf dem Wege zur Geschmacksbildung nennen will, so heißt das nichts anderes, als daß er, wo er noch nicht in das Konzept des geläuterten Theaters passen sollte, rigoros nach dem Geschmack des deutschen Bürgertums umgeschrieben wurde. Beispiele in der Art liefert etwa der Dramaturg Bock von der Schröderschen Truppe, der Arlecchino und Brighella zu den ehrsamen Bedienten Philipp und Michael ernüchterte, ja Friedrich Ludwig Schröder (1744 bis 1816) selbst, der in seiner Bearbeitung des DIENER ZWEIER HERREN vierzehn Szenen des Originals, oft eben die burleskesten, unterdrückt. Und mit Recht urteilt 1770 das SCHREIBEN ÜBER DIE LEIPZIGER BÜHNE AN HERRN J. F. LÖWEN ZU ROSTOCK: »Sie« – nämlich die gesitteten Extemporierer – »haben ungleich mehr Genie nötig als die regelmäßigen Schauspieler.«

Darin liegt alles umschlossen. Der deutsche Schauspieler des letzten Jahrhundertdrittels hatte auch bei dem besten Willen gar nicht mehr die Fähigkeit, aus dem Stegreif zu spielen. Wenn der Diener zweier Herren, der ursprünglich ja Arlecchino-Truffaldino hieß, so gestutzt wurde, geschah das sicherlich auch in der Erkenntnis, daß der deutsche Schauspieler zum tolldreisten

Spaßmachen schon viel zu viel larmoyante Komödie in den seriösen Gliedmaßen hatte. Dahingehend äußert sich 1798 Nicolai in der Vorbemerkung zu Mösers Harlekin-Verteidigung [37]. »Figaro ist *gai* in seiner ganzen Rolle; auch habe ich wenigstens diese Rolle noch von keinem deutschen Schauspieler so spielen sehen, wie sie eigentlich gespielt werden sollte.« Vielleicht, denkt Nicolai, ist nicht einmal ein Schauspieler vorhanden, »der den goffo grazioso so spielen wollte – oder könnte«! In der Tat mußte diese ennüierende Weise, alle Kunstäußerung auf die Formel behaglicher Verständigkeit und rechtschaffenen Frohsinns zu spannen, den Unwillen von Dichtern erregen, die an der Wirklichkeit als Wirklichkeit kein Genüge, geschweige denn Gefallen fanden. Wieland [38] äußert sich anläßlich der Aufführung von Goldonis DIENER ZWEIER HERREN in Weimar 1794 angewidert über die moderne Sucht nach der Illusion. Warum, meint er, »wagt man es nicht gradezu, den Arlekin in seinem Habit zu rehabilitieren. Er nannte dieses Stück in der Art der Alten, des Menander usw. geschrieben. Beiläufige Anmerkung: die alten Schauspieler arbeiteten *nie* auf Illusion. Sie waren τεχνικαί. Ihr Spiel sollte *idealisiertes* Kunstwerk sein. Daher lassen sich Masken und all ihr Theaterpomp, in dem die Choragen sich selbst zu übertreffen strebten, erklären. Unsre neue Schauspielkunst jagt dem leeren Phantom nach, sich mit der vorgestellten Person selbst zu identifizieren, daher die höchst natürlichen Karikaturen der Ifflandschen Schlafrockstücke, wobei man vor lauter Nachahmung der lieben einfältigen Natur unaussprechlich platt und fade wird und endlich ganz vergißt, daß dramatische Darstellung Kunstideal und *Spiel* Kunstwerk ist.« Dieser Ausspruch des alten Wieland nach dem Zitat Böttigers weicht entschieden von Auffassungen ab, wie sie Wieland in den sechziger Jahren bei Gelegenheit seiner Shakespeare-Übersetzung äußerte. Da bekundet er in Anmerkungen zum Text eine Gesinnung, welche die shakespearebegeisterte Genie-Jugend vor den Kopf stoßen mußte, so gemahnt sie an das Vokabular Gottscheds und seiner Schule. Vornehmlich vier Eigenheiten sind es, gegen die sich Wieland entrüstet: das Indezente; das unlogisch Irrationale; die Metaphorik, die er »Reden im tollhäuslerischen Geschmacke« nennt; schließlich Wort- und Witzspiele, die er mit jenen auf eine Stufe stellt,

»womit Hanswurst auf einigen deutschen Theatern die Ehre hat, ein nach Standesgebühr gnädig- und hochgeneigtes Auditorium zu unterhalten«. Wielands großzügigere, sozusagen absolut ästhetische Auffassungsweise vom Komischen fällt bezeichnenderweise in jene Jahre, in denen er sich mit Aristophanes eingehend zu beschäftigen und ihn zu übersetzen beginnt: in den Winter von 1792 und 1793. Eine Stelle aus der GESCHICHTE DES AGATHON verdeutlicht trefflich den Wandel seines Urteils über jenen Dichter [39]. In der ersten, der Ausgabe von 1766–67 schreibt er von dem »asotischen Witzling Aristophanes«, verdeutscht 1773 in der zweiten Ausgabe den Ausdruck zu der Formulierung »der lüderliche Witzling Aristophanes«, um in der dritten Ausgabe, die erst nach der Übersetzungsarbeit an Aristophanes erschien, nunmehr zu schreiben: »der genievollste, witzigste und verständigste aller Possenschreiber, Aristophanes«! Muß selbst zu der Zeit zwischen dem Wieland, der an die Öffentlichkeit tritt – ein zurückhaltender Publizist, der moralische Anmerkungen zu amoralischem Text schreibt – und dem Wieland unterschieden werden, der bei seinesgleichen – als Privatmann sozusagen – frei herausspricht, so spricht das für den Zwang, unter den das achtzehnte Jahrhundert seine Schriftsteller stellte, nach dem es frühere Poeten aburteilte. Der wahre Wieland scheint in dem von Böttiger [40] mitgeteilten, ungemein aufschlußreichen Gespräch zwischen Goethe und Wieland sich zu offenbaren: »Goethe äußerte gegen Wieland, daß die ursprüngliche vis comica in den Obscönitäten und Anspielungen auf Geschlechtsverhältnisse liege und von der Komödie gar nicht entfernt gedacht werden könne. Darum sei Aristophanes der Gott der alten Komödiendichter, sagte Wieland, und darum hätten wir eigentlich gar kein Lustspiel mehr ... Darum ist eben mein Aristophanes kein solcher Schweinigel (Verweis auf die Aischologien und ἰθυφαλλικα in den Mysterien) als ihn unsere Überlieferung achten will.«

Idealisiertes Kunstwerk. Dieses Wort Wielands, das so, wie es Böttiger nachgeschrieben, durchaus dem Munde eines Romantikers entstammen könnte – ebenso faszinierend mehrsinnig, ebenso verdammt zur Wirkungslosigkeit in seiner Zeit –, hat eine annähernde Verwirklichung auf der Bühne erst des zwanzigsten Jahrhunderts gefunden. In einer ganz Europa ergreifenden Bewegung wandte sich zu Beginn dieses Jahrhunderts in Dichtung, Musik, Bildender Kunst und auf dem Theater eine der fortschrittsgläubigen und bis zur Pedanterie vernünftigen Gegenwart überdrüssige Generation einer Welt zu, die ihre Spielregeln einer tieferen Vernunft entlieh – Welt der Commedia dell'arte, des elementaren Mimus. Damals wurde der Rokoko wiederentdeckt, Harlekin neugeboren, Gozzi wie Goldoni als Schatzhalter italienischer Buffonerie gegen das bessere Wissen ausgespielt. In der Geschichte des Welttheaters bedeutete das den Untergang der Illusionsbühne. »Harlekin entspringt der Wirklichkeit – wohin? In die Freiheit« [41]! Es ist immer bis zu einem gewissen Grade riskant, die Worte eines fernen Jahrhunderts auf Ereignisse von heute anzuwenden. Wielands »idealisiertes Kunstwerk« entspricht nicht ganz dem neuen Ideal einer »strikten Künstlichkeit« [42], in der Ausführung und nach ihrem Ausgangspunkt sind beide durchaus vergleichbar. Gewiß aber war nicht Reinhardt, wie man gern vermutet [43], der Theatermann, welcher diese andere Kunstgesinnung verwirklichte. Als Reinhardt das Theater in der Josefstadt mit dem DIENER ZWEIER HERREN eröffnete, als er 1911 in Berlin die TURANDOT inszenierte, hat er nicht den »eigentlichen, ursprünglichen Gozzi«, nicht den schieren Goldoni »für die deutsche Bühne zurückerobert«. Die Faszination, die von Reinhardts Inszenierungen ausstrahlte, lag vielmehr in seinem Vermögen, ätherisch leichtes Spiel als »Traum, als Souvenir, als Illusion einer versunkenen Epoche« [44] mit der transitorischen Kunst des Theaters für einen beglückenden Augenblick wieder zu beschwören, zu bannen. Als das ganz heutige und darum noch am ehesten an Wielands Ideal erinnernde Muster einer Inszenierung, die solchen erträumten Spielkosmos gestaltete, muß vielmehr der ARLECCHINO SERVITORE DI DUE PADRONI in der bereits sagenhaft gewordenen Vorstellung durch Giorgio Strehler gelten. In Vergleich mit dem Strehlerschen Goldoni mutet Reinhardts Aufführung noch ›verspielt‹ an, während hier sozusagen eine »Abstraktion des Spiels« [45] Ereignis wurde. Nichts war in dem Rampenlicht von jenen Versuchen Goldonis übriggeblieben, die Larventräger in einer menschlich immerhin verständlichen Welt einheimisch zu machen. Hier gab es nicht auf der einen Seite natürliche Figuren, auf der andren exzentrische Masken, sondern insgesamt ein komisches Pandämonium wie am Schnürchen, wobei Harlekin sich mit der gleichsam unmenschlichen Lustigkeit einer anmutigen Maschine so über das Menschenmögliche hinaus- und aufspielte, daß der vexierte Zuschauer nicht anders als durch Lachen sich zur Wehr setzen konnte.

Mag Wieland auch seinen Ruf nach dem ›unnatürlichen‹ Spielwerk nicht so weit verstanden haben, wie ihn die Moderne dann nach ihrer Weise aufgegriffen hat; die Postamentierung der Natürlichkeit als Kanon des Kunstschicklichen hatte jedenfalls Ende des achtzehnten Jahrhunderts zu nachhaltig, zu allgemein Schule gemacht, als daß nicht sogar gutgemeinte Kunstbestrebungen, die noch dazu nicht einmal radikale Neuerungen wagten, bei der Menge auf völliges Unverständnis gestoßen wären. Das erweist jenes in Wahrheit groteske Kapitel der Schillerschen TURANDOT-Bearbeitung! Schillers Bearbeitungen zeichnen sich vorzüglich ja durch ein Bestreben aus, andersartige Gattungen dem klassizistischen Weimarer Theater zu erschließen, aber nicht getreu dem Original, sondern glättend, ausgleichend. So wird in MACBETH das »Jähe und Grelle, das Grobe, Groteske und Grausige« [46] getilgt – der trunkene Pförtner singt nüchtern nun ein erbauliches Karmen gen Morgen. Dagegen galt es bei der Bearbeitung des phantastisch-romantischen Bühnenmärchens von der TURANDOT 1801, die mimische Komik zugunsten eines bis in die Charaktere hinein klug motivierten Dramas auszumerzen. Diese Veredelung beginnt bei der durchgehenden Versgebung und endet mit der ›Entheiterung‹ der vier Masken. »Schillers Kunst beruht überall auf dem ernst-Nehmen noch des Kleinsten und Untersten, das südliche Theater auf dem nicht-ernst-Nehmen noch des Ernstesten« [47]. Wenn Schiller also die burlesken Züge der Komödie zugunsten der pathetischen beschnitt, ja erst überhaupt eine dem Original fernliegende »Steigerung der Heldin in die Welt der schönen Menschlichkeit« und »Ethisierung des Problems« [48] unternahm, so unterschied er sich – bei dem Licht der Bühne besehen – nicht von der Denk- und Handlungsweise seiner Zeit. Schon 1780 hatte Dyk in der Vorrede zu einer Gozzibearbeitung geraten: »Wer ein Stück von Gozzi für unser Theater bearbeiten will, muß notwendig die Rollen des

Pantalon, des Tartaglia, des Truffaldin und der Smeraglia gänzlich umbilden oder es kömmt etwas Abenteuerliches und für deutsche Zuschauer im Theater Unverständliches heraus« [49]. Entsprechend faßt Schiller die Maskenkomödie an. Er hatte für die vier Stegreifgestalten weder Sinn noch Verwendung, legte vielmehr ihre neue komische Erscheinung in den Kontrast zwischen ihrem bekannten Charakter und den Ämtern, die sie in Gozzis Spiel bekleideten. Man mag diesen Eingriff einen Versuch zur feineren Komik nennen; jedenfalls aber gerieten die Masken auf die Weise erst recht in den Verruf der Sinnlosigkeit. In einem Brief an Körner vom 16. November 1801 bemängelte Schiller an Gozzis Figuren, sie sähen wie Marionetten aus, die am Draht bewegt werden. Der nicht eben originelle Vorwurf mangelnder Menschlichkeit zeigt lediglich, wie stark Schiller immerhin dem Zeitgeist verpflichtet war. Im Verlauf der künstlerischen Revolution zu Anfang dieses Jahrhunderts, die Erinnerungen an romantische Postulierungen weckt, wird der TURANDOT-Inszenierung von Wachtangow nachgerühmt, daß sie ein »reizvolles Ineinander von Chinoiserie und Commedia dell'arte, von Märchen und Stegreifspiel, von tänzerischer Musikalität und *marionettenhafter Burleske* ...« [50] gewesen sei!

Nach allem, was bislang über Schillers Bearbeitung gesagt wurde, mutet dann die überwiegende Reaktion des Publikums desto unverständlicher an: selbst in ihrer zeitgemäßen Gestalt fand es sich von der Maskenwelt abgestoßen, befremdet. Obgleich die Theater den bereits bearbeiteten Gozzi mehr oder weniger nochmals überarbeiteten, bleibt das Resümee, ob in Weimar und Berlin oder Hamburg: »das Publikum konnte sich in diese Gattung nicht finden. Das Spielen mit dem Spiele versteht man nicht und nimmt es übel, weil man in der tragischen Rührung nicht gestört sein will ...« So war Körners Eindruck, den er am 19. November 1802 Schiller mitteilte. Iffland, der Regisseur der Berliner Aufführung, drückt in seinem Schreiben an Schiller das allgemeine Zeitempfinden vollendet aus: »Wäre das genus erst durchaus rezipiert, wer steht dafür, daß nicht zuerst ein verfeinerter und endlich gar ein platter – erst Harlekin, dann geradezu Hanswurst! uns geschrieben und zu geben uns zugemutet wird? Dies werde ich, so viel an mir liegt, nie zugeben ... Wir sind mit dem deutschen Theater in keinem

Betracht so weit vorwärts, daß wir etwas einführen könnten, was in den Händen von Schauspielern oder Schriftstellern ohne Genie wieder zurückführen müßte.« Besser als durch diese Textstelle, die fast an die Heftigkeit eines Gottsched denken läßt, kann die wütende Polemik der romantischen Jugend nicht verstanden werden, nach welcher der verpönte Zeitgeist nur zu sehr als ein Gottsched redivivus handelte und sprach und aussah. Hier ist der Ort, einer schriftlichen Kritik an Schillers TURANDOT zu gedenken, die geradezu symbolische Bedeutung erhält: sie ist die Kundgabe eines *Anonymen!* Im Namen eines großen Teils des Publikums, im Namen der gesunden Vernunft wird Schiller ergebenst ersucht, »Stücke zu liefern, die Ihrer und des Zeitalters würdig sind«, zweckmäßige, das heißt der Geschichte entlehnte Stücke, nicht aber solche Sujets, »die uns die Zeiten des Bernardons und Kasperle nebst Konsorten ins Gedächtnis zurückrufen«, geeignet, das Publikum, das kaum zu denken begann, schon wieder zu verbilden, wie es durch Auftischen von »Märchen« nach dem Geschmack der »Schlegelianer« zu befürchten steht. Die Schlußfolgerung aus diesem von vornherein unglücklichen Versuch, Gozzi wider Gozzi deutschmäßig aufzuführen, zieht einer jener obengenannten Schlegelianer selbst, nämlich August Wilhelm von Schlegel, der am 1. Juli 1802 in der ZEITUNG FÜR DIE ELEGANTE WELT zu der Aufführung der TURANDOT am Berliner Nationaltheater bemerkte: »So diente dieser Versuch, Gozzis geistreiche Phantasie zur Erscheinung unter uns zu bringen, bloß zum Beweise, wie sehr unsre Bühne durch den bisherigen Zeitgeschmack gesunken ist und wie gänzlich es unsern meisten Schauspielern an den beiden Haupterfordernissen dazu, prächtiger Rhetorik und kecker gewandter Buffonerie, fehlt.«

Die romantischen Komödien, in denen Hanswurst oder der Narr à la Shakespeare oder Harlekin von Bergamo ihr Wesen trieben, müssen in diesem Zusammenhang, außer als programmatische Äußerungen, nichts gelten: fanden sie ja nicht einmal mehr den Weg auf das Theater, wo es eigentlich hätte entschieden werden können. Als sich die Möglichkeit bot, war die Romantik längst über ihre bürgerschrecklichen Narrenpossen hinaus oder gar schon historisch geworden. Es ist bezeichnend, daß Brentano den PONCE DE LEON – jenes Lustspiel also, in dem er auf Figuren der Commedia dell'arte zurückgriff –, als er ihn für das Burgtheater einrichtete, zu einem jener üblichen Bühnenwerke umarbeitete, das Trivialitäten statt der romantischen Laune aufbot und seine bequeme Gesinnung bereits in dem Titel verriet: VATERLIST ODER VALERIA. Man sollte meinen, daß solcher Titel einer Kotzebueade vortrefflich anstehen würde. Und die Aufführung der LUSTIGEN MUSIKANTEN, die E. T. A. Hoffmann, Autor und Komponist in einer Person, zu Warschau wagte, war nicht weniger enttäuschend als die der TURANDOT Jahre zuvor: »Der Text mißviel – es war Kaviar für das Volk, wie Hamlet sagt«, schrieb er Hippel am 26. September 1805. Wie war endlich das Los der für die romantische Gefolgschaft selbst einflußreichsten Komödien Tiecks? Der MALER NOLTEN berichtet wohl von einer Aufführung der VERKEHRTEN WELT. Aber Mörike bekennt damit nur seine Neigung zu der romantischen Narrenexzentrik, denn Aufführungen haben Werke Tiecks erst wesentlich später erlebt: der GESTIEFELTE KATER 1844 in Berlin, und auch dann nur auf allerhöchsten Befehl. Immermann, der Schüler und Verehrer Tiecks, einer der wenigen, der jenen ›Literatur-Komödien‹ Bühneneignung zuerkannte, starb, ehe er seine Pläne verwirklichen konnte.

Am Ende jenes Jahrhunderts und dieses Kapitels heißt das Resümee, daß das von Gottsched ausgesprochene Verdikt gegen Hanswurst und Harlekin unumstößlich war. Versuche närrischer Liebhaber, die Lustige Person auf der Bühne zu repatriieren, vermochten daran nichts zu ändern. Es gab nicht einmal mehr deutsche Schauspieler, die »kecker gewandter Buffonerie« mächtig waren, geschweige denn ein Publikum, das an ihr Gefallen fand. Hanswurst, der deutsche Bühnennarr, verschwand von den Brettern, die derzeit die bürgerliche Welt bedeuteten. Er verschwand darum doch nicht aus der deutschen Welt. Man muß seine Spuren nur nicht im Drama der Zeit verfolgen, sondern in Gattungen, in denen er von vornherein ganz fehl am Platze dünkt, muß sogar in Kauf nehmen, ihn bisweilen wegen seines ungewohnt pikarischen oder hamletischen, auch sonderlingshaften Gebarens nicht gleich wiederzuerkennen, bis er in so endgültigen Gestaltungen wie denen eines Schoppe oder eines Nachtwächters von Bonaventura als ›tragischer‹ Hanswurst neuerdings auf- und im zwanzigsten Jahrhundert weiterlebt.

ZWEITES KAPITEL

BÜRGERTUM UND NARRENTUM IM ACHTZEHNTEN JAHRHUNDERT

I. Das Ärgernis des Lachens

Für die Geschichte der deutschen Aufklärung ist das Jahr 1737 ein bedeutendes Datum. Zweifellos stellt die Eröffnung der Göttinger Universität sein wichtigstes Ereignis dar. Das Jahr wartet aber überdies mit zwei Begebenheiten auf, die denkwürdig genug sind. Während man in Leipzig den Hanswurst von der Bühne weist, betritt der Narr zu Frankfurt an der Oder das akademische Katheder und hält vor Professoren und »bei allerhöchster Gegenwart Ihro Kön. Maj. in Preußen« eine Disputation.

Ein großes blaues Samtkleid mit großen roten Aufschlägen und eine rote Weste ist des Narren Gewand. Er trägt eine Perücke, die ihm über den ganzen Rücken fällt. Die Stickerei an den Knopflöchern, Taschen, Hosen und Zwickeln der Strümpfe besteht aus silbernen Hasen. Statt des Degens trägt er einen Fuchsschwanz und auf dem Hute statt der Federn Hasenhaare. Sein Vortrag ist im Druck erschienen. Er trägt den Titel Vernünftige Gedancken von der Narrheit und Narren. Ein Magister hat die »kützliche Schrifft« verfaßt. Aber Narr und Magister stellt derselbe Mann: Salomon Jacob Morgenstern. Zu Pegau in Sachsen wurde er 1706 geboren. Er war Dozent für Geschichte und Geographie in Leipzig, aber augenscheinlich ohne rechten Erfolg. Dem stand schon seine Erscheinung entgegen: die auffallend kleine Statur, der mächtige Kopf, die breitgeschlitzten Augen, die lange flache Nase. Es paßt in das Bild des närrischgestalten Närrischweisen, daß er menschenscheu und nur von allerlei Getier umgeben endete. Der Sonderling starb 1785 in Babelsberg bei Potsdam.

Göttingen und Leipzig und gar Frankfurt an der Oder sind zur gleichen Zeit wie verschiedene Epochen der Geistesgeschichte. An die Launen von Barockpotentaten gemahnt die Tatsache, daß auf allerhöchsten Wunsch in den ernsthaften Hallen der Universität eine dem Anschein nach recht unseriöse Disputation anberaumt wird. Im achtzehnten Jahrhundert haftet diesem königlichen Spaß schon gelinder Anachronismus an. Längst beobachtet man die Dekadenz der alten Hofcharge ›Lustiger Tischrat‹, aber Friedrich Wilhelm der Erste, der in Preußen 1713 die Regierung antrat, pflegt noch der Sitte, aus der Menge der Gelehrten seinen Unterhalter zu wählen. Bekannter als Morgenstern ist Jacob Paul Freiherr von Gundling, dessen jüngerer Bruder Nicolaus Hieronymus der namhafte Hallesche Pietist und Professor war. Im Jahre 1668 geboren, machte er am Hof des preußischen Königs den Narren; dabei galt er als ein Gelehrter von großen historischen Kenntnissen. Friedrich Wilhelm der Erste (1688–1740) veranschlagte das gelehrte Wissen nicht allzu hoch. Mutterwitz stand ihm über Gelehrtenrabulistik. Den Beweis gibt Johann Carl Eckenberg, der starke Mann genannt. An sich ohne alle künstlerische Bedeutung erweckt der 1685 im Bernburgischen geborene letzte Repräsentant der Haupt- und Staatsaktionen, Theaterprinzipal und Äquilibrist lediglich durch seine Stellung zum preußischen König Interesse. Die königlichen Gunstbezeigungen machten ihn zu einer der meistberedeten Persönlichkeiten Berlins. Er ist 1748 in Luxemburg gestorben.

Bei den Leipziger Gelehrten fand der studierte Lustigmacher, sonderbare Mischung aus Intellektuellem und Hofnarr, keinerlei Entsprechung. Der studierte Lustigmacher ist um mehr als ein Jahrhundert älter als Gottsched. Seit Friedrich Taubmann, dem 1565 geborenen Humanisten, rechnet man die Tradition und eine unbedenklich genützte Möglichkeit, mit der spitzen Zunge Geld zu verdienen. Ein Geschöpf des gleichen Jahrhunderts ist übrigens die noch bestehende ›Narrenakademie‹ in dem niederrheinischen Städtchen Dülken. Am 21. Februar 1554 wurde hier die sogenannte ›Berittene Akademie der Künste und Wissenschaften und Erleuchtete Monduniversität‹ gegründet. Ihr Vorsatz war, die gelehrte Wichtigtuerei zu verspotten und gleichzeitig die Narrenfreiheit akademisch zu verteidigen. Sie verlieh zu diesem Zwecke närrische akademische Würden: das älteste, heute noch am Sitz der Narrenakademie, einer alten Bockwindmühle, verwahrte Doktordiplom in lateinischer Sprache stammt aus dem Jahre 1741. Man könnte sich Morgenstern recht gut als Dülkener Akademiker denken, aber er leistete mehr. In seiner Unbedenklichkeit, mit der er sich auf die Narren-Disputation einließ, geht er weit über den launigen Beitrag

Dülkens, den dubiösen Beitrag Leipzigs zur allgemeinen Zeitdebatte hinaus: als Prototyp des unpedantischen Gelehrten, wie er seit Thomasius Programm wurde, und auch mit der vorlauten Feststellung, daß die Narrheit eine Weltmacht sei und jedermann ein Gran von Narrheit besitze. Solch lächelndes Eingeständnis formuliert erst wesentlich später gültig für ein wahrhaft aufgeklärtes Jahrhundert Justus Möser mit den Worten, jeder Mensch sei wechselweise klug *und* närrisch!

In der Tat entspricht dem Habitus der Leipziger am ehesten ein Augenzeuge wider Willen an der närrischen Disputation, nämlich der Staatsrat Johann Jacob Moser (1701–1785). Salzmann [1] nannte Moser, der 1736 als königlich preußischer Geheimrat, Direktor der Universität und Ordinarius der Juristenfakultät nach Frankfurt an der Oder gekommen war, wo er bis 1739 blieb, »ehr- und merkwürdig durch seine unverdrossenen und nie ermüdenden Bemühungen, die er der Bearbeitung des Staatsrechts, vorzüglich des Teutschen, widmete und durch das, was sein Eifer in diesem Fache leistete, – durch die Rechtschaffenheit und Religiosität seines Charakters, – und endlich durch seine Schicksale, die ihn vielen Prüfungen unterwarfen und ihn von dem Lose einer belohnenden Lage entfernt hielten, welches seine Talente und ihre nützliche Anwendung ihm anzuweisen schienen«. Eine dieser Prüfungen hat Flögel überliefert, Nick und Welsford nachgeschrieben [2]. Moser saß am Mittagstisch, als die königliche Order kam, es sollten alle Professoren an der Disputation mitwirken. Das Ansinnen beschwerte ihn so, daß er unverzüglich ernsthaft krank wurde. Die Furcht, vor aller Augen den Narren, sich öffentlich lächerlich zu machen, war der einzige Beweg- und Krankheitsgrund!

Mosers erstaunliche Reaktion gestattet einige Aufschlüsse. Einmal offenbart sein Verhalten symptomatisch die Einstellung weiter Kreise des Bürgertums, das mit dem Hanswurst auf dem Theater unter anderm eine ständig drohende Gefahr beseitigte, an den Pranger der Lächerlichkeit zu geraten. Die Sorge, daß man zum Narren gestempelt, lächerlich werden könnte, führte zu solcher kontrollierten Steifwürde, daß es einer neuen Generation nicht schwer fiel, jene bürgerliche Hemmung erst recht närrisch zu finden und abgöttisch zu verlachen, wie es die romantische Jugend weidlich getan hat. Im Jahre 1801 erschienen in Leipzig Karl Heinrich Heydenreichs BETRACHTUNGEN ÜBER DIE FEINE LEBENSART ETC. MIT ANMERKUNGEN UND EINER ABHANDLUNG ÜBER DIE VEREINBARKEIT ARTIGER SITTEN MIT UNVERFÄLSCHTER REDLICHKEIT. Sie stellen eigentlich die Übersetzung eines Werkes von Abbé Bellegarde dar, das, wie die ZEITUNG FÜR DIE ELEGANTE WELT am 22. September 1801 mitteilte, unter dem Titel SUR LE RIDICUL ET SUR LES MOYENS DE L'ÉVITER in Frankreich noch in gutem Andenken ist! Joseph Friedrich Keppler nannte in den KRITISCHEN UNTERSUCHUNGEN ÜBER DIE URSACHE UND WIRKUNG DES LÄCHERLICHEN seiner Zeitgenossen Furcht so groß, »daß auch ein rechtschaffener Mann um sich einem unverdienten Spotte nicht preiszugeben eine Beleidigung unterdrückt, den Ausbruch der Rache vorsichtig hemmt und die Wunde tief im Herzen verbirgt. So verhehlt ein sorgfältiger Hausvater die Schande seiner Familie, und der gekränkte Ehemann schweigt bei den Ausschweifungen seiner Gattin, wie sich denn der Fall schon manchmal ereignet hat«. Das heißt eine wohlmeinende Empfehlung an das deutsche Bürgertum von – 1792! Und noch um die Jahrhundertwende äußerte Kotzebue in einem Aufsatz mit dem Titel DUMMHEIT UND NARRHEIT die Meinung: »Die Narren ahnen gar nicht, wie viel Geist dazu gehört, um nie lächerlich zu erscheinen.« Ein ganzes närrisch auf ernsthaften Leumund bedachtes Bürgertum, das sich von Beginn seiner Erstarkung nach dem Ruin des Dreißigjährigen Krieges bis zum Befreiungskrieg im allgemeinen treu geblieben und nur in den Außenseitern fortgeschritten war, ahnte aber nie, daß souveräner Geist, um nicht zu sagen eine tiefe Weisheit dazu gehörten, sich willentlich lächerlich zu machen, weil man immerhin Mensch war, ohne sich von dem etwas zu vergeben, was den Menschen über bürgerliches Gutachten erhob.

Zum andern kann die Tatsache, daß Moser derart Furcht hatte, ein Narr gescholten zu werden, dafür sprechen, daß *Narr* wie im Zeitalter der Reformation eine gebräuchliche Schelte war. Ist es aber zulässig, darum schon von einer Epoche der Narrenliteratur zu reden? Das Reallexikon erfaßt unter diesem Stichwort lediglich das Mittelalter. Gibt es einzelne Untersuchungen aus späterer Zeit, so enden sie gewiß bei der Darstellung dieses und jenes Barockdichters. Das achtzehnte, rationalistische Jahrhundert ist bislang nicht auf eine Affinität zum

Narren erforscht worden. Tatsächlich scheint es, nimmt man bloß Abraham a Santa Clara alias Johann Ulrich Megerle (1644 bis 1709) zum Beispiel, als folge das achtzehnte Jahrhundert, indem es dem Wiener Narrenprediger folgt, nur einer weitläufigen Tradition, ohne in der älteren Gestalt noch neuen Sinn zu sehen. Gleich dem NARRENNEST von 1707 schließt es sich mit Vorliebe an die Sprüche Salomonis. Das heißt, die Unsittlichkeit des Narren meint kein innerweltliches Übel, sondern Sünde gegen die göttliche Satzung. »Nicht diejenigen«, resümierte Herman Meyer [3], die nach den Worten Santa Claras »einen öden und blöden Verstand und eine wurmstichige Vernunft haben, sind die eigentlichen Narren, sondern diejenigen, welche da Übles thun, und sündigen laut göttlicher Schrift: Qui cogitat mala facere, stultus vocabitur«: den heißt man billig einen Erzbösewicht, wie die Übersetzung von Sprüche Salomonis 24.8 lautet. So verwundert es durchaus nicht, daß man auch im Aufklärungszeitalter Mitte des achtzehnten Jahrhunderts dem Topos von dem Weltnarren begegnet, der in Gott zur Vernunft findet. Das geistliche Tendenzschrifttum der Zeit hat ein barockisiertes Mittelalter unangefochten bis in eine Epoche gerettet, die von Barock und Mittelalter nicht wissen wollte. Beispielhaft dafür steht ein Münchner Flugblatt von 1758. Es weist mit seinem Titel schon auf den pikarischen Typus des negativen Helden hin: DER DREYFACHE PROTHEUS, ODER SOGENANNTE, UND HIER WOHLBEKANNTE CRAL, DER VORMAHLS EIN HUSAR, HERNACH ALS PILGER WAR, UND SCHON VOR TODT IN MÜNCHEN ANGESAGT, DOCH (GOTT SEY LOB) VON WÄRMEN UNGEPLAGT, NUN IN FRANCISCI ORDEN IST AUFGENOMMEN WORDEN, NIHMT URLAUB VON DER WELT, BEY DER ER, ABER SONDERLICH BEY HOFE DURCH DAS, PACKE DICH! IST HÄSSLICH ANGEBRELLT [4]. In der gereimten Vita findet man mehr als einen sattsam bekannten Topos wieder. So klagt da etwa das noch weltlich gesonnene Ich:

Veränderliches Glück wie treibst du mich herum,
Was fängst du mit mir an, wie gehst du mit mir um?
Ich als ein Gauggel-Spiel, ich als ein Klotz auf Erden
Soll in das Closter gehn, und Franciscaner werden?

Zur Einsicht gelangt, äußert er wohl:

Ich bin nicht jener mehr, der ich vorher gewesen
Zu einem Affen-Spiel der Narrheit auserlesen.

Schließlich vollzieht er den endgültigen Bruch mit der desillusionierten Welt. Bloßes Kinderspiel scheint ihm jetzt alle Weltläufigkeit. Er verabscheut den »Wirbelwind« seines irrigen Lebens, verpönt den »alten Schalck« in sich. In der Klosterzelle hofft er Ruhe zu finden, weil er auf der Welt zu ausgelassen war:

Adieu demnach, o Welt! mit deiner Eitelkeit,
Der Carl war ein Narr, anjetzt wird er gescheit.

Die hübschen frommen Reime vom Husar, der Mönch wurde, haben überdies den Reiz der Doppeldeutigkeit, die ihnen durch einen historischen Hinweis rasch gegeben ist. Schon Erasmus stellte in den COLLOQUIA eine Ähnlichkeit zwischen Narren- und Franziskanertracht fest; bei Flögel liest man vollends, daß die Franziskaner sich die »mundi moriones« nannten! Der Narr in der Welt wird so zum Narren von der Welt, der Narr vor Gott zum Narren vor den Menschen.

Dennoch haben der wahre Abraham a Santa Clara und die geistliche Anschauung des Narren im achtzehnten Jahrhundert immer weniger Verständnis gefunden. Wohl war Megerle als Narrenprediger ein lebendiger Begriff: aber etwa so, wie man einen Satiriker Swift, einen Karikaturzeichner Hogarth nannte. Das Unternehmen Lichtenbergs und Chodowieckis kann zum Exempel dienen. Im Göttinger Taschenkalender auf das Jahr 1783 erschienen unter der Überschrift CENTIFOLIUM STULTORUM NARRHEITEN zwölf Kupferstiche von Chodowiecki, zu denen Lichtenberg die Erklärungen lieferte. »Diesen Gegenstand zu wählen, wurde« – wie Lichtenberg in der Vorrede mitteilt – »Hr. C. durch eine Aufforderung in einem unserer Journale (wo wir nicht irren, der Chronologen) veranlaßt, indessen hat er, wie man gleich sieht, von dem vorgeschlagenen Abraham Santa Clara nichts beibehalten als etwa die Unterschriften.« Betrachtet man die Darstellungen, liest man die kurzen Texte etwa zu dem Nativitätssteller, dem Aufschneider, dem eingebildeten Kranken, dem Ehepaar, das sich aus der Kaffeetasse wahrsagen läßt, so macht man in der Tat diese Beobachtung: das schließt sich Abraham a Santa Clara an, ohne im geringsten dessen satirisches Salz zu haben, ist Narrenschelte, wie sie Rabener vorgeschrieben hatte, scherzender Rationalismus an Stelle des bildkräftigen Barock. Mit anderen Worten: wenn das achtzehnte Jahrhundert über eine eigentümliche Narren-Definition verfügt, dann ist sie nicht in der Nachfolge Megerles und bei der geistlichen Auffassung des Narren zu suchen. Die Untersuchung des Narren, wie ihn das rationalistische achtzehnte Jahrhundert verstand, erkennt als erstes Merkmal: seine Verweltlichung, genauer seine Ansiedlung in der Welt des Bürgers. LUSTIGE FAMA AUS DER NÄRRISCHEN WELT ist der Name einer in Hamburg erscheinenden moralischen Wochenschrift aus dem Jahre 1718, DIE ABENTHEUERLICHE WELT IN EINER PICKELHÄRINGSKAPPE eine Sammlung satirischer Gedichte überschrieben, die ein Ungenannter im gleichen Jahre veröffentlicht. Zu Anfang des Jahrhunderts läßt sich bereits beobachten, wie der noch christliche Narrentopos mit dem neuen bürgerlichen eine posierende Synthese einzugehen vermag. Diesen Fakt verrät allein der Titel eines Werkes, das, wie Flögel sagt, den »Affen des Pater Abraham a Santa Clara«: Albert Joseph Conlin zum Verfasser hat. Es ist 1706 zu Vobburg in sieben Bänden erschienen und lautet – man achte auf die von mir gemachten Hervorhebungen – folgendermaßen: DER CHRISTLICHE WELTWEISE BEWEINET DIE THORHEIT DER NEUENTDECKTEN NARRENWELT, WELCHER DIE IN DIESEM BUCH BEFINDLICHE NARREN ZIEMBLICH DURCH DIE HÄCHEL ZIEHT, JEDOCH ALLES MIT SITTLICHER LEHR UND HEILIGER SCHRIFFT UNTERMISCHT ... Offenbar verdankt die neue Definition des Narren Abraham a Santa Clara weniger als dem Zittauer Christian Weise! Es existiert da ein hübsches Zeugnis. Der Abraham-a-Santa-Clara-Illustrator Christoph Weigel (1654–1725) gab gegen 1700 in Nürnberg ein Narrenbuch mit dem Titel heraus: EIN SCHOCK PHANTASTN IN EINEM KASTN MIT IHREM PORTRAIT GAR NET IN KUPFER GEBRACHT UND AUSGELACHT. Nach einer Vorrede porträtiert Weigel 66 Narren und bedenkt jeden mit einem Vers. Man wies darauf hin, daß Callot und die Figurinen der Commedia dell'arte hier anklingen. In unserem Zusammenhang ist aber wichtiger, daß der Narrenspiegel mit einem freien Blatt endet, dessen leerer Rahmen die Unterschrift trägt:

Geneigter Leser, hier steht offen
Ein Stell für den, der nicht getroffen,
Wo sich der selbe ohne Schmieren

Kann gleich hierher noch einrangieren,
Denn wer sich dünkt, stets klug zu sein
Kommt unversehens auch herein.

Weigels Schlußblatt erinnert zu genau an das Ende des Weiseschen Romans von den DREI ÄRGSTEN ERZNARREN IN DER GANZEN WELT, als daß man noch von Zufall sprechen könnte. Jener Roman hatte bekanntlich einen großen Erfolg. Zehn Auflagen erschienen in der Zeit von 1672 bis 1710. Gleichfalls mit dem Begriff der Narrheit operiert im übrigen die Schrift eines unbekannten Verfassers, die 1715 in Frankfurt und Leipzig herauskam und unter dem Titel LEBHAFFTE ABBILDUNGEN UND GRUNDRISSE DER TORHEIT UND KLUGHEIT mit Hilfe Thomasiusscher Gedanken Ratschläge geben wollte, wie zur Welt zu leben. Dagegen bezog sich DIE KLUGE UND NÄRRISCHE WELT ..., die ein Unbekannter mit den Initialen S. M. 1723 erscheinen ließ, ausdrücklich auf Weises ERZNARREN. Der Roman kopiert sein Muster offensichtlich. Wie bei Weise werden die Erfahrungen einer Reisegesellschaft mit einer Reihe von Narren beschrieben.

Worin lag aber die Neuigkeit, liegt für uns die Aktualität von Weises Roman? Im Jahre 1672 geschrieben, wirkt seine Bildungsreise von Narr zu Narr oft wie ein vorläufiger UMGANG MIT MENSCHEN und sollte auch so gelesen werden. Nur bildet der Verfasser dort das lächerlich verstandene Negativ der bürgerlichen Verhaltensweise ab: der geneigte Leser würde schon »unvermerkt die klugen Lebens-Regeln mit lesen und erwägen«. Weises Roman bietet bereits manche jener Narren-Tableaus auf, die im Verlauf des achtzehnten Jahrhunderts dann allenthalben begegnen: als fester und selbstverständlich gewordener Bestandteil bürgerlicher Gesittung. Da ist zumal das diffizile Problem, wie man sich als Ehrenmann zum Lächerlichen zu stellen habe – Theorien des Lächerlichen im achtzehnten Jahrhundert arten früher oder später fast immer in Lehrbücher der gesellschaftlichen Praxis aus. Weise handelt jene Frage in dem 36. Kapitel ab, am Beispiel eines jungen Menschen, der mit Gewalt »ein Narr sein«, die Tafelrunde zum Lachen bringen wollte. Das Signalement des Menschen, der würdelos genug ist, bürgerlicher Ehrbarkeit zu spotten, wäre unvollkommen ohne den bezeichnenden Lebenslauf. Selbstverständlich hat jener Mensch von Jugend an nichts anderes vorgehabt, »als lächerliche Possen zu machen und in der Compagnie vor einen Jean Potage zu dienen. Er wäre auch dessentwegen in große Verachtung, oftmals auch wegen seiner freien und ungezäumten Zunge in große Ungelegenheit geraten: also daß sein Vater ihn längst vor verloren gehalten, und seine Hoffnung von ihm abgesetzt, doch lasse er sich unbekümmert, und bleibe bei seiner Natur«. Ihm zur Lehre verabredet die Gesellschaft, auch bei dem besten Spaß des »vermeinten Pickelherings«, des »guten Hans Wurst«, des »lustigen Menschen« keine Miene zu verziehen. Zuletzt verweist man ihm die Spaßmacherei überhaupt: »Wollt ihr einen Stocknarren agieren, so habt ihr in unserer Compagnie nichts zu tun, vor den Tisch gehören solche Gaukeler, da sie die Nasenstüber zur Hand haben. In ehrlichen Gesellschaften soll es ehrlich und vernünftig zugehen, so kommt ihr und verunehret uns mit euren unvernünftigen und unverantwortlichen Narrenteidungen, gleich als wäre kein Gott, der von allen unnützen Worten Rechenschaft fordern wollte. Oder, als wenn der Apostel gelogen hätte, indem er von Scherz und Narrenteidung gesagt, die den Christen nicht geziemen« [5]. Ist das Wort Gottes aus Matthäus 12.36 genommen, so bezieht sich der apostolische Text ohne Zweifel auf Epheser 5.4, wo dem Christen »stultiloquium« und »scurrilitas«, das ist »schandbare Worte und Narrenteidinge oder Scherze« untersagt wurden.

Die Stellung des Christen zum Lachen ist schon früh ein Gegenstand der ernstlichen Erörterung durch Kirchenväter gewesen. Das antike Würde-Ideal, vom altchristlichen Mönchstum übernommen, wirkte noch intensiv genug auf das Lebensprinzip des christlichen Laien und, im Verlauf der Säkularisation ehemals christlicher Moralvorschriften, auf bürgerliche Anstandsregeln ein [6]. Johannes Chrysostomus (gest. 407) lehrte, Christus habe nie gelacht. Und der hl. Benedikt stellte die Regel auf, die als Norm maßgebend blieb: verba vana aut risu apta non loqui; risum multum aut excussum non amare. Die Zeiten rigoroser Christlichkeit haben diese Frage wieder und wieder traktiert, ob der Fromme lachen dürfe, und zumeist verneint. Man denke an Rancés Ausspruch »Malheur à vous qui riez«, den Hazard allerdings Bossuet in den Mund legt. Die Exzesse mittelalterlicher Lustbarkeit, Eselsfest und Passahlachen, alle Orgien der Narrheit und des Lachens sub auspiciis der Kirche stehen dazu nicht im Widerspruch: der strengen Norm entsprach die termingebundene Abnormität. Daß im übrigen der Protestantismus, zumal in den Orthodoxen und Schwärmern des achtzehnten Jahrhunderts ebenfalls den »ludicra« abhold war, offenbaren seine Kampagnen gegen alles, was mit dem Komischen zusammenhängt. Ohne Zweifel wartet der Barock mit den temperamentvollsten Zeugnissen auf. »Von Natur ist mir Lachen ein Ekel«, liest man in der TEUTSCHEN ZUGABE von Moscherosch. Bei Grimmelshausen heißt es ähnlich im SIMPLICISSIMUS: »Dann viel Lachen ist mir selbst ein Ekel«. In dem SPRINGINSFELD stellt sich uns das Für und Wider gar als Streitgespräch zwischen dem Autor und Simplicissimus dar. Dem Autor, der die heilsame Wirkung des Lachens rühmt und sich darauf beruft, daß es dem Menschen nicht nur angeboren sei, sondern ihn auch vor den Tieren auszeichne, entgegnet Simplicissimus, das Weinen sei dem Menschen mehr als das Lachen angeboren. Christus habe wohl geweint, aber nie gelacht; »wir Christen aber haben mehr Ursach, über die Bosheit der Menschen zu weinen als über ihre Torheit zu lachen, weil wir wissen, daß auf die Sünde der Lachenden ein ewiges Heulen und Wehklagen folgen wird«.

Christliche Denktradition bestimmt jedoch zu einem Teil nur Weises Verwahrung gegen den Lachlustigen. Der andere Teil liest sich so: »Es sollte ein jedweder froh sein, der seinen gesunden Verstand gebrauchen könnte. Doch es ist eine Schande, daß sich mancher stellt als wäre er aus dem Tollhause entlaufen. Ein höflicher Scherz zu seiner Zeit geredt, wird von niemanden getadelt.« Desto abgeschmackter findet er es, im bürgerlichen Leben mit Bewußtsein den Narren zu spielen. Gebärdung dieser Art ist durch nichts gerechtfertigt, nicht einmal durch den berufsmäßigen Narrenstand. Weise unterscheidet nachdrücklich zwischen bürgerlicher Abgeschmacktheit und höfischer Sitte. Der Hofnarr erfüllt, offenherzig und kühn wie er seiner Stellung nach ist, eine wichtige Aufgabe, kann er doch mit einem Witzwort zur rechten Zeit großen Nutzen stiften. Gleichwohl ist man ihm nicht freundlicher gesonnen. Man hält dieser Art Existenzen für die Elendesten und wollte lieber von den Türken gefangen sein, »als in solcher Qualität zu Hofe leben«. Das bürgerliche Jahrhundert schloß sich dieser Einschätzung an. Vergleicht man den höfischen Barock mit Äußerungen der beginnenden bürgerlichen Aufklärung, ist man gedrängt, von einer Schrumpfung der Persönlichkeit zu sprechen. Der Streit zwischen Johann Beer und dem Gothaer Gymnasialdirektor Vockerodt gibt davon Kunde. Dieser glaubte seinen Gegner tödlich zu treffen, indem er verbreitete, daß nicht nur Beers »skurrilische« Lieder vom Volke gesungen würden, sondern daß er selbst sich dazu hergegeben habe, seine fürstliche Herrschaft bei Tisch als Lustiger Rat zu unterhalten, ja, »daß er auf öffentlicher Schaubühne die lustige Person agiert hat, welche insgeheim Harlequin genennet wird« [7]. Die Duckmäuserei verwundert weniger, wenn man hört, daß sich Vockerodt mit wütenden Beschwerden gegen alle Arten weltlicher Vergnügungen zu Ende des siebzehnten Jahrhunderts einen Namen erschrieb. Stäudlin erwähnt sein ZEUGNIS DER WAHRHEIT GEGEN DIE VERDERBTE MUSIK UND KOMÖDIEN von 1698, ferner dessen WIEDERHOLTES ZEUGNIS WIDER DIE VERDERBTE MUSIK, OPERN, KOMÖDIEN, CARNEVAL – PROGRAMMA DE VOLUPTATE CONCESSA UND AUFGEDECKTER VERGÖNNTER LUST- UND MITTELDINGS-BETRUG aus dem gleichen Jahre. Noch Lessing wußte seiner Verbitterung über Friedrich den Großen, der französischen Bellesprits den Vorzug gab, nur mit folgenden Worten Ausdruck zu verleihen: »Dort, der Regent, ernährt eine Menge schöner Geister und braucht sie des Abends, wenn er sich von den Sorgen des Staates durch Schwänke erholen will, zu seinen lustigen Räten ... Nimmermehr werde ich mich fähig fühlen, eine so niedrige Rolle zu spielen, und wenn auch Ordensbänder zu gewinnen stünden!« Knigge vollends wiederholte 1788 bloß, was alle – bürgerliche – Welt meinte: es ist »unter der Würde eines klugen Mannes«, den Spaßmacher, und gar einen »besoldeten Spaßmacher« zu machen. Im übrigen war die Zeit der Hofnarren vorbei. Im Jahre 1774 wirkte an dem kurfürstlichen Hofe zu Mannheim ein gebürtiger Tiroler als Possenreißer. Nach der Überlieferung ist er der letzte privilegierte Spaßmacher an deutschen Höfen gewesen. Als eine traurige Gestalt inmitten aller hochzeitlichen Lustbarkeiten schildert Thümmel 1764 in WILHELMINE ODER DER VERMÄHLTE PEDANT einen schläfrigen, graugewordenen Hofnarren, »der mühsam den ganzen Weg hindurch auf Einfälle dachte, in Versen und Prosa, die hohe Gesellschaft zu erlustigen: aber sein leerer Kopf blieb ohne Erfindung. Oft weinte der Arme, daß sein Alter ihm das Ruder aus den Händen wand, das er so lange glücklich regieret, und um welches sich itzt der fürstliche Läufer, der Oberschenk und eine dicke Tyrolerin rissen«.

Wie ist die zeitgenössische Aristokratie gesonnen? Man weiß durch Ausstellungen und Kataloge von ihrem Vergnügen an Harlekin und seiner Welt: sei es in Wirklichkeit, sei es im Bilde. Die Münchener Staatsbibliothek bewahrt aus dem Karneval und Dezember 1748 Szenenniederschriften von DIVERTISSEMENTS PANTOMIMES mit Arlequin, Pierrot, Scaramouche und Colombine, die auf Geheiß des bayerischen Kurfürsten gegeben wurden. Haydn hatte in Diensten Esterhazys verschiedentlich die Musik für Harlekinaden und Marionettenopern zu schreiben. Ab 1724 schuf der 1668 geborene Bildhauer Karl Stilb für den Bibliothekssaal des Klosters Waldstetten grotesk-komische Atlanten, welche Berufe verkörpern, die mit dem Produkt und der Produktion des Buches zu tun haben. In dieser holzgeschnitzten Komödie vom Buch ist der Buchbinder als ein Harlekin dargestellt; in den Füllungen sind Szenen aus dem FROSCHMÄUSELERKRIEG und aus dem NARRENSCHIFF wiedergegeben! Um 1745 wurde die Folge von BURLESKEN vollendet, Wandteppiche, die Szenen des Karnevals in Venedig schildern und für das Paradeschlafzimmer der Residenz in Würzburg gewirkt wurden. Komödianten, Harlekine, Colombinen waren schließlich ein beliebter Gegenstand der Porzellanmanufakturen, ob in Fulda oder Nymphenburg und Meißen. Von Kändler ist eine Fülle von Modellen überliefert, der Dresdner Hofnarr Joseph Fröhlich mehrmals in Meißener Porzellan dargestellt. Höhepunkt der Porzellanplastik des Rokoko geradezu und Hauptwerk Franz Anton Bustellis sind die sechzehn FIGUREN DER ITALIENISCHEN KOMÖDIE, die er gegen 1760 für Nympenburg anfertigte. Der Künstler hat unmittelbar nach dem Leben geschaffen, und dieses Leben war, wie Günther von Pechmann bedeutete, das »verfeinerte, von der Lust zur Selbstdarstellung getragene Leben am bayerischen Hof jener Zeit«. Wie schon bei jener durch Orlando di Lasso eingerichteten ersten Vorstellung einer italienischen Komödie am herzoglichen Hof zu München 1568 die hervorragenden Rollen von Hofleuten und Hofbeamten besetzt waren, ist die Commedia dell'arte in München vorwiegend eine Angelegenheit höfischer Kreise geblieben: »Nicht Komödianten treten mit Bustellis Figuren auf die Bühne, sondern Damen und Herren der Hofgesellschaft, die Komödie zu spielen verstehen und ihre heiteren Rollen mit Geist, Geschmack und sehr viel Anmut auszufüllen wissen« [8]. Das sind Maskenspiele, die beweisen, daß das Zeitalter der höfischen Feste noch nicht zu Ende ist. Goethe hat von 1781 bis 1818 gleichsam in der Rolle eines Hofpoeten ›Maskenzüge‹ entwerfen müssen, mit seinen Worten an Lavater: »Wie du die Feste der Gottseligkeit ausschmückst, so schmück' ich die Aufzüge der Torheit.« Kurfürst Clemens August ließ von seinem Hofmaler Franz Jacob Rousseau die heitere Höfischkeit der Maskenbälle und Kostümfeste aus dem Bonner Hoftheater im Bilde festhalten. Man liebte sich zu maskieren. Ein verwirrender Augenschein: die Höfe des sterbenden Rokoko, dem der Hofnarr schon voraus gestorben war, fanden neuerdings Gefallen daran, selbst den Narren zu spielen. Anläßlich der Geburtstags-Lustbarkeiten zu Ehren Kurfürst Friedrichs des Dritten von Brandenburg im Jahre 1700 wurde Dorfjahrmarkt gespielt. Der Markgraf Christian Ludwig und andere Fürstlichkeiten hielten Buden, der Kronprinz trat als Taschenspieler auf, die Kurfürstin machte die Doktorin in einer Marktschreierbude. Kammerherren und Hofdamen trieben als Possenmacher, Springer, Zigeunerinnen ihr Wesen. Den Zuschauer machte ein Bürgerlicher, dem man eigentlich die Rolle eines Astrologen zugedacht hatte: Leibniz! Er war es, der der Kurfürstin Sophie Charlotte darüber berichtete. Casanova fand hingegen nichts dabei, sich am Fastnachtsdienstag in Rom als Pulcinella maskiert hoch zu Roß auf dem Korso zu zeigen. Und einer 1765 in München gedruckten ANZEIGE DER WEGEN DEM HOHEN BEYLAGER HIER ANGESTELLTEN FESTIVITÄTEN [9] kann man entnehmen, daß am Hofe des bayerischen Kurfürsten bei dem alljährlich am 6. Januar stattfindenden ›Königs-Mahl‹ 1765 »Hr. Graf von Lodron, Churfl. Cammerer und Revisionsrath« den Narren, die »Hof-Närrin« Freifrau von Waldkirch dargestellt haben. Es waren Ämter, die wie andre mehr durch Los ermittelt wurden.

Im bürgerlichen Roman der Zeit leidet dagegen ein nur zu

bürgerlich Denkender unter seiner Narrenrolle. Das hängt ohne Zweifel mit der verachteten Stellung zusammen, die der Komödiant für die Gesellschaft einnahm. Der Rechtsgeschichte ist zu entnehmen, daß einzelne Mitglieder des Schauspielerstandes versuchten, für sich selbst einen höheren Stand zu erlangen. So berichtet Thomasius 1723 in den JURISTISCHEN HÄNDELN von einem Pickelhering, der in der Rangfolge des Komödiantenberufes die unterste Stufe besetzte; dieser versuchte über die Promotion zum Doktor der Medizin in den höchsten Stand innerhalb des Bürgertums – den der Doktoren – aufzusteigen [10]. Trifft man in Romanen die Gestalt des Narren, ist es beinahe sicher, daß er keinesfalls Vorbild, sondern Zerrbild bürgerlichen Menschentums meinen wird. »Ich wußte«, heißt es in dem satirischen Roman NARR JAK, WELT UND HOF, der 1788 anonym zu Berlin erschien, »ein Narr sei geschimpft, und für meine ganze Lebenszeit einen Schimpfnamen zu tragen, war mir sehr unangenehm.« Und selbst TOBIAS KNAUT, den sein Verfasser 1773–1776 als eine menschliche Unnatur darstellt, besitzt doch diesen Zug des bürgermännlichen Selbstgefühls. So entartet ist er nicht, um nicht das Narrentum unter seiner Würde zu finden. Ein Stand, der angesichts seiner gesellschaftlichen Drittklassigkeit mit der anspruchlichen Postulierung des Menschen als der edelsten Gotteskreatur sich selbst Würde und Maß zu geben suchte, mußte in dem Narren bloß die Mensch-Maschine bar jeglicher Würde sehen. In Gottlob Ludwig Hempels Roman HANS KÖMMT DURCH SEINE DUMMHEIT FORT heißt es 1783: »Da schreibt mir Gustel, daß du Hanns Narre geworden wärst, und das wäre doch eine Sünde und eine Schande«, urteilt eine Kleinbürgersfrau über ihren Sohn, der unter die Komödianten gegangen ist! Weises Schaubild und moralische Nutzanwendung wurden zum Komment für eine ganze Klasse, die immer etwas Degoutantes in der Neigung fand, sich zum Lachen hinreißen zu lassen. Es muß innerhalb der gebildeten Kreise des Bürgertums im achtzehnten Jahrhundert geradezu, was das Lachen und die Hingabe an das Lächerliche betraf, ein striktes Tabu gegeben haben, das zu verletzen den erpichten Ruf des philosophischen Kopfes kosten konnte. Möser glaubte schon in der Verpönung des Lachens eine Konvention wirken zu sehen, wie er 1761 in HARLEKIN, ODER VERTHEIDIGUNG DES

Groteske-Komischen äußerte: »Es heißt zwar, die Seele des Weisen lächelt, und den Körper des Narren stürmt ein Gelächter. Allein vielleicht ist diese Unterdrückung der guten Natur ein bloßer Modezwang.« Vielleicht spielte selbst ein deutschtümliches Ressentiment hinein, das – wie Gottsched den Lustigmacher – Lachen als undeutsch empfand und einer Definition des Nationalhumors bedurfte, ehe es in patriotisches Gelächter auszubrechen wagte. Zu solchen Gedanken verleitet wenigstens ein kurioser Neunzeiler von Klopstock, der in der 1774 erschienenen Deutschen Gelehrtenrepublik steht und An den, der's versteht überschrieben ist:

Aus deutscher herzensvoller Lache –
fern laß vollhalsiges Gelächter sein;
und streu' des Lächelns Würze ein! –,
aus Sitt' und Brauch,
aus eigner Laun' und Geist vereine du und mache
ein neues schönes Sonderding,
das nicht von fremder Flitter gleiße
und das so Vornehm wie Gering
»deutschkomisch« heiße.

Was Möser einen Modezwang nannte, bestimmt Lichtenberg im Juni 1791 – J 691 – als Vertuschung aus Vernunft. Aber diese Vertuschung gibt ihm erst zu denken. Es scheint nämlich, als werde da etwas vertuscht, was eigentlich der Rede und des Lachens gar nicht wert sein sollte: »Der Deutsche lacht zum Exempel bei mancher Gelegenheit nicht, weil er weiß, daß es unschicklich ist, wobei dem Engländer das Lachen gar nicht einfällt!« Betroffen liest man die beredten Anstrengungen Flögels, mit denen er 1784 seine Beschäftigung mit dem Gebiet des Komischen zu rechtfertigen sucht. Seine Arbeit soll danach beweisen, daß es irrig ist, »wenn man das Lachen etwan als das Anteil der Narren ansehe und glauben wollte, daß ernsthafte, philosophische Köpfe diesem Gefühl des Lächerlichen entgegen dasselbe als eine ihrer Würde und ihrem Stande nachteilige Sache von sich zu entfernen suchten...« Die ersten sechs Abschnitte seiner Geschichte der komischen Literatur verwendet Flögel ausschließlich darauf, Wert und Nutzen des Lächerlichen herauszustellen, damit der zeitgenössische Leser triftig entscheiden könne, »ob die Untersuchung desselben eines Philosophen würdig sei oder nicht«. Flögel verteidigt, als wäre nicht schon zwanzig Jahre zuvor ein Verteidiger des komischen Patrons aufgestanden: Möser mit seiner Harlekin-Verteidigung. Auf beide trifft notwendig zu, was Anfang 1762 der 206. der BRIEFE, DIE NEUESTE LITTERATUR BETREFFEND aussprach: »Wenn die Deutschen anders einen Nationalcharakter haben; so ist die *philosophische Ernsthaftigkeit* unstreitig ein Hauptzug desselben. Bei unsern Nachbarn schäkern die Weltweisen, und bei uns bemühen sich Harlekins um richtige Erklärungen, und sogar um richtige Erklärungen vom Lächerlichen.«

Der ernstliche, das Lachen sich verbittende Zug nicht nur der deutschen Gelehrtenschaft, sondern der bürgerlichen Gemeinde scheint trotz der Möser, Flögel, Lichtenberg und der Autoren zu Ende des Jahrhunderts, die im Sinne der demokritischen Lach-Schule eines Wieland schrieben, an Intensität eher zugenommen zu haben. Für den Vulpius-Harlekin ist es im Jahre 1800 ausgemacht, daß »einige gelehrte Herren, die sich mehr schämen, über dem Lachen als über einem Plagiat ertappt zu werden, diejenigen gewesen sind, welche die Axt an die Wurzel« seiner Existenz gelegt haben. Mahlmann, dem gewiß kein tollkomisches Brio nachzusagen ist, dem die wahnsinnige Laune des Romantikers vollends abgeht, muß sich angesichts des herrschenden Modezwanges Skrupel machen, als er den Hanswurst wieder in die Ehren einsetzen will. Er schrieb 1803 EIN PAAR WORTE ÜBER DIE WIEDEREINFÜHRUNG DES HANSWURSTS AUF DER BÜHNE und schickt da folgende Sätze voraus: »Wenn man bedenkt, wie ekel und wählig wir in unsern Vergnügungen geworden sind, wie jetzt kahle Vernünfteleien im gesellschaftlichen Leben so viel gelten, wie die sogenannte *Decenz* gravitätisch, wie ein reichsstädtischer Bürgermeister, über die leichten Einfälle des Witzes zu Gerichte sitzet und mit vornehmer Dummheit ihr Verdammungs-Urteil: Es ist gemein! ausspricht; ... wie fast Niemand mehr sich selbst repräsentiert, sondern Andere sklavisch nachahmt und erst in Lord Chesterfields Briefen nachschlägt, ob man wohl über Etwas lachen dürfe oder nicht? – wenn man, sage ich, das bedenkt, so scheint das Unternehmen kein leichtes Wagstück zu sein.« Des an französischer Gesellschaftskultur geschulten, mit einem fast überfeinen Empfinden für das Schickliche begabten Lord Chesterfield Briefe an seinen Sohn, den Esquire Philipp Stanhope, waren dem deutschen Bürgertum erstmalig 1774 und 1775 in Leipzig erschienen. Man fragt sich, was denn eigentlich der Modezwang erlaubte, die Dezenz für schicklich passieren ließ, will man nicht ganz und gar annehmen, daß die bürgerliche Geselligkeit im achtzehnten Jahrhundert der unwirsche Ernst regierte.

»Ein höflicher Scherz zu seiner Zeit geredt, wird von niemanden getadelt«, las man bei Weise. Der höfliche Scherz, sittiger Geselligkeit Gebot und Ausweis, bestimmt die Geschmackslehren auch und erst recht des neuen Jahrhunderts. Meier, der Popularisator Baumgartens und einflußreiche Präzeptor Deutschlands trotz einem Gellert, bedeutet mit den GEDANKEN VON SCHERZEN 1744 einen namentlichen Anfang, Heydenreich mit seiner den GRUNDSÄTZEN DER KRITIK DES LÄCHERLICHEN angefügten Abhandlung über den Scherz und die Grundsätze seiner Beurteilung 1797 den ungefähren Abschluß einer bürgerlichen Bewegung, die sich aus eigenem Willen in einen anderen, um vielmals strengeren Absolutismus schickte. Dieser hieß Konvenienz, schloß lächerliche oder skurrile ›Narrenspossen‹ unbedingt aus und war, in Gestalt des Scherzes, von der »bloß vitalen und burlesken Komik ebenso wie vom eigentlichen Humor geschieden« [11]. Knigges Mahnungen an seine Leser wollen zugleich vor der verdrießlichen Gravität, zugleich vor dem ausschweifenden Spaße verwahren. So redet er wohl einer »gesitteten Fröhlichkeit« das Wort und empfiehlt, ihr wenigstens »ein paar Stunden in der Woche zu widmen«! Aber er verordnet auch: »Der weise und geistreiche Mann wird die moralische Kritik seiner Scherze nicht einmal darauf einschränken, Unsittlichkeit dabei zu vermeiden, sondern in vielen Fällen durch das angenehme Spiel derselben Tugend und Vollkommenheit unter seinen Mitmenschen im geselligen Umgange zu erhöhen suchen.« Die diversen, nicht eben kurzweiligen Abhandlungen der Popularphilosophen über jenen Gegenstand faßt, vor Sulzer noch, Johann Theodor Jablonskis ALLGEMEINES LEXIKON DER KÜNSTE UND WISSENSCHAFTEN in einer handlichen Gebrauchsanweisung für den korrekten Bürgersmann zusammen. Das erste deutsche Universallexikon kam 1721 in Leipzig heraus; 1748 wurde es abermals aufgelegt; von Schwabe neuerdings durchgesehen und erweitert erschien es

1767 in dritter Auflage. Der Scherz wird darin als »eine sinnreiche angenehme Rede bestimmt, wodurch die Zuhörenden zu Lust und Lachen bewogen werden«. Der Einräumung, daß der Scherz die Geselligkeit ziere, folgt selbstverständlich die Mahnung zur Behutsamkeit und Vorsicht auf dem Fuße. Man scherze demnach nicht mit einem Höhergestellten noch mit einem Unverständigen, um sich nicht selbst zu schaden, noch mit einem Unglücklichen noch mit ehrwürdigen oder ernsthaften Dingen, weder mit der Tugend, auf daß sie ihre Wertschätzung nicht einbüße, noch mit Lastern, auf daß der Abscheu vor ihnen nicht gemindert wird. Vor allem aber meide man »unflätige Zoten und abgeschmackte Lappereien« und scherze überhaupt und keinesfalls »nicht überall und allezeit«. Denn, sagt Jablonski wie vor ihm schon Weise, »das kömmt nur den Stocknarren zu«! Stock-, auch Schalksnarren heißt Jablonski anderen Orts Individuen, »die sich einer verstellten Narrheit anmaßen, da sie klug sind«, und meint sie besonders unter den Hofnarren anzutreffen.

Der Scherz versinnlicht die getragene Atmosphäre geselligen bürgerlichen Umgangs, dem ein chronisches Üben in Witz und Schlagfertigkeit fremd war, wie es von den Höfen der Renaissance und des Barock, von der Tafel französischer Schöngeister im achtzehnten Jahrhundert berichtet wird. Inmitten jener Atmosphäre muß ein Individuum nur desto mehr als Störenfried gewirkt haben, verächtlich und wie toll am Ende, das als eine Art Lach- und Spaßmaschine agierte. Man wußte sich mit Christus einig, der nach der Überlieferung nie gelacht, wenn man solchen Menschen geradezu als gottlosen Narren brandmarkte. Und selbst in einer weniger religiösen Epoche wie der des rationalistischen achtzehnten Jahrhunderts formt doch die christliche Ethik den bürgerlichen Sittenkodex in einem Maße, daß derartiges Wesen wenn schon nicht gottlos, so jedenfalls ehrenrührig dünkt. »Narren ins Fegfeuer, Gottlose in die Hölle«, heißt es kurzum in Hippels LEBENSLÄUFEN aus dem Jahre 1778; dort findet sich überdies ein denkwürdiges Zwiegespräch. Die Gegenseiter des Jahrhunderts, Edelmann und Theologe, die fast alle Werke jener Zeit bis zur Type überzeichnen, bewegen sich bei Hippel auf *einem* Niveau. Ihr Umgang und Wortwechsel atmet witzige Gesellschaftskultur, der es gelang, Aristokratie und Bürgertum, Gottesmann und Weltmann anzunähern. Um so vielsagender ist es daher, daß die standeseigenen Nuancen nicht fehlen! Der Edelmann urteilt im ganzen über Lachen und Lustigmacher mit der Souveränität, die seinem Stande überhaupt zu eigen schien. Der Pfarrer verurteilt. »Ein Lustigmacher ist ein Mensch, der zu tausend Gerichten ohne Hunger und bei verdorbenem Magen verdammt ist. Da will ich lieber bei Wasser und Brot sitzen.« Das erinnert noch entfernt an Weise, bezeugt aber vielmehr die durchgängige seelische Disposition. Endgültig faßt er seine Meinung darin zusammen: »Schmerz und Freude sind gesellig; allein wenn sie das Mittelmaß überschreiten, werden sie uns unnatürlich. Wir wollen uns nicht betrinken, sondern nur trinken.« Anakreontischer als Hippels Pfarrer noch verstand es Sulzer, das maßvolle Betragen des Zeitgenossen auszudrücken. Zu dem Stichwort des Scherzes liest man bei ihm 1774: »So verächtlich einem Philosophen der lechzende und nach Wollust schmachtende Schwarm der Bacchanten und Faunen ist, ... so schätzbar sind ihm jene nüchternen Lacher, die ihn auch in einem öden Hain auf die Spuren scherzender Najaden führen.« Den gleichen Vorbehalt macht Jablonskis Lexikon lediglich unter dem Bilde der Würze, die in ihrem »Maße die Speise angenehm machet, überflüssig aber dieselbe verderbet«. Der absichtsvolle Hanswurst in der bürgerlichen Privatsphäre fällt, wie nicht anders zu erwarten, unter dasselbe Verdikt wie davor der Bühnenbuffo: er überschreitet das Maß, verläßt das verbindliche Medium des Scherzes und akzentuiert den Spaß bis zur Unnatur, zur Fratze der Freude, bis zum Grotesken dann in der Romantik.

Damit begibt sich aber der private Lustigmacher freiwillig seiner bürgerlichen Schätzung. »Ich überlasse mich oft einem Ausbruch von Gelächter, das mich als Toren erscheinen läßt, da Dummköpfe nicht begreifen, daß man allein lachen kann«, schrieb am 11. Juli 1791 Casanova an Opitz. Während der Narr auf dem Theater innerhalb der vom gesunden Menschenverstand geforderten naturgemäßen, regelmäßigen Kunstübung ein Fremdkörper blieb, wurde der geborene Narr – setzte sich das Bürgertum als Maß alles Menschlichen fest – ein Gegenbild des normativ Bürgerlichen: je nachdem unmenschlich, allzu menschlich, immer aber menschlich verächtlich. Diese Einstellung führt bisweilen zu verblüffenden Inkonsequenzen. Derselbe Christian Weise, der den Bühnennarren befürwortete, wagt es jedoch nicht, die Rolle des Narren auf seinem Schultheater Söhnen aus vornehmem Hause anzutragen. Den Pickelhering schrieb er für »arme und geringe Kerlen« aus, wie er vor der KOMÖDIENPROBE, auch in den BETRÜBTEN UND VERGNÜGTEN NACHBARSKINDERN sagt. Den gleichen Einwand wie Hippel machte übrigens auch Knigge geltend, als er auf den Stand des Schauspielers zu sprechen kommt. Was der Bürgerliche nötig fand, um sich als Mensch zu fühlen – nämlich den gleichen Umgang, die gleiche Äußerung, klares Gegenüber und gestandene Persönlichkeit –, ging jenem Menschenschlage von Berufs wegen ab. Der Schauspieler, gehalten, ständig seine Rolle zu wechseln, verlor um so mehr an Substanz, an bürgerlicher Charakterisiertheit, je mehr er Schauspieler war; in Knigges, in Worten des bürgerlichen Befindens: je mehr er sich *verstellte* und aus Habitude wurde, was er vorstellte!

Wie vorher Narr und Adel vereinbart sich nun der Adel mit dem Schauspieler. Verstellung nannte man beider Natur. Das Unwesen höfischer Verstellung sah der Bürgerliche mit Vorliebe in der Maskerade ausgestellt. Sie schuf ihm, wie Texte besagen, eher ein seelisches als ein ästhetisches Unbehagen. So heißt etwa bei Jablonski die Maskerade »eine Gesellschaft, da alle, die dazu gehören, in ungewöhnlichen Kleidern und mit Masken vor dem Gesichte erscheinen müssen. Sie werden an fürstlichen Höfen, bei feierlichen Lustbarkeiten, Gastmahlen, Tänzen, Balletten oder Schlittenfahrten, an einigen Orten während der Fastnacht auch von gemeinen Leuten gebrauchet«. Gerade weil der Fasching auch den nichthöfischen Stand zur Maskierung verleitet, läßt Jablonski danach die entscheidende Frage folgen: »Ob im Gewissen erlaubt sei, sich also zu verstellen, fraget der Continuator Speidelii, und wenn er es fürstlichen Personen und ihren Höflingen nicht gänzlich abspricht, so will er doch, daß alle, die dahin nicht gehören, sonderlich gemeinen Standes, sich dessen enthalten sollen.« Der »Cöllnische Diogenes« – Heinrich Lindenborn mit Namen – wagte in seiner bald unterdrückten Bonner Zeitschrift MORPHEANA die satirische Schilderung eines höfischen Maskenballes. Ganz und gar im Sinne des Bürgertums ließ auch Hagedorn in einer Fabel die Maske BEY HOF, AN EINEM

CARNEVAL mit dem Gesichte streiten. Der Sieger ist leicht zu denken. BEY EINEM CARNEVAL überschrieb er 1746 ein anderes Gedicht, das diesen Inhalt hat:

Das Spiel der Welt besteht aus Mummereien:
Ein Hofmann schleicht in priesterlicher Tracht;
Als Nonne winkt die Nymphe Schmeicheleien;
Ein Wuchrer stutzt in eines Sultans Pracht;
Der falsche Phrax erscheint im Schäferkleide;
Als Bäurin stampft die zarte Flavia;
Verblendend glänzt im stolzen Erbgeschmeide
Atossa selbst, der Läufer Zulica;
Als Fledermaus läßt Phryne sich nicht nennen,
Auch Myrtis nicht, der bunte Papagei.
O mögte man stets jedem sagen können:
Dich, Maske, kenn ich; ... nur vorbei!

Der Maske gilt des Bürgers Argwohn, sein Mißtrauen aller Verstellung; sie stehen ihm für das letztlich Charakterlose, die Unsolidität. Wer wollte sagen, wo die Maske sichtbar wurde und wo das Gesicht? Darin sah Knigge das Unbehagliche an der Existenz des Schauspielers: »man darf dabei nicht Rücksicht auf seine Gemüts-Stimmung nehmen, muß oft den Spaßmacher spielen, wenn das Herz trauert, und umgekehrt«! Die Auseinandersetzung zwischen bürgerlicher Existenz und theatralischer Kunstfigur hat dem Bürgertum stets einen faszinierenden Kitzel gemacht.

Doch ach! wir scheinen oft zu scherzen,
Und haben viel Kummer unterm Herzen.
Verschenken tausend Stück Pistolen,
Und haben nicht die Schuh zu besohlen.
Unsre Helden sind gewöhnlich schüchtern
Auch spielen wir unsre Trunkne nüchtern
So macht man Schelm und Bösewicht
Und hat davon keine Ader nicht.

Goethe legte diese Konfession dem Marktschreier in seinem JAHRMARKTSFEST ZU PLUNDERSWEILEN in den Mund. Der Bajazzo ist danach der absolute Höhepunkt jener bürgerlichen Haßliebe. Thomas Mann wies sie bekanntlich in die Schranken. Seine Rede war, den Clown nicht als Familienvater zu sehen, der des Abends im Rampenlicht steht, sondern als Kunstwesen, völlig abstrahiert von einem menschlichen Sentiment.

Ohne Zweifel stand aber hinter der Sentimentalisierung eine tiefere Regung: was dem bürgerlichen Menschen des achtzehnten Jahrhunderts nur mehr unseriös erschien, war davor einer gläubigen Menge schlechtweg unheilig. Die Idee des von Gott eingesetzten Welttheaters hatte wohl Rollen angewiesen, aber jede Rolle war zugleich des Trägers Beruf und Charakter. In dem professionellen Spaßmacher jedoch, der zugleich Mensch zu denken war, schien das Innere mit dem Betragen nicht mehr übereinzustimmen. Er war unheimlich, wenn man ihn als bloße Lachmaschine betrachtete, und blieb immer nicht geheuer, wenn man annehmen wollte, daß er seine wahre Gemütsverfassung so blendend zu überspielen, zu ›verstellen‹ wußte. In diesem Zusammenhang sind Carl Weisflogs BIOGRAPHISCHE SPITTELFREUDEN DES ABGESETZTEN PRIVATSCHREIBERS JEREMIAS KÄTZLEIN aller Aufmerksamkeit wert. Weisflog gehört ja zu jener seltsamen Schar von Schriftstellern um die Jahrhundertwende, die so im Leben wie in ihrer Schreiberei ein merkwürdig groteskes Zwitterdasein, skurriles Romantikertum mit einer gesunden Dosis Bürgerlichkeit, ausstellen. Sein Jeremias Kätzlein – ein Junge, der von zu Hause durchbrennt, beim Theater als Hanswurst reüssiert und zuletzt Spittelvorstand ist, auf immer mit seiner nicht mehr ganz bei Trost befindlichen großen Liebe nach langer Lebensirrfahrt vereint – war im Grunde immer in der Sehnsucht nach dem unabenteuerlich bürgerlichen Dasein herumvagabundiert. Daß er zuletzt sein Glück im Winkel findet, wenn auch innerhalb der Mauern eines Irrenhauses, ist die aus Weisflogs doppeldeutiger Existenz begreifliche Ironie. Sie ist so anmutig wie hintersinnig. Man beobachtet ein Hantieren mit den vorfabrizierten romantischen Materialien. Aber Weisflog wandelt sie in eigentümlicher Form ab. Zumal die Verwendung des Narren-Motivs macht das deutlich. Am Anfang ist die von der Vorliebe der Romantik getragene Begeisterung für den unbürgerlichen Beruf. Aber nach und nach kommen dem Hanswurst Jeremias die – sattsam bekannten – Gedanken. Sie erhellen den ganzen seelischen Hintergrund so vollendet, daß sie an dieser Stelle, da und dort durch den Druck hervorgehoben, zitiert werden müssen:

»Spaß mußte ich schlechterdings machen, alle Tage, ich mochte hungrig oder satt« – man erinnere sich der Formulierung Hippels –, »gesund oder krank, lustig oder traurig sein, und eben das, daß ich gezwungen als Pickelhering Lachen hervorbringen mußte bei andern, wenn mir's selber am wenigsten lächerlich war, das brachte mich zur Verzweiflung und machte mich mürrisch und melancholisch, ... Ich war der Unglücklichste in der ganzen Bude. Selbst der Name ›Hanswurst‹, den ich früher gewiß um keinen Ratstitel vertauscht haben würde, erschien mir nun verächtlich, als unter meiner Menschenwürde ... Ich war ein Spott in allen meinen Beziehungen und Handlungen. Selbst meine Leiden, selbst mein Beten erregte Gelächter. *Ich hatte in Wahrheit aufgehört, Mensch zu sein, und war nur – Narr*, und noch dazu ein hungernder Narr.« Den Gipfel der Verzweiflung und den endgültigen Entschluß, dem buntscheckigen Trikot Valet zu sagen, löst in ihm die zufällige Begegnung mit dem Theater eines Wurmdoktors aus, bei dem er – sich selbst sah, »nämlich einen Pickelhering in der Hanswurstjacke. Ich gedachte vor Scham und Ärger in die Erde zu sinken. Denn nun stand *meine allertiefste Erniedrigung, mein zur Karikatur verzerrtes Menschenantlitz im treuen Spiegel vor mir*. Verfluchte Schande! – knirschte ich, und meine Hände zuckten krampfhaft bei den Zoten und Possen, die nun gerissen wurden, und die leider nichts anderes waren, als eine Quintessenz meiner eigenen allererbärmlichsten und pöbelhaftesten. Da dröhnte der Markt von wüstem Gelächter. Da dacht' ich, die Lache gelte mir. Da jagte mich der unheimliche Spuk scheu und mit grausenvollem Entsetzen, als sei *das Zeichen Kains auf meine Stirne gedrückt*, mit fliegender Eile von dannen ...«

II. Die Wissenschaft vom Narren

Wie selbstverständlich ist bislang vorausgesetzt worden, daß man weiß, was Narr heißen will. Es hat aber den Anschein, als habe solches Selbstverständnis regiert, so lange die den Ton angebende Gesellschaft bestand: nicht was, sondern wer Narr heißen soll, wurde gewußt! Es ist aufschlußreich, daß Weises Narren-Roman in jenem Selbstverständnis vorgeht – und erst gegen Ende fragt, wer eigentlich zu Recht den Namen Narr verdiene. Einem Kollegium Prudentium bleibt die exakt nach Paragraphen gegliederte Definition vorbehalten. Narr ist demnach, »der entweder das Böse dem Guten vorsetzt oder doch die Sachen, welche an sich selbst gut genug sind, nicht recht unterscheiden kann«. In völligem Mißverhältnis zur vorausgegangenen Narren-Revue wird als das höchste Gut aber Gott und das Jenseits angesprochen und der als größter Narr hingestellt, »der um zeitlichen Kotes willen den Himmel verscherzt. Nächst diesem, der um lüderlicher Ursachen willen entweder die Gesundheit und das Leben, oder Ehre und guten Namen in Gefahr setzet«. Weise greift damit auf Definitionen aus dem christlichen Mittelalter zurück [12], ohne noch jene Topik zu begreifen. Seinem Roman geht es nicht mehr um das jenseitige Heil, sondern das ehrenwerte Bestehen im Diesseits. So wirken die allegorischen Gemälde von der Narrheit seltsam neugotisch, wenn da Frau Welt und Vanitas beschworen werden. Es widerspricht die im wahren Sinn des Wortes hintan gesetzte Formel durchaus jener neuen bürgerlichen Ansicht von der Stellung Gottes zur Menschenwelt, der auch Weise zweifellos huldigt. Religion soll nicht den Weg ins Jenseits bahnen, sondern tugendhafte Pfade durch den Irrgarten Welt weisen. Der gütige Schöpfer hat, wie das achtzehnte Jahrhundert es allenthalben ausspricht und glaubt, die Menschen zur Freude, zum Wohltun erschaffen, sieht er es doch gerne, »wenn wir lustig und guten Muts sind und ihm dabei danken«. Gott erlegte nicht Bestimmungen auf, »die uns notwendig von der Erfüllung unsrer bürgerlichen Pflichten zurück halten, uns nach und nach einen unüberwindlichen Haß gegen uns selbst und gegen unsre Mitbrüder einflößen, und uns endlich zu unerträglichen Menschen machen müssen«. So argumentiert Johann Wolfgang Andreas Schöpfel in seinem Roman MARTIN FLACHS durch den Mund eines Geistlichen. Diese freudwillige Auffassung von Gott widerspiegelt mustergültig ein Zitat aus den BELUSTIGUNGEN DES VERSTANDES UND DES WITZES vom Dezember 1742. In einem Aufsatz mit dem Titel VON DER BEWEGUNG IN DEM VOLLEN RAUME gibt der Verfasser, der mit den Initialen C. F. H. zeichnet, allen Ernstes eine Variation des Motivs vom göttlichen Welttheater, die den Geist der Zeit verrät: »Denn das ist ein regelmäßiges Lustspiel, das uns Gott aufgeführt hat; da tritt nichts auf, noch ziehet sich auch etwas in denselben ohne Ursache zurück; es hängt alles wohl aneinander, und die Einheit des Orts ist über die Maßen schön beobachtet worden.« Wie denkt sich die Zeit dagegen den Christenmenschen? Ein Lehrgedicht Gellerts, das 1758 entstand und DER CHRIST überschrieben ist, gibt darauf Antwort:

Der Christ, ist der ein Freund der blöden Schüchternheit,
Die vor den Menschen flieht und die Gesellschaft scheut?
Nein, Freund, er wird mit Lust und ruhigem Gewissen
Das Glück, ein Mensch zu sein, des Umgangs Glück, genießen.
Gott schuf ihn nicht zur Qual. Lad ihn zur Freuden ein:
Er scherzt mit feinem Witz, lacht heitrer bei dem Wein,
Freut sich des Saitenspiels; und Lieb in deinen Blicken,
Und Freud auf deiner Stirn, wird seine Seel entzücken.
Dies, daß er Freude schmeckt und mäßig sie genießt,
Ist selbst der Wohltat Dank, den er Gott schuldig ist;
Und heut erquickt er sich, um morgen seine Pflichten,
Als Bürger und als Christ, gestärkter zu entrichten.
In dem Vergnügen selbst wird er sich ein Gesetz ...
Nennst du dies Lebensart, sich aus Geselligkeit,
Den Taumel wilder Lust, das Glück der Trunkenheit,
Den Kützel frechen Spotts im Umgang zu vergönnen:
So ist der Christ kein Mann von Lebensart zu nennen.

Wenn Gott überhaupt Sinn hat, dann als das sozusagen transzendentale Ideal eines bürgerlichen Ehrenmannes, der die völlige Erkenntnis von Gut und Böse besitzt; und eben das sittlichästhetische Wissen um das *Dekorum* unterscheidet den Menschen – »Als Bürger und als Christ« – von dem Narren.

Der Mensch, welcher das Böse dem Guten vorzieht oder doch zumindest Gut und Böse nicht unterscheiden kann: die erste Definition vom Narren, die Weise gab, ist darum aufrichtiger und der bürgerlichen Gesittung eigentlich gemäß. Zu dieser unverbrämten Difinition gelangt folgerichtig das aufgeklärte Bürgertum. Narr ist dann ein »jeder Mensch, welcher der *gesunden Vernunft* auf eine grobe Art zuwider handelt, besonders in der unrichtigen Bestimmung des Guten und Bösen, in der niedrigen und harten Sprechart, dagegen er in etwas gelindern Verstande ein Tor genannt wird; im Gegensatze eines Klugen oder Weisen.« So liest man es in dem 1775-1777 zu Leipzig erschienenen VERSUCH EINES VOLLSTÄNDIGEN GRAMMATISCH-KRITISCHEN WÖRTERBUCHS DER HOCHDEUTSCHEN MUNDART von Johann Christian Adelung. Die gesunde Vernunft, gleichsam vergottet, ist nun der Maßstab, an dem man Narren mißt. Narrheiten sind nicht mehr Sünden wider Gott, sondern wider den Geist – der Zeit, der Gesellschaft, der Konvention! Solange man wußte, was gut und was böse ist, solange die Vernunft gesund hieß, besaß diese Definition unbestrittene Gültigkeit, war der Narr in engerer Bedeutung – wiederum laut Adelung – ein Mensch, »welcher des Gebrauches seiner Vernunft ganz unfähig ist, ein Wahnwitziger, Wahnsinniger, Alberer«. G. Langemacks Gedicht UNTERSCHIED UNTER DEN THOREN UND WEISEN, das im Juni 1744 in den BELUSTIGUNGEN erschien, findet darin ihre Kennzeichen: der Tor »macht sich nie der Dinge Wert bekannt«, wogegen der Weise, »dies himmlische Geschlecht, / Erkennt und wählt den Wert der Dinge recht«. Noch in den RHAPSODIEN ÜBER DIE ANWENDUNG DER PSYCHISCHEN CURMETHODE AUF GEISTESZERRÜTTUNGEN von Johannes Reil zählt 1803 die Narrheit als medizinischer Fachausdruck, der eine spezielle Geisteszerrüttung bezeichnet.

Hält man sich an Adelung, bedeutet das Jahr 1798 eine Wende in der Begriffsbestimmung. In der neuen Auflage seines Wörterbuches ist der Satz »besonders in der unrichtigen Bestimmung des Guten und Bösen« getilgt. Damit ist die Definition abstrakter und in ihrer Aussage unsicher geworden. Die beiden krassen Gegensätze Narrheit und Vernunft, die aber doch in einem spezifischen Verhältnis zueinander stehen, lassen sich spielend verkehren und dann bleibt fraglich, ob nicht die Vernunft zum Narren wird und der Narr die wahre Vernunft besitzt. Tieck formulierte im »Rondo« der VERKEHRTEN WELT: »Wer mit Vernunft die Vernunft verachtet, ist im Grunde wieder dadurch vernünftig«! In den von Bernhardi unter Mitwirkung Tiecks herausgegebenen BAMBOCCIADEN, die von 1797 bis 1800 zu Berlin in drei Bänden erschienen, findet sich in der Schilderung von SECHS STUNDEN AUS FINKS LEBEN ein fast gleichlautender Passus:

Ja! sagte Fink, man kann wahrhaftig nicht wissen, ob nicht der höchste Verstand aus einer Mischung von dem, was wir Verstand

und Narrheit nennen, entstehen würde. So würde am Ende wohl der Titel eines Narren eine Art Ehrentitel sein.
Wenigstens, sagte Fink, kann man nicht wissen, ob Sie mich nicht mehr loben, wenn Sie mich närrisch, als wenn Sie mich verständig nennen.

Diese Sätze scheinen der romantischen Jugend aus der Seele zu sprechen. Sie kommen ihrer Zielsetzung entgegen, dem aufgeklärten Zeitgeist toll mitzuspielen. Die BAMBOCCIADEN waren und sind noch immer das probateste Nachschlagebuch. Man lese jenen erhellenden Satz aus dem Miniaturgemälde DIE WITZLINGE, in dem es heißt: »Überhaupt besteht vielleicht der Verstand aus einer Menge Läppchen, welche der Mensch mit unermüdeter Sorgfalt zusammenstickt. – man muß froh sein, wenn daraus eine bunte Harlequinsjacke wird.« Gleichwohl erhielt jenes Begriffsspiel schon vor der eigentlichen Romantik Gewicht und gerade bei Schriftstellern, welche sich im Exzeß des Rationalismus vor der Jahrhundertwende aus dem Schutz der Ratio entlassen, durch die Ratio verheert sehen und nun nicht wissen, ob sie lachen sollen oder wahnsinnig werden: Wezel, Jünger, Schulz werden wahnsinnig.

Läßt man die letzten Jahrzehnte noch vorläufig außer acht, so gewinnt man einen Eindruck, dessen Merkmal die Geschlossenheit ist. Das Bürgertum im frühen und mittleren achtzehnten Jahrhundert, seiner selbst zwischen der bestehenden und der werdenden Macht, dem Absolutismus und einer unerfahrenen Aufklärung gar nicht sicher, bekämpfte in den eigenen Reihen und allerorten und nicht nur auf der Bühne alles, was Narretei dünkte. Nicht von ungefähr wird die bedenkliche Macht der Druckerpresse dem achtzehnten Jahrhundert allererst in vollem Umfang bewußt. Das Wort ist nicht mehr auf wenige beschränkt, sondern kommt unter die Leute. Ideen können so bis in die Werkstatt und Bauernhütte getragen werden und einen allgemeinen ›Denkgeist‹ erzeugen, dem gegenüber die Obrigkeit nicht gleichgültig bleiben kann. Die öffentliche Meinung – Kundgebung einer kompakten Majorität – empfängt die zeitgenössische Weihe »als die Stimme des redenden Genius der Menschheit«. Vorzug und noch nicht Unsegen einer Massenpresse wird bemerkt und etwa von Daniel Jenisch in seinem Abriß von GEIST UND CHARAKTER DES ACHTZEHNTEN

JAHRHUNDERTS 1798 mit den Worten gepriesen: »Heil der Menschheit, daß ihr erhabender Genius einmal zu reden auch nur angefangen! Die Druckerpresse ist sein weltendurchtönendes Sprachrohr, und die Schriftsteller sind seine Dolmetscher ...« Der Kampf wider das Narrenwesen schlug zu Buch und hat sich so für den späteren Beobachter konserviert. Es scheint zu jeder Zeit ein Werk zu geben, in dem Geist und Ungeist einer Epoche ihren klassischen Ausdruck finden. Ein solches Buch stellt für die europäische Aufklärung Pierre Bayles DICTIONNAIRE HISTORIQUE ET CRITIQUE dar, das 1697 in Rotterdam erschien. Es ist das witzigste Dokument jenes Zeitalters, dem Aaron Hill den Namen des »fault-finding age« gegeben hat. Kein Buch ist unbarmherziger geschrieben, absurder keines erdacht worden. Es ist nach den Worten Hazards [13] »die vernichtendste Anklageschrift, die zur Schande und Beschämung des Menschen je aufgestellt worden ist. Fast bei jedem Namen taucht die Erinnerung an eine Illusion, einen Irrtum, einen Betrug oder gar ein Verbrechen auf«. Breitet Bayle überdies Unanständigkeiten und Perversitäten, die Fülle von Anomalien und Ausschweifungen aus, so darum, »weil unseren Verirrungen im Bereich des Geistigen, im Bereich des Moralischen unsere Laster« entsprechen.

Man tut gut daran, die ästhetische Polemik gegen den Hanswurst der Bühne und die Razzien gegen die Narren im Bürgerkleid zusammen zu sehen. Gleiche Denkungsart hat sie diktiert. Das Ziel war da wie dort, die Aufklärung in jedem Sinne zu vollenden. Ergrimmte sich dieser Professor über die Wanderbühnen mit dem unvermeidlichen, unverbesserlichen Hanswurst, suchten andernorts die Studierten – Ärzte, Beamte – dem Treiben der Wanderdoktoren zu steuern, die mit Possenreißern von Markt zu Markt zogen: Stranitzky war sogar beides in einer Person – Zahnarzt und Komödiant. Im Jenaer Stadtarchiv liegt eine Eingabe der Prorektoren und Professoren der Universität an Herzog Wilhelm von Sachsen-Weimar vom Mai 1713. Darin beklagt sich die Universität darüber, daß sich auf den Jahrmärkten oft Marktschreier einfinden, »welche zu Erlangung großen Zulaufs der Leute Schalks-Narren gebrauchet und diese durch schandbare Possen grausam Ärgernis, sonderlich bei der studierenden Jugend und aufwachsenden Kindern gestiftet«. Die Eingabe nennt keine Namen; aber man weiß nun, wer das Ärgernis erregte: Johann Andreas Eisenbarth (1663–1727)! Er war so erfolgreich wie geschäftstüchtig. Das schien Ärgernis und Grund genug, ihn für alle Zeiten zu verlästern. Am 28. Januar 1716 ergeht ein königlicher Erlaß für alle preußischen Lande. Als seine Urheber gelten jedoch der General-Chirurg Holzendorff und der Leibarzt Professor Stahl. Abermals ist der ambulierende Wundarzt und Okulist Eisenbarth der Beweggrund. Der Erlaß verbot alle »Marktschreier, Komödianten, Gaukler, Seiltänzer, Riemenstecher, Glückstöpfer, Taschen-, Marionetten- oder Puppenspieler und dergleichen loses Gesindel mehr« auf den Jahrmärkten. Die Begründung ist, daß sie »die Zuschauer durch ihren Betrug und Gaukelspiel um ihr Geld, dessen sie bei diesen mangelhaften Zeiten selbst höchst benötigt seind«, bringen, der Jugend schlechte Beispiele geben, zu Müßiggang und liederlichem Leben verleiten. Im übrigen sollen die Marktschreier und »sogenannte Quacksalber«, die weder Examen noch Testate haben, in Zukunft auf den Jahrmärkten gar nicht mehr zugelassen werden. »Diejenigen aber, so dergleichen glaubwürdiges Attestatum und Concession zum öffentlichen Verkauf ihrer Medicamenta vorzuweisen haben, sollen dennoch keinen Hanswursten oder Pickelhäring aufstellen, sondern ohne dergleichen Narrenteidingen ihre Arzneien verkaufen.« So beobachtet man mit den Jahren, wie dann ehemalige Sitten neuerdings für Unsitten gelten, die Marktbuden-Attraktion zur abgeschmackten Vergangenheit wird. Mehr noch: in dem Maße sich der Brauch der Wanderärzte in der Wirklichkeit verliert, ihr Theater aufzuschlagen, auf dem sie operieren, nachdem Hanswurst agiert hat, in dem Maße geht das Bild in die Literatur der Zeit ein. Man braucht es dort als das glückliche Mittel in satirischen Treffen. Es ist nicht das einzige Mittel. Dem Schrifttum der Epoche kann man allgemein die folgende Ansicht und Prägung entnehmen. Man glaubte den Narren im bürgerlichen Leben empfindlicher zu treffen, wenn man ihn Harlekin, Hanswurst schimpfte. Der Narr des gesellschaftlichen Lebens war nichts anderes als ein von der Bühne vertriebener Hanswurst!

Beispielhaft dafür ist ein Gedicht von Christian Heinrich Zimmermann (1740–1806), der Lichtenbergs bester Jugendfreund war, nachmals Superintendent in Darmstadt wurde und für die Literaturgeschichte der Aufklärung einiges Verdienst als Epigrammatiker hat. Sein Gedicht trägt den Titel:

Die Harlekine

Possenreißer auf der Bühne
Waren sonst die Harlekine.
Man vertrieb sie von der Bühne,
Da sind denn die Harlekine,
Um sich fernerhin mit Ehren
Auf dem Erdenrund zu nähren,
Yoriksaffen, Modedichter,
Zeitungsschreiber, Bücherrichter,
Hin und wieder Professoren
Und Erziehungsdirectoren,
Ja sogar im Priesterorden
Populäre Pfarrer worden.

Zahlreich sind die Prosa-Fassungen, die der Vergleich in der zeitgenössischen Literatur erhielt. In Wielands AGATHON heißt es zum Beispiel: »Wollte Gott, daß er seine Person allein auf dem Theater vorstellte! Aber wieviel große Aufzüge auf dem Schauplatz der Welt hat man nicht in allen Zeiten mit Hanswurst, – oder welches noch ein wenig ärger ist, durch Hanswurst, – aufführen sehen? Wie oft haben die größten Männer, dazu geboren, die schützenden Genii eines Throns, die Wohltäter ganzer Völker und Zeitalter zu sein, alle ihre Weisheit und Tapferkeit durch einen kleinen schnakischen Streich von Hanswurst oder solchen Leuten vereitelt sehen müssen, welche, ohne eben sein Wams und seine gelben Hosen zu tragen, doch gewiß seinen ganzen Charakter an sich trugen? Wie oft entsteht in beiden Arten der Tragi-Komödien die Verwickelung selbst lediglich daher, daß Hanswurst durch irgend ein dummes und schelmisches Stückchen von seiner Arbeit den gescheiten Leuten, eh sie sich's versehen können, ihr Spiel verderbt.« Riedel griff in dem SECHSTEN BRIEF AN DEN HERRN GEHEIMEN RATH KLOTZ das Zitat aus Wieland auf. Er gab ihm allerdings eine neue Pointe, von der noch zu reden ist. Man vergleiche endlich auch Vulpius, der Harlekin im Gespräch mit dem Erzbischof und dem Legaten bemerken läßt: »Menschen, die sich gar kein Gewissen daraus machten, meine Rolle täglich, nur nicht auf dem Theater zu spielen, waren gleichsam frappiert, betroffen, verblüfft, erstaunt, einen ehrlichen Harlekin unter sich zu sehen, der das cum privilegio seines Standes, Wesens und Waltens gewesen war, was sie sine privilegio ihres Standes, Wesens und Waltens waren!« Wieland ähnliche Gedanken entwickelte 1783 Friedrich Gedike in der BERLINISCHEN MONATHSSCHRIFT. Er überführte Hanswurst sozusagen aus der Geistesgeschichte in die Literaturgeschichte: »Die Literaturgeschichte ist auch ein Theater – Die spielenden Personen? je nun es sind freilich mitunter sehr drolligte Figuren. Aber die Schauspiele selbst erfordern dergleichen häufig. Tragödien sind hier selten; desto häufiger Komödien und lustige *Farzen*; indessen sieht man auch öfters ein Analogon von Tragödie, mit einem lustigen Ausgange, wo statt des Blutes Tinte fließt und der Zuschauer sein Zwerchfell mit herzlichem Lachen erschüttert. Denn überhaupt, zum Lachen gibts hier weit mehr. – Wem es vornehmlich darum zu tun ist, menschliche Torheiten, Verirrungen und Schwächen in den auffallendsten Modifikationen und Abstufungen in unverhüllter Blöße zu lernen, der findet in dem reichen Magazin der Literaturhistorie für seine Neugierde Nahrung genug.« Flögel verleibte die Worte gern seinem Werke ein. Gedike war aber nicht der einzige und erste, der mit der Literatur sein Narren-Spiel trieb. Lessing fertigte schon einen Kontrahenten in diesem Bilde ab. Der »schnakische Mann in dem bunten Jäckchen« ist ihm im letzten Stück der DRAMATURGIE ein Autor, der sich erdreistet, seine Schreibweise zu ironisieren. Die Stelle hat überdies Interesse. Lessing kommt dem Narren in Sachen der Literatur mit Worten, Sätzen aus den Sprüchen Salomonis 26.4 und 5. Das geistliche Gedankengut wird geistreich umgeprägt, möchte man sagen, wohl wissend, daß auch *geistreich* einst ein geistlicher Begriff gewesen ist [14].

Signifikant für den Denkgeist und die Handlungsweise einer Gesellschaft, die sich aufgeklärt glaubt, steht ein Roman, der als literarisches Erzeugnis herzlich unbedeutend ist, aber kultur- und geistesgeschichtlich desto größere Aufmerksamkeit verdient. Wir denken an Johann Wolfgang Andreas Schöpfels

MARTIN FLACHS, EINE GESCHICHTE DES ACHTZEHNTEN JAHRHUNDERTS, die 1775–1776 zu Leipzig in zwei Bänden erschien. Martin Flachs steht dort für jene Menschheit, gegen welche die Aufklärung mit Zorneseifer und polemischem Gelächter zu Felde zog. Das flachsische Geschlecht bedeutet die Inkarnation der Unaufgeklärten schlechthin. Es verkörpert alle nur erdenklichen ungeistigen, abergläubischen, ehr- und sittenlosen Menschenmöglichkeiten. Daß *Flachs* – schon dieser Name ist ja eine Infamie – so werden mußte, wie er ist, führt Schöpfel eingangs über mehrere Zeitalter zurück. Martin Flachs wird 1706 geboren und stirbt 1775. Wenn Schöpfel sein Produkt eine *Geschichte* des achtzehnten Jahrhunderts nennt, so bedeutet der Ausdruck weniger den nun gebräuchlichen literarischen, als den wahrheitverbürgenden Begriff der historischen Disziplin. Am Bilde Martin Flachsens läßt Schöpfel das Bild des achtzehnten Jahrhunderts erstehen, stellt er, wie Hirsch für den Roman der Zeit überhaupt behauptete, »mit seiner Geschichte die Naturgeschichte der Aufklärung« dar, wenn auch im Zerrspiegel [15]. Zu Räsoneuren seiner Eskapaden hat der Titelheld das Freundespaar Sigmund und Karl. Neben Flachs, der trotz der sorgfältigsten Erziehung zum Wollüstling, Spieler, Mörder und endlich zum Tartuffe von einem Geistlichen und Theologieprofessor wird, wirken die beiden Vertreter einer aufgeklärten Geistigkeit und Lebensführung, die sukzessive mit Phantomen, Vorurteilen, Abergläubeleien aufräumen.

Das Buch erschöpft sich kurzum in der Darstellung des Titel-Narren und garniert diese besserungsästhetische Zeichnung mit den Glossen zweier Muster-Aufklärer, die des weitern »Neuigkeiten aus dem Reiche der Dummheit und des Kleinstädtischen« beisteuern. Das sind Neuigkeiten, die durchaus den Eindruck von wahren Begebenheiten machen, ja schon deshalb aus dem Leben gegriffen sein müssen, weil sonst das Buch, das nichts weniger als romanhaft sein will, seinen erzieherischen Sinn verfehlte. Die besserische Absicht veranlaßt Schöpfel, den Aufklärer wie er sein sollte – Sigmund – auf Reisen zu schikken. Aber die bloße Formel und Fiktion gewordene Bildungsreise dient ihm lediglich zum handlichen Gefäß für neue Räsonnements über Torheiten, die am Wege begegnen. Bezeichnend dafür ist allein die Wendung, daß der Reisende seine Briefe als ein *Savoyarde* verfaßt, »der sein Raritätenkästchen auf dem Rücken herumträgt«. Dieses Motiv ist ja in der Literatur des achtzehnten Jahrhunderts nichts Neues, wenn es auch in Goethes JAHRMARKTSFEST ZU PLUNDERSWEILEN erst die gültige Fassung erhielt [16]; sogar die zeitgenössische Mode bemächtigte sich seiner: zu Ende des Jahrhunderts trug die Dame Hüte à la Savoyarde!

In die »Kloak von Vorurteilen«, welche bemerkenswert erscheinen, rechnet man die Torheit, sich zum neuen Jahr Glück zu wünschen, wirft man die Sitte, schwarze Trauerkleidung zu tragen. Man verpönt die Kindereien der Weihnachtsfeiertage und fragt geradeheraus: »Sollte man wohl nicht ... solche törichte Gebräuche abstellen?« Es mangelt ihnen durchaus das Verständnis für jene Vielzahl von Brauchtümern, deren Sinn gewiß nicht immer einzusehen, weil er vorzivilisatorisch ist, eben darum aber rührend, wenn nicht respektabel anmuten. In seinem radikalen Anspruch, sich selbst zu genügen, abgelöst von Mythos, Religion und ›Ammenmärchen‹, ist der aufklärerische Mensch des achtzehnten Jahrhunderts schon einmal der – blassere – Entwurf des perfekt modernen Menschen gewesen. »Es war«, wie Korff sagte [17], »ein Zeitalter der Emanzipation, aber ohne das Verständnis für die Folgen dieser Emanzipation!« Erst der Mensch des zwanzigsten Jahrhunderts hält mit dem Vorfahren Schritt, und viel leichter: jener hatte noch auszurotten, was dieser bloß zu vergessen braucht, um es nicht mehr als sein Eigentum zu erkennen. Wie jede aggressive Bewegung – das ist selbstverständlich – hatte auch die bürgerliche Aufklärung den Willen, alles Gegenläufige und Abwegige zu ächten. Das erschwert ihre Würdigung. Denn sie hat sich, wie man weiß, um die Tilgung diverser Narrheiten und Vorurteile verdient gemacht. Schöpfels aufgeklärte Helden wettern gegen die Sucht der »altgothischen Titulaturen« und Kurialen, gegen Käuflichkeit und überhaupt Erblichkeit des Adelsprädikates, gegen das ausgepicht Zeremonielle: daß man etwa einen Menschen erst wieder besuchen darf, wenn er seinen Gegenbesuch gemacht hat, und, ist er um vier gekommen, selbst auch um vier kommen müsse. Man tut gut daran, für die reine Wahrheit zu nehmen, was nur drastische Erfindung scheint. Knigge berichtet in dem UMGANG MIT MENSCHEN ein Beispiel von bürgerlicher Etikette, das noch einmal so grotesk anmutet: er habe eine Stadt gesehen, »in welcher ein Mann, durch seine kürzlich erhaltene Bedienung, die ehemals dort nicht existiert hatte, so sehr von allen übrigen einmal bestimmten Rang-Ordnungen abgesondert war, daß er, wie ein Elephant in einer Menagerie, immer für sich allein spazieren gehen mußte, ohne seines Gleichen, weder einen Gesellschafter, noch eine Gefährtin finden zu können«. Aus dem Exempel spricht die kalte Teilnahmslosigkeit einer in sich festgestellten Gesellschaft, welche jeden schneidet, diffamiert, verlacht, der außer der Reihe, nicht in der Ordnung ist. Selbst bedacht auf allgemeine Geltung, ist jene Gesellschaft nicht fähig, eine andere Artung gelten zu lassen. Als einen »vornehmen Spaß« läßt Schöpfels Freundespaar die Geschichte eines Dorfbarbiers passieren, der plötzlich den Wunsch äußert, des Herzogs Schwester zu heiraten. »Der Mann geht fort, und gleich eine Stunde darauf heißts, daß er närrisch sei und daß man ihn schon an Ketten gelegt habe. – Wie sichs doch mit einem Menschen so gar geschwind ändern kann!« Die kauzige Verschrobenheit eines Feldpredigers, der alles notiert, was er außer Hause ißt, weil es seine Frau genau wissen will, hätte Jean Paul zu einem verständnisinnigen Mitgenuß veranlaßt. Dem Aufklärerpaar gilt es als ausgemachte Torheit: »Was würden wir sagen, lieber Karl, wenn unsre Weiber mit dergleichen lächerlichen Prätensionen angezogen kämen?«

Es ist bestürzend, welche Grausamkeit und Intoleranz im Namen von Anstand und Konvention verübt wurden. Auf dem Dorf, wo Martin Flachs Prediger ist, bricht, während er sich in Gesellschaft befindet, Feuer aus, und Martin eilt hinaus, findet am Wege eine Kindertrommel und »ging nun als ein geistlicher Tambour durch die Gäßchen hin, um die unbekümmerte Gemeinde zur Hilfe zu rufen. – Sein rasches Trommeln ... brachte in wenigen Minuten das ganze Dorf in Aufruhr; und das Feuer wurde auch glücklich wieder gelöscht«. Aber seit der Zeit ist Martins Reputation im Dorf und in den umliegenden Ortschaften dahin. Die »burleske Geschichte« wird überall ausposaunt; er muß sich »geistlichen Hanswurst« nennen lassen! Der Trommelschläger ist von alters nämlich als die Lieblingsrolle Pickelherings bekannt. Geistlicher Hanswurst – man versteht dann besser Mosers Furcht, sich womöglich der Lächerlichkeit auszusetzen, die Wertschätzung als Bürger durch eine Berührung mit dem Närrischen einzubüßen. Martin Flachs hatte es als Geistlicher riskiert, sich lächerlich zu machen, und war damit in einer bürgerlichen Ordnung unmöglich geworden. Schöpfel gibt das allgemeine Urteil mit der burlesken Episode, die Lacher auf seiner Seite wissend, überdeutlich zu verstehen. Gleichwohl trifft hier einmal zu, was Flachs zu seiner Rechtfertigung vorbringt, daß nämlich »die größte Unanständigkeit im Notfalle zum Anstand werde«!

Die Ächtung eines Menschen, der sich gegen die Konvention der Aufklärersozietät versündigte, die Geißelung von Gruppen und Institutionen, die der sogenannten gesunden Vernunft zuwider handeln, durch die Narr-Schelte: Harlekin, Hanswurst läßt sich über Schöpfel hinaus beobachten. Noch 1809 definiert Campe in seinem WÖRTERBUCH DER DEUTSCHEN SPRACHE den Hanswurst als »eine sich lächerlich gebärdende und lächerlich machende Person«, weshalb sein Name »auch als Schimpfwort gebraucht wird«! So betitelt Carl Ferdinand Hommel 1761 eine Schrift über juristische Narrenpossen und legislatorische Gaukeleien als DE IURE ARLEQUINIZANTE ORATIO. Kästner dankte ihm dafür am 10. Dezember 1761 und spielte Hommels hübsch boshaften Gedanken in sein eigenes Fach hinüber: »Sed ne severioribus nostris studiis histriones omnino deesse censeas, eu non Algebram Arlequinizantem, nam illem magis veneror quam ut ad risus hominibus excutiendos traducam, Algebraicum tamen, non Arlequinum, quem et elegantiores interdum cum voluptate vident, sed Hanswurstium vix infima plebe ut placeat dignum.« Laukhard spricht in dem Roman FRANZ WOLFSTEIN von den »Hanswurstiaden des Gelehrten-Theaters«. Und es findet sich bei ihm ein Ausdruck aus der Studentensprache, der verblüfft: der Name des österreichischen Hanswurst Kilian Brustfleck als Bezeichnung für den Angeber, Petzer in EULERKAPPERS LEBEN UND LEIDEN. Wie es zu diesem Bedeutungswandel gekommen ist, wissen nicht einmal die einschlägigen Wörterbücher zu berichten. Laukhard, dieser eigentümliche Schriftsteller der späten Aufklärung, ist ja überhaupt in seiner Schilderung nicht nur burschikoser, akademischer Narrenteidungen, sondern in der Darlegung sozialer Mißstände eine Fundgrube für den, der das allgemeine Zeitempfinden des rationalistisch gesonnenen

Bürgertums erfahren möchte. Auch Jung-Stillings Lebensgeschichte bietet einen hübschen Hinweis darauf, wie der Zeitgenosse eine auffällige, herausfallende Individualität mit dem Nicknamen Hanswurst abstempelt: »Nun befand sich allda ein gewisser Gelehrter, namens Spässel, ein sonderbarer Heiliger, so wie es wenige gibt; sein Anzug war sehr nachlässig, mitunter auch unsauber, sein Gang und Wandel schlotterig, alle seine Reden niedrig-komisch, so daß er in allen Gesellschaften den Hanswurst vorstellte.« Ein weiterer Beitrag stammt von Lichtenberg. Wie Hommel aus Harlekin, bildet er aus dem Namen des deutschen Bühnennarren ein Zeitwort, das kurz und boshaft den Unterschied zwischen zwei verwandten Sprachen bestimmt. Schreibt er doch, daß ihn das Holländische als »verhanswurstetes Deutsch« immer lachen mache.

Aber nicht nur der Name der ehemals Lustigen Person hält nun zum Schimpf her, sondern auch dessen Tracht. *Buntscheckig* ist, wie das Grimmsche Wörterbuch belegt, ein fast ebenso beliebtes Krittelwort wie Hanswurst und Harlekin. Am Ende scheint der eigentliche Zusammenhang schon halb vergessen, und es findet sich in Verbindungen der abenteuerlichsten Art wieder. Buntscheckig ist durchaus nicht ein charakterisierendes Beiwort, geschweige Farbbezeichnung. Es ist gleichsam die Eindeutschung vom Hommels »arlequinizant«. Dafür spricht ein Satz in dem Umgang mit Menschen. Knigge erklärt dort in der Einleitung, keine Verhaltensregeln für Stubengelehrte zu geben, die einmal »buntschäckig und altväterisch gekleidet« unter Menschen gehen wollen! Das Buntscheckige seiner Kleidung macht einen solchen Außenseiter sogleich zum belächelten Narren. Es stellt ihn überdies in einen Sinnzusammenhang mit Morgensterns abenteuerlich überholter Kostümierung oder jener Allegorie des Harlekins in Allongeperücke und Pantalonsgewand, die Johann Elias Schlegel verfaßte.

Hier interessiert die Vokabel vor allem in ihrer Anwendung auf Erscheinungen der Literatur. Offenbar dient sie gern zur Bezeichnung von Denkweisen und Schreibmanieren, die der zeitgenössischen Poetik nicht in das Konzept passen. Hans Sachs, der durch die Stürmer und Dränger ja eine neuerliche Aktualität erfuhr, wurde, wie Flögel rügt, von den meisten jungen Schriftstellern seiner Zeit »vor einen Hanswurst und einen elenden Knittelreimer gehalten«. In der EINLEITUNG IN DIE SCHÖNEN WISSENSCHAFTEN, die Batteux geschrieben, Ramler für Deutschland vermehrt und herausgegeben hat, wo sie 1763 in zweiter Auflage erschien, liest man bei Erklärung der Dichtkunst des Horaz in Fettdruck diese Zeile: »Wer allzu sehr die Einförmigkeit befürchtet, gerät in das Buntscheckigte und Abenteuerliche.« Zu jener Furcht und Gefahr schreibt der Horaz-Ausleger neben anderem: »... wer seinen Stoff mannichfaltig machen will, aus Furcht durch die Einförmigkeit Überdruß zu erwecken, der gerät bisweilen in ein abenteuerliches und phantastisches Wunderbares. Wer seine wirklichen Personen mit allegorischen Personen, ein Sinnbild mit einem lebendigen Wesen, zugleich handeln läßt, der verbindet Schlangen mit Vögeln, der malt einen Delphin in den Wald. Wer Sachen aus verschiedenen Zeitaltern, aus verschiedenen Religionen, Sitten, Himmelsgegenden zusammenmischt; wer seinen Spielern aus dem Altertum Reden in den Mund legt, die sich auf neue Erfindungen beziehen; wer sich in seinen Metaphern verwirrt, indem er sich von der gemeinen Rede zu entfernen, sich poetischer, sich wunderbarer auszudrücken sucht: der paaret Schafe mit Tigern und setzt die Einwohner der Wälder in die Fluren.« Es lohnt sich, nach Horaz, wie ihn Ramler besprach, in die kritischen Papiere anderer Zeitgenossen zu schauen. Dort erfährt man, welcher Schriftsteller sich im Sinne der betulichen Poetik am ehesten in seinen Metaphern verwirrte, am weitesten von den rationalistischen Vorstellungen entfernte: Jean Paul. So nennt die Nr. 106 des ALLGEMEINEN LITTERARISCHEN ANZEIGERS am 16. Juli 1801 dessen Schreibweise eine »buntscheckige Hanswurst-Manier«, und Garlieb Merkel meint in den BRIEFEN AN EIN FRAUENZIMMER über den gleichen Dichter, daß »neben dem hellen Verstande und dem gebildeten Genie« die »Gaukelei der zügellosen Phantasie eine zu – scheckkige Figur« mache!

In einem anderen, umfassenden Verstande macht sich Wilhelm F. H. Reinwald vollends die Vokabel zunutze. Buntscheckkigkeit erkennt er sozusagen als das *Schicksal des deutschen National-Geistes*. Er versteht darunter seine lächerliche Nachahmungssucht und närrische Unoriginalität. Das Gedicht nennt nicht, beschwört umso mehr das Buntscheckige:

Ist zu beklagen bitterlich
Daß, als die Nachbarn-Völker sich
Erhoben aus der Barbarei
Und jedes sich sein' Liverei
Vom Stück geschnitten, da kam auch
Post festum nach altem Gebrauch
Der Deutsche, fand die übr'gen Lappen,
Daraus komponiert er seine Kappen.

So unanständig es dem bürgerlichen Wohlbefinden war, sich lächerlich zu machen, so verpönt ist selbstverständlich auch die »leidige Sucht witzig« zu sein, wie Schöpfel formulierte. Es versteht sich, daß die Neigung, Bonmots zu verfertigen, nicht weniger verargt wurde. In den BELUSTIGUNGEN vom Februar 1744 steht ein denkwürdiger Aufsatz, der den Titel trägt GEDANKEN VON BON MOTS. Der ungenannte Autor sagt darin unter anderem: »Im übrigen wird man gemeiniglich finden, daß diejenigen, so mit bon mots gleichsam ein Gewerbe treiben, am ersten anfangen, sich selbst darinnen zu gefallen, und nicht aufhören, solche hundertmal andern zu erzählen. Dadurch werden ihre Einfälle, wenn sie gleich sonst noch gut genug sind, zu verlegnen Waren, und jedermann bekömmt einen Ekel so wohl vor denselben als auch der Werkstatt, in welcher sie ausgearbeitet worden. Und das von Rechts wegen!« Es war jedoch nicht nur der immerhin verständliche Widerwille gegen abgestandene Späße. Liebte man Bonmots denn darum mehr, weil sie neu waren? Einer Sprachästhetik, die in der Befähigung des Menschen zu artikulieren bloß den Anlaß sah, Kausalreihen nach mathematischem Muster zu formulieren, Information als den Charakter der Sprache betrachtete, mußte allerdings ein Talent unheimlich sein, das Heterogenes zu verbinden, der Logik witzige Schnippchen zu schlagen verstand. »Man kommt durchgehends darin überein«, merkt Sulzer zu dem Stichwort ›Witz‹ an,»daß eine lebhafte Einbildungskraft die Grundlage des Witzes ausmache und daß der, den man vorzüglich einen witzigen Kopf nennet, in seinen Vorstellungen mehr von einer lebhaften Phantasie, als von Verstand im eigentlichen philosophischen Sinne dieses Worts, geleitet werde ...« Obendrein schien der Witzige, indem er die sanktionierte Ordnung im Spiele seiner Worte und Ideen aufhob, einer Verderbnis der Vernunft Vorschub zu leisten und ließ immer gewärtigen, auch allgemeine Ordnungen zu verscherzen. Die GESCHICHTE DER MENSCHLICHEN NARRHEIT aus dem Geiste des Rationalismus weiß davon zu berichten. Adelung hat sie geschrieben, aber beinahe scheint der Name des Verfassers belanglos: so sehr typisch mutet jenes Unternehmen an. Die von Thomasius 1693 herausgegebene Zeitschrift HISTORIE DER WEISHEIT UND THORHEIT, eine Art Vorläufer von Arnolds KETZERHISTORIE (1699), hat im Grunde schon nichts anderes im Sinn gehabt. In dem Zusammenhang hat auch Mosheims KIRCHENHISTORIE Interesse, in der den ketzerischen Sekten großer Raum gewidmet war: aber nicht sie wie Arnold als erwählte Seelen zu feiern, sondern um zu zeigen, daß sie zu dem armen, kranken Volk gehörten, das mit seinen »chimärischen und extravaganten Lehren« einen Platz in der »Geschichte der menschlichen Illusionen und Torheit« verdiene! Und Blankenburg erwähnt, daß 1778 ein Anonymus in Wien BEYTRÄGE ZUR GESCHICHTE DER MENSCHLICHEN NARRHEIT, AUS ALTEN PAPIEREN veröffentlichte.

Adelung also nannte 1785 als ein Exemplar jener »philosophischen Unholden«, die ihr ganzes Leben »ein Geschäft daraus machen, wider Philosophie und gesunde Vernunft zu handeln«, kurz, als Narr nach Aufklärermeinung: »Nicolaus Franco, Witzling.« Was macht man ihm zum Vorwurf? »Dieser zwar gute Kopf, der sich aber durch den Mißbrauch seines Witzes unglücklich machte, ... artete sehr frühe in Anzüglichkeiten und beißende Spöttereien aus, indem ihm nichts zu ehrwürdig oder zu heilig schien, wenn er nur einem witzigen Einfalle auf dessen Kosten Luft machen konnte.« Es ist vielsagend, daß die deutsche Sprache zur Bezeichnung eines Menschen, der witzig redet, nur Hauptworte kennt, die zugleich abwerten, was sie benennen: der Witzbold ist nun gebräuchlicher, nicht freundlicher als der Witzling. Man wird kaum fehl gehen, wenn man auch für diese ›Verteufelung‹ den christlichen Denkgeist und Glauben verantwortlich macht. Christus war so wenig witzig, wie er lachlustig gewesen war. Der Witz galt als eine unholde Gabe; Bonmots reimten sich auf eine böse Seele. Kästner berichtete seiner Göttinger Brieffreundin Friederike Baldinger am 27. November 1781, daß er in Leipzig »in der Richterischen Bildergalerie« einmal mit einem Maler verglichen worden sei: »Er heißt *Pregel*, fand seinen Gefallen daran, Teufel und Verdammte aufs gräßlichste zu schildern, daher er *Höllenpregel* genannt wurde. Ein anderer verglich mich mit Lucas Cranach, der hatte bei seinen Gemälden allemal zum Zeichen ein Schlängelchen.« Selbstverständlich hinkt der Vergleich – aber zum Glück und im genauen Sinn des Wortes. Denn der Vergleich will beileibe nicht auf eine Ähnlichkeit zwischen Breughel, Cranach und Kästner hinaus, sondern spielt jenen hinkefüßigen Gottseibeiuns und schlangenklugen Teufelskerl an, der sozusagen der erste Witzling der Schöpfung war. Seit der Zeit hatten es ähnlich ›diabolische‹ Talente schwer: »Unlängst las ich zum Beweise, daß mein Herz nicht böse ist, wenn ich gleich Sinngedichte mache: Ich hätte meinen Nachbarn in Klein-Paris im siebenjährigen Kriege viel Gutes getan. Nun habe ich im siebenjährigen Kriege weit von Klein-Paris gewohnt und finde es sehr sonderbar zu denken, daß gutes Herz und Sinngedichte nicht beisammenstehen könnten u. man solches als was Zweifelhaftes beweisen müßte«, schreibt derselbe Kästner am 16. Dezember 1790 an Nicolai ...

Darf man unter diesen Voraussetzungen überhaupt von einer witzigen Gesellschaftskultur in Deutschlands achtzehntem Jahrhundert sprechen, wie Böckmann will, dem der Witz als »das eigentliche Prinzip der Rokokounterhaltung« [18] deutlich erscheint? Allem Anschein nach handelte es sich doch bestenfalls um ein literarisches Programm der witzigen Sprachhandhabung, die in den Sinngedichten Lessings geschmeidig, in Kästner boshaft und mit Lichtenberg tief wurde, sich aber übrigens in harmlosen Swifteleien etwelcher Satiriker verausgabte. »Bis itzt« – das war 1774 – »kann man nicht eben sagen, daß der echte Scherz eine gemeine Gabe der deutschen witzigen Köpfe sei«, hatte Sulzer festgestellt und etwa Fischart, Logau, Wernicke, Hagedorn, Liscow, Rost, Rabener, Zachariä, Wieland ausgenommen. Mit der Rede vom Mißbrauch des Witzes war man rasch bei der Hand. Heikel verstanden, erlaubte sie dem Schriftsteller nicht Wortspiel, nicht Sottise des festgesetzt Ehrwürdigen. Rabener – »Dieser Lieblingsautor unseres Landes«, wie ihn Ramler hieß – gab die Tabus für den artigen Satirenschreiber aus. C. F. Weiße konnte, als er 1771 Rabeners Lebens- und Charakterbeschreibung verfaßte, dem gepriesenen Satiriker kein kennzeichnenderes Kompliment als mit den Worten machen: »Kein Mensch war weiter von dem Charakter eines Lustigmachers entfernt, als er.« Und die deutsche Gesellschaft der Zeit propagierte gegenüber dem Witzigen den Biedermann. »Ehrliche Einfalt ist besser als spitzbübischer Witz«, heißt es in dem fast fünfzig Druckseiten umfassenden DENKZETTEL der Frau Pastorin an ihren Sohn in Hippels LEBENSLÄUFEN. Witzling war spätestens seit der Originalkomödie dieses Titels, die von der Gottschedin Mitte der vierziger Jahr geschrieben wurde, ein Scheltwort wie Hanswurst und Narr. Der Witzbold fungierte schon 1615 in Johann Valentin Andreäs Allegorie, DIE CHRISTENBURG betitelt, als ein Tor, der den alten Mann, den weisen Reformator lächerlich zu machen sucht. Der unvermeidliche Knigge sagt seinem bürgerlichen Publikum zu dem Gegenstand: »Ein luxuriöser Witz, eine schalkhafte Laune, die nicht unter der Vormundschaft der keuschen Vernunft stehen, können nicht nur leicht auf Kosten des Herzens ausarten« – das hatte auch Sulzer zu bedenken gegeben –, »sondern würdigen uns auch herab, verleiten zu Spielwerken, so daß wir, statt der höhern Weisheit und nüchternen Wahrheit nachzustreben und unsre Denkkraft auf wahrhaftig nützliche Gegenstände zu verwenden, nur den Genuß des Augenblicks suchen ...«

Die Propagierung des Biedermannes läßt auf ein deutsches Manko schließen. Eine Textstelle in Zimmermanns Veröffentlichung ÜBER FRIEDRICH DEN GROSSEN UND MEINE UNTERREDUNGEN MIT IHM KURZ VOR SEINEM TODE, die 1788 zu Leipzig erschien, gibt einen wichtigen Hinweis. Zimmermann berichtet dort: »Sulzer liebte und verehrte die Deutschen; aber er glaubte doch, daß mancher deutsche Magister und Professor mit Schneidermanieren dort im Marmorsaal zu Sanssouci an der Tafel des Königs zwischen dem König, Voltaire, Algarotti und d'Argens sehr verlegen, sehr trocken und sehr peinlich gesessen hätte, und wahrlich eher geneigt zu Diarrhoe als zu witzigen Einfällen! Unendlich amüsanter war es, wie mir der redliche und geistvolle Sulzer oft versichert hat, Algarotti, Voltaire und d'Argens miteinander sprechen zu hören als das amüsanteste Buch zu lesen.« Wo sonst hat sich die sogenannte witzige Gesellschaftskultur in der Tat verwirklicht, wo ist sie während des Jahrhunderts besser zu suchen als an der Tafel Friedrichs des

Zweiten, im Kreise und Gespräche französischer Schöngeister? Desto begründeter schien die Ablehnung des Bürgertums. Denn diese Meinung schwingt in dem Tadel gern mit: dem Witz hafte nur zu sehr etwas Gallisches an, dem Gallischen aber etwas unerfindlich Frivoles und Lästerliches. Lamettrie mußte dafür noch in seinem Tode büßen, daß sein Witz sich unterstanden hatte, den Menschen zu entmenschen! Und Laukhard konfrontiert seine Kolossalgestalt deutschmäßigen Sinnens und Trachtens – Franz Wolfstein – um des, man weiß nun nicht mehr für wen, lehrreichen Vergleiches willen mit den großen Repräsentanten des französischen Geistes in jener Epoche. Er wird mit d'Alembert und Pitaval bekannt; Beaumarchais (1732–1799) zieht ihn an seine Tafel. Aber Wolfstein ist kein Sulzer. Beaumarchais pflegte nämlich seine Gäste über Tisch gern zu satirisieren. Da Wolfstein dieses Wesen mißfiel, mied er in Zukunft jene Gesellschaft. Daraufhin angesprochen, ergab sich die folgende aufschlußreiche Wechselrede: »Mein Gott, Herr von Wolfstein: Beaumarchais ist ein witziger Mann, der alles Lächerliche leicht sieht und es auf eine scherzhafte aber scharmante Weise bemerkt.« Wolfsteins Entgegnung ist: »Ich will aber nicht, daß er an mir Lächerlichkeiten bemerkt«! Man könnte diesen Satz aus dem Jahre 1799 die Antwort des deutschen Bürgertums auf Witze und Satiren schlechthin nennen. Ähnlich empfindlich wie Wolfstein, »wenn man ihn oder auch sonsten eine ernste und empfindliche Sache satirisch behandelt«, reagierte Jung-Stilling, der von sich bekennt: »Ein Mund, der anders sprach, als das Herz dachte, jede Ironie und jede Satire war ihm ein Greuel, alle andre Schwachheiten konnte er entschuldigen«! In einem spaßigen Widerspruch befand sich vollends der Gottschedianer Johann Joachim Schwabe. In den von ihm herausgegebenen BELUSTIGUNGEN ließ er einen mit dem Initial C. – das ist Karl Christian Günther – zeichnenden Mitarbeiter sein PATRIOTISCHES VERLANGEN NACH SATIREN im Juli 1742 äußern, Rabener einen Monat darauf Zulässigkeit und Einrichtung des verpönten Genres abhandeln. Dabei hatte Schwabe, laut Waniek [19], einen heillosen Respekt vor Satiren. »Ach, geliebter Leser«, ruft er einmal aus, »fürchtest du dich nicht, daß du dich nach solchen umsiehst? Das bloße Wort klingt uns ja schon so schrecklich, daß man es kaum aussprechen hören kann«!

Das Satirisieren gehörte zum guten Ton der feinen, französisch ausgerichteten Gesellschaft. Dort ließ man aneinander seinen Witz aus, bereit zu parieren oder gewärtig, Zielscheibe des Gelächters zu sein. Casanova unterrichtet besser darüber als jeder deutsche Zeitgenosse. Freimütig erzählt er in seinen Memoiren, daß er Voltaire, als er dessen Bekanntschaft machte, gut für ein Bonmot war, das die Anwesenden zum Lachen brachte. Casanova findet das nur in der Ordnung; »denn die Lacher sind dazu da, eine der beiden Parteien auf Kosten der andern in Atem zu halten, und die Partei, die die Lacher auf ihrer Seite hat, ist immer sicher zu gewinnen, so geht es nun einmal in der guten Gesellschaft zu«. Ja er erzählt geradezu von Voltaire, was Laukhard von Beaumarchais: auch er besaß die Lust am sarkastischen Ausfall, der nicht einmal die anwesenden Personen verschonte. Aber das entscheidende Moment bei diesem Gesellschaftsspiel war: »er besaß eine unnachahmliche Kunst, seine Pfeile so zu schleudern, daß sie niemanden verletzten«, sondern im Gegenteil lachen machten.

Es war der frühromantischen Jugend vorbehalten, eigentlich in Deutschland eine witzige Gesellschaftskultur zu verwirklichen, um des Witzigen willen, für das sie eine sündhafte Schwäche hatte, aber auch aus Widerwillen gegen die zeitgenössische Sozietät. Die Frühromantik erkannte ihre andere Art zunächst an der sie umgebenden, beschwerenden Gesellschaftskultur, nicht aber an dem spätaufklärerischen Autor. Auch Riedel ironisierte schon in dem REGISTER EINIGER WORTSPIELE sattsam bekannte Gemeinplätze des zeitgenössischen Bürgertums, indem er scheinbar ernsthaft etwa dem Witz nachsagte: »Der Witz ist eigentlich eine Krankheit, die, wie die Krätze, mit großem Jucken verbunden ist und nicht anders als durch eine gute Blutreinigung kann behoben werden.« Jüngers LAUNEN DES VETTERS JAKOB unterschieden sich in der Tendenz zum Witzwort und zum abenteuerlichen Parlieren durch nichts von dieser Art frühromantischer Schreibweise. Die Auseinandersetzung mit der rationalistischen Gesellschaft – die Pritsche in der Hand – war weithin das Thema der romantischen Erstlinge, wie etwa des Gemeinschaftswerkes von Bernhardi und Tieck, der BAMBOCCIADEN. Die erste Geschichte schlägt bereits den nachmaligen Ton an, gibt an Hand der GESCHICHTE EINES MANNES, WELCHER

MIT SEINEM VERSTANDE AUF DAS REINE GEKOMMEN hinlänglich Auskunft, wogegen man schreibt und wofür man eintritt. Der Held der Geschichte, Kriegsrat Nasturtius, ist die Verkörperung des grundsätzlich lebenden, ehrbar-ernsten Aufklärers, der aus Prinzip völlig witzlos ist — mit folgender Begründung:

Was ist Witz? Antwort: die Fähigkeit, Ähnlichkeiten zu bemerken, ein Putz, den jedermann haben kann, wenn er die Kosten nicht scheut, ihn sich anzuschaffen und zu unterhalten. Ich behaupte, der Geschäftsmann hat nur darum keinen Witz, weil er diese gefährliche Spielerei verachtet, denn Witz ist eine Abart oder vielmehr Unart des Verstandes, und wenn man sich von Jugend auf darauf legt, Witz zu machen, so hat man ihn aufs Alter. Aber der Geschäftsmann verachtet den Witz, weil er Verstand kostet, den er zu nützlicheren Sachen anwenden kann, seinen Nebenmenschen nützlich zu sein ...

Programmatischeren Charakter noch als diese Geschichte trägt das Stück, welches den zweiten Band eröffnet. Bewußt stellt es jenen Titel voran, der der Aufklärersozietät immer verächtlich über die Lippen gekommen ist: DIE WITZLINGE. Der Verstand ist der Prügelknabe des sogenannten ›Miniaturgemäldes‹; die Ernsthaftigkeit wird als die langweiligste Art, langweilig zu sein, bespöttelt, der Witz als der »Feind der Solidität«, als der »geborne Freund aller Weltleute« gepriesen!

Es fällt im allgemeinen schwer, das deutsche Bürgertum der Aufklärungszeit nicht mit den Augen der Romantiker zu sehen: das bürgerliche Lob des Mittehaltens verkehrt sich gar zu leicht in den Preis der Mediokrität. Man sollte darüber aber nie vergessen, daß sich das Bürgertum mit seiner Postulierung von Maß und Mitte in einer sehr guten, sehr alten Ahnenreihe befand. Es ist jenes Ethos, das, aus der stoischen Philosophie und einem eingemischten Christentum stammend, das aristokratische, Seele und Leib erfassende Ideal der Kontinentia ausbildet und, aus dem Mittelalter in die Renaissance hinüberwirkend, einem selbstbewußt werdenden Bürgertum Format geben muß. In Schillers Doppelwort von der Anmut und Würde hat es den klassischen Ausdruck gefunden [20]. Aber auch schon vor der Klassik finden sich bedeutende Beispiele für dieses Ineinsdenken von Sittlichkeit, Ästhetik und Kunst. Riedel kann zum Muster dienen. Er definierte das ›Decorum‹ als eine »Mischung politer Sitten, die eine vollkommene Seele anzeigt, oder, wie sich ein scharfsinniger Philosoph ausdrückt, eine Übereinstimmung unsers äußerlichen Bezeigens mit den innerlichen Vollkommenheiten, welche wir besitzen und nach unserm Stande besitzen sollten«. Zusammenfassend sah Riedel in »Tugend, Klugheit und Sitten« das ausgemacht, was er als »den Wohlstand, oder das Decorum« verstanden wissen will. So führte er es in einem Aufsatz aus, der SCHICKLICHKEIT, ANSTAND, WÜRDE UND TUGEND überschrieben ist. In diesem Sinne leistete Knigge dem deutschen Bürgertum einen unersetzlichen Dienst. Selber Aristokrat überschrieb er die aristokratische Anstandslehre dem bürgerlichen Stande: er demokratisiert den ehemals adeligen Wohlstand! Den Wohlstand, »nach welchem der Mensch immer auf seinen Stand und Charakter, auf den Stand und Charakter andrer Menschen, auf den Ort, auf die Zeit und tausend andre Dinge Rücksicht zu nehmen genötigt ist«, machte Flögel dafür verantwortlich, daß der Bürger von guter Erziehung das »äußerliche Lachen« unterdrückt, wenn er auch schon das »geistige Lachen« empfände. Und er hält im ganzen den Wohlstand für eine der Ursachen, »warum manche Menschen in ihren reifen Jahren niemals gelacht haben«. Der Rationalismus war in diesem Sinne ein gereifter Mann!

Der überaus empfindliche Sinn für Maß und Wohlstand zeichnete die bürgerliche Gesellschaft des achtzehnten Jahrhunderts aus. Er entgegnete dem Lächerlichen mit dem Begriff der Würde, kam dem Närrischen mit der gesunden Vernunft, hielt dem Witz die Argumente des Herzens entgegen. Endlich erregte auch das ganze Gegenteil des Spaßmachers und des witzigen Kopfes das Mißfallen des vernünftigen Zeitalters. Das ist der bis zur Misanthropie schwersinnige Zeitgenosse. Martin Flachs, in dem Schöpfel alle Verzerrungen des mustergültigen Menschenbildes der Aufklärung vereinigte, muß auch dafür Modell stehen. Er ist für eine Zeit der Theologe jener rigorosen schwärmerischen Richtung, »steife und misanthropische Lehren« vortragend, »die auch der elendeste Kopfhänger nicht ganz erfüllen könnte ...«. Die Einschätzung dieses Seelenzustandes innerhalb der aufgeklärten bürgerlichen Gesellschaft ist sich immer gleich geblieben. So liest man in Kepplers Zeugnis vom Ende des Jahrhunderts: »Die Schwermut ändert unser ganzes Nervensystem, erfüllt die Einbildungskraft mit Larven und Gespenstern, und macht schnell aus einem Weisen einen Narren.« Melancholie, Tief- und Trübsinn galten als Narrheit, nicht aber als unabänderliche Krankheit. So läßt sich A. F. E. Langbein, ein Lieblingsschriftsteller um die Jahrhundertwende, in einem Gedicht vernehmen, das den bezeichnenden Titel trägt: DER GRÄMLING UND DER FROHSINNIGE und mit der feinen Moral endet:

Fortuna hasset, nach Erfahrungskunden,
Den Grübelkopf, der mit ihr schmollt,
Und ist den frohen Leuten hold.

Hempel vermerkt von seinem vorbildlichen Helden August lobend, daß er kein »Kopfhänger« war, und betont ausdrücklich: »zu diesen gefährlichen Gliedern der Menschheit gehörte er nicht, er liebte vielmehr die Freude, nur ohne Ausschweifung ...«! Die Zeit meinte es gut mit den Zeitgenossen, der Schriftsteller dachte an sein Publikum, der Bürger befand sich mit dem Bürger wohl. Der Einzelgänger hatte selber Schuld, der Außenseiter, der ausschweifende Lacher, der unendlich Betrübte, der Narr, der Mensch. Aus der Feder von Uz stammt das Gedicht DER STANDHAFTE WEISE. Zwei Zeilen formulieren den klassischen aufgeklärten Rat:

Und wenn es Menschheit ist, daß unsre Seele traurt,
So ist es Weisheit, aufzuhören.

III. DER VERRUF DER SINGULARITÄT

Man hat die Wahrnehmung gemacht [21], daß der Narr die unpersönliche Type, die er während des Mittelalters vorstellte, mehr und mehr vergessen machte und mit der Zeit sich – nicht so sehr im Schauspiel als auf dem Papier – zu einem eigentümlichen Individuum entwickelte. Welche Folgerung ergibt sich für uns aus jener charakterisierten Narren-Gestaltung? Die bürgerlich rationalistischen Schriftsteller (dazu müssen gleichermaßen ein Brant, Murner, Weise wie die Unzahl von aufgeklärt Schreibenden im achtzehnten Jahrhundert gerechnet werden) sahen nie die Dichtung als ein ästhetisch Absolutes, sondern als Mittel erzieherischer Einflußnahme. Belehrung wollten sie alle geben, und allein durch die Intensität des Belehrens unterschieden sie sich. Dem Fortschritt von der unpersönlichen zur individuellen Zeichnung entspricht der Wandel vom abstrakten Moralisieren zum direkten Fingerweis auf eine bezeichnete, bei Namen genannte Person – um von Narren ein abschreckendes Exempel zu geben, griff man dann nicht auf Erfindungen der Einbildungskraft zurück, sondern auf die Wirklichkeit. Schöpfels MARTIN FLACHS ist in dem Sinne noch ein Mittelding: Geschichte wohl und ausdrücklich kein Roman, aber sein Held ein Substrat von realen Narren aller Art, von dem der geneigte Leser erst auf die Realität wieder zurückschließen mußte. Wenn dagegen Adelung in seiner GESCHICHTE DER MENSCHLICHEN NARRHEIT närrische Lebensläufe nachschreibt, so hält er sich streng an die verbürgte Wahrheit. Man kann ihm zustimmen oder widersprechen, keinesfalls aber kann man seine Biographien ins Reich der Fabel verweisen! Falls man übrigens Adelung zu widersprechen wagte, konnte es einem geschehen wie dem Rezensenten der JENAER LITERATURZEITUNG, dem Adelung in der Vorrede zum siebenten Band ein Gran Narrheit zumißt, um zu erklären, wie natürlich es sei, »daß er dieses oder jenes Närrchen unter seine Flügel nimmt, je nachdem es mehr oder weniger mit ihm sympathisieret«.

In der GALERIE VON NARREN dieses siebenbändigen Werkes findet man als Phantasten Quirinus Kuhlmann, als einen Schwärmer Sebastian Franck; Nostradamus, Paracelsus als Scharlatane und als Theosophen Jakob Böhme eingeschrieben; den Lästrer Aretino so selbstverständlich wie den notorischen Zweifler: Favorinus. Alle nur erdenklichen Exaltationen Geistes und der Seele, die immer der Aufklärung suspekt erschienen, rubriziert Adelung unter der Chiffre ›Narretei‹; beweiskräftig wird sie jedoch erst durch die jeweilige Konfrontation mit einem ›Unholde‹, der die und die Narrheit gelebt hatte. Und die Darstellung beschränkt sich nicht auf eine Vergangenheit, die von geringerem Belang sein müßte, weil sie Vergangenheit ist; ihren aufklärerischen Zwecken dienen die Gewährs-Narren besser aus der Gegenwart oder wenigstens doch einer kaum zurückliegenden Zeit. Für dieses Vorgehen ist die Lebensbeschreibung des Grafen von Buquoy, der als ›Querkopf‹ abgestempelt wird, signifikant.

Der Graf von Buquoy, schreibt Adelung im dritten Band, »hatte sowohl in seinem Äußern als in seinem Ausdrucke ebenso viel Sonderbares und Seltsames als in seiner Gemütsart ... Überall eiferte er wider Despotismus und Tyrannei; allein aus allen Umständen erhellet, daß er alle Unterordnung in der bürgerlichen Gesellschaft für tyrannische Gewalt gehalten. Es fand sich daher auch niemand leicht von seinen Ungezogenheiten beleidiget. ›Es ist ein Narre‹, hieß es, er ›kann sagen, was er will‹ ... Wegen seiner boshaften Zunge und seiner schmutzigen Kargheit, welche so weit ging, daß er sich zuletzt auch den Bart wachsen ließ, ward er in Hannover von jedermann gehasset und verachtet, und in diesen Umständen starb er plötzlich den 14. November 1740 in einem Alter von fast 90 Jahren ...«
Der Aristokrat, der wider die Herrschaft seines eigenen Standes wettert; der Mitbürger, der gleichwohl von bürgerlichen Pflichten nichs wissen will; der Eigenbrötler, der dem Jedermann wegen seiner Eigenheiten Abscheu erregt; kurz, der zynisch ungesellige, ungehobelte Diogenes-Charakter erschien dem ausgerichteten Geschmack des aufgeklärten Bürgertums, ob in Hannover ob anderswo, als Narr, sonderbar und seltsam. Bewußt spielten wir dabei auf jenen griechischen ›Narren‹ an, der im achtzehnten Jahrhundert, das gern das eigene Denken und Trachten unter allgemeine Leitbilder stellte, fast durchaus gegen den politen Demokrit abfiel. Der an Paradoxen reiche und leidende Spätrationalismus stellt uns in Karl Julius Weber ein denkwürdiges Beispiel vor. Derselbe Mensch, dessen lachender Philosoph DEMOKRITUS sprichwörtlich wurde, war persönlich in seinem Alter »mürrisch, mißvergnügt mit der Welt, mißtrauisch, fast cynisch in seinem Anzuge« [22]. Das Zynische, unter dem das Jahrhundert zugleich die Menschenverachtung und – als ihre Folge – die Vernachlässigung, die »schmutzige Kargheit« der eigenen Person verstand, blieb außer aller Debatte, wie man zur Welt leben könnte.
So sagte Böttiger dem Weimarer Schöngeist aus Frankreich, Anse de Villoison, »eine sehr cynische und unreinliche Lebensart« nach, und Kästner gab Nicolai am 16. Dezember 1790 die Würdigung eines anderen Franzosen, der seiner Zeit als Narr, als exzentrisch der zeitgenössischen Gesellschaft galt: Rousseau. Die Wortwahl Kästners, die Anspielung seines Urteils sind

unmißverständlich: »Jean Jacques, den ich nie eben bewundert habe, erkenne ich doch für einen Mann von Genie, der seinen eigenen, meiner Einsicht nach freilich irrigen Gang ging, seinen Stolz in Unabhängigkeit suchte und vielleicht gereizt ward, auch sich einbildete, gereizt zu sein, daß er andre beleidigte, übrigens selbst durch seinen Eigensinn bei seiner Offenherzigkeit Achtung verdient. Ein Gespräch zwischen Friedrich II. u. ihm wäre die Szene vom Alexander und Diogenes gewesen.« Der Gesellschaftsvertrag, den dieser Diogenes des Rokoko aufsetzte, war, wie man begreift, für die ihn umgebende Gesellschaft nicht bestimmt. Sie orientierte sich schicklicher bei einem ihresgleichen. Etwa bei Knigge, der einmal mehr für eine feststehende Anschauung des bürgerlichen achtzehnten Jahrhunderts ein Zitat beisteuern kann, wenn er von vornherein betont, daß er nicht beabsichtige, für den »groben Cyniker« zu schreiben, »der nach seinem Hottentotten-Systeme alle Regeln verachtet, welche Convenienz und gegenseitige Gefälligkeit den Menschen im bürgerlichen Leben vorgeschrieben haben«. Und noch um die Jahrhundertwende – aber was bedeuten Jahreszahlen bei einer unerschütterlichen Denkungsart – meint Carl Gottlob Cramer in seinem Roman Leben und Meinungen, auch seltsamliche Abentheuer Erasmus Schleichers, eines reisenden Mechanikus, daß Diogenes, der »cynische Hund«, noch bis dato »der wahren Weisheit seine Rechenschaft schuldig« geblieben sei: »So wenig als möglich handeln – ist einer der ersten festesten Grundsteine zum Gebäude: Menschenglück! Unter gewissen Umständen Glanz und Bequemlichkeit, die man haben könnte, verachten und freiwillig aufgeben, weil es leicht eine Quelle von neuen Übeln werden kann, ist Weisheit; aber alles verachten – auch das verachten und von sich stoßen, was man ohne Sorge haben und genießen kann – ist Torheit!«

Stets bestimmte eine etablierte Mehrheit den Geschmack; sie gibt an, was für guten Ton gilt. Im achtzehnten Jahrhundert aber versagte ihre Rigorosität dem Einzelgänger auch die äußerlichste Konzession. Eigenartigerweise ist es – bis heute – eine Nichtigkeit wie die Haartracht, die gern den Streit der Meinungen erregt, nicht anders als die Kleidung. Das Kleid des Menschen muß einmal geradezu als Bestandteil der Persönlichkeit, Tracht als Betragen und ihre unauffällige Abstimmung als

Wertmaß gegolten haben. Für das Gegenteil, die betonte Extravaganz, fand der Volksmund einen bündigen Schluß: »Je größer Narr, je größer die Schellen.« Aus Flögels 1789 zu Leipzig erschienener GESCHICHTE DER HOFNARREN erfahren wir, daß die Schellentracht des Narren im Spätmittelalter, die nun wie selbstverständlich zum Bild des Narren gehört, anfangs nur das satirische Spiegelbild einer ernsthaften Mode-Narrheit war, der die hohen Herren des mittelalterlichen Klerus und Adels zeitweise frönten. Die Geschichte der Moden läßt sich leicht als eine Geschichte der menschlichen Narrheit lesen. Freilich pflegt die Kurzsichtigkeit des Betrachters von der eigenen Gegenwart abzusehen. Das Zeitgemäße passiert dann wohl als schicklich und passend, und wäre es selbst die bloß zur Konfektion, zur Gewohnheit gewordene Unnatur. Grimmelshausen, der lebte, als der Zeitgeschmack das barocke Ungetüm der Allongeperücke vorschrieb, schalt darum folgerichtig »Sönderlinge, so sich mit ihrem natürlichen Haar behelfen«! Sein Satz ist der aufschlußreiche Beleg eines Wortes, das im achtzehnten Jahrhundert so viel wie Narr bedeuten wird; er stützt vor allem die Bemerkung, daß der Mensch sich so weit von dem eigentlich Natürlichen zu entfernen vermag, daß ihm alle Natur dann als indezent und närrisch erscheint. Schoppe, Jean Pauls exemplarischer Mensch und Humorist, wird als Hanswurst verschrien, weil er im Freien – badet! Der Studiosus Jean Paul Friedrich Richter selbst stand in Leipzig im Rufe des Sonderlings, weil er »mit unbedecktem Halse einherging und sich den Bart wachsen ließ« [23]. Die ungemeine Haartracht geht in die Literatur der Romantik als ironisches Motiv ein. In Tiecks Novelle WUNDERLICHKEITEN muß ein junger Maler mit fliegenden Haaren sich sagen lassen: »Das soll Genie vorstellen, aber es ist doch ganz unschicklich. Wird guter Leute Kind wohl so auf den Straßen herum laufen?« Als Abzeichen einer gewandelten Zeit fungiert schließlich die bärtige Tracht in Zschokkes Erzählung EIN NARR DES NEUNZEHNTEN JAHRHUNDERTS, die im RHEINISCHEN TASCHENBUCH AUF DAS JAHR 1822 zuerst erschien. Der Bart ist hier der launige Ausweis einer Abwendung vom verkünstelten achtzehnten Jahrhundert, dessen Perücke die Erzählung kontrastiert.

Weil er 1740 und nicht achtzig Jahre später starb, war der

Graf von Buquoy, der sich laut Adelung »zuletzt auch den Bart wachsen ließ«, ein Narr des achtzehnten Jahrhunderts. Er machte sich augenblicks zum Narren, als er die bürgerliche Übereinkunft in Tracht und Betragen brüskierte. Der Kampf des achtzehnten Jahrhunderts ging, soweit es eingeschworen ›vernünftig‹ dachte, stets von einer Mehrheit gegen eine Minderheit, vom Jedermann gegen das einzelne Ich. Solange man der Auffassung war, das Ich sei von Natur aus vernünftig, übersichtlich und verstandesmäßig zu leiten, solange verdachte man der Vernunft und Regel spottende Ausbildungen des Ich als bewußte Absonderung und ahndete sie durch den Narren-Schimpf. Das ausscherende Ich war dem Rationalismus die Verkörperung des Narren. Der Artikel »Narr« in Jablonskis LEXIKON hieß Narr jeden Menschen, »der nicht versteht, was alle andere verstehen, oder der wider das allgemeine Urteil, sensum communem, handelt. Die Narrheit wird verabscheut, weil sie wider die Vernunft streitet und die Vortrefflichkeit des Menschen vernichtet«. Arnold Hauser [24] vermeinte in der zweiten Hälfte des achtzehnten Jahrhunderts »das Aufkommen des modernen Bürgertums mit seinem Individualismus und seinem Willen zur Originalität« zu sehen. Das ist ein Kompliment, das dieses Bürgertum leicht als üble Nachrede empfunden hätte. Wie verstünde sich sonst die wütende Reaktion der Romantiker, außer als Schaumschlägerei gegen einen fiktiven Widersacher? Wo sich während des achtzehnten Jahrhunderts individuelle Regung und Wille zur Originalität bemerkbar machen, äußerten sie sich in den exzentrisch verschrienen Außenseitern der Gesellschaft, in Bewegungen bürgerlicher Minderheiten, gegen die sich eine bürgerliche Majorität sperrte. Das eigentlich bürgerliche Wesen war stets auf Bewahrung bedacht, mußte, vom ökonomischen Standpunkt aus, darauf bedacht sein. Es legte Wert auf eine einheitliche Physiognomie; gegen adeliges Unmaß formulierte es spezifisch bürgerliche Tugenden wie Ordnungsliebe, Reinlichkeit, Sparsamkeit, Fleiß [25]; im äußeren Gehabe gab man sich patriotisch und als Biedermann. Es ist bezeichnend, daß lange Zeit – bevor man darin Stil und nachahmenswertes Muster oder wenigstens skurrile Eigenart zu sehen bereit war – als Kontrast zu solchem Anspruch ein ganzes Volk herhalten mußte, das englische nämlich. Noch Lavater [26] beschrieb den

Nationalcharakter des Engländers dergestalt: »Eifersüchtig auf seine Privatexistenz, achtet er wenig auf öffentliches Urteil und fällt in den *Ruf der Singularität*«! Im übrigen kannte England eine Epoche, in der es selbst Andersdenkende verfolgt hatte; die Puritaner wurden da als Abtrünnige der Staatskirche mit dem Schmähnamen der ›Nonconformists‹ etikettiert und verpönt. Die sozusagen soziologische Feststellung schienen britische Äußerungen und Erscheinungen auf dem Theater, in der Bildenden Kunst und Literatur höchstens zu bestätigen. Als Georg Friedrich Brandes in seinen 1786 zu Göttingen veröffentlichten BEMERKUNGEN ÜBER DAS LONDONER, PARISER UND WIENER THEATER auf den Schauspieler Parsons zu sprechen kommt, der der »Favorit der Londoner in Drury Lane«, ein Virtuose in der niedrigen und groteskkomischen Manier, ein Charaktermaler im Geiste Hogarths ist, erklärt er seine Begabung und seinen Erfolg mit den Worten: »Der ursprüngliche englische Ton scheint Übertreibung zu lieben, teils weil die feinen Züge seine Nerven nicht genugsam erschüttern, ihn nicht hinlänglich in Bewegung setzen, teils weil wirklich in diesem Lande mehrere und stärkere Originale wie irgendwo anzutreffen sind. Es gibt hier noch immer eine große Anzahl Menschen, die nicht abgeschliffen genug sind, um dadurch ihre Individualität verloren zu haben.« Alle englischen Satiren, im Bild und auf dem Papier, beweisen Brandes »diesen herrschenden starken Geschmack«, der gegen den französischen und deutschen stark absticht; er erklärt, warum es keine Nation, wie Brandes meint, den »Engländern in der Karikaturmalerei zuvorgetan«; er erklärt, kurzum, den einzigen Hogarth!

Wir erinnern uns der Ansicht Goethes, der die »excentrischen Fratzen« des englischen Karikaturzeichners mit der Deutschen »einfachem, reinem Zustande« ganz und gar unverträglich fand. Diese Ansicht wird man nun erstaunlich finden, aber unbegreiflich geradezu, daß Lichtenberg bezüglich Hogarth von »dem ganzen tenore seines drolligten Geistes« sprach, vom drolligten Genie, das er aus allen seinen Werken erklären wollte! Diese Vokabel – ein Schlüsselwort der Kunst im Biedermeier – ist verräterisch. In der Tat erfährt man aus Lichtenbergs Hogarth vielmehr, wie launig dort das Greuliche, nicht wie greulich es ist. Lichtenberg hat auf diese Weise, recht verstanden, die exzentrische Fratze des Briten vollendet ›eingedeutscht‹. Über den deutschen Nationalcharakter gab es bei den deutschen Autoren im achtzehnten Jahrhundert so gut wie keine Meinungsverschiedenheit. Kant äußerte 1764 in seinen BEOBACHTUNGEN ÜBER DAS GEFÜHL DES SCHÖNEN UND ERHABENEN, der Deutsche frage weit mehr als der Engländer und der Franzose danach, »was die Leute von ihm urteilen möchten und wo etwas in seinem Charakter ist, das den Wunsch einer Hauptverbesserung rege machen könnte; so ist es diese Schwachheit, nach welcher er sich nicht erkühnet Original zu sein, ob er gleich dazu alle Talente hat, und daß er sich zu viel mit der Meinung anderer einläßt, welches den sittlichen Eigenschaften alle Haltung nimmt, indem es sie wetterwendisch und falschgekünstelt machet«. Daß solche Tendenzen zur Gleichmacherei innerhalb der bürgerlichen Gesellschaft durchaus erfolgreich gewesen sein müssen, bestätigt Sulzer, der 1774 in der ALLGEMEINEN THEORIE DER SCHÖNEN KÜNSTE bedauerte, daß Deutschland weniger Originale besitze »als andre Länder, wo man freier lebt und sich weniger nach andern umsieht, um es so zu machen wie sie. Der Deutsche scheuet sich ungeschickt zu scheinen und hat nicht Mut genug sich ganz seinem Gutdünken zu überlassen: darum ist er weniger Original als mancher andrer«. Diese Uneigentümlichkeit der Deutschen verstand Reinwald ja unter dem ›buntscheckigen‹ deutschen Kleide! Die Emanzipation des deutschen Bürgertums emanzipierte darum doch nicht die Persönlichkeit; autonom war die Vernunft, nicht das Einzelwesen. Das Ideal verkörperte »eine Vernunftkultur von gleicher Art und gleichem Maß, uniform wie die mittelalterliche, nur in anderem, unkirchlichem Aufbau, eine ›égalité‹, wie sie die französisch-scholastische Bewegung der Revolution treffend nennt, eine möglichst gleichmäßige vernünftige Masse, nur quantitativ, keineswegs aber qualitativ unterschiedene Vernunftwesen mit Durchschnittsbildung« [27]. Die Sucht nach Singularität aber, die man für gewöhnlich dem Engländer nachsagte, wurde im eigenen Land in den eigenen Reihen unnachgiebig gegeißelt. Singularität, wo immer sie sich äußerte, galt nicht als sich von selbst verstehendes Kennzeichen der Person, sondern als bewußte Attitüde und ärgerliche Marotte, die man immer negativ bewertete. Das Ich wie das Irrationale in dem suspekten Hanswurst wie die unreglementierte Einbildungskraft waren Phänomene, die der klügelndste Verstand nicht fortdisputieren, wohl aber mißkreditieren und in Bann tun konnte.

Übrigens tritt im Laufe des Jahrhunderts neben den Narren als ausgesprochenes Gegenbild des bürgerlichen Ehrenmannes der ›Sonderling‹. Teils übernimmt, teils verengt er des älteren Wortes Bedeutung, wird oft in dem gleichen Sinn auch, niemals aber wohlmeinend gebraucht. Der drollige, der liebenswerte Sonderling ist eigentlich das Gewächs der nachromantischen Epoche, unheimliches Biedermeier eines Stifter, Storm oder Raabe. Darum erscheint das Unternehmen, in den Romanen des aufgeklärten achtzehnten Jahrhunderts, ja selbst schon in den romantischen Romanen von Jean Paul und Hoffmann den Sonderling zu behaupten, einigermaßen fragwürdig [28]. »Schopenhauer ist prototypisch der erste Kauz und Sonderling. Die gute alte Zeit im Schlafrock von Matthias Claudius bis zu Spitzweg oder weiter noch zu Seidels LEBERECHT HÜHNCHEN lebt von einer zunehmenden Entfremdung und Veräußerlichung in einer Welt, die den Menschen sonderlich werden läßt« [29]. Der ›Sonderling‹ des achtzehnten Jahrhunderts dagegen war, obgleich Modewort, lediglich die speziellere Bestimmung dessen, was man unter dem Narren verstand: das Gegenbild des soziablen Wesens. Knigge, der dieser geselligen Menschheit die güldenen Gemeinplätze der Menschenkenntnis schrieb, vergaß auch nicht jene Spezies: »Leute die etwas darin suchen, sich durch ihr Betragen in wesentlichen Dingen von Andern zu unterscheiden, nicht eigentlich aus Überzeugung, daß es so besser sei als anders, sondern hauptsächlich darum, weil sie das zu tun vorziehen, was Andre nicht tun, solche Leute nennt man Sonderlinge.« Und er rät dem verständigen Manne, in seinem Betragen gegen sie wohl zu überlegen, »ob ihre Bizarrerien von unschädlicher Art und ob sie Männer sind, die in irgend einer Rücksicht Schonung verdienen, um darnach im Umgange mit ihnen zu verfahren, wie es Vernunft und Duldung fordern«. Da dem Rationalisten die menschliche Natur nichts Zwangvolles hatte, wollte er anders nicht die Menschmaschine befürworten, stellte sich seinem beschränkten Begriff der Sonderling richtig als ein Mensch dar, der sich nicht unwillkürlich, sondern mit Bewußtheit bizarr gab, seiner Singularität zu frönen. Langbein brachte diese Denkungsart in dem DER SONDERLING überschriebenen Zweizeiler auf die kürzeste Formel [30]:

Das Sonderbare liebt Valer;
Drum liebt er sich auch selbst so sehr.

Die Meinung der Hannoveraner zu dem gräflichen Sonderling, die in dem Satz gipfelte: Er ist ein Narr, er kann sagen, was er will, verdeutlicht trefflicher als viele Worte die landläufige Einstellung der aufgeklärten Gesellschaft gegenüber unbelehrbar Andersdenkenden, Andershandelnden. Das befremdliche Argument blieb auf das soziale Miteinander nicht beschränkt. ›Narr‹ ist in den literarischen und weltanschaulichen Fehden des Jahrhunderts eine immer wieder begegnende Nachrede gewesen, um so öfter, als der durchschnittliche deutsche Aufklärer Positionen verteidigen zu müssen glaubte, zu deren Verteidigung es häufig selbst an der inneren Überzeugung gebrach, so daß dem Gegner kein triftiges Argument entgegengehalten werden konnte: man widerlegte nicht, man diffamierte den Gegner.

Gerade die Literatur-Satire macht, nicht erst im achtzehnten Jahrhundert, von diesem Mittel einen exzessiven Gebrauch. Aus zweifachem Grunde ist hier die 1673 zu Nordhausen erschienene Satire REIME DICH / ODER ICH FRESSE DICH von »Hartmann Reinholden, dem Franckfurther« merkwürdig. Der Name des Autors ist selbstverständlich ein Pseudonym; der Verfasser heißt eigentlich Gottfried Wilhelm Sacer (1635–1699). Wäre nicht die Schreibweise und der Name derer, die er satirisiert, so würde man sein Werk als das witzige Produkt eines ›modernen‹ Aufklärers lesen. Denn Sacer bekämpft zugleich die populäre Massenliteratur wie den pretentiösen Barock, und sein Ideal ist das einer natürlichen, fast möchte man sagen, erlebten Sprache und Dichtung. Das Bild, unter dem seine Satire steht, ist aber – Hanswurst; er wird apostrophiert, ihm ironisch gehuldigt, ihm ist, wie der den Barockbrauch parodierende Titel weiter berichtet, sein Werk gewidmet: »Schellens- und Scheltens-würdige Thorheit Boeotischer Poeten in Deutschland / Hans Wursten / zu sonderbaren Nutzen und Ehren / Zu keinem Nachtheil der Edlen Poesie / unserer löblichen Muttersprache / oder einigen rechtschaffenen / gelehrten Poeten / zu belachen und zu verwerffen vorgestellet ...« Über die Wirkung Sacers ist nichts bekannt. Geht man nur nach dem Augenschein, hat die Figur seiner Satire Schule gemacht. In den Literatur-Satiren des folgenden Jahrhunderts sieht man den Bühnennarren häufig wieder in sein Amt eingesetzt. Nicht nur, daß die Literatur-Satire die dramatische Form bevorzugt, Hanswurst darf da oft so niedrigkomisch sein, wie er immer will, weil es gilt, auf diese Weise den Gegner lächerlich zu machen – den Gegner außerhalb, aber auch innerhalb der rationalistischen Schulen. So planen Lessing und Nicolai zu Ende des Jahres 1756 oder anfangs 1757 ein »burleskes Heldengedicht« auf Gottsched und die Reimer aus seiner Schule, die Poeten heißen wollten. Nicolai teilt von dem Plan so viel mit [31]: »Die fahrenden Ritter finden auf einem Dorfe eine Truppe von wandernden Komödianten. Gottsched fragt: spielt Ihr denn nicht auch meinen Cato? – Allerdings, sagen die Komödianten, dies ist, nebst der Haupt- und Staatsaktion von Karl XII. und Hanswurst XIII. unser hauptsächlichstes Stück, wenn wir ernsthaft für Leute von Geschmack spielen. Aber dies Stück kann jetzt nicht aufgeführt werden; denn unsere lustige Person, welche die Rolle der Porcia zu machen hätte, ist gestorben, und unser neuer Hanswurst hat die Rolle noch nicht gelernt. – Das soll die Aufführung nicht hindern, denn so will ich die Porcia machen«, entgegnet daraufhin Gottsched. Zu dieser Szene hat, wie Nicolai berichtet, ein Herr von Breitenbauch eine drollige Zeichnung gemacht: Porcia »war vorgestellt im zweiten Auftritte des zweiten Aufzugs, wo sie zu sagen hat:

Wie wenig kennst du doch den Grund von meiner Pein!
Je mehr ich nach Dir seh; je stärker muß sie sein.
Und darf ich meinen Sinn ganz kurz und deutlich fassen;
So nimm die Antwort an: Ich kann Dich gar nicht hassen.

Diese Verse sollten unter den Kupferstich gesetzt werden. Vor der Porcia saß im Einhelferloche Hanswurst mit dem spitzen Hute auf dem Kopfe als Einhelfer, an den die Rede gerichtet schien.«

Bedeutsamer sind jedoch Satiren mit dem Hanswurst, in denen ein Aufklärer den Possenreißer beschwor, um die exzentrischen Schöngeister zu bannen. Es verwundert darum nicht, daß Hanswurst, der die Traumvorstellungen mit seinen Lazzi weit überbietende Unhold, jenen Zeitgenossen auf den Leib geschrieben wurde, die sich im Leben unbürgerlich bizarr, im Schreiben verheerend irrational gaben: wie die Stürmer und Dränger nachmals die Romantiker! Wie unheimlich der bürgerlichen Gesellschaft das Gebaren dieser Jugend gewesen sein muß, geht daraus hervor, daß Knigge – wie schon Campe in seinem THEOPHRON – dem ›Kraftgenie‹ eine eindringliche Beachtung schenkt. Narren glaubte man die bizarren Genies in jedem Fall. Geteilter Meinung war man nur darüber, ob man sie als harmlos oder als Tollhäusler satirisieren sollte, wie zum Beispiel Lichtenberg, der in seinen Sudelbüchern ›Narre‹ unter Schimpfwörtern aufführte, in der BITTSCHRIFFT DER NARREN die Original-Genies satirisierte. Kotzebue dagegen nahm sich in dem HYPERBOREISCHEN ESEL die Schlegelianer vor. Hier endet Karl, der inkorporierte Romantiker, im Tollhaus, nach dem Resümee: Alles, was nur zu Ihrer Entschuldigung übrig bleibt, ist der menschenfreundliche Glaube, daß Sie verrückt sind!« Merkel, der übrigens 1802 in der ZEITUNG FÜR DIE ELEGANTE WELT von Seiten der Romantiker »der Polichinell unserer Literatur« und »das fratzenhafte Geschöpf einer scherzenden Fantasie« genannt wurde, behauptete, Kotzebue habe eine Fortsetzung des HYPERBOREISCHEN ESELS unter dem genugsagenden Titel DAS TOLLHAUS schon völlig entworfen. Es bleibe dahingestellt, ob er recht unterrichtet war; es genügt die Tatsache, daß jene bühnenmäßig verfertigte Satire 1799 wahrhaftig zur Aufführung gelangte, ominöserweise in Leipzig: ein heikles Narren-Spiel [32]! Kotzebue war selbstverständlich parteiisch; man weiß, wie ihm die Romantiker mitspielten und heimzahlten. Es scheint jedoch, als sei die ältere Generation überhaupt Partei gewesen: so empfahl Wieland dem Verleger Wilmans wohl den Druck des GODWI; in dem gleichen Briefe vom 4. Mai 1800 schreibt er aber über den Verfasser, Brentano [33]: »Kurz, wenn er nicht vor der Zeit völlig überschnappt, muß noch ein sehr großer Schriftsteller aus ihm werden. Ich sage, *wenn* p. denn es geht mir mit diesen neuen Genien des 19ten Jahrhunderts, wie ein längstvergeßner Dichter aus den Zeiten meiner Jugend, ein Freiherr von Gemmingen, von ihresgleichen sagt:

– Vor dem Spotte größer Narren,
Vor dem Tollhaus und dem Festungs-Karren
Bin ich keinem gut.«

In der Mehrzahl erkannte man freilich den Widerpart für einen harmlosen Narren und ließ es damit gut sein, ihn – verhanswurstet – der Lächerlichkeit preiszugeben. Dieses Unternehmen entbehrte nicht der Wirkung, aber eines gewissen Witzes. Denn sowohl die Stürmer und Dränger wie die Romantiker fanden Freude daran, sich selbst zu ›narrieren‹, und hatten an dem ordinären Hanswurst ein ungetrübtes Vergnügen. Davon zeugen allein Goethes hanswurstische Spiele und Klingers Komödien DIE NEUE ARRIA 1775, in der Pasquino als Hofmeister, SIMSONE GRISALDO 1776, in der Truffaldino als des »Königs Nativitätssteller und Gesellschafter«, PRINZ SEIDEN-WURM DER REFORMATOR ODER DIE KRON-KOMPETENTEN 1779, in der Colombine und Harlequin als »Coromaskos Kammerheizer« auftreten [34]. Gleichwohl hat der rationalistische Satiriker für sein bürgerliches Publikum die literarischen Exzentriker gern in Hanswurst konterfeit, und es hat den Anschein, als habe dabei ein regelrechtes Schema bestanden, das man aus der zeitgenössischen Wirklichkeit abstrahierte.

Bekanntlich zogen im achtzehnten Jahrhundert die Zahnärzte von Ort zu Ort und führten zum Anreiz des Publikums einen Spaßmacher mit sich [35]. Das greift beispielsweise Wezel in der satirischen Erzählung SILVANS BIBLIOTHEK, ODER DIE GELEHRTEN ABENTHEUER auf. Dort dient ihm das Motiv, die Originalgenies zu karikieren: »Er ging, und gleich stieß seinem aufmerksamen Beobachtungsgeiste eine Gesellschaft von seltsamen Figuren auf, die sich mit den bewundernswürdigsten Kapriolen sehen ließen: ... auf einem Gerüste, das dem Theater eines Zahnarztes nicht unähnlich sah, lagen ein Haufen Harlekine, die deutschen Wörtern Kopf und Schwanz mit den Zähnen abrissen, mit großen Holzsägen die Vokalen heraus sägten und die Wunde mit einer Apostrophe überklebten. – Himmel! rief der Wahrheitsager glühend, was macht dieser Haufe? – Wir machen Originalwörter! schallte es ihm entgegen.« Sicherlich fühlt man sich an das Motiv in Goethes JAHRMARKTSFEST erinnert. Aber die Mutmaßung, Wezel habe seine Anregung von dort erhalten, würde voraussetzen, daß er das Motiv eines Originalgenies, zu denen Goethe seinerzeit noch zweifellos gezählt wurde, gegen die Originalgenies verwendet hätte: eine Unoriginalität, die man Wezel im allgemeinen nicht nachsagen kann. Das Motiv lag einmal auf dem Markte. Der Jahrmarktclown hatte nun die Wirklichkeit, die zuvor der Possenreißer auf der Schaubühne besessen hatte. Auf einem Flugblatt, das um 1800 gegen Galls Schädellehre umging, sieht man auf einem hölzernen Podium einen Arzt an Totenschädeln demonstrieren und neben ihm einen Narren stehen, der die Pritsche und eine Fahne trägt, auf der geschrieben ist: »Das Neue Jahrhundert.« Und in einem Pasquill auf Jean Paul aus dem Jahre 1799 – SHAKAL, DER SCHÖNE GEIST ... – errichtet der Verfasser, in dem man den Hofer Gymnasialdirektor Helfrecht vermutet, abermals eine Marktschreierbühne. Jean Pauls literarische Produktion heißt im satirischen Bilde: aus den am Boden liegenden Bruchstücken des zertrümmerten Erdkreises bildet er seine Figuren, »tiefsinnig scheinende Harlekins und horazianische Mißgestalten« [36]. Dagegen ist nun allerdings Goethes JAHRMARKTSFEST-Motiv ausdrücklich von einem anderen Rationalisten kopiert worden, der damit die romantische Bruderschaft bloßzustellen gedachte: Johann Daniel Falk mit DER JAHRMARKT ZU PLUNDERSWEILEN. PARODIE DES GÖTHISCHEN. NEBST EINER CARRICATUR. Die Satire erschien zuerst 1801 in dem von Falk in Weimar herausgegebenen TASCHENBUCH FÜR FREUNDE DES SCHERZES UND DER SATIRE.

Auf der Karikatur des Plundersweilener Theaterpodests treiben gleich zwei Hanswürste ihr Unwesen. Der eine ist Tieck. Er sitzt auf seinem »gestiefelten Kater«, hält eine Pritsche in der Hand und hat ein Spruchband zum Hals heraushängen: »Lumpen und Quarck der ganze Marck!« Im übrigen faßt ihn Falk ganz und gar als Goethe-Epigonen auf, wenn er ihn sagen läßt:

Ihr mehnt, i Göthe bin, nit wahr?
Hab' sein Sprach', sei Hose, sei Knopf –
Hätt' i au sei Kopf,
Wär' i Göthe ganz und gar!
Is doch in de Art,
Seht nur de Bart!
Allons, wer kauf mir
Mein Sternbald, Mein Satir?
Hab' so viel Durst,
Arm Hanswurst!

Sein buntscheckiger Kumpan ist Rambach, der Herausgeber des Archiv der Zeit und ihres Geschmacks nebst Feßler, der in der Parodie den Lichtputzer macht. Es handelt sich also dabei um jenes Journal, das aus Tiecks und Bernhardis Kräften so eifrig gegen Falk agitierte! Hanswurst Rambach steht auf dem Podest vor dem Vorhang, hinter dem sich die Lucinde abspielen soll. Er kündigt sie als »drastisches« Drama an: »Ist, nach der neusten Art, / Zoten mit Bombast gepaart«! Wie nach der Aufführung der Maskenkomödie Turandot ein Anonymus alle guten Zeitgeister beschwor, faßt hier ein ›Unbekannter‹ sämtliche Argumente zusammen, die die zeitgenössischen ›Aufklärer‹ gegen romantische Kruditäten vorzubringen hatten, wie sie ihnen in der Lucinde bis zum Exzeß vorgestellt wurden: »Unmöglich kann eine frivole Anwendung der Poesie das Höchste der Kunst sein! Der Ernst der Zeit und die ehrwürdige Gestalt der Dinge um uns herum fordern eine große, kräftige Generation! Die Kunst, die uns zu ihrer Bildung die Hand bietet, sei uns willkommen! *Fort mit allen Spielen einer üppigregsamen Phantasie!* ... Der heilige Ernst deutscher Kunst zeige den andern Völkern den wahren Gipfel höchster Poesie!« Ob Falk oder Iffland und vollends Gottsched: jedesmal forderte ein beunruhigendes Phänomen aus einer offenbar ähnlichen Seelenlage ähnliche Argumente heraus! Dennoch darf diese bedenkliche Kontinuität nicht zu dem Schluß verleiten, der Rationalismus zu Ende des Jahrhunderts sei überhaupt nichts weiter als ein neuaufgelegter Gottsched. Das entkräftet allein der Hinweis darauf, daß von Seiten des Spätrationalismus Schriftsteller wie Kotzebue und Falk genau so bekämpft werden wie von den Romantikern. Johann Friedrich Jünger gibt in seinem 1796 bis 1799 zu Berlin erschienenen Roman Fritz ein vortreffliches Beispiel. Im dritten Buch des 2. Bandes stellt der Verfasser mit dem empfindsamen Metzgertöchterchen Binchen eine Leserin von Menschenhass und Reue dar; im zehnten Buch des 5. Bandes satirisiert er Falk als – »Schalk«!

Kotzebue kann vielleicht zur Erklärung dieser überraschenden Fronten dienen. In seinem Hyperboreischen Esel plädierte er offen für Herz, Gefühl, Gemüt, Empfindung; Hans, dem »simplen, ehrlichen Gemüt«, gehört seine Sympathie, während Karl, der Prototyp des Romantikers in Augen Kotzebues, als der krasse Verstandesmensch abstößt. Verstandeskälte kennzeichnet ihm geradezu die romantische Richtung, und er gebraucht – verblüffend genug – in ihrem Zusammenhang die Formulierung »hohe, kritische Aufklärung«! Mit anderen Worten: der ›Aufklärer‹ Kotzebue sieht »das romantische System als ein aufklärerisches«, sieht, ein erklärter Gegner dieser Aufklärung, »die Frühromantik im Lichte eines krassen Rationalismus« [37]. Man denke an die LUCINDE, um seine Meinung gar nicht abwegig zu finden. In einem übertragenen Sinne setzte die Frühromantik allerdings das Emanzipier-Werk des lauteren Rationalismus fort, einen Rationalismus, dem der durchschnittliche deutsche Aufklärer von vornherein mit erheblichem Mißtrauen gegenüberstand. Das Unerquickliche der deutschen Popularaufklärung war ja weithin, daß sie so unentschieden und aus diesem Grunde letztlich so vergeblich geblieben ist. Man sah mit den gleichen Augen wie der französische, der englische Aufklärer, aber man zog aus dem Gesehenen um Gottes, um der Obrigkeit willen nicht die gleichen Schlüsse. Man fand das Regiment des Adels keineswegs menschenwürdig, aber man kaschierte den Unmut darüber unter der Emphase für die Eidgenossen und die Briten. Man sah mit dem Erdbeben von Lissabon das Leibnizsche Bild vom gütigen Schöpfer jäh in Frage gestellt, aber man entsetzte sich über den Schriftsteller, der die Zweifel der Zeit zu Papier brachte: Voltaire. Der Rationalist ohne Furcht und Tadel wurde vom deutschen Rationalismus ähnlich wie Lammetrie abgetan als Narr: er kann sagen, was er will! »Voltaire behandelte mit Witz die ernsthaftesten Dinge: das vergab ihm der deutsche Geist nie. Er spottete über die Heiligtümer der Menschheit: das entzog ihm bei den Deutschen alles Vertrauen. Zwischen dem deutschen Geiste und Voltaire stand das heimliche Grauen, dessen sich auch Gretchen vor dem verkappten Mephistopheles nicht erwehren kann« [38]. In Reimen eines Zeitgenossen hört sich der Denkverhalt folgendermaßen an:

Ein Wissen, das die Tugend schändet
Und sich von seinem Schöpfer wendet,
Macht keinen witzig und gelehrt
Und ist der Torheit Namen wert.

So entnimmt man dem Gedicht DIE ENGEN SCHRANKEN DER

menschlichen Wissenschaft, das September 1742 in den Belustigungen erschien.

Gottscheds Entrüstung über den Verfasser des Candide wurde bereits erwähnt. Aber noch im Todesjahr Voltaires, 1778, empfahlen die Frankfurter gelehrten Anzeigen, jene »unartige Geburt des französischen Witzlings bei Seite zu legen und sie zu vergessen«. Nicolai formulierte das allgemeine Empfinden: wie soll man sich mit einem Schriftsteller ernsthaft auseinandersetzen, der sich »gegen die ernstesten Gründe mit einem skurrilen Einfalle rettet«? Mendelssohn ging einen Schritt weiter und unterstellte Voltaire geradezu, daß er die ganze Natur für eine »Bouffonerie« halte, und riet dementsprechend: »Lassen Sie Voltaire immer die lustige Person machen«! Helfrich Peter Sturz war es jedoch, der den Dichter als einen Narren in der Weise Shakespeares charakterisierte und den Witz seiner Schriften als die Yoricks-Maske begriff, die selbst ein Mann wie er nötig gehabt habe, um sich erlauben zu können, »alle Religion zu mißhandeln, über Könige und Nationen zu spotten, unvertilgbare Lächerlichkeit über ehrwürdige Verfassungen auszugießen und selbst den Staat zu verhöhnen, in dem er lebte«, alles nach der Regel: »Ein Lustigmacher ist unverletzlich und steht unter dem Schutze des Völkerrechts« [39]. Aus diesen Worten eines wahrhaft aufgeklärten Geistes spricht bereits eine andere Gesinnung. Narr heißt da kein Unglimpf mehr, sondern, unter Berufung auf den weisen Narren Shakespeares [40], eine Möglichkeit von menschlicher Existenz, die dem bürgerlichen Horizont zu niedrig war, um sie ernsthaft zu bedenken. Für ihn hatte sich ein Mensch ein für allemal das Urteil gesprochen, der von sich aus oder nach der Übereinkunft seiner Umwelt den Narren machte, gleichgültig, ob es sich dabei um Voltaire handelte oder einen Grafen von Buquoy, einen Martin Flachs oder etwa Lamettrie, dessen Charakter Kästner 1755 »nach dem Entwurfe des Herrn von Maupertuis« dergestalt übersetzte:

Ein gutes Herz, verwirrte Phantasie,
Das heißt auf Deutsch: ein Narr war Lamettrie.

Lessing druckte dieses Sinngedicht in seiner Besprechung der Vermischten Schriften Kästners im gleichen Jahre ab; Lichtenberg kam es – F 735 – eben recht, seiner Einschätzung Lavaters Witz und Boshaftigkeit zu geben: »Jedermann sollte vor dem Entschluß zittern die verwirrte Phantasie eines Freundes mit dessen Güte des Herzens zu entschuldigen, seitdem Kästner uns diese traurige Entschuldigung, womit Maupertuis dem Lamettrie ein Almosen zu geben trachtete, so vortrefflich ins Deutsche übersetzt hat«, schrieb er 1777 in sein Sudelheft. Wie er an dieser Stelle den Narren-Vers von Lamettrie auf Lavater anwandte, überschrieb er dort – J 647 – auf Zimmermann, was Friedrich der Zweite ebenfalls von Lamettrie gesagt hatte: »Friedrich machte dem La Mettrie die Grabschrift: Petit philosophe, mediocre Medecin et grand fou, ich kenne einen Arzt, dem könnte man folgende setzen: Grand philosophe, grand Medecin et grand fou.«

Seltsamerweise war die deutsche Aufklärung nicht mächtig, ihre sehr konzise Narren-Ansicht in einem Gedicht zur Darstellung zu bringen, wie der englische Rationalismus es in Popes DUNCIAD zuwege brachte, die dann stark auf den deutschen Rationalismus zurück wirkte [41]. Die DUNCIAD macht die geistigen und seelischen Gründe des Rationalismus, sein zwangsläufiges Meinen von Narrheit und Weisheit, seine empfindliche Reaktion auf Humanität und Fratze vollendet einsichtig. Bei Pope erlangt die sattsam bekannte Literatursatire, die Narrierung von Schriftstellern, die Polemik gegen Andersdenkende, Andersschreibende ihre Begründung und geradezu symbolische Kraft. Denn sein Maßstab der Humanität ist die klassische Augustinische Literatur. Hier gilt das Schreiben und Sprechen als Zeugnis der Menschlichkeit, ist Poesie ein umfassendes Behältnis. Pope lehrt begreifen, daß der Rationalist die Kultur in Frage gestellt sah, wo die sprachliche Willkür regierte wie im Sturm und Drang, wo die Posse höher geschätzt wurde als die regelmäßige Schaubühne.

DRITTES KAPITEL

DAS MASKENSPIEL
DES AUFGEKLÄRTEN GEISTES

I. Anno 1761: der freigesprochene Harlekin

Das Zitat von Sturz, das Voltaire als einen Shakespeareschen Narren begriff und sogar begrüßte, widerspricht allen Äußerungen, die ein Kapitel lang nur immer bewiesen, wie gram der Zeitgenosse dem Narren war, wie schlecht es der Bürger mit dem Sonderling meinte. Es liegt darum nahe, Sturz seiner widersprechenden Gesinnung wegen selbst einen Außenseiter zu nennen. Tatsächlich tritt aber mit Lessing, Wieland, Abbt, Flögel, Sulzer, Riedel, Gleim, Nicolai und Möser eine Generation in Erscheinung, die mehreres gemein hat. Diese Schriftsteller rechtfertigen den Bühnennarren und billigen – bis zum gewissen Grade – auch die Narren-Existenz. Sie verbindet ferner das freundschaftliche Einvernehmen untereinander und die entschiedene Wendung gegen einen anderen, widersächlich empfundenen Rationalismus. Wenn Thomasius die erste, Gottsched die zweite Generation der deutschen Aufklärung verkörperte, so meldet sich mit jenen Autoren die dritte Generation zu Wort: Thomasius ist lange tot, Gottsched hat sich überlebt, an Stelle der parteiischen Rigorosität und prosaischer Einschränkung traten schöngeistiges Behagen und wohlweisliche Toleranz. In ihrem Verhältnis zum französischen und zu dem neumodischen englischen Garten scheiden sich die Zeitgeister leicht! In der Gottschedianer Belustigungen vom September 1744 findet sich das Lob eines wildgewachsenen Baumgartens, in der Gesellschaft redlicher Verehrer der Natur gehalten von Sylvius, Freyherrn von Verwildern. Das ist eine launige Satire auf die im achtzehnten Jahrhundert sich ausbreitende Ansicht, der Mensch solle der Natur nicht ins Handwerk pfuschen, sondern der Natur ihren Lauf lassen. Der anonyme Verfasser macht sich zum ironischen Fürsprecher jenes »Zurück zur Natur« und stellt dem Leser die Folgen vor, die sich daraus ergäben, malt im Bilde des wildwachsenden Gartens die verwilderte Menschheit. Er sagt nämlich, so wie man die Bäume wachsen läßt, wie Gott will, »muß man seine Kinder mit keinem Tanzen, keinen Manieren und sogenannten Artigkeiten quälen, sondern sie wachsen und gehen lassen, wie es fällt. Es ist ebenso gut, sie gehen schief, krumm oder gerade, wenn sie nur gehen und stehen können. Eine Verbeugung, die einfältig gemacht wird, ist besser als eine gekünstelte. Es muß doch aus dem allen eine schöne Mannigfaltigkeit heraus kommen, die unsern ehrwürdigen Vorfahren ähnlicher ist. Wie viele erleuchtete Lehrer eifern nicht recht männlich und weislich wider die gekünstelte Erziehung; sie nennen sie durchgehends und beherzt Eitelkeit und versichern, daß ein nach der Welt geschickt Erzogener weit schwerlicher in das Reich Gottes kommen werde als ein Einfältiger ... Wie angenehm muß es nicht lassen, wenn einer seinen Leib krumm, der andere schief, der dritte gerade trägt; wenn der eine den Kopf steil hält, der zweite ihn auf die rechte, der dritte auf die linke Schulter leget: weil der eine das Maul aufsperret, der andere die Nase rümpfet oder darinnen grübelt ... Diese Mannigfaltigkeit muß sehr reizen und ergetzen, und ich weiß für gewiß, daß einer unserer Brüder, der itzo bei einem großen Prinzen in hoher Bedienung steht, ehedem, wenn er lustig war, eine ganze Gesellschaft zusammen bat, deren jeder ein sichtbares Gebrechen am Leibe hatte, wie die Welt redet, und dann ordnete er sie recht mathematisch um den Tisch herum, z. E. der eine sah zur Linken, der andere zur Rechten hin usw., das war sein Vergnügen.«

Dieses Dokument verrät, daß es sozusagen einen Rousseauismus gab, ehe dessen eigentlich Epoche machender DISCOURS SUR L'ORIGINE ET LES FONDEMENTS DE L'INÉGALITÉ PARMI LES HOMMES erschien: 1755. Noch erstaunlicher ist, wie abschätzig es einen so folgenreichen Begriff wie ›Mannigfaltigkeit‹ satirisiert. Die Regelmäßigkeit des französischen Gartens ist dem Verfasser offenbar ein allgemein menschliches Maß und ein noch gültiges Gleichnis. Siebzehn Jahre später ist es eben die Mannigfaltigkeit der in dem englischen Garten komponierten Natur, die zur Abwertung des französischen Gartens Anlaß gibt. Möser behauptet 1761 in HARLEKIN, ODER VERTHEIDIGUNG DES GROTESKE-KOMISCHEN geradezu: »Die Sphäre des menschlichen Vergnügens läßt sich noch immer erweitern, und der besondre Geist der Engländer hat zu unsern Zeiten selbst in krummen Alleen neue und mehrere Vollkommenheiten als in den ewig einförmigen und beständig in einer Linie fortgehenden Lustgängen gefunden, wovon man bei dem ersten Eintritt die ganze monotonische Einrichtung errät, das Ende immer vor Augen hat und endlich mit der größten Langenweile erreicht. Die Natur ist unerschöpflich an Gestalten, worin sie ihre Reizungen den begierigen Augen verschwendet, und Sitten und Leidenschaften sind ebenso mannichfaltig als die unterschiednen Menschengesichter.« Die Zeilen Mösers muten wie eine späte Antwort auf den Satiriker der vorhergehenden Generation an: so sehr korrespondieren hier wie dort die Vokabeln. Aber Möser und der Anonymus von 1744 verweisen nur auf den heftigen Disput, der innerhalb des Rationalismus wie zwischen Klassizisten und Realisten entbrannte. Im Bilde des englischen Gartens, in Shakespeares Namen erkannte die neue Generation Mannigfaltigkeit für das naturgemäße und darum künstlerische Gesetz und ›Konventionswohlstand‹ für seine Verirrung. Wir reden, wohlgemerkt, von einem Streitgespräch zwischen *Rationalisten*, benutzen die Schlagworte *ihres* Disputes. Zu dem herkömmlich falschen Begriff, den man sich von Deutschland im achtzehnten Jahrhundert, vom Beitrag des Rationalismus zur deutschen Geistesgeschichte macht, gehört die weidliche Überschätzung des Sturm und Drang. Die Anwendung, welche die ›Genies‹ von Shakespeare und dem besonnenen Begriff der Mannigfaltigkeit machten, mußte dem Rationalisten zu Recht als ein ärgerliches Mißverständnis dessen erscheinen, was er selbst unter Befreiung von der Regel verstand. Drei Absätze aus einer Studie ÜBER DIE DEUTSCHE SPRACHE UND LITERATUR erläutern den vertrackten Sachverhalt. Der Aufsatz hat abermals Möser zum Verfasser, er ist als »Schreiben an einen Freund« deklariert und wurde 1781 in den WESTPHÄLISCHEN BEYTRÄGEN ZUM NUTZEN UND VERGNÜGEN veröffentlicht. Er stellt Mösers Replik auf Friedrich den Zweiten dar, der in seiner französisch aufgesetzten Schrift über die deutsche Literatur seiner Zeit den französischen Klassizismus als das Maß aller literarischen Dinge setzte; an ihm gemessen, gleicht die deutsche Sprache und Literatur einem geschmacklos verwilderten Gewächs. Möser entgegnete unter anderem: »Der Weg, welchen die Italiener und Franzosen erwählt haben, ist dieser, daß sie zu sehr der Schönheit geopfert, sich davon hohe Ideale gemacht und nun alles verworfen haben, was sich nicht sogleich dazu schicken wollte. Hierüber ist bei ihnen die dichterische Natur verarmt und die *Mannigfaltigkeit* verloren gegangen. Der Deutsche hingegen hat, wie der Engländer, die Mannigfaltigkeit der höchsten Schönheit vorgezogen und lieber ein plattes Gesicht mitunter als lauter Habichtsnasen malen wollen ...

Wollen Sie die Sache noch deutlicher haben: so vergleichen Sie, mein Freund, einen englischen und französischen Garten. In jenem finden Sie, eben wie in *Shakespeares* Stücken, Tempel, Grotten, Klausen, Dickichte, Riesensteine, Grabhügel, Ruinen, Felsenhöhlen, Wälder, Wiesen, Weiden, Dorfschaften und unendliche *Mannigfaltigkeiten*, wie in Gottes Schöpfung durcheinander vermischt, in diesem hingegen schöne gerade Gänge, geschorene Hecken, herrliche, schöne Obstbäume, paarweise geordnet oder künstlich gebogen, Blumenbeete wie Blumen gestaltet, Lusthäuser im feinsten Geschmack — und das alles so regelmäßig geordnet, daß man beim Auf- und Niedergehen sogleich alle Einteilungen mit wenigen Linien abzeichnen kann und mit jedem Schritte auf die Einheit stößt, welche diese wenigen Schönheiten zu einem Ganzen vereinigt. Der englische Gärtner will lieber zur Wildnis übergehen, als mit dem Franzosen in Berceaux und Charmillen eingeschlossen sein. Fast ebenso verhalten sich die Italiener und Deutschen, außer daß jene sich in ihrer Art den Franzosen und diese den Engländern, ihren alten Brüdern, nähern und mehr Ordnung in die Sachen bringen.

Welcher von diesen beiden Wegen sollte nun aber wohl der beste sein: der Weg zur Einförmigkeit und Armut in der Kunst, welchen uns der *Konventionswohlstand*, der verfeinerte Geschmack und der sogenannte gute Ton zeigen; oder der Weg zur *Mannigfaltigkeit*, den uns der allmächtige Schöpfer eröffnet? Ich denke immer: der letztere, ob er gleich zur Verwilderung führen kann. Denn es bleibt doch wohl eine unstreitige Wahrheit, daß tausend Mannigfaltigkeiten, zur Einheit gestimmt, mehr Wirkung tun als eine Einheit, worin nur fünf versammelt sind; und daß ein zweichöriges ›Heilig‹ von *Bach* etwas ganz andres sei als die schönste Arie, diese mag noch so lieblich klingen.« Das ist eines einsichtigen Aufklärers Meinung »von deutscher Art und Kunst«. Sein Bekenntnis liest sich bestimmt, aber keineswegs exaltiert. So selbstverständlich der

Weg zur Einförmigkeit in der – klassizistischen – Kunst, den die älteren Aufklärer beschritten hatten, als der Irrweg der deutschen Kunst erkannt wird, so selbstverständlich werden die Gefahren ausgesprochen, die in dem Weg zur Mannigfaltigkeit lagen: die Stürmer und Dränger hat er in der Tat zur ›Verwilderung‹ geführt. Sie stellten dem Rationalisten darum doch nicht den Weg in Frage.

Die Bedeutung dieses wägenden Rationalismus lag zweifellos darin, daß er mit den Mitteln der Vernunft die Überwindung des bloß Rationalen einleitete, die dann von der Romantik vollendet wurde. Wenn die Entwicklung des deutschen Nationalgeistes im achtzehnten Jahrhundert als ein Kampf wider die Vernunft apostrophiert wurde [1], der seinen Anfang in der Aufklärung selbst nahm, so ist mit Recht an Gestalten von der Denkart Mösers erinnert worden. Die Auflehnung gegen die cartesische Vernunft, gegen den Absolutismus, den rationellen Zweckstaat-Gedanken; das Zitat der britischen Regellosigkeit und Willkür, des Genies gegen gallische Politesse und Regelmäßigkeit, gegen das Reizwort des französischen ›Esprit‹: alles das ist Anstiftung aus den Reihen der deutschen Aufklärung gewesen. Dennoch geht es nicht an, die beziehungsreiche Abfolge von den Schweizern über Möser, Kant bis zur Romantik ohne jede Zäsur zu sehen, geschweige als ›Vorklassik‹ zu adeln, als Vorromantik vorauszudatieren. Dem unverhohlenen Irrationalismus stand man jederzeit abwehrend gegenüber, gleichgültig, ob es sich um den Sturm und Drang oder das romantische Elmsfeuer handelte. So ist es ratsamer, diese Aufklärer-Generation in einer Bewegung zu denken, welche aus der Geschichtsdisziplin hervorging und den Gesichtspunkt unter den Eliten zumindest an den Universitäten und Höfen der Zeit entscheidend veränderte, indem sie statt der pragmatisch kompendiösen Methode die psychologische in Vorschlag brachte: »Philosophen, Geschichtsschreiber, Schriftsteller, Politiker beginnen Europa unter dem neuen Gesichtspunkt der Verschiedenheit der nationalen Charaktere zu betrachten« [2]. Vom Genius der Völker hatten schon die italienischen Diplomaten der Renaissance und ein Sarpi gesprochen; zur neuen historiographischen Methode machte die empirische Betrachtung erst ein – Franzose: Saint Evremond [3] in seinen DISCOURS SUR LES

HISTORIENS FRANÇAIS von 1665. Es handelt sich dabei, kurz gesagt, um eine »neue Wissenschaft vom Menschen, die ihre Voraussetzung in der psychologischen Untersuchung der Leidenschaften hat, wie Montaigne und die französischen Moralisten sie versucht haben, und die an die Stelle der bloßen Deutung der rationalen politischen Überlegung, die den Geschichtsschreibern der Renaissance eigentümlich war, die der irrationalen ›Schwächen‹ der Individuen und Völker, der diversen ›singularités de l'humeur et du génie‹« [4] setzte. Daß die einzig brauchbare Geschichte ein Bericht über die menschlichen Irrtümer und Leidenschaften wäre, ist auch die Quintessenz eines Satzes von Fontenelle: »Wir sind Narren, aber wir gleichen denen der Irrenhäuser nicht in allem. Jedem von diesen ist es gleichgültig, welcher Art der Wahnsinn seines Nachbarn ist oder die Narrheit derjenigen, die vor ihm seine Zelle bewohnt haben; für uns aber ist es wichtig, das zu wissen. Der menschliche Geist ist weniger zum Irrtum geneigt, sobald er sich darüber klar ist, wie sehr und auf wie vielerlei Art er dazu fähig ist, und er kann daher die Geschichte unserer Verirrungen gar nicht genug studieren« [5]. Dieserart empirische Philosophie äußerte sich in einer Vielzahl von ›Beobachtungen‹, ›Briefen‹, ›Memoiren‹, die man nach der Reise, nach einem gelebten Leben verfertigte. Zu den Entdeckungen überseeischer Kulturen von eigenständigem Reiz trat die Entdeckung der Karte Europas, deren Mannigfaltigkeit in klimatischen Bedingungen gesehen wird wie etwa von Montesquieu oder geradezu als Ausdruck der spezifischen Gewohnheiten und Vorurteile wie von Voltaire. Die gewandelte Betrachtungsweise begnügt sich mit der *Darstellung* der Leidenschaften, Schwächen und Torheiten. Durch sie unterscheidet sich das menschliche Geschlecht, sie geben den einzelnen Nationen den besonderen Charakter. Vor allzumenschlichem Tun verliert sich der Gedanke Mensch; das Ideal steht nicht einmal zwischen den Zeilen.

Im Jahre 1725 erschienen die LETTRES SUR LES ANGLAIS ET LES FRANÇAIS von Muralt. Seine Briefe brachen der neuen Methode in den Ländern der deutschen Sprache Bahn. Muralt, der Schweizer Schüler der französischen Freigeister, entgegnete dem gallischen ›Esprit‹ als erster mit dem Zauberwort ›Genie‹ der britischen Dichter, er artikulierte das jahrhundertalte Unbehagen über die französische ›Civilisation‹, ihre ›Politesse‹, ›Parure‹, ›Conversation‹ und Galanterie, er verherrlichte den impulsiven, den ungezähmten britischen Charakter, der im Grunde nur die Postulierung von sittlicher Unabhängigkeit und bürgerlicher Freiheit meinte. Die Kraft seiner Kritik, sagt Antoni [6], »besteht in Wahrheit in der Auffassung vom sittlichen Wert der Leidenschaft, der Torheit des Erasmus, übertragen auf das Feld des bürgerlichen Lebens«. Folgerichtig lesen wir bei Muralt das erste Zeugnis im achtzehnten Jahrhundert, das von einer neuen Wertung der Narrheit kündet. Allen Nationen ist nach seiner Ansicht der gesunde Verstand gegeben. Sie unterscheiden sich, weil nicht alle ihn bewahren und gleichmäßig pflegen. An Stelle des gesunden Sinnes treten Vorurteile: nachdem »diese einmal bei einer Nation eingeführt und zu heiligen Gewohnheiten geworden sind, nehmen sie den Geist in Beschlag, erfüllen und fesseln ihn und konstituieren ›une certaine mesure de folie‹, von der sich die Nation nicht zu befreien vermag«. [7]

Der lakonische Befund, nach dem die Ungleichmäßigkeit von Volk zu Volk auf eine spezielle Eigenheit, ein Maß an Narrheit zurückzuführen wäre, bot dem empfänglichen Aufklärer Mitte des achtzehnten Jahrhunderts die Möglichkeit, das Exzentrische, das Unvergleichliche auch im Individuellen aufzufassen. In der Meinung, daß das nonkonformistische Ich in etwa Narr sei, fanden sich bürgerliches Gutachten und ›moderne‹ Psychologie. Während aber die Gesellschaft daraus einen Tort machte, gestattete die wissenschaftliche Erkenntnis dem späteren Aufklärer und zumal dem Künstler im fortgeschrittenen Rationalismus, verschiedene Gattungen als eigentümlich für sich gelten zu lassen und auf ihre Art reizend zu finden. Sie erlaubte, kurzum, die versöhnliche Kunst- und Menschenbetrachtung jener Wieland, Möser, Kant und Flögel, durch die sie in die denkwürdige Situation kamen, noch der irrationalen Epoche als eine Art Voraussprecher wert zu sein. Der Rationalismus schrieb, so lange er denken konnte, an seiner Geschichte des menschlichen Verstandes; das heißt, er trug die Anekdoten menschlicher Narrheiten zusammen, wollte das Allgemeine und verfiel auf das Besondere. Dies ist keineswegs nur im Bilde gemeint. Der Baumgartenschüler Flögel, dessen Name sich mit seinen Geschichten zum Närrisch-Komischen unvergänglich gemacht hat, war zuerst – 1765 – der Verfasser einer GESCHICHTE DES MENSCH-LICHEN VERSTANDES. Flögels Geschichte stellt eine genaue Parallele zu Kants BEOBACHTUNGEN ÜBER DAS GEFÜHL DES SCHÖNEN UND ERHABENEN dar, die 1764 erschienen waren. Sie dokumentiert das neue Interesse an den individuellen und nationalen Besonderheiten des Lebens. Der Mensch in seinen verwirrenden Äußerungen ist der Gegenstand Flögels, wie er der Kants war, der eingangs versprach, sein Auge über »das Feld der Besonderheiten der menschlichen Natur« schweifen zu lassen. Die Ästhetik, die mit der Opposition gegen die abstrakte Gelehrsamkeit der doktrinären älteren Generation begann, fand »ihre Erfüllung in einer Gesinnung liebevollen Eingehens auf die historischen Besonderheiten der menschlichen Individualität« [8]. Flögel blieb durchaus im Sinne seiner ersten Schrift, wenn er den Menschen in seinen späteren Geschichtswerken unter einem bestimmteren Gesichtswinkel beschrieb. Auch die Geschichte der komischen Literatur stellt ausdrücklich einen Beitrag »zur Geschichte des menschlichen Verstandes und Herzens« dar!

Mit der Auffassung von der dem Menschen wesentlich eingeborenen Narrheit schlug der deutsche Rationalismus den großen Bogen zu einem Manne, der ihm wie ein Vorbote der eigenen Weltanschauung erscheinen mußte, dem Erasmus des ENKOMION MORIAE. Flögel pries, gestützt auf Bayles Artikel im DICTIONNAIRE, das Werk als eine »vortreffliche Satire auf alle Stände des menschlichen Lebens«. Er nannte es den getreuen »Spiegel der damaligen Zeit« und fand »muntere satirische Laune, das wahre Kennzeichen des Genius« darin waltend. Bis 1786, dem Erscheinungsjahr des dritten Bandes seiner GE-SCHICHTE DER KOMISCHEN LITERATUR zählt er vier Übersetzungen im achtzehnten Jahrhundert; die erste stammt demnach von 1719, die letzte, mit Chodowieckis Kupfern, von 1781; mit den Illustrationen nach Holbein war 1734 die zweite, 1780 die dritte Übersetzung erschienen. Nicht nur in Übersetzungen auf dem Papier lebte Erasmus im achtzehnten Jahrhundert weiter: als ein kleinerer Lobredner der Narrheit begegnete uns bereits Salomon Jacob Morgenstern, der 1737 in Frankfurt an der Oder seine Narrendisputation hielt, die im selben Jahr und Ort im Druck erschien. Ihr Titel ist VERNÜNFFTIGE GEDANCKEN VON DER NARRHEIT UND NARREN. Der Traktat beweist, daß der studierte

Morgenstern seine erasmische und Geschichtslektion gelernt hat.

Auch für ihn ist die Narrheit eine Weltmacht, das Spezifikum ganzer Nationen, Völkerstämme, Stände, die selbstverständlich jeder Nation, jedem Völkerstamm, jedem Stand als etwas »artiges, kluges und ausnehmendes« gilt. Zur Illustration führt er die charakteristischen Narrheiten aller europäischen Völker an und zählt von der deutschen Nation den Bayer, Schwaben, Franken, Östreicher und Sachsen auf, dem er – Narrheit, dein Name ist Heine – eine so heftige Liebe zum sinnreichen Einfall nachsagt, »daß er lieber die Wahrheit beleidigen, als einen artigen Einfall und sinnreiche Lügen verschweigen wird«. Die exakt nach Paragraphen fortschreitende Gedankenreihe geht sodann den Nähr-, Wehr- und Lehrstand bis in die Vertreter der einzelnen Berufe durch. Bezeichnenderweise nimmt aber Morgenstern – in dem Fall mehr ›politischer‹ Höfling als unverblümter Hofnarr – die »Götter dieser Welt«, die Majestäten wegen ihres hohen Standes von der Narrheit aus, und das erinnert an den bedachtsamen Satyr eines gutbürgerlichen Rabener. Im übrigen ist Morgenstern jedoch von erquickender Einsicht, wirklich der Typ des ohnpedantischen Weisen, mit einigen sehr folgereichen Ideen. Jenes schon bei Erasmus so faszinierend wirkende Vexierspiel um Klugheit und Narrheit – eine Hauptmaskerade im Schrifttum der späten Aufklärung – nahm Morgenstern wieder auf. Er dekretierte, daß das Amt des Narren dem, der es übt, durchaus keinen »Nachteil an seinem Verstande bringen« könne. Rolle des Narren und menschliche Substanz wird also nicht mehr identifiziert. David bei den Philistern; Brutus, der sich vor dem hochmütigen Tarquinius »närrisch gebärden mußte«; Michael Abafi, der, um die »Regierungs-Kunst zu erlernen, bei seinem Vorfahren im Fürstentum Siebenbürgen einen Tischrat« abgab, dienen Morgenstern zum Zeugnis für seine Behauptung. Zu einem Preise der Narrheit ist er umso eher bereit, als er in ihr ein vortreffliches Natur-Prinzip verwirklicht sieht. Die Narrheit nivelliert die willkürlichen Rangunterschiede, die der Mensch durch die Stände schuf, auf die demütige Erkenntnis, daß der Mensch – Mensch sei; dem Vornehmen dient es als eine heilsame Arznei, dem Geringen zum Trost, »daß andere durch den Stand nicht eben zugleich über die allgemeinen menschlichen Schwachheiten erhaben« sind. Empfand das Junge Deutschland nicht, daß der Jeanpaulsche Humor die künstlichen Größenordnungen innerhalb der menschlichen Gesellschaft aufhebe und ausgleiche? Bei Morgenstern klingt diese Tugend des Humors so eben an: er versteht die Narrheit sozusagen als ein demokratisches Prinzip! Und während radikale Rationalisten strikt beteuerten, daß der Mensch von Haus aus mit dem gesunden Menschenverstand begabt und die Narrheit ein Abfall von der ihm immanenten Vernünftigkeit sei, behauptete Morgenstern den Primat der Narrheit, des – mit anderen Worten – Irrationalen im Menschen, »der seinen Trieb zur Narrheit überwindet: oder doch durch Verstellung im Zaum zu halten weiß«.

Wie stark jene Ansicht von der völkerverbindenden Narrheit den rationalistischen Denker bestimmte, geht aus den 1792 erschienenen KRITISCHEN UNTERSUCHUNGEN ÜBER DIE URSACHE UND WIRKUNG DES LÄCHERLICHEN hervor. Ihr Verfasser ist bekanntlich Joseph Friedrich Keppler. Aus der heutigen Sicht scheint es fast nicht glaublich, daß die Wissenschaft seinerzeit ernstlich mit einem solchen vagen Begriff gearbeitet haben sollte; und am Ende einer Untersuchung über das Wesen des Lächerlichen ein Kapitel VON DER VERSCHIEDENHEIT DES LÄCHERLICHEN, ODER VON DER NARRHEIT DER MENSCHEN als Summe des zuvor Bedachten auszuführen, muß auf den ersten Blick unseriös, wie das Satyrspiel nach achtbaren Erörterungen, anmuten. Aber diese Unbegreiflichkeit führt gründlich in das Naturell des Rationalismus, wie er sich am Ende des Jahrhunderts offenbarte. Er scheute sich, mit transzendentalen Theoremen zu manipulieren, hütete sich vor den unbeweisbaren Seelenregungen. Weil er nur das Konkrete in Betracht zog, verstrickte er sich gerade und desto tiefer in die Unübersichtlichkeit des bloß Konkreten, des Faktischen. Fakten, stellte man dann fest, waren lediglich zu konstatieren oder sie führten geradenwegs in das Absurde, das der Vernunft nicht mehr faßlich war – außer man gestand mit Keppler ein: »So ist denn ein Gemisch von Größe und Narrheit das Anteil der Menschheit!« Das Jahrhundert war um Beispiele nicht verlegen.

Nicht immer waren sie so gräßlich schön wie das des Satirikers Swift. Er hatte die fruchtbare Idee von der weltgeschichtsbewegenden Narrheit zu einer furiosen satirischen Waffe gebildet. Er ging von der propagierten Idee aus, daß bei allen Taten von Menschen, deren »natürliche Vernunft durch ihren Lebenswandel, ihre Erziehung, durch das Überwuchern irgendeines Triebes und durch die Einwirkung der Luft und des Klimas großen Erschütterungen ausgesetzt war«, der menschliche Geist insgesamt »etwas Individuelles« enthalte, das »sich durch die zufällige Verkettung oder Begegnung bestimmter Umstände leicht entzündet«, und formulierte in dem Aufsatz ÜBER DEN URSPRUNG, DEN NUTZEN UND DIE FÖRDERUNG DES WAHNSINNS IM STAATE den grimmigen Vorschlag, die Irrenhäuser zu öffnen und den theoretischen Genies Bedlams die Möglichkeit zu geben, ihre dort brach liegenden phantastischen Hirngespinste für den Staat produktiv zu machen. Swifts Ironie ging so weit, daß er sich am Ende selbst zu dieser Kategorie zählte und sich einen Menschen nannte, »dessen Phantasie den Zügel schwer verträgt und sehr dazu neigt, mit der Vernunft durchzugehen, die ich als eine leichte und leicht abzuwerfende Reiterin erkannt habe« [9]. Swift kannte sich wohl. Sein Los diente Keppler zum kläglichen Zeugnis. Der die Exaltationen der Unvernunft immer geißelte, sieht selber sich in die Umnachtung sinken, ohne daß ihm sein heller Kopf helfen kann. Man kennt die Anekdote, wie Swift auf dem Spaziergang mit Freunden einen Baum bemerkt, dessen Stamm noch grünt, während der Wipfel schon zu verdorren beginnt, und seufzend diese Irregularität mit den Worten quittiert: »Dieser Baum hier ist das wahre Bild von mir; er stirbt von oben so wie ich!« Wie reimt sich, fragt Keppler, die Tatsache zusammen, daß Weisheit oft mit der Narrheit ineins geht, wie ist es vollends möglich, daß die Vernunft selbst den Menschen oft »durch die feinsten Schlüsse« der Narrheit anheimgibt?

In dem Augenblick, da der Rationalismus die Narrheit als unwiderlegliche Tatsache und auch unabänderliches menschliches Akzidenz hinnahm, gestand er zugleich unausgesprochen die Kapitulation der Vernunft vor dem Unerfindlichen, der Ratio vor der Wirrsal des Irrationalen ein. Die Vernunft wird an sich selber irre. Folgerichtig schließt Keppler seine Ausführungen mit einem Lehrgedicht, das diesen Tatbestand in Reime faßt:

Was ist denn die Vernunft? Was ist sie? Und woher?
Die Mischung des Gehirns und der verschiedenen Säfte,
Ein Zufall der Geburt, ein Werk des Ungefähr.
Sie wird erzeuget, stirbt, und ihre schwachen Kräfte
Vergehen mit dem Leib ...
Die Torheit hasset sie und sucht beim Scheine Licht,
Die Torheit findet sie, die Wahrheit ewig nicht.

Die aussichtslose Position des Rationalisten wird noch in der unbedingten Konstatierung einer alle Nationen, alle Jahrhunderte bewegenden Narrheit behauptet. Der Historiker und Philosoph Jakob Weguelin (1721–1791) las 1782 vor der Berliner Akademie seine Betrachtung ÜBER DIE GESCHICHTE ALS SATYRE AUF DAS MENSCHLICHE GESCHLECHT. Der Rezensent der ALLGEMEINEN DEUTSCHEN BIBLIOTHEK bestätigte ihm 1786: »Man braucht allerdings sich nur des Bekanntesten aus der Geschichte zu erinnern, um zu sehen, wie viele Materialien zur Satyre sich darbieten.« Es gibt nun nicht mehr feststehende Wahrheiten, zeitlos gültige Werte: es sind nur neue Narrheiten, die die alten verdrängten, und die neue Narrheit gilt jetzt für Wahrheit, während die alte verlacht wird:

Jahrhunderte verändern nur die Art
der Narrheit: unaustilgbar bleibt der Stamm.
Die Köpfe wechseln nur: die Schellenkappe
tönt, unaufhörlichen Geklingels, fort;
und schwerlich wird die Weisheit je was andres
als Torheit nach der Mode sein: und Mode
die Weisheit – nie.

So ließ sich 1799 Daniel Jenisch in der »satyrisch-sentimentalischen Apostrophe« unter dem Titel WÜNSCHE AN DAS NEUNZEHNTE JAHRHUNDERT seiner DIOGENES-LATERNE vernehmen. Keppler war übrigens rigoros genug, seine eigne Zeit nicht auszunehmen, wenn er sagt: »wir spotten über diese Narrheiten, rühmen uns mit der Weisheit unsers Jahrhunderts und beobachten ein ehrfurchtsvolles Stillschweigen bei gleich lächerlichen Torheiten, weil sie die Gewohnheit geheiligt hat.« Diese Distanziertheit von der eigenen Zeit zeigt ihn souveräner als selbst Kant, der in den BEOBACHTUNGEN ÜBER DAS GEFÜHL DES SCHÖNEN UND ERHABENEN äußerte, daß in der Geschichte des Ästhetischen – die Antike selbstverständlich ausgenommen – eine vom verunarteten Gefühl geleitete falsche Kunst, fratzenhafte Wissenschaft, Religion und Sitte gewaltet habe, verderbter Geschmack anstelle des ästhetischen Empfindens, und zeitgemäß vorurteilte: »Endlich, nachdem das menschliche Genie von einer fast gänzlichen Zerstörung sich durch eine Art von Palingenesie glücklich wiederum erhoben hat: so sehen wir in unsern Tagen den richtigen Geschmack des Schönen und Edlen sowohl in den Künsten und Wissenschaften als in Ansehung des Sittlichen aufblühen ...«

Der Despotismus der Gewohnheit gebiert die singulären Weistümer, die aus der Perspektive einer anderen Gewohnheit bloße Narrheit scheinen, wie die Verschiedenheit der Begriffe über Schönheit, die närrische Behauptung der alleinseligmachenden Religion, ja sogar der widersprechende Begriff erweist, den sich Völker von der Narrheit machen: den Türken, sagt Keppler, gilt der Wahnsinnige als Heiliger. Die Summe solcher Bemerkungen liegt in der Erkenntnis des ›Weisesten der Menschen‹, Salomo, der in den SPRÜCHEN XXX, 2 von sich sagt: Denn ich bin der allernärrischste, und Menschenverstand ist nicht bei mir; sie liegt in Kepplers sachlichem Fazit: »So stehen Neigungen gegen Neigungen, Leidenschaften gegen Leidenschaften, Widersprüche gegen Widersprüche, und die streitenden Parteien beschuldigen sich wechselweis der Narrheit«!

Keppler bezeichnete freilich jene Zeitspanne, kurz bevor eine neue Generation sich völlig dem Irrationalismus anheim gab. Er zeugte vielmehr von dem Katzenjammer des Rationalisten als von dessen wohlgemutem Fortschrittsglauben. Hier beansprucht dieser noch das größere Interesse. Der Rationalismus hatte damit, daß er sich die Eigentümlichkeiten der Nationen als eine gewisse ›mesure de folie‹ begreiflich zu machen suchte, eine geschickte Handhabe gefunden, das Außerordentliche und Regelwidrige seinem Weltbild geschmeidig einzufügen. Bei Flögel liest man hierzu: »Jede Völkerschaft hat ihr Nationallächerliches wie jeder Mensch sein Steckenpferd, welches ihm vor allen andern behagt. Es geht hier mit Menschen, welche gesunden Verstand besitzen, fast wie mit Wahnwitzigen. Der Wahnwitzige ist gemeiniglich nur in einem Punkte ein Narr und übrigens verständig wie andere Leute; wer Tollhäuser besucht hat, wird sich davon überzeugen können.« Die aus der psychologischen Geschichtsauffassung hervorgehende Betrachtungsweise ließ sich ohne weiteres auf andere Disziplinen anwenden. Ihr verdankt nicht zuletzt die Ästhetik des späteren Rationalismus die Möglichkeit, Gattungen zu bestimmen und in ihrer ungewöhnlichen Eigenart gelten zu lassen, ohne sie nach dem Lineal eines Gottsched zu verdammen. Die Folgerichtigkeit, mit der man aus jener Idee Kapital schlug, schloß allerdings nicht aus, daß zwischen Anregern und späteren Anwendern im einzelnen beträchtliche Meinungsverschiedenheiten bestehen konnten. Möser nahm nicht Anstand, Harlekins Existenzberechtigung aus der ›chimärischen Welt‹ der Oper abzuleiten, die noch Saint-Evremond in Verein mit La Bruyère, Addison, Muratori vernunftwidrig und verächtlich gefunden hatte, denn was war, wie Saint-Evremond in der LETTRE SUR LES OPÉRAS [10] ausführte, die Oper, wenn nicht »eine mit Musik, Tänzen, Maschinen und Dekorationen beladene Narretei, eine großartige Narretei, aber deshalb nicht minder eine Narretei ...« Gottsched ließ übrigens durch seine Frau ein Lustspiel des Saint-Evremond bearbeiten, DIE OPERN mit Namen, worin das Lächerliche jenes Theaterwesens vor Augen geführt werden sollte. Es bedurfte einer wahrhaft aufgeklärten Gesinnung, die andere Individuationen an ihrem Ort beließ, ja ihnen ihre Geltung und eigenen Wert nicht absprechen wollte, damit die lang genug malträtierte Lustige Person ihre Rechtfertigung fand.

Im Jahre 1761 erschien zu Hamburg Justus Mösers HARLEKIN, ODER VERTHEIDIGUNG DES GROTESKE-KOMISCHEN. Angesichts der unfruchtbaren Theatersituation im Verfolge Gottschedscher Spielregeln, die im Lustspiel meistens »platte Schilderungen ganz gemeinen Lebens«, im Trauerspiel sehr oft nichts als »plumpe und platte Karikatur« [11] bot, hat der launige Traktat wahrhaft erlösend gewirkt. Er löste nicht nur bei den Zeitgenossen, sondern selbst noch unter den Romantikern eine Kundgebung gleicher Sinnesweise aus. So berichtet 1798 Nicolai im LEBEN JUSTUS MÖSERS, daß diese Schrift die Bekanntschaft und nachmalige Freundschaft zwischen Abbt und Möser stiftete. Abbt übersandte ihm im Frühjahr 1762 seine und Nicolais LITERATURBRIEF-Rezension über den Wiener und Möserschen Harlekin, begleitet von einem launigen Briefe: »Man hat der Freude nicht widerstehen können, nachdem man auch hier in der

Gegend ein Tier erblickt hat, das gleichen Laut gibt und gleiches Futter genießt«, das heißt, ein Kopf, der guten Geschmack verriet und verständige Ansichten äußerte. Er forderte ihn auf, »sich ein wenig näher zu uns zu gesellen«, zu uns: den Berliner Aufklärern und Beiträgern zu den LITERATURBRIEFEN. Möser war über den Anruf aus dem Lessingkreise erfreut. Die Feindschaft gegen alle Systeme, die Möser auszeichnete [12], ist offenbar der ihn und Abbt verbindende Zug gewesen. Das geht aus dem Eingang des 1761 in Teil 12 erschienenen ersten Rezensionsbriefes über Harlekin hervor, in dem Abbt mit einer Auseinandersetzung über den Wert von Regeln für Werke der Kunst begann und zu dem Schlusse kam: »Man muß also niemals einer Art der Werke des Witzes den Beifall ausschließlich versagen; gesetzt, man hätte auf gewisse Weise nicht unrecht, so wird man vielleicht, wenn die Sache aus einem entgegengesetzten Augenpunkte betrachtet wird, sein voriges Verbot beschämt zurücknehmen müssen.«

Möser faßte die Schrift in der Ichform ab. Harlekin verteidigte sich sozusagen selbst. Seine Verteidigung steht unter dem Motto »Anch' io son Pittore«! Angeblich hat Corregio diesen Ausspruch vor dem Bilde der heiligen Cäcilia von Raffael getan. Man muß sich vergegenwärtigen, was Gottsched und seine Nachfolger über den Dichter als Maler der Sitten gesagt haben, um zu verstehen, welche Absicht das närrische Motto verfolgt. Es widerlegte die frühaufklärerischen Vorbehalte gegen den Bühnenbuffo durch die gleichen Argumente! Die Besserungsästhetik hatte, was das Theater betraf, den Vorsatz gefaßt, das Publikum nicht sowohl lachen zu machen, als beispielhaft zu belehren. Dichtung wurde als eingekleidete Wahrheit festgesetzt, mit der Auflage,

Dem, der nicht viel Verstand besitzt,
die Wahrheit durch ein Bild zu sagen.

So lehrt Gellerts Fabel DIE BIENE UND DIE HENNE, die Mai 1744 im sechsten Bande der BELUSTIGUNGEN erstveröffentlicht wurde. Harlekin besaß in dieser kruden Vermittlung moralischer Wahrheiten durch die Dichtkunst keine Funktion mehr, ja er war auf Grund seiner Unnatur und beispiellosen Singularität innerhalb reinen Zweckspiels der eigentliche Störenfried. Denn die moralische Malerei hatte nur Sinn, wenn sie dicht am Objekt blieb –

daß sie zumeist auch nicht nach der Natur, sondern nach den Typensammlungen von Theophrast und La Bruyère malte, beweist lediglich die Ungenauigkeit und Zeitbedingtheit dieser Aufklärung. Harlekins Wortspielerei mit Sitten und Menschen war jedenfalls zu leicht und seicht, je nachdem auch geschmacklos befunden und geradezu in Abrede gestellt worden, daß er von sich aus »ridendo dicere verum«. Hier knüpft Möser an; er verteidigt Harlekin, indem er zu beweisen sucht, daß er der trefflichste Aufklärer, auch er ein Sitten-Maler ist! Seine Manier, die Sitten zu malen, um die Menschen zu bessern, erkennt er eben in der an Harlekin gerügten zerrbildnerischen Menschlichkeit, in der satirisch zu verstehenden Unnatur, in der Karikatur. Vermöge dieser Art der Menschendarstellung, die kleine Narren in Riesengestalt und majestätische Toren in chinesischer Miniatur auf der Bühne zur Schau stellt, vermeint Harlekin die von der Wahrheit weit entfernten Menschen zur Räson bringen zu können, Menschen also, die mit Gellert nicht viel Verstand besitzen.

Die Technik der satirischen Makro- und Mikroskopie, welche Harlekin für sich in Anspruch nimmt, war in der Literatur der Zeit längst vorgebildet, wenngleich außerhalb Deutschlands – aber alle Gewährsmänner Harlekins in Mösers Essay, ja Harlekin selbst sind Ausländer. Das Stilmittel mindestens der ersten beiden Bücher von GULLIVERS REISEN ist, streng rationalistisch, ein Satirisieren nach dem Metermaß, an dem letzten Endes der Mensch gemessen wird. Sulzer entdeckte bereits die Verwandtschaft zwischen Harlekins Handlungsweise und dem Stilprinzip Swifts: »Im Grunde tut der Harlekin auf der Schaubühne nichts anders, als was Lucian und Swift in ihren Spottschriften tun, wo sie oft den eigentlichen Charakter des Harlekins annehmen.« Möser erwähnt übrigens Swift mit keinem Wort. Der dem Iren nachgesagte Menschenhaß war dem achtzehnten Jahrhundert im allgemeinen zu infernalisch, um ihn in Deutschland zur Norm für Satiriker zu erheben [13]. Ergötzliche Ausnahme bildet das im 38. Stück des LEIPZIGER ZUSCHAUERS AUF DAS JAHR 1759 enthaltene Urteil über Swift und Horaz, von denen es heißt: »Sie streuen Blumen über eine Gegend aus, die sie ganz wüste, ganz mit Schrecken aufgefüllt, malen sollten.« Es findet sich bei Möser jedoch eine Stelle, die zumindest ihrem Sinn nach an jene Passagen bei Swift im ersten Kapitel des zweiten Teils von GULLIVERS REISEN erinnert, wo er im Bilde der Riesen-Extremitäten den moralischen Zirkel auf den Menschen schlägt. Wir denken an die krasse, in ihrer Penibilität nahezu groteske Schilderung einer weiblichen Brust und ihrer ekelerregenden Hautbeschaffenheit, der gegenüber die Haut der englischen Damen allerdings schön erscheinen muß, weil – boshafte moralische Anwendung des Vergleichs – »sie von unserer Größe sind und weil die Mängel ihrer Haut nur durch ein Vergrößerungsglas zu erkennen sind«. Georg Friedrich Meier kam im ersten Teil der 1748 zu Halle erschienenen ANFANGSGRÜNDE ALLER SCHÖNEN KÜNSTE UND WISSENSCHAFTEN in § 23 auf die menschliche Wange zu sprechen, die, unter dem Mikroskop betrachtet, ihre Schönheit einbüßt und zu »einer ekelhaften Fläche ... voller Berge und Täler« wird. Möser schilderte seinerseits zur Illustration des im Grunde gleichen Prinzips die Begegnung Harlekins mit der alten Colombine, am Nachttische vor ihrem *Hohlspiegel*: »Jede Runzel erschien in demselben wie eine frisch gepflügte Furche, jeder Sommerfleck war ein rechtes Brandmal, die ganze Haut ihres Gesichts schien verschimmelt und zotticht zu sein.« Wie Colombine zufällig, so hält Harlekin als ein anderer Eulenspiegel seinem Publikum bewußt den ›moralischen Hohlspiegel‹ vor! Was er damit bezweckte, war freilich gut aufklärerisch: den Menschen zu bessern. Die Art jedoch, wie er diesen Zweck verfolgte, entfernte ihn zugleich von dem aufklärerischen Klassizismus. Die Verzerrung des Menschenbildes selbst um der moralischen Nutzanwendung willen hätte sein Weltbild nie so unverblümt zugelassen.

Hierüber gibt ein anfängliches Mißverständnis vielsagenden Aufschluß, das Möser mit Lessing widerfuhr. In der Erstauflage des HARLEKIN hatte sich Möser nämlich gegen den mutmaßlichen Einwand Lessings verteidigt, »daß die Übertreibung der Gestalten ein sicheres Mittel sei, seinen Endzweck zu verfehlen, indem die Zuschauer dadurch nur verführt würden zu glauben, daß sie weit über das ausschweifende Lächerliche der Torheit wären«. Als Lessing das Lustspiel DIE FALSCHEN GESTÄNDNISSE von Marivaux besprach, nahm er die Gelegenheit wahr und weitete die Rezension, die im Achtzehnten Stück der

Hamburgischen Dramaturgie unter dem 30. Junius 1767 erschien, zu einer grundsätzlichen Stellungnahme zum Brauch und Mißbrauch der Lustigen Person aus. Seine Stellungnahme wurde neben Mösers Harlekin-Verteidigung das andere gewichtige Zeugnis für Zeitgenossen und romantische Jugend. Er entgegnete dort der Möserschen Unterstellung mit folgenden Worten: »Harlekin hat vor einigen Jahren seine Sache vor dem Richterstuhle der wahren Kritik mit ebenso vieler Laune als Gründlichkeit verteidigt. Ich empfehle die Abhandlung des Herrn Möser über das Groteske-Komische allen meinen Lesern, die sie noch nicht kennen, die sie kennen, deren Stimme habe ich schon. Es wird darin beiläufig von einem gewissen Schriftsteller gesagt, daß er Einsicht genug besitze, dermaleins der Lobredner Harlekins zu werden! Itzt ist er es geworden! wird man denken. Aber nein, er ist es immer gewesen. Den Einwurf, den ihm Herr Möser wider den Harlekin in den Mund legt, kann er sich nie gemacht, ja nicht einmal gedacht zu haben erinnern.« In einer Anmerkung zur zweiten Auflage revidierte dann Möser seine Ansicht.

Angesichts der herrschenden klassizistischen Kunstgesinnung war Harlekins unverblümtes Bekenntnis zum »Geschmack des Schiefen«, dem sogenannten ›gout baroc‹ eine verwegene Parole. Sie verallgemeinerte nicht nur einen bislang nur auf die Architektur bezogenen Begriff, sondern gab dem ›Barock‹, das bis dahin eine negative Stilbezeichnung gewesen, eine positive Wendung. Erst im achtzehnten Jahrhundert begann der Barock überhaupt als ein Kunststil angesehen zu werden; es geschah in der Encyclopédie Diderots, jedoch in abschätziger Definition: »Baroque, adjectif en architecture, est une nuance de bizarre. Il en est, si l'on veut, le raffinement, ou s'il était possible de le dire, l'abus, il en est le superlatif.« Es ist bemerkenswert, daß Möser die bildende Kunst zum Vorbild diente. In erstaunlicher Indifferenz zählt er an ›barocken‹ Sittenmalern Teniers, Douw, Hogarth, aber auch den im Verlauf des Jahrhunderts noch so folgereichen Callot auf. Zugleich mit dem kühnen Ausspruch des ›gout baroc‹ trat Möser freilich einer etwaigen Kritik von erzrationalistischer Seite entgegen. Harlekins barockes Stilprinzip, »die moralischen Gestalten und besonders ihre Auswüchse zu übertreiben und daraus grotesk-komische Gemälde zu verfertigen«, bedeutete ihm keinesfalls einen Freibrief in ausschweifender Groteske, für wuchernde Ausgeburten der Einbildungskraft. Die Übertreibung wurde nur insoweit ästimiert, wie sie – nach Anleitung Hogarths – »von der wahren Wellenlinie der Schönheit« abwich. Das heißt aber, Möser war gar nicht gewillt, dem Grotesken ein autonomes Spielreich zuzugestehen. Hinter dem Auswuchs ging das Augenmaß des Schönen an sich nie verloren, er diente dem Schönen im Moralischen wie Ästhetischen erst zur Bestätigung: wohl groteske Schöpfung, aber von Harmonie durchwaltet; wohl phantastische Unnatur, jedoch mit Anstand ausgelebt. Das ›goffo‹ ist Harlekins Merkmal, ein naiv-dummes, artiges Unartigsein, um deswillen er jede Verwandtschaft mit Hanswurst entschieden bestreitet und als Dolmetsch des in Osnabrück beheimateten Möser schlechtweg behauptet, »daß kein Niedersachse zum Harlekin geboren ist«. Auch in dieser Hinsicht also hatte Mösers Plädoyer für den Bühnennarren seine Grenzen! Es war ihm nicht darum zu tun, dem deutschen Nationalkomiker wider Gottsched zur Auferstehung zu verhelfen. Der, wie das alte Vorurteil wollte, rüde Spaßmacher war nach wie vor in Verspruch: eindeutiger Beweis, daß die tatkräftige Geschmacksschulung der Gottschedschen Gefolgschaft in Deutschland Mitte des Jahrhunderts unwidersprochen gebilligt wurde. Wo immer vor der Romantik dem Narren das Wort geredet wurde, geschah es ausnahmslos in Hinblick auf den politen Harlekin. Sulzer ließ sich in seiner ALLGEMEINEN THEORIE DER SCHÖNEN KÜNSTE im Anschluß an Möser über Sinn, Wert und Eigenart des theatralischen Narren aus. Sein Stichwort war – Harlekin! Möser wandte sich lediglich gegen den ausschließenden Anspruch des vernünftelnden Geschmacks, dieses Zerrbildes des ›bon gout‹. Welchem Narren er das Wort redete, offenbart bereits das Titelkupfer der VERTHEIDIGUNG. In scheckigem Wams und Beinkleid, mit Halskrause und Stulpärmeln, auf dem Kopf einen Hut mit Federbuschen steht Harlekin, nicht aber Hanswurst, der vierschrötige Bauer, vor uns in der Statur und Pose des Stutzers, des Galans – ein emporgezwirbeltes Bärtchen auf der Oberlippe; in der rechten Hand hält er eine beschriebene Pergamentrolle, in der andern eine lange Pritsche. Es ist augenscheinlich also Harlekin, der gesellschaftsfähig geworden ist, der Harlekin Ghérardis und noch später, der ziere Schalk aus dem Rokokoporzellan: drolliges Accessoire, nicht aber lebendige Kreatur.

So betrachtet, war Mösers Unternehmen, die Daseinsberechtigung Harlekins zu behaupten, indem er ihm eine vom wirklichen Leben und seiner Kausalität abgezogene künstliche Welt mit der ihr eigenen Gesetzmäßigkeit anwies, doppelsinnig. Gewiß bedeutete die Einsicht in die Singularität einer nicht klassizistischen Kunstschöpfung gegenüber der verstockten Kunstregel einen unermeßlichen Fortschritt. Damit »war die kleine Provinz der Jurisdiktion des Satzes von der Kunst als der Nachahmung der schönen Natur entzogen. Die Maßstäbe des Schönen und Erhabenen galten hier nicht« [14]. Der Tadel, den die Aufklärung für das Reich der Schimären, die Oper, und die im Vergleich zu unserer Welt unnatürliche Maskenkomödie übrig hatte, wurde dann zum Lobspruch: umso vollkommener die Oper, umso glücklicher die Buffonerie, je weniger sie im landläufigen Sinn naturgetreu anmuteten. JE UNNATÜRLICHER, JE BESSER hieß ein Singspiel von Michaelis, das allein durch seinen Titel die neue Parole ausgab; übrigens geistert in dem Stück der originelle Narr mit dem noch originelleren Namen – Moro! Möser bestand auf der Vielfalt der komischen Gattungen und veranschaulichte sie am Beispiel Fieldings und Cervantes'. Die Folgerung war leicht: nicht bei Racine, Corneille, bei Michelangelos JÜNGSTEM GERICHT, mit anderen Worten, nicht innerhalb der hohen Theatralik, des regelmäßigen Lustspiels, der weinerlichen Komödie, zwischen den Akten des Trauerspiels war Harlekin am Platze, sondern in einer eigenen Gattung, für die Möser den Namen ›Harlekinade‹ vorschlug, zuständig für ein besonderes Fach: das Niedrig-Komische. Die wohlmeinende Einweisung Harlekins in ein separates Genre, säuberlich geschieden vom Heroisch-Komischen, Tragisch-Komischen, in dem er seine tolle Welt unbehelligt etablieren durfte, war aber sozusagen der goldene Zwinger, in den die spätere Aufklärung den Bühnennarren entließ. Seine der Vernunft spottende Welt ist ein zu dem Zweck konstruiertes Narrenhaus, das man unbeschadet besichtigt. Harlekin ist von Möser konserviert, nicht regeneriert worden. Die eigentlich konservative Haltung, die Möser gegen Harlekin einnahm, war, in Zusammenhang mit seiner politischen Einstellung gesehen, das bestimmende Element seiner Persönlichkeit überhaupt: »Alle diese Ergüsse über Verschiedenheit, Vielfältigkeit und unerschöpflichen Reichtum des Lebens, alle diese Hymnen auf die Leidenschaft, auf die Freude und auf exzentrische Unregelmäßigkeit erscheinen dann als eng und arm, weil ihre wahre Bedeutung geradezu die Verneinung der Bewegung ist« [15]. Außerstande, Harlekin den Sprung zurück ins Leben zu ermöglichen, gab Möser diesem Manko den Anschein des Vorzugs: reine Kunstfigur, vollendetes Spielwerk zu sein. Ähnlich zeigen die von Bustelli gegen 1760 geschaffenen 16 FIGUREN DER ITALIENISCHEN KOMÖDIE nichts von der unbefangenen Drastik der Italiener, nicht einmal die volkstümliche Kraft, die uns aus Kändlers Figuren anblickt. Darin liegt die Kostbarkeit und gleichwohl Sterilität der Rokoko-Welt umschlossen.

Ist es überhaupt zulässig, Mösers Schrift als einen »Hymnus auf die Phantasie, auf den Tanz, auf das Lachen und auf die Freude« [16] zu preisen? Nach dem, was sie formuliert, schwerlich; aber jedenfalls nach dem, was sie wirkte. In der Retrospektive mag sie durchaus zeitgebunden anmuten und, geht man ihrem Gedankengehalt auf den Grund, weit weniger neutönerisch. In der Wirkung auf die Zeitgenossen ist sie gar nicht zu überschätzen. Die Nachricht von den verschiedenen komischen Gattungen, die jede ihren Maßstab in sich trage, war ein befreiendes Wort. Ohne Möser wären die Geschichten des Groteske-Komischen und des Burlesken von Flögel vermutlich nicht entstanden. Ansteckend klang die Anrufung der Freude: »mich dünkt«, sagte Mösers Harlekin, »die Freude müsse allezeit in einer Welt willkommen sein, worin nach der Rechnung einiger Algebraisten die Masse des Bösen gegen das Gute wie maximum : minimum steht.« Der Freude spendende Harlekin war ein Wundertäter gegen allen ›Konventionswohlstand‹: das Lachen wurde jetzt geradezu als Diätetik der Seele verschrieben. Schließlich bot die Rechtfertigung Harlekins glückliche Lizenz, die Schriftstellerei selbst ein wenig zu harlekinisieren, dem Nützlichen ein buntscheckiges Air zu verleihen und sich selbst die Maske Harlekins vorzutun, nach dem Satz: »Die größte und wichtigste Wahrheit ist diese: daß jeder Mensch wechselweise klug und närrisch ist.« Wie beweiskräftig man die

Mösersche Verteidigung befand, bezeugt ein Schriftsteller, der noch 1805 Harlekins Wiederverwendung damit hinlänglich gerechtfertigt glaubte, daß er den Namen Mösers (und Lessings) nannte! »Man weiß« – diese Voraussetzung ist vielsagend genug – »was schon Möser und Lessing über seine Wiedereinsetzung gesagt haben, und sie bedarf keiner Verantwortung«, äußerte Heinrich Schoch in der Vorrede zu HARLEKINS WIEDERGEBURT, einem Spiel lustiger Intrige, das in Erfurt erschien. Aber selbst die Romantik profitierte noch von jenem Werk, folgte sie lediglich dem Wortlaut und nicht seinem Sinngehalt. Die von Möser bedachtsam verwandten und streng polizierten Begriffe vom Grotesken, vom ›gout baroc‹, von dem Geschmack am Schiefen, an der Karikatur eines Callot wurden hier zu magischen Formeln. Ja manche aus dem Sinnzusammenhang gerissene Formulierung Mösers scheint nichts anderes als eine Rechtfertigung der romantischen Buffonerie – a priori. Man nehme jenen Satz: »Denn wenn die Absicht eines Verfassers ist, alle Regeln zu verletzen, und er tut es auf eine glückliche Art: so ist sein Werk einig und vollkommen.« Läßt sich ein treffenderes Urteil über Tiecks satirische Komödien denken?

So doppelsinnig Mösers Unternehmen war, so zwiespältig ist seine Wirkung. Die Spätaufklärung zog aus dem HARLEKIN die Konsequenzen, aber die Romantik die bekömmlichen Schlagwörter. Nur so erklärt sich das folgende Kuriosum. Möser, den die Romantik zur Bekräftigung ihrer in Hanswurst Gestalt findenden Reaktion gegen den durch und durch vernünftigen Zeitgeist gern als ihren Kardinalzeugen benannte, war der Freund jenes Mannes, in dem die Romantik mangels eines Gottsched die ledernste Verkörperung des verpönten Zeitgeistes sah: Friedrich Nicolai! Und vermutlich bekam die romantische Jugend Mösers Verteidigungsschrift in jener Ausgabe zu Gesicht, die 1797 in Berlin niemand anders als Nicolai veranstaltete. Die Verwirrung noch zu steigern: der Erzrationalist bedauerte gleich den Romantikern das offenbare Manko des deutschen Schauspielers: nicht ›gai‹ sein zu können, für die Buffonerie nicht Körperlaune, nicht graziösen Witz genug zu haben. Nicolai stand so gut zu den Worten Mösers und so distanziert von Gottscheds kahlem Radikalismus wie nur einer der Romantiker. Ja es gehört eigentlich zu dem guten Ton des spätaufklärerischen Schriftstellers, Harlekin zu befürworten und Gottsched einen grämlichen Pedanten zu schelten, ihn als den »kühnen Harlekinswürger« zu bespötteln, wie Vulpius es tat. Belustigend zu sehen, daß die spätere Aufklärung, nachdem einmal die Lizenz gegeben war, das komische Genre der Beachtung wert zu finden, mit dem Schimpfnamen ›Narr‹ den belegte, der noch weiterhin dagegen eiferte. Langbein weiß darauf seinen Vers zu machen. Der Titel lautet FALSCHER EIFER:

Der kom'schen Muse Scherz und Hanswursts Possenreißen
Verwechselt Meister Woldemar
Und predigt drüber wie ein Pfarr.
Doch wer den Witz verdammt, um deshalb klug zu heißen,
Der ist der echte Narr.

Etwa um die Zeit, da Tieck die Lustige Person aus ihrer Emigration heimkehren ließ, veröffentlichte Vulpius des nach Sachsen remigrierten Harlekin Reisefata und Erinnerungen aus dem Exil. Während die auf den Narren eingeschworene Romantik über Pläne zu einer Geschichtsschreibung des Komischen nicht hinauskam, wie zum Beispiel Novalis, der sich notierte [17], »über den Hanswurst und komische Rollen überhaupt« zu schreiben, blieb es der zählebigen Aufklärung vorbehalten, ein voluminöses Kompendium über das Lächerliche in Theorie und Praxis, in ästhetischer, literarischer, sittlicher und religiöser Hinsicht herauszugeben: Karl Julius Webers DEMOKRITOS, ODER HINTERLASSENE PAPIERE EINES LACHENDEN PHILOSOPHEN! Der lachende Philosoph, der in fünf Bänden von 1832 bis 1835 erschien, war nach Kosch der »wirksamste Propagandist der Aufklärung im Zeitalter der Romantik«. Wenn Burgsdorff seinem Freunde Tieck über den Zustand des komischen Theaters und insbesondere Harlekins im zeitgenössischen Paris Mitteilung machte [18], so unterschied er sich darin nicht von dem reisenden aufgeklärten Schriftsteller, der es sich zur Pflicht machte, dem ›bas comique‹, wo immer es noch anzutreffen war, sein Ohr und Augenmerk zu schenken, um ausführlich davon zu berichten. So widmete etwa Nicolai im vierten Band seiner BESCHREIBUNG EINER REISE DURCH DEUTSCHLAND UND DIE SCHWEIZ IM JAHRE 1781, der 1784 zu Berlin und Stettin erschien, ein Kapitel für sich dem »Theater des Kasperl, auch die Badensche Truppe genannt«. Die erzieherische Betrachtung der kindlichen

Vergnügen und Lustbarkeiten des Volkes ließ im übrigen manchen pflichtbewußten Aufklärer zur Feder greifen. Im 80. und 81. Stück des NEUEN HANNÖVERSCHEN MAGAZINS kann man – treffliche Exempel – ETWAS ÜBER DIE VOLKSLUSTBARKEITEN, IN HINSICHT IHRES EINFLUSSES AUF BILDUNG UND WOHLSTAND und KINDERSPIELE, IN DIÄTETISCHER RÜCKSICHT BETRACHTET finden und studieren. Die Art der Rezeption, nicht die Rezeption selbst, macht endlich den Abstand zwischen der romantischen und der rationalistischen Denkweise unverkennbar. So lesen wir bei Nicolai: »Die Belustigungen des Volks, und unter diesen am meisten die Schaubühne für das gemeine Volk, sind für den Menschenfreund Gegenstände, die wohl einer ernsthaften Betrachtung wert sind. Die Schaubühne könnte sehr gut gebraucht werden, gewisse Wahrheiten vor das Volk zu bringen, wenn man sich nur recht dabei nähme. Die lustige Person ist ein bequemeres Mittel dazu, als man sich insgeheim vorstellt. Wenn ich dies behaupte, so habe ich keinen geringeren Gewährsmann als meinen würdigen Freund, Hrn. J. Möser; und dessen Autorität kann mich wohl gegen das Hohnlächeln gewisser vornehmtuender Herren schützen, die aus ihren engen Systemen heraus sprechen und nicht wissen, was Menschen sind. Es ist gar nicht notwendig, daß die lustige Person eine sittenlose und unsinnige Karikatur sei. Der gemeine Mann sagt: Kinder und Narren reden die Wahrheit. Man kann also durch die lustige Person desto sicherer auf den gemeinen Mann wirken, jemehr er desselben festgesetzten Charakter kennet. Der natürlichste Charakter zur lustigen Person in der Komödie ist gewiß ein eingeborner Bauer ... Wie fein eine solche Rolle ausgearbeitet werden kann, davon geben Marivaux und Deslisle (im Timon Misanthrope) die trefflichsten Beispiele. Als man in Östreich den salzburgischen Bauern als lustige Person ganz abschaffen wollte, hätte man auch wohl denken können, ob diese dem Volke so liebgewordene Person nicht könnte verfeinert und verbessert werden. Daß endlich die lustige Person von dem großen Theater ganz verbannet worden, um einer höheren Gattung von Schauspielen Platz zu machen, ist schon ganz recht. Aber da sie fürs Volk noch da ist, da nunmehr ein östreichischer Bauer der Liebling des Volkes ist: so wundert mich sehr, daß man den Kasperl bloß verächtlich über die Schulter ansieht und daß niemand daran denkt, diese Nationallaune zu nutzen. Man müßte dem Kasperl seine Jacke lassen, aber für ihn Volksstücke schreiben, worin sein Charakter verfeinert und interessanter gemacht würde. Man könnte dies schon dadurch bewirken, wenn man ihm die Gutherzigkeit beilegte, die einem etwas einfältigen Bauer so natürlich und die besonders dem östreichischen Bauer, so weit ich ihn kenne, eigen zu sein scheint. Nun würde Kasperl ferner nicht ein bloßer Possenreißer sein. Ein geistvoller Schriftsteller würde einen solchen einfältig-gutherzigen und dabei drolligten Bauer sehr leicht in dazu ausdrücklich gemachten Stücken in Situationen zeigen können, wo er höchst anziehend würde. Wie, wenn der Kasperl über den Stolz und die Bedrückung der Gutsherrn, über das Geschwätz und die Praktiken der Mautner, über den dummen Aberglauben, über die Widersetzlichkeit der geistlichen Herren, gegen Abschaffung schädlicher Pfaffereien, über die Faulheit reicher Rentenirer, über die Ausschweifungen in Wollust und Schmausen, über Spielsucht, über Schuldenmachen, über die Gemächlichkeit, Sinnlichkeit und daher entstehende Armut des gemeinen Mannes und über andere Landesgebrechen Östreichs in seinen Stücken sich ausbreitete, würde er nicht eine *interessante Person* werden? Der östreichische Schriftsteller, welcher diese Gegenstände aufs Theater und vor die Augen des Volkes brächte, würde er nicht ein Wohltäter seines Vaterlandes sein? Und wenn er diese Stücke nach einem interessanten Plan anlegen, der Person des Kasperl einen Teil der Feinheit des Deslisleschen Arlekins geben und damit östreichische Gutherzigkeit verbinden könnte, so würde er viel mehr Geisteskräfte zeigen ... als mit abgezirkelten Trauerspielen oder mit lendenlahmen sentenzenreichen Dramen ... Selbst die Verfeinerung der Belustigungen des gemeinen Mannes wäre keine geringe Verbesserung des Nationalzustandes. Von Herzen lachen ist etwas sehr Gutes; nur muß freilich das Lächerliche nicht von der Art sein, daß ein vernünftiger Mensch sich dessen schämen muß.«

Der Mösersche Hymnus Harlekins an die Freude ist Nicolai unter der Hand zu einer gedeihlichen Lachlust geraten!

II. Die lachenden Philosophen

Mösers Bemerkungen zur Lustigen Person können vielleicht unzeitgemäß, kaum jedoch kühn genannt werden. Die Zeitgenossen haben davon vollends eine zeitgemäße, artige Anwendung gemacht. Die Kühnheit bestand dann lediglich darin, über das Volkstheater und die Posse ein freundliches Wort zu verlieren. Was der Spätaufklärer unter seiner Liebe zum Niedrig-Komischen und zum Narren verstand, war aber im ganzen: er erkannte nun eine komische Äußerung an, die sich unterhalb der geläuterten Lustspieldramatik begab; er plädierte auch um des Volkes willen, das jener theatralischen Lustbarkeit frönte, für solches Volkstheater, wobei er sich selbst jedoch nicht zum Volk zählte. Das unterscheidet seine von der romantischen Einstellung. Man hatte wohl Interesse für ein sonderliches Phänomen, aber man fühlte sich im Grunde nicht angesprochen; eigentliche Korrespondenz herrschte nach Meinung des Aufklärers nur zwischen dem gemeinen Mann und dem Bühnenbuffo, und er leitete daraus einen dem Staat zugute kommenden Vorteil ab. Der Narr konnte, verfeinert und zum Räsoneur ernannt, dem gemeinen Mann in aller Unschuld erzieherische Winke in Bürgerkunde geben. Das heißt, der Nutzeffekt des Komischen ist nach wie vor Möser dem eingefleischten Rationalisten der Gesichtspunkt, unter dem er das Possenspiel goutierte. Wenn man boshaft sein wollte, könnte man der sich Gottscheds Pedanterie so entfernt dünkenden Spätaufklärung jene Stelle in den ERSTEN GRÜNDEN DER GESAMMTEN WELTWEISHEIT vorhalten, an der Gottsched – abgesehen von dem einmal ausgesprochenen Verdikt der »schandbaren Possen« und der Betonung der ordentlichen tragischen und komischen Schauspiele als der »nützlichsten Belustigungen« – dem aufgeklärten Staat und seinen Lenkern den Hinweis gab, daß die Befriedigung der Notwendigkeiten des Lebens allein nicht genüge, den Bürger glücklich zu machen. Der Staat muß darüber hinaus für »allerlei Ergetzlichkeiten« seiner Untertanen Sorge tragen, »aber solche, die unschuldig sind und nichts Verdrüßliches nach sich ziehen. Was nun die Belustigung der Augen anlanget: So gehören hierher die Schnitzbilder und Gedächtnismäler; ingleichen schöne Gemälde, die zur Erinnerung denkwürdiger Personen und Taten und zu Beförderung der Tugend dienen können. Ferner gehören dahin öffentliche Lustgärten, mit Springbrunnen, Kanälen und Wasserfällen; Grotten und Wasserkünste, Spaziergänge und Lustwälder, Tiergärten und Feuerwerke, Turniere und Ringelrennen, schöne Gebäude und allerlei« – das folgende verdient eine Hervorhebung – »*Gaukelbühnen von Seiltänzern und Luftspringern*«! Der Kuriosität halber sei hier ein weiteres Zeugnis erwähnt, das den allerdings unwissenschaftlichen Schluß erlaubt, die frühe Aufklärung müsse überhaupt das Unternehmen einer einzigen Familie gewesen sein. Das Zeugnis stammt nämlich vom Vater der Gottschedin, dem Arzt Johann Adam Kulmus. In seiner BETRACHTUNG VON DER ARBEIT UND DER DABEI NÖTIGEN ERGÖTZLICHKEIT, die 1732 der NEUE UND ALTE KUNST- UND TUGENDCALENDER zu Danzig veröffentlichte, wies Gottscheds Schwiegervater bereits auf die Notwendigkeit einer zweckmäßigen Freizeitgestaltung hin, die der Erhaltung unserer Gesundheit dienen soll, welche »wir nicht allein uns selbst, sondern auch dem ganzen gemeinen Wesen schuldig sind«.

Von der frühen wiederum zur Spätaufklärung! Bei Versuchen, Harlekin wieder auf die Bühne zu bringen, tat man sich, das zeitgenössische Publikum vor Augen, am schwersten in einem Punkt, den Möser hinlänglich geklärt zu haben schien: daß nämlich Harlekin gar nicht unter den heiklen Begriff des Wahrscheinlichen falle. Als Heinrich Schoch 1805 HARLEKINS WIEDERGEBURT unternahm, dünkte ihn Harlekin ein so »ungewohnter komischer Charakter«, daß er vorläufig die Person selbst nicht auf die Bühne zu bringen wagte, sondern allein dessen buntscheckiges Kleid! Die Begründung dieses Kostüms innerhalb einer bürgerlichen Garderobe war aber so ausgetüftelt ›wahrscheinlich‹, daß sie darum schon wieder unwahrscheinlich anmutet: weil der Vater seiner Angebeteten für den Harlekin von alters her eine Schwäche hat, wirft sich der Liebhaber alias Weinhändler in Harlekintracht und Maske.

Niemals hätte der Aufklärer an Kasperl so wie er war, Natur und nichts als Natur, eine herzliche Freude haben können, wie sie Romantiker offenbar empfunden haben. Eichendorff notierte unter dem 4. August 1811 in seinem Wiener Tagebuch: »Unser Gespräch über Casperl, worüber Schlegel ganz heiter wird. Sein

Urteil über Satory, Schuster (Shakespearsch) und Prinz Schnudi (herrlich)«, und unter dem 27. September des gleichen Jahres hieß es kurz und gut: »Müller will nur vom Kasperl sprechen.« Gleichermaßen hingegeben an das unverblümt, ungerührt Komische, hingerissen von der ›vis comica‹ dieser »ganzen Hecke von Unsinnigkeiten«, wie Hegel am 25. September 1824 seiner Frau schrieb, äußerten sich Kerner, Arndt, Jacob Grimm. Einem Mimen des Volkstheaters absoluten Rang zuzuerkennen, wie es Friedrich Schlegel in dem Falle Ignaz Schusters tat, dessen Rollenspiel er »Shakespearsch« nannte, lag außerhalb der gemessenen Kunstgesinnung des Spätaufklärers. Nie hätte er sich hinreißen lassen, aus dem ungeschlachten Naturell der Wiener Volkskomödie Anlagen für ein phantastisches Schauspiel herauszuspüren, wie August Wilhelm Schlegel es in seinen 1802 bis 1803 in Berlin erschienenen VORLESUNGEN ÜBER SCHÖNE LITERATUR UND KUNST vermochte, das Niedrig-Komische als das allein und wahrhaft Komische zu dezidieren, wie es in den KRITISCHEN SCHRIFTEN von Tieck geschah: ». . . das wahre, hohe Komische, welches man, dem neuern Sprachgebrauch zufolge, das Niedrige zu nennen pflegt.« Der tadellosen Inbrunst des Romantikers hatte der Spätaufklärer nur eine mehr oder minder wohlwollende Interessiertheit an die Seite zu stellen; für die lebhafte Überzeugung, daß in solchen theatralischen Rudimenten wie Volksschauspiel und Marionettentheater eine künstlerisch, nicht moralisch wirksam zu machende Offenbarung unerweckt schlummere, brachte er kein Verständnis auf. Kotzebue, der in seinen ERINNERUNGEN VON EINER REISE AUS LIEVLAND NACH ROM UND NEAPEL im zweiten Teil auf die neapolitanischen Theater zu sprechen kam, erinnerte sich bei Gelegenheit eines dortigen Puppenspiels, in Berlin eine ähnliche Komödie gesehen zu haben, »von der sogar die neue Dichterclique behauptete, sie sei dem Nationaltheater weit vorzuziehen, denn *das sei die eigentliche* Komödie«. Kotzebue quittierte die ihm absurd erscheinende Bemerkung mit den ironischen Worten: »Sie hatten recht, weil sie ihre eigenen Stücke zum Maßstab nahmen.«

Während bei der Romantik endlich närrisches Objekt und Subjekt ineins gingen – man denke an ihre Übung, sich selbst zu narrieren und Narren-Namen zu geben [19] –, überwog bei der Spätaufklärung das sachlich registrierende Interesse an der komischen Welt bei weitem ihre gefühlsmäßige Inklination. Nachdem einmal durch Lessing, Möser, Flögel das heikle niedrig-komische Genre lizensiert worden war, machte sich die Spätaufklärung, gerade weil ihre Narren-Optik mehr ästhetischer Natur war, auf die Suche nach aller Art närrischen Wesens in Vergangenheit und Gegenwart, in der Literatur und der Wirklichkeit. So berichtete etwa ein Korrespondent der ZEITUNG FÜR DIE ELEGANTE WELT am 30. September 1802 vom NARRENFEST IN SCHWABEN (IN DER WEILAND REICHSSTADT ÜBERLINGEN): »In den letzten Tagen des Karnevals wünschte ich an keinem Orte in Deutschland lieber zu sein als in *Überlingen* oder den angrenzenden Städten dieser nördlichen Küste Schwabens, an dem diesseitigen Ufer des Konstanzer oder sogenannten Bodensees. Das Volksfest dieser Jahreszeit gewährt jedem Ausländer ein ganz neues Schauspiel; es ist im kleinen eine Nachahmung des Karnevals von Venedig.

Mit dem Glockenschlag zwölf Uhr des Mittags sind schon alle Hausfluren mit Masken besetzt, die bald alle Gassen und Straßen der Stadt überschwemmen. Da gehts von einer Zunft auf die andere, von Wirtshaus zu Wirtshause – überall ertönt Musik und Tanz; was nicht selbst von diesem Strome hingerissen wird, das liegt neckend und genecht in den Fenstern und bewirtet die herumziehenden Masken an seinem Tische in zahlreichen Familienzirkeln. Jubelgeschrei und Peitschengeknall lassen schon von weitem Savoyarden und Zigeuner und den ganzen bunten Markt von Venedig erwarten. Ein vollendetes Narrenfest, doch aber erbaulicher und angenehmer als das ›Eselsfest‹ am Palmsonntage, das hier ebenfalls noch üblich und wahrscheinlich ein Überbleibsel der alten ›römischen Saturnalien‹ ist, die zum Ärger aller Vernünftigen im Mittelalter in mehreren europäischen Ländern, besonders aber in Frankreich gefeiert wurden.

Diese Narrenprozession dauert nun vier Tage lang, von Mittag bis Mitternacht, und Sie können denken, wie toll es dabei hergeht. Sobald abends das ›Angelus Domini‹ geläutet wird, ist jede Maske unter Strafe verbunden, die Narrenkappe abzunehmen und das Gebet zu verrichten. Von Schweiß träufend und die Harlekinspeitsche in der Hand, stehn sie dann einzeln oder in lächerlichen Gruppen da und harren mit Ungeduld des letzten Nachhalls der Glocke; auch sieht die Polizei, die aber größtenteils und wenigstens um diese Zeit aus Narren besteht, strenge darauf, daß keiner über den Kirchhof oder einen andern geheiligten Ort gehe. Indes ist es unausbleiblich, daß an diesen öffentlichen Reichstagen menschlicher Torheit nicht Stoff genug zu Nachwehen und Abbüßungen gesammlet werde. Mit noch dampfenden Köpfen erscheint der rohe Haufe, halb entkräftet und noch nicht ganz ausgeraset, und drängt sich in den Kirchen an die Altäre, wo der aufgeklärte Priester mit Bedauren ihm an dem sogenannten Aschermittwochen Asche auf die Stirn streut und dabei allzu spät die Worte wiederholt: Memento quia pulvis est et in pulverem reverteris! (Bedenke, daß du Staub bist und wieder zu Staub werden wirst!) Selbst in *Meersburg*, der Residenzstadt des Bischofs von Konstanz, wird dieses Fest auf die nämliche Weise gefeiert, und es war den Masken sonst immer erlaubt, während der Tafel bei Hofe und vor dem Fürsten sich zu präsentieren. Nur die französische Invasion hat einen kurzen Stillstand veranlaßt, woran sie sich aber, nach ihrem Abmarsche, mit desto größerer Tollheit jetzt rächen.«

Der antiquarische Sammeltrieb des Sonderlichen, der der Spätaufklärung eigentümlich war, macht begreiflich, daß ihr die Überlieferung zu danken ist, Deskription und Fixierung, während die Romantik einen eigenwilligen Narren zum Leben erweckte. So war der eigentliche Beitrag der Spätaufklärung zum Thema des Narren die gewissenhafte Erörterung, Rechtfertigung, die Beispielsammlung, nicht aber die dichterische Gestaltung, obgleich sie sich auch darin versuchte. Wir nennen nur den CRISPIN ALS VATER von K. F. Romanus, die Possen HANSWURST DOCTOR NOLENS VOLENS und SO PRELLT MAN ALTE FÜCHSE, ODER WURST WIDER WURST von Wilhelm Chr. S. Mylius, die 1777 erschienen; erwähnenswert ist ferner ARTHELLO ODER DER HOFNARR, ein Originallustspiel in drei Aufzügen, das 1789 in München erschien und Karl von Eckartshausen zum Verfasser hat; nicht zu vergessen schließlich Mösers Versuch in der Harlekinade DIE TUGEND AUF DER SCHAUBÜHNE, ODER: HARLEKIN'S HEIRATH. Von jener musterhaften Sammlung der närrischen Exzentrik aller Zeiten und Völker gab der Baumgartenschüler Karl Friedrich Flögel die unübertroffenen Proben. Seine

GESCHICHTE DER KOMISCHEN LITERATUR, die 1784 in Leipzig erschien und der sich 1788 die speziellere GESCHICHTE DES GROTESKE-KOMISCHEN — den verlockenden Begriff Mösers übernehmend —, 1794 eine Geschichte der benachbarten komischen Gattung, des Burlesken, anschloß; seine GESCHICHTE DER HOFNARREN aus dem Jahre 1789 haben als Stoffsammlung bis zum heutigen Tag von ihrer Gediegenheit nichts eingebüßt. Zumal die Romantik hat — neben Möser — oft und gern aus Flögel geschöpft, unausgesprochen oder ausdrücklich wie etwa Novalis, der in den Fragmenten schrieb [20]: »Flögels Geschichte der komischen Literatur. Tausendfache Versuche im komischen Fache. Vermählung des Komischen mit der höchsten Poesie — und dem Wichtigsten und Erhabensten überhaupt.«

Innerhalb der Spätaufklärung löste die amüsant wissenschaftliche Synopsis des komischen Pandämoniums eine wahre Leidenschaft zu einzelgängerischen Forschungen aus. So gab Friedrich Samuel Mursinna 1789 in Halle als seinen BEITRAG ZUR GESCHICHTE DES GROTESKEKOMISCHEN das LEBEN DES SKARAMUTZ heraus. Es war im Grunde bloß die Eindeutschung jener von Angelo Constantini verfaßten und 1695 zu Paris erschienenen fiktiven Biographie des »vormals berühmten Lustigmachers auf dem italienischen Theater zu Paris«. Bekanntlich war Skaramuz die geniale Erfindung des berühmten Komödianten Fiorelli, eine reine Kunstfigur also, der mit Hilfe der Biographie erst etwas wie ein Bergamo unter die Füße gegeben wurde. Vor allem aber entdeckte man die versunkene Schar von Volksnarren wieder, konservierte man — angesichts ihrer endgültigen Dekadenz — die Zunft der Hofnarren. Leben, Taten, Meinungen Till Eulenspiegels wurden neu an den Tag gebracht, der Narr Markolph abermals mit dem weisen Salomo konfrontiert, Taubmanns Leben, witzige Einfälle und Sittensprüche, die Schnurren des Herzogs von Roquelaure und Schwänke Kyaus nachgeschrieben. Im Jahre 1789 erschien zu München ein Buch mit dem buntscheckigen Titel LEBEN UND EREIGNISSE DES PETER PROSCH, EINES TYROLERS VON RIED IM ZILLERTHAL, ODER DAS WUNDERBARE SCHICKSAL, GESCHRIEBEN IN DEN ZEITEN DER AUFKLÄRUNG. In den Zeiten der Aufklärung, im Jahre der französischen Revolution berichtete darin einer der letzten »vazirenden Hofnarren«, einer der letzten »Hoftyroler« aus seinem tragisch-komischen Leben. Peter Prosch lebte von 1744 bis 1804. Ob es seltsame Fastnachtsbräuche der Vorfahren oder ein so irritierendes Phänomen wie das ›Christliche Ostergelächter‹ waren – das Interesse der späten Aufklärung blieb unersättlich [21]. August Gottlieb Meißner (1753–1807) veröffentlichte im zweiten Band des DEUTSCHEN MUSEUM vom August 1779 ANEKDOTEN AUS DEM LEBEN DES WEILAND HOCHBERÜHMTEN KLAUS NARREN, ZUM BEHUF KÜNFTIGER BIOGRAPHEN.

Sein Vorbericht ist ungemein instruktiv, erfährt man doch, wie Meißner zu seinem Gegenstand fand: »Ich las, ich weiß selbst nicht wo, daß Herr Wekhrlin durch einen Auszug von Klausens Schwänken bewiesen habe, daß die Hofnarren ehemaliger Zeit keinen Witz gehabt hätten. – Dieser Beweis nahm mich wunder, ich ließ mir das Buch selbst kommen, und nun, da ich's gelesen, dünkt mich: Herr W. hat nichts bewiesen. ›Ihr Witz, sagt er, ist größtenteils die elendste Plattitüde.‹ Manches war damals fein, was jetzt fade ist, weil's hundertmal seitdem gesagt worden. Laßt jetzt, um ein Beispiel von etwas Wichtigerm herzunehmen, einen Jüngling Rabeners erste satirische Versuche schreiben, und wir werden auf den Versucher eben nicht sehr aufmerksam werden. – Manches ist jetzt grob und plump, was nach damaligen Sitten niemanden beleidigte; mancher ihrer Einfälle ward von Dummköpfen aufgezeichnet, die unter 20 Bonmots nur das wählten, was sie am leichtesten verstunden; natürlich also das schlechteste. – Freilich, wer (wie Herr W. sagt, daß es geschehe und wie auch wirklich von manchen, denen ›Mittelstraße‹ eine unbekannte Straße ist, geschehen sein mag) verkappte Philosophen in diesen Hofnarren sucht, hat sehr Unrecht; aber so ganz wegzuwerfen, wie Herr W. tut, sind sie doch auch nicht; wollte Gott, sie wären noch statt derjenigen Herren da, die W. mit Grund die wahren Hofnarren nennt! – Neue Auflagen von diesen Auen wäre allerdings Unsinn, aber Auswahl und hie und da vielleicht eine kleine Ausbesserung ist doch nicht so ganz lächerlich, als es beim ersten Anschein scheinet. – Freilich so auszuwählen, wie hier Herr W. getan hat (den ich sonst keineswegs beleidigen will), ist nicht unterhaltend; aber leicht mag es sein; und selbst einige von seinen aufgezeichneten Einfällen würd' ein Mensch von verrücktem Gehirn, wozu er diese Art von künstlichen Toren macht, nicht leicht gehabt haben.« Nahm Meißner hier den ›künstlichen Toren‹ gegen das unlustige Räsonnement des Zeitgenossen in Schutz, parierte er dort mit gleichsam Möserscher Einsicht die leidige Frage nach dem Zweck und Nutzen solcher Narrenspeise. »Aber wen hoffen Sie durch diese Sächelgen zu bessern oder zu belehren?« — »Vielleicht niemanden, ob gleich hie und da Stoff genug für den Moralbegierigen liegt und ich auch selbst Lust habe, einige dieser Anwendungen für den trägern Teil des Publikums beizuschreiben. — Zudem, Freund, muß denn immer Belehrung und Besserung das Hauptwort im Mund eines Autors sein? ... Wenn nur ein Mißmütiger lächelt; in irgendeinem denkenden Kopfe bei Lesung meiner Geschichtchen eine schlafende Idee erwacht; ein Mädchen auf drei Minuten Sprödigkeit oder Koketterie vergißt oder auch nur bloß der Vademekumssammler ein halbes Dutzend davon für sein Zwerchfell erschütterndes Potpourri nützen kann, so hab' ich schon meinen Zweck erreicht.« Wie beliebt solche »Sächelgen« beim breiten Publikum gewesen sein müssen, geht etwa aus Laukhards 1804 erschienenem Roman EULERKAPPERS LEBEN UND LEIDEN hervor, wo der Held seiner Angebeteten unter anderm den Klaus Narren und den Kyau zur Lektüre gibt; nicht zu vergessen den märkischen Eulenspiegel Hans Clauert, der beispielsweise Jung-Stilling in einem CÖLLNISCHEN DRUCK aus der Mitte des Jahrhunderts in die Hände fiel und ihn prächtig ergötzte.

Verkappte Philosophen waren die Volksnarren und Lustigen Tischräte freilich nur wohlwollend zu nennen. Peter Proschs ›Philosophie‹ war vielmehr ein gutbürgerlicher Erwerbssinn. Aber Meißner hatte zweifellos recht, wenn er vermutete, daß die Lektüre der Narren in der Wirklichkeit in denkenden Köpfen eine schlafende Idee zu wecken vermöchte. Die Literatur leistete in der Tat, was der historischen Figur an Weisheit und Witz abging. Von Cramer bis Jean Paul findet man in Romanen der Zeit den Narren wieder, der zum verkappten Philosophen gewitzigt wurde. Bündigen Ausdruck dieser Erziehung gibt ein Werk, das gelegentlich schon Erwähnung fand: HARLEKINS REISEN UND ABENTEUER, 1798 zu Berlin, 1800 zu Halle erschienen und verfaßt von Christian August Vulpius.

»Schon oft hat man die Ideen benutzt, den Helden einer Geschichte auf Reisen zu schicken, um an den Faden der Reisegeschichten so viele oder wenige, gesunde oder ungesunde Bemerkungen und Räsonnements über dieses und jenes anknüpfen zu können, als man Lust und Kraft hatte. Auch hier ist es der Fall. Da Harlekin im Besitz des Rechts ist, castigare ridendo mores, so läßt der Verf. ihn reisen und gelegentlich sagen, was ihm auf dem Herzen lag. Daraus entsteht nun, da die Reise sich nicht etwa bloß auf Deutschland, nicht einmal auf Europa einschränkt, sondern auch in ferne Weltteile gehet, ein ebenso buntes Gemische von Bemerkungen, als die Harlekins-Jacke selbst ist. Recensent hält die Ideen, Wahrheiten auf diesem Wege und durch dieses Organ ins Publikum zu bringen, nicht für die glücklichsten, ob er gleich dem Verfasser das Zeugnis geben muß, nicht ohne Witz und Laune in einzelnen Stellen seinen Gegenstand verfolgt zu haben. – Der Stil ist rein und gut.« So schrieb die NEUE ALLGEMEINE DEUTSCHE BIBLIOTHEK 1799 im 43. Bande. Getreu der rationalistischen Übung bot Vulpius (1762–1827) zugleich launige Unterhaltung und mannigfache Belehrung; er schrieb einen Roman nach Art des pikarischen und gleichwohl eine staunenswerte Belesenheit bezeugende Rehabilitationsschrift für den exilierten Narren. So erwähnt er unter den Gegnern des Possenreißers zu Anfang des Jahrhunderts nicht nur die bekannten Gottsched und Neuber, sondern auch Schwabe und vor allem Cronegk, den man sonst nirgends erwähnt findet. Natürlich bezog sich Vulpius auf Cronegks Vorspiel DIE VERFOLGTE COMÖDIE!

Wie bei Möser wird in der ersten Person erzählt, ziert das Titelbild ein farbiges Konterfei des Helden. Harlekin im buntscheckigen Gewand, mit Halskrause und roten Schuhen angetan, die Maske in der linken Hand, die Pritsche umgürtet, macht seine komische Reverenz ›ad spectatores‹, indem er das linke Bein abgespreizt erhoben, den Kopf lächelnd geneigt hält. Vulpius gibt vor, daß Harlekin nach Sachsen zurückgekehrt sei und in Halle – wo er seine Memoiren niedergeschrieben, die den folgenden Teil des Buches ausmachen – seine ›Captatio benevolentiae‹ an das Publikum halte, das ihn längst für tot gesagt. Harlekins Schlußwort sei zur besseren Erklärung an den Anfang gestellt. Ihm entnimmt man den Sinneswandel, mit dem Harlekin nach seiner Wiederkehr zu reüssieren hofft, das heißt, womit Vulpius die Renaissance seines Narren so untadelig vorzustellen glaubt, daß sie auch der Ehrenmann billigen muß. Es ist ein Zitat nach Otho Meleander: »Exeat e mundo, qui joca pura fugit.« Indem sich Harlekin auf die Sauberkeit seines Scherzes beruft, vereitelt er seinen Widersachern das landläufige Argument: von Unflätigkeit war an ihm keine Spur mehr! Der Sauberkeit seines Scherzes entsprach die Art, in der er satirisierte. Harlekin betont, ganz still und bescheiden seine Leute zu nehmen und sich nie über ihre Gutherzigkeit lustig zu machen. Er gibt sich freundlich gegen Mißgünstige; eine gutgelaunte ehrenwerte Harmlosigkeit steht ihm zu Gesicht. Lediglich auf die katholische Kirche wagt er eine, wenngleich unoriginelle Sottise. Entschieden distanziert er sich von aller Art vitalen Narrentums. Selbstverständlich verbittet er sich den Titel Hanswurst so gut wie den seiner Namensvettern Pickelhering, Jean Potage, Jack Pudding, die er durch die Bank als »Vielfresser, dumme Dorfteufel, grobe Rüpel« abtut. Ähnlich Jeremias Kätzlein hat auch Harlekin bei Vulpius das schmähliche Erlebnis einer Begegnung mit dieser Art gemeinen Spaßmachers. Gottschedscher als Gottsched formuliert der Harlekin von 1800 seinen Abscheu über einen Hanswurst aus der Jahrmarktbude, »ein elendes Stück von jammervoller Ungereimtheit und zweideutiger Lustigkeit«, der gleichwohl aber, wie Harlekin indigniert vermerkt, »mit Schenkenwitze und Zweideutigkeiten, die kreischend geboren und von den Spektatoren wiehernd empfangen wurden«, sein geneigtes Publikum fand. Nicht nur der volkstümliche Bühnennarr war ihm jedoch ein Greuel, sondern ebenso die namhaften Volksnarren wie Klaus Narr, Gonella, Peter Prosch und Arlotto, dessen Schwänke die Lieblingslektüre des heiligen Spaßmachers Neri gewesen sind [22]! Daran merkt man erst die untiefe, unsensible, die verödende Geschmacks-Bildung des bürgerlichen achtzehnten Jahrhunderts. Harlekins Sinneswandel ging mit einer völligen Veränderung seiner ›Tiefenperson‹ einher. Der Archetyp des Narren ist in ihm restlos ausgemerzt, die ihm von alters eignende Sinnlichkeit sozusagen eine üble Nachrede. Frauen gegenüber ist er reserviert wie ein Wolfstein, handele es sich nun um eine afrikanische Witwe oder eine italienische Schöne, eine temperamentvoll zugeneigte Portugiesin, die seine Keuschheit und pedantische Treue zur fernen Kolumbine als ein ›Wunder‹ apostrophiert. Es scheint fast ein schlechter Witz, daß dieses launige Neutrum von Algier nach London flieht, weil er fürchtet, verschnitten zu werden! Gegen ihn war selbst der Rokoko-Harlekin von einer witzigen Unverblümtheit. Wir entsinnen uns eines Impromptus von Michaelis, HARLEKINS GRABSCHRIFT überschrieben:

Hier lieget Harlekin: doch ständ's bei Harlekinen,
Statt seiner Pierrot und er bei Columbinen.

Harlekin, der unerotisch gewordene Ausbund von Tugend, ist durchaus nicht eine Erfindung von Vulpius. In Mösers Nachspiel DIE TUGEND AUF DER SCHAUBÜHNE, ODER: HARLEKIN'S HEIRATH war dem Narren schon die Virilität benommen. Vulpius aber akzentuierte noch den Wandel der Narrenperson, der vielmehr von der gewandelten Mentalität des Bürgers zeugte, und beschnitt Harlekin gleichsam ›ad usum delphini‹. Der Kinderkasperle, der Kasper des bürgerhäuslichen Marionettentheaters hat, neben der Wiener Volkskomödie, in diesen Narren aus der Retorte seinen legitimen Ursprung. Es überrascht denn nicht weiter, daß Harlekin außer auf die Hanswürste der Bühne auch auf die Prototypen einer leibhaftig im Leben spielenden Narrheit, die Briten, schlecht zu sprechen ist: »das sind keine gutwilligen und fröhlichen Narren, von denen ich spreche. Luft, Kohlendampf und unverdaubare Lektüre stürzen diese armen Leute in einen so beklagenswerten Zustand. – In meinen Zirkel gehören sie nicht.«

Es verblüfft, mit welchem Eifer die spätere Aufklärung, wollte sie einen ihr genehmen Narren rekonstruieren, eben jene Quellen verschüttete, aus denen die romantische Generation eigentlich die Materialien für ihre eigenartige Narren-Konzeption bezog. Wir nennen nur die skurrile Narrheit des sprichwörtlichen britischen Sonderlings, den melancholischen Buffo, den germanischen – wenn schon nicht den deutschen – Narren nach dem Muster Shakespeares, den Zynismus und die seelische und leibliche ›Apartheit‹ des herkömmlichen Humoristen. Nicht weniger verblüfft jedoch die ahnungslose Dreistigkeit, mit der jener biedermännische, sanft satirische, kein Wässerlein schmutzende Harlekin die Person des Aristophanes als eine vorläufige Inkarnation seiner selbst in Anspruch nahm. Seit

Wielands Übersetzungen hätte der Zeitgenosse leicht erfahren können, von welchem Kaliber Aristophanes war, den Goethe sehr glücklich den »klassischen Hanswurst« genannt hat. Gegen ihn haben auch die Romantiker selbst in ihrer tollsten Laune traurige Narren abgegeben.

Selbstverständlich besaß der Vulpiussche Harlekin seine Vorbilder. Sie hießen Dominique und Tomoso, der neapolitanische Pulcinell, und erst recht Jokolo, der Hofnarr Herzog Albas: allesamt feine und witzige Gesellschafter, zumal der zuletzt genannte Jokolo, den Harlekin den »Inbegriff lustiger Einfälle, Reden und Erzählungen« nannte und rühmte: »Sprüchwörter und Parabeln standen ihm zu Gebote, und sein Umgang war angenehm und lehrreich.« Unser Harlekin befand sich in der Tat in guter weltläufiger Gesellschaft. Goldoni schrieb in seinen MEMOIREN über Antonio Sacchi, den ersten ARLECCHINO SERVITORE DI DUE PADRONI: »Seine komischen Einfälle, seine Scherze entstammten weder der Sprache des Pöbels noch der Komödianten. Er hatte die Lustspieldichter, die Lyriker, die Redner, die Philosophen für seine Zwecke studiert. In seinen Improvisationen fand man Gedanken von Seneca, Cicero und Montaigne wieder. Aber er verstand es, die Aussprüche dieser Männer der Sprache seiner Narrenrolle anzupassen, und derselbe Gedanke, den man bei einem ernsten Schriftsteller bewundert hätte, löste schallendes Gelächter aus, wenn er aus dem Munde dieses ausgezeichneten Darstellers kam.« Nicht nur in Italien fand ein Harlekin seinen literarischen Lobredner. Bei Vulpius fällt einmal der Name l'Angélys. Ein kundiges Zitat, wenn man danach strebte, den Narren gesellschaftsfähig zu machen. L'Angély, der letzte offiziell deklarierte königliche Hofnarr in Frankreich, war ein Mann von kaustischem Witz, der häufig von zeitgenössischen Schriftstellern erwähnt wurde. In der ersten SATIRE Boileaus lesen wir etwa:

Un poète à la cour fut jadis à la mode,
Mais des fous d'aujourdhui c'est le plus incommode,
Et l'esprit le plus beau, l'auteur le plus poli,
N'y parviendra jamais en sort de l'Angély.

Angenehm und lehrreich zu sein, ist das Schlüsselwort zu dem Harlekin von aufgeklärter Fasson. Was Nicolai von dem österreichischen Volksnarren verlangte, wird zur Eignungsprüfung Harlekins für die Gesellschaft: seine *Gemeinnützigkeit!*

Worin äußerte sich die propagierte Tugend? Schlicht gesagt, in Gemeinplätzen der aufgeklärten Denkungsart. Harlekin empfiehlt sich zum Exempel als einen wahren »Leibes- und Seelenarzt«, als eine »Universalmedicin in nuce«. Seit Möser diente Harlekins Vermögen, durch Lachen gesund zu machen, als Passierschein für eine Legion von Unterhaltungsschriftstellern in Diensten des Bürgertums. Das älteste deutsche Witzblatt, DER SPASSVOGEL, stammt aus dem Jahre 1778. Für Freunde des Scherzes erschienen diverse Taschenbücher. Das berühmteste war das VADEMECUM FÜR LUSTIGE LEUTE. Es erschien seit 1764 im Verlag des Buchhändlers Mylius. Sein Herausgeber war – Friedrich Nicolai! Andere nennenswerte Titel sind auch JOKUS. EIN KLEINER ALMANACH FÜR FREUNDE DES SCHERZES, verfaßt von A. F. E. Langbein, und SCHNACKEN UND SCHNURREN ODER DAS TASCHENBUCH FÜR FREUNDE DES SCHERZES, das in drei Bänden von 1799 bis 1801 erschien und von Karl J. Krebs herausgegeben wurde. Wider das Leiden der Zeit empfahl man den JUNGEN ANTIHYPOCHONDRIACUS ODER ETWAS ZUR ERSCHÜTTERUNG DES ZWERCHFELLES UND ZUR BEFÖRDERUNG DER VERDAUUNG. Zwölf Teile edierte der Verleger Georg A. Keyser in Erfurt von 1782 bis 1796. Noch 1802 zeigte das Intelligenzblatt der ZEITUNG FÜR DIE ELEGANTE WELT das vierzehnte bis sechzehnte »Portiönchen« der offensichtlich gut verdaulichen Kost an! Den gleichen förderlichen Zweck verfolgte endlich der von H. Moßfleck herausgegebene SPASSMACHER, eine Sammlung von 225 Anekdoten, die 1783 in sechs Teilen zu Wien erschienen waren. Die spaßigen Titel solcher Broschüren, die Lachlust als Arznei verschrieben, sind durchaus ernst zu nehmen. Sie kolportierten lediglich das zeitgenössische ärztliche Gutachten von dem Einfluß des Komischen auf die Heiterkeit der Seele. Keppler deduzierte wie ein gelernter Mediziner: »Das mäßige Lachen ist die Folge einer süßen und wohltätigen Freude. Durch die Bewegungen, welche dann vorgehen, verdünnt sich das Blut; die Gefäße, welche nicht Kraft genug hatten, die Säfte abzusondern, werden gedrückt, viele Teile, welche ermattet waren, in Bewegung gebracht und erhalten mehr Blut. Die Säfte werden in die Absonderungswerkzeuge getrieben. Die Ausdünstung vermehrt sich; der Umlauf des Geblütes wird zur linken Herzkammer schneller befördert und von da ins Gehirn, wo sich dann mehrere Lebensgeister absondern; die Verdauung wird befördert und der ganze Körper fühlt einen wohltätigen Einfluß.«

Harlekins Gemeinnützigkeit erwies sich aber überdies mit seiner – im wahren Sinn des Wortes – Bewandertheit in allen Erdteilen, Sitten und Gewohnheiten der Menschen. Das Lehrreiche Harlekins nach Vulpius – so, wie ihn der Rationalismus gern gehabt hätte – lag in seiner immensen Menschenkenntnis, die er erzieherisch, aber stets als ein amüsanter Causeur mitteilt. Harlekin als vergleichender Völkerkundler ist allerdings eine Rolle, in der er jedem Aufklärer willkommen sein sollte. An Hand von Harlekins Abenteuern, die sich ungefähr über alle Länder der damals bekannten Welt erstrecken, wird vor allem bedeutet: andre Menschen, andre Sitten, andre Narrheiten! Damit huldigt auch Vulpius jener rationalistischen Denkweise, die unter der Physiognomie der Völker zugleich ihre abstechende Narrheit verstand. Die ehemals wissenschaftliche Methode ist dann zu einem leichten (und endlich seichten) Kunstgriff des Autors geworden, der eine gewisse Belesenheit mit einer gewissen geistigen Urbanität zu jenem gelind satirischen Air verband, das den trivialen Schriftsteller des aufgeklärten Bürgertums kennzeichnet. Gewiß war hierbei die GESCHICHTE DER ABDERITEN von größtem Einfluß! Die Gegenstände, an denen Vulpius-Harlekin die völkereigenen Narrheiten vorführt, erinnern wiederholt an Wieland, wenn etwa von den verschiedenen Maßstäben die Rede ist, die der Mensch über das Sittliche und Unsittliche besitzt, wenn eine Digression über das Thema »So mächtig ist die Mode!« angefangen und dazu ausgeführt wird: »Sie halten auf schöne, blendend weiße Zähne? Die Damen in Indien färben ihre Zähne rot, in einigen Gegenden schwarz, und die Schönen in Japan vergolden dieselben. Die Grönländerinnen färben ihr Gesicht blau und gelb, und wenn eine Türkin recht schön sein will, muß sie rotes Haar haben. In diesem Fall ertrotzt sie durch die Kunst, was ihr die Natur versagt. Sie wissen doch, daß die Hottentotten-Geliebten statt Perlen und Edelsteinen um ihre Arme und Füße rauchende Eingeweide winden? Die guten Geschöpfe halten sich in diesem Schmucke für unwiderstehlich. – Die Türkinnen vergolden ihre

Augenbrauen und färben ihre Fingernägel rosenrot. Zu Natal trägt man 10 Zoll hohe Hauben aus Rindstalg, fest an den Kopf gepicht ...« Dennoch hat Vulpius der überkommenen Schreibweise, die launig auf die Relativität aller absoluten Wert- beziehungsweise Geschmacksurteile hinwies, in der Maske des klugen Narren Harlekin eine neue Nuance abgewonnen.

Die Absonderlichkeiten, die Vulpius den weitgereisten Harlekin wie Histörchen erzählen ließ, haben beinahe gar keinen satirischen Vergleichspunkt mehr. Sie stehen dort ihrer Kuriosität halber. Offenbar war es Vulpius nur darum zu tun, seinem mittelständischen, mitteleuropäischen Leser eine in der Art des ›menschlichen Chamäleons‹ Harlekin buntscheckig schillernde Vorstellung von der närrischen Vielfalt der Welt zu geben, und zwar nicht mit Lügenerzählungen, sondern glaubwürdigen Relationen. Nach jeder Kuriosität liefert er nämlich in Fußnoten den jeweiligen Beleg ihrer Verbürgtheit. Da heißt es etwa »Nach dem Bericht eines Augenzeugen« oder »Allgemeine Historie aller Reisen. VII. B. S. 219«. Das ist aufschlußreich genug. Gewiß beteuert Harlekin anfangs, der alte zu sein, gewiß macht er noch ab und an seinen charakteristischen ›komischen Lazzo‹; im übrigen aber schildert das Buch uns Harlekin als einen Mann von Welt, der in Gesellschaft gleichsam sein Kuriositätenkabinett von Erlebnis- und Erfahrungssouvenirs aus aller Herren Ländern ausbreitet und darüber räsoniert. Das ist ohne Zweifel eine neue Art des Narren, nicht eine seriösere bloß, sondern eine eigentlich *epische* Figur und in der Vorliebe für das ausgefallen Närrische von fern ein Jeanpaulscher Humorist! So trägt der Vulpius-Harlekin aus dem Mercure Historique et Politique, M. Aout 1738, aus Nemitzens Vernünftigen Gedanken und Mosers Politischen Weisheiten ein Sammelsurium von Auslassungen über Langeweile und Herrschertum zusammen, entnimmt er den Novellen aus der gelehrten und curiösen Welt des Jahres 1694 eine Erzählung von dem Geistlichen, der 32 Predigten über das Wörtchen ›und‹ gehalten hat. Es entspricht im übrigen der bewußten Vergeistigung des Narren, daß sich Harlekin in London als Schriftsteller und Herausgeber eines Wochenblattes geriert. Titel seiner Flugschriften sind etwa Reisen in den Hundsstern und in die Kometen oder Die Geschichte einer Vorrede. Es liegt nahe, derartige ›Jeanpauliana‹ bei Vulpius mit dem Einfluß zu erklären, den der berühmtere Launenschriftsteller auf seine Zeitgenossen ausübte. Bemerkenswerter scheint uns jedoch, daß Vulpius sowohl wie Jean Paul jeder für sich einen Wesenszug des achtzehnten Jahrhunderts teilen, der selber kurios ist: seinen Appetit auf das ›Curieuse‹! In dieser Sucht nach dem Sonderbaren, nach den närrischen Intelligenzen fände das wiedererwachte Interesse des Rationalismus für die komische Kuriosität des Narren eine zumindest erwägenswerte Erklärung.

Merkmal des bürgerlich gewordenen Narren war seine Tugend und seine Freundseligkeit, die ganz vergessen ließen, daß der geschlechtliche wie gesellschaftliche Zynismus einmal sein Ausweis gewesen war. Wohl erfährt man von seiner heilpraktischen Fähigkeit, Lachen zu machen; aber diese Gabe ist bei ihm bloß noch als Floskel wahrnehmbar. Er ist nicht mehr an sich komisch, sondern besitzt einen ausgeprägten Sinn für Komik – wenn man darunter sein Gespür für die Narretei aller menschlichen Dinge und Undinge verstehen will. Diese Eigenschaft verführt ihn aber nicht zur Satire. Sie macht aus ihm vielmehr einen kurzweiligen Weisen, einen ›Launenschriftsteller‹, wie man den Humoristen verdeutschte. So wenigstens liest man es in Campes WÖRTERBUCH ZUR ERKLÄRUNG UND VERDEUTSCHUNG DER UNSERER SPRACHE AUFGEDRUNGENEN FREMDEN AUSDRÜCKE. Damit gab sich Harlekin aber, wenn auch stets unter der Maske des Narren, gleichsam das Ansehen eines in den Augen der Aufklärung vollkommenen ›homme de lettres‹, und es überrascht keineswegs, daß er gesprächsweise folgende Überzeugung äußert: »Wenn ich mich zugunsten der privilegierten sogenannten Narrheit erkläre, so verstehe ich diejenige darunter, von welcher *Horaz* redet, wenn er sagt: ›Misce stultitiam consiliis brevem.‹ Diese ist es, die, klug angewendet, Sorgen, Anfechtung und Herzeleid mit ihrem sanften Zauberstabe von uns jagt. Ihre Holdseligkeit versüßet des Lebens Bitterkeit und treibt den Gram von uns, der unsere Seele foltert. Der Augenblick ihrer Geburt war das Lachen der Freude. Sie ist eine Freundin des menschlichen Geschlechts. Ihr Band verknüpft die bewohnte Welt, und wer ihr ein Plätzchen gönnt, gönnt es seiner Freundin und Wohltäterin.« Dieses Bekenntnis zu den ›ludicra-seria‹ kann nur insofern überraschen, als es Harlekin in den Mund gelegt wird. Innerhalb des spätaufklärerischen Ideengutes war es durchaus heimisch. Wenn Vulpius es auf Harlekin übertrug, verriet er damit sein Bestreben, den vormals ungeistigen Spaßmacher auf das Niveau des gebildeten Aufklärers zu heben, dessen Ideal im Denken und Schreiben nach dem gemischten Stil ging. Horaz war seinem poetischen und Lebens-Stil nach für diese Schriftstellergeneration vorbildhaft.

Das Programm des ›ioca seriis miscere‹ war ohne Zweifel schon in der griechischen Antike eine gültige Konvention. Der populäre Lehrvortrag der Stoiker entwickelte den Mischstil des σπουδογέλοιον, der Einfluß der Rhetorik trug dazu bei, die Grenzen zwischen Ernst und Scherz zu verwischen. Aber erst in der römischen Literatur seit Augustus, unter römischen ›hommes de lettres‹ wurde die Verbindung von Scherz und Ernst aus einem dichterischen Stil und einem Etikett der rednerischen Eleganz »ein Lebensideal und dementsprechend ein panegyrischer Topos« [23]. Seither war die Dichter und Dichtung prägende Form nie verlorengegangen. Die Mischung von Scherz und Ernst gehörte zu den Stilnormen, die dem mittelalterlichen Dichter geläufig und bewußt waren. Und wurde sie bisweilen auch durch eine andersgeartete Stilhaltung verdrängt, so stellte sie sich jedesmal aufs neue wieder her, wenn man die römische Klassik zum Maßstab setzte: wie im Humanismus, wie im Rationalismus des achtzehnten Jahrhunderts. Wo immer man tendierte, lachend die Wahrheit zu sagen, meinte man im Grunde – wußte man schon nicht die antike Verwandtschaft – mit der Wahrheit das an sich Ernste, dem eine humanistische Lebenshaltung ein gewisses ›ludricum‹ abgewann und damit erst recht ihre aller Frivolität fernstehende Geistigkeit offenbarte. Der *Pedant* war in Zeiten, da dieses Stilprinzip, diese Lebenshaltung in Blüte standen, das verlachte närrische Gegenbild.

Das Lob der lachenden Philosophie erscholl erstmalig im ›Théâtre italien‹ des französischen siebzehnten Jahrhunderts aus dem Mund des Bühnennarren. Der Narr hatte sich damit von seinem Urgrund vollends entfernt. Er war nicht mehr Eigenperson, sondern das Organ einer aufgeklärten Elite, deren erklärtes Ideal er sich selbst zu eigen machte. Das bedeutet aber, daß man das Wesen des rationalistischen Narren ohne weiteres aus dem Ethos der aufgeklärten Gebildetenschicht bestimmen, diesen Typ des Narren mit jener ideellen Personifikation vergleichen kann, nach der sich eine ganze Generation ausrichtete: Demokrit. In dem lachenden Philosophen fühlte sich der gebildete Aufklärer wesentlich ausgesprochen. Nach dem Bilde der Idealkonstruktion war es ihm möglich, jene Souveränität zu erlangen, mit der sich zur Welt leben ließ, ohne über der Narretei und Absurdität des Welttreibens zum Menschenfeind zu werden: zweifelnd, aber doch nicht verzweifelt. Der glücklichste Beitrag zum Demokritismus stammt gewiß aus der Feder Wielands. Doch war er weder der erste noch der letzte Beiträger. Zu nennen wäre da der 1650 zu Köln erschienene LUSTIGE DEMOKRITUS / DAS IST AUSERLESNE FRAGEN / POLITISCHE DISCOURSE / KURTZWEILIGE SCHERZ- UND EHRLICHE GEMÜTHS-ERGETZLICHKEIT. Eine Kuriosität aus dem Pietismus: Johann Conrad Dippel (1693–1734) gab seine Schriften unter dem Namen »Christianus Democritus« heraus. In Schöpfels MARTIN FLACHS bestimmte das Vorbild des antiken Weisen ausdrücklich die Haltung der beiden aufgeklärten Freunde; ihr Briefwechsel ist eine gegenseitige Benachrichtigung von entdeckten Lächerlichkeiten: »Machen Sie unter Ihren Gesellschaften zu xxx den Demokrit, so, wie ich ihn hier mache!« Der von Wieland protegierte Falk schrieb 1798 ein satirisches Lied DEMOKRITUS AN DIE ABDERITEN – von Lafontaine stammt übrigens eine Fabel ähnlichen Titels –, Weber eine ganze Abhandlung unter dem Namen des lachenden Philosophen. Durch die Bank demokritische Narren waren im Grunde die Bunkel und Faustin und Ysop und Lotasio, ob Cramer nun ihr Schöpfer hieß oder Nicolai und Jacobi oder Feßler und Seume. Stets sind sie als eigentliche Vernunftmenschen, wahrhaft Aufgeklärte gezeichnet, die resigniert haben, »zu bessern und zu bekehren«. Aus enttäuschter Vernunft spielen sie das scheinbar Unvernünftige an, aus Weisheit den Narren; aus Skepsis finden sie sich in eine komische Weltbetrachtung. Derartige Narren aus Vernunft waren in der spätrationalistischen Literatur Legion. August Wilhelm Schlegels zeitgenössische Rezensionen hatten es viele Male mit diesem allertypischen Helden zu tun. Falk brauchte ihn schon gar nicht mehr Gestalt werden zu lassen: der Leser wußte, sowie er Namen und Titel las – REISEN ZU LANDE UND ZU WASSER VON SCARAMUZ (1798) –, wes Geistes Kind er vor sich hatte.

Aber noch Gutzkow argumentierte in den BRIEFEN EINES NARREN AN EINE NÄRRIN 1831 mit der Antithese zwischen Demokrit und Heraklit: »Dir gehen die Augen vor Weinen, mir vor Lachen über, Du bist Heraklit, ich Demokrit. Du hassest die Welt und fliehest sie. Ich liebe sie nicht und bleibe in ihr. Dich ärgert der Lauf der Welt, Du willst, sie soll auf zwei Füßen stehen. Ich lasse sie gehen und bin zufrieden, wenn sie nur den rechten Fuß voransetzt. Du verfolgst die Handlungen der Menschen von ihren Anfängen bis dahin, wo Du Dich endlich getäuscht findest. Ich setze schon das Ende in den Anfang und habe nie Ursache zur Klage, weil ich mich nicht täusche. Du erwartest und hoffest Neues da, wo den Leuten nur immer das Alte neu erscheint. Ich erwarte immer nur Altes und weiß, daß selbst das scheinbar Neue im Grunde nur alt ist.« Daß Demokrit und Heraklit nur die zwei Seiten einer totalen Weltansicht darstellen und einer ohne den anderen undenkbar ist: diese Erkenntnis wurde erst diesseits der Romantik möglich, bestechend formuliert wie etwa von George Sand im Vorwort zu Maurice Sands 1860 zu Paris erschienenen MASQUES ET BOUFFONS: »Il semble que Démocrite n'ait ri que pour justifier les pleurs d'Héraclite!«

Man hat dem ›Demokritismus‹ im achtzehnten Jahrhundert bislang noch nicht die Aufmerksamkeit geschenkt, die Sokrates zuteil wurde [24]. Fast scheint es ja, als habe sich die demokritische Lebensformel unter dem Bilde des Sokrates selbst verstanden; aber der Unterschied in beider Auffassung ist doch unverkennbar. In Sokrates verkörperte sich das achtzehnte Jahrhundert das Air des Weltweisen, auf das Leben im Geiste bezogen; in Demokrit das Air des Weltweisen, auf das Leben in Gesellschaft angewandt. In Christoph Martin Wieland zumindest seiner frühen und mittleren Epoche ist dieser spezifische Demokritismus elegante Person geworden, und in seiner GESCHICHTE DER ABDERITEN hat 1773 das Vorbild selbst Gestalt bekommen [25].

Wieland schrieb 1767 der La Roche in einem Brief von sich: »Die Ironie, die, ich gestehe es, meine Lieblingsfigur ist, und für die ich einiges Talent zu haben mir schmeichle, ist freilich ein ziemlich gefährliches Talent; zum Glück aber hat mich die Natur mit einem guten und redlichen Herzen begabt; mein Menschenhaß ist nur gemacht; ich liebe von Natur die Menschheit, und wenn ich auch über die Gebrechen der einen und über die Schwachheiten der anderen spotte, so geschiehts in der Regel freundlich und in der Absicht, ihnen scherzend heilsame Wahrheiten zu sagen, die man zuweilen gerade nicht zu sagen wagt.« Wielands Selbstcharakteristik charakterisiert zugleich die Stellung Demokrits zu der durch die Abderiten verkörperten närrischen Menschenwelt. Er ist der vielerfahrene, vielwissende Naturforscher. Demokrit, schreibt Wieland, »reiste, um Natur und Kunst in allen ihren Wirkungen und Ursachen, den Menschen in seiner Nacktheit und in allen seinen Einkleidungen, roh und bearbeitet, bemalt und unbemalt, ganz und verstümmelt, und die übrigen Dinge in allen ihren Beziehungen auf den Menschen kennenzulernen«. Das heißt, Demokrit ist in seinem Grunde ein ernstlicher Gelehrter, der aber als Mensch in der Gesellschaft – und sei es die Gesellschaft von Narren – die Miene des kurzweiligen Unterhalters annimmt und, wenn er schon belehrt, es in Form von Anekdoten tut, nach der Devise: »Wenn ein weiser Mann sieht, daß er es mit Kindern zu tun hat, warum sollt' er sich zu weise dünken, nach ihrer Art mit ihnen zu reden?« Er durchschaut die Narrheit seiner Mitmenschen. Dennoch kommt ihm nie in den Sinn, ätzender Spötter und Menschenverächter zu werden, sondern er findet sich ironisch in die Maske des Phantasten, des Sonderlings und Narren, die ihm die wahre Narrheit aufdrängte, ja er ergreift sie auch wohl selbst. Denn was hat seine närrisch anmutende Physis mit seinem eigentlichen Wesen zu tun? »Demokrit war in der Laune, sich mit seinen Abderiten und die Abderiten mit sich Kurzweile zu machen. Zu weise, ihnen irgendeine von ihren National- oder Individualunarten übelzunehmen, konnt' er es sehr wohl leiden, daß sie ihn für einen überklugen Mann ansahen, der seinen abderitischen Mutterwitz auf seiner langen Wanderschaft verdünstet hätte und nun zu nichts gut wäre, als ihnen mit seinen Einfällen und Grillen etwas zu lachen zu geben.« Was kann der anderen Narrheit seiner Aufgeklärtheit anhaben? Demokrit setzt die Narrheit als den Menschen gemäß voraus, belächelt diese Eigentümlichkeit, wahrt auf die Weise seine innere Integrität. Wenn das achtzehnte Jahrhundert die zukömmliche Lebenshaltung erörterte, wollte es immer lieber mit Demokrit über das ungereimte Welttreiben lachen, als mit Heraklit darüber weinen!

Wieland kam auf diese Frage im ersten Kapitel des zweiten Buches, das mit einer Digression »über den Charakter und die Philosophie des Demokritus« beginnt, ausführlich zu sprechen: »Demokritus lachte zuweilen wie wir alle und würde vielleicht, wenn er zu Korinth oder Smyrna oder an irgendeinem andern Orte der Welt gelebt hätte, nicht mehr gelacht haben als jeder andre Biedermann, der sich aus Gründen oder von Temperaments wegen aufgelegter fühlt, die Torheiten der Menschen zu belachen als zu bweinen. Aber er lebte unter Abderiten. Es war einmal die Art dieser guten Leute, immer etwas zu tun, worüber man entweder lachen oder weinen oder ungehalten werden müßte; und Demokrit lachte, wo ein Phokion die Stirne gerunzelt, ein Cato gepoltert und ein Swift zugepeitscht hätte. Bei einem ziemlich langen Aufenthalt in Abdera konnte ihm also die Miene der Ironie wohl eigentümlich werden.« Um aber Demokrits Haltung gegenüber seiner Umwelt, die sich in seinem sprichwörtlichen ironischen Lachen kundgab, zu rechtfertigen und als nachahmenswert zu beweisen, nahm Wieland sogar die Ausführungen eines Klassikers, des »gepriesenen Philosophen« Seneca in Anspruch, der in Wielands Zitat äußerte: »Wir müssen uns dahin bestreben, daß uns die Torheiten und Gebrechen des großen Haufens samt und sonders nicht hassenswürdig, sondern lächerlich vorkommen, und wir werden besser tun, wenn wir uns hierin den Demokrit als den Heraklit zum Muster nehmen. Dieser pflegte, sooft er unter die Leute ging, zu weinen, jener zu lachen, dieser sah in allem unserm Tun eitel Not und Elend, jener eitel Tand und Kinderspiel. Nun ist es aber freundlicher, das menschliche Leben anzulachen als es anzugrinsen; und man kann sagen, daß sich derjenige um das Menschengeschlecht verdienter macht, der es belacht, als der es bejammert. Denn jener läßt uns doch noch immer ein wenig Hoffnung übrig; dieser hingegen weint albernerweise über Dinge, die bessern zu können er verzweifelt. Auch zeigt derjenige eine größere Seele, der, wenn er einen Blick über das Ganze wirft, sich nicht des Lachens – aber jener, der sich der Tränen nicht enthalten kann; denn er gibt dadurch zu erkennen, daß alles, was andern groß und wichtig genug scheint, um sie in die heftigsten Leidenschaften zu setzen, in seinen Augen so klein ist, daß es nur den leichtesten und kaltblütigsten unter allen Affekten in ihm erregen kann.«

Das Lächeln des Weltweisen, das zugleich seine Konzession an die Narrheit und seine innere Distanz, heiter resigniertes Einverständnis und joviale Reserve bedeutete, war die Pose, in der sich der Schriftsteller in Zeiten der Aufklärung am liebsten porträtieren ließ. Unausstehlich wurde sogar den Zeitgenossen das Air des lachenden Philosophen auf dem Porträt Lamettries: sie empfanden, wie man liest, sein fixiertes Lachen zuletzt als ein Grinsen! Der Weltweise des achtzehnten Jahrhunderts bekundete dadurch, daß er mit Willen die Narrenkappe aufsetzte, vor sich selbst und nicht bloß vor den anderen die wahre Souveränität über das Allzumenschliche. Toleranz hieß dann eigentlich nur die Kundgabe innerer Unteilhaftigkeit. Was die Abderiten am nötigsten haben, dachte Wielands Demokrit, »und das beste was ich an ihnen tun könnte, wäre, sie vernünftig zu machen. Aber die Abderiten sind freie Leute. Wenn sie nicht vernünftig sein wollen, wer kann sie nötigen?« Die Haltung des lächelnden Betrachters, die der demokritische Weltweise einnahm, scheidet ihn von dem romantischen Narren und Jeanpaulschen Humoristen [26]. Sie leiden an der verkehrten Welt und nehmen dennoch an ihr teil, ihr Lachen ist ein Ausbruch, aber auch ein Ausdruck dieser Welt. Die Pose eines, der über den Dingen und Menschen steht, ist ihnen fremd. Gerade weil aber der Spätaufklärer durch seine wirkende Existenz bewies, daß er kein Narr war, gelüstete es ihn, in die Maske des Narren zu schlüpfen. Wielands TITANOMACHIA, ODER DAS NEUE HELDENBUCH. EIN BURLESKES GEDICHT IN SO VIEL GESÄNGEN ALS MAN WILL gab dafür die einprägsamen Parolen aus, die seinerzeit wie Geflügelte Worte umgingen:

Denn, glaubt mir, ihr gravitätischen Herr'n,
Gescheite Leute narrieren gern.
Wundert ihn das, Herr Doktor Duns?
Will's ihm erklären, doch, unter uns:
Das macht, sie haben beim Narrieren
Mehr zu gewinnen als zu verlieren.
Sokrates in der Schellenkapp'

Bleibt Sokrates, wird darum kein Lapp;
Nimm aber dem Esel sein Löwenvisier,
Da steht er und ist ein Müllertier.

Bürger hat die beiden ersten Zeilen dem MÜNCHHAUSEN vorangestellt. Gescheite Leute narrieren gern? Lichtenberg notierte sich – E 398 – von Lessing einen ihm selbst sympathischen Satz über Diderot: »Ein kluger Mann sagt öfters erst mit Lachen, was er hernach im Ernste wiederholen will.« Niemals erschien die Aufklärung – auf dem Papier – gelöster als in diesem Augenblick, da sie sich erheiterte und die gravitätischen Herren unausstehlich zu finden begann. Johann Friedrich Jünger schrieb in der GESCHICHTE DES KLEINEN BLAUEN MANNES, die in den von 1787 bis 1792 erschienenen LAUNEN VETTER JAKOBS steht: »Da ist ein anders Buch, in einem leichten gefälligen Gewande, das manche für den Menschen nützliche Bemerkung im launigten Tone, manche Wahrheit mit lachender Miene, manche Weisheits-Lehre mit der Larve der Torheit vorträgt ... Ei, Ihr soliden Herrn, mit Eurer Ernsthaftigkeit! Wahrhaftig, es gibt nichts Possierlichers; nichts Komischeres als diese Ernsthaftigkeit!« Da man nicht zu den gravitätischen Herren rechnen wollte, legte man sich narrenmäßige Pseudonyme bei, so häufig, daß es beinahe eine zeitgenössische Mode scheint. Hinter Jocosius Hilarius verbarg sich Gottfried August Bürger, hinter Gottschalk Necker der Satiriker Daniel Jenisch, hinter Johann Martin Spaßer der Schriftsteller E. Fr. Hübner, hinter Fabian Spaßvogel K. J. Krebs; und F. A. Mahlmann gab unter dem Pseudonym Julius Heiter 1802 ein »moralisches Bilderbuch für alte Kinder« heraus, das den vielsagenden Titel trug NARRHEIT UND VERNUNFT, JEDEM DAS SEINE.

Mochte der Schriftsteller der Spätaufklärung, gescheit geworden, immerhin narrieren, seine bürgerliche Person blieb von dem Maskenspiel unangetastet. Von dieser Auffassung zeugte Wielands Brief. Beurteilungen von Zeitgenossen durch Zeitgenossen legen auf diese Unterscheidung großen Wert. So schrieb Nicolai [27] von Mösers Laune, ›dulce desipere in loco‹ – wie es abermals Horaz in den ODEN vorgeschrieben hatte. Zugleich aber betonte Nicolai, daß jener ein Mann von der »gründlichsten Gelehrsamkeit« und dem »unbescholtensten moralischen Charakter« gewesen sei. Die strikte Trennung von privater und sozusagen öffentlicher Person läßt sich an einem Menschen beobachten, der von Berufs wegen »zu seiner Zeit den Narren zu spielen« hatte: an dem zeitgenössischen Harlekinspieler. Das Konterfei Dominiques ist dafür exemplarisch! Sichtlich unterscheidet das Bildwerk zwischen der bürgerlichen Person – dem ›gravitätischen Herrn‹ – und der närrischen Rollenfigur. Dominique, gesellschaftsfähig gekleidet, hält die Narrenlarve in der Hand, ein skeptisch blickender Mann, der keinen Lachmuskel verzieht. Wer es noch nicht wußte, dem sagte das Bild, daß Dominique außerhalb der Bühne ein Mann von Reputation war und – als solcher gelten wollte. Auch Tomassin (1683 bis 1739) ist als Doppelwesen dargestellt: mit einem wunderbar ausdrucksstarken Gesicht, durchdringenden Augen, einem witzig lächelnden Munde, in der Hand die Maske Harlekins, im übrigen gewandet wie jedermann. Dasselbe verrät ein Kupferstich von Harry Woodward (1714–1777), dem Narrenspieler in Garricks Ensemble. In einem Oval sieht man das höchst ehrbare, geistvolle, weltmännische Brustbild eines Mannes mit gepflegter Zopfperücke, Halstuch und Jabot; neben dem Oval eine grinsende Larve; unter dem Oval eine Art Kartusche, die den Ausschnitt aus einer Spielszene zwischen maskiertem Harlekin und Kolumbine wiedergibt [28]!

Welche Folgerung ergibt sich daraus? Der Weltweise, der Sokrates und Demokrit in der Narrenkappe – erbauliches Bild der reinsten und heitersten Aufklärung am Ende des Jahrhunderts – hat jenes Spiel nie mit der ganzen Existenz bestritten. Seine Erscheinungsweisen: hie bürgerliche Person, hie närrischer Rollenträger stellten sein Ich nie auf die Zerreißprobe. Sie vertrugen sich im Gegenteil wohl miteinander, weil sie eine durchaus unverbindliche Kundgabe waren. Desto befremdeter stand er einem anderen Menschenschlag gegenüber, bei dem sich die närrische Gebärde und die bürgerliche Person zu einer solchen ›Fratze‹ verquickten, daß man ihn, widrig berührt, als exzentrisch verlachte, verabscheute. In dieser unterschiedenen Affinität zum Närrischen verraten sich die Epochen, in der Bereitschaft, mit dem Spiel Ernst zu machen, mit dem Narren sich selbst zu verstehen, die Einbildungskraft zu entbinden. Unter der Maske des Narren ließ sich freilich manches sagen, was im Ernst Unwillen erregt hätte: über Gott, Obrigkeit und alle

Welt. Als Wieland 1764 in seinem ersten Roman Don Sylvio von Rosalva, oder der Sieg der Natur über die Schwärmerei dem Publikum seine Absicht verkündete, mit Lachen die Wahrheit zu sagen, setzte er zugleich hinzu: »Es wäre uns ... lieb gewesen, wenn wir Gelegenheit gefunden hätten, diese Anmerkung irgendwo dem Pedrillo oder einer andern privilegierten Person von dieser Art in den Mund zu legen: denn einem Pedrillo ... nimmt es niemand übel, wenn er die Wahrheit sagt.« Die Maske des Narren gestattete das neckende Spiel mit der Einbildungskraft: ihr bis zu jenem Grade nachzuspielen, der Seele und Geist vor Schaden bewahrte. Die Wiedereinsetzung Harlekins durch die Spätaufklärung bedeutete nichts anderes als die Freigabe der von Gottsched in Hanswurst verbannten Einbildungskraft – jedoch unter strengen Bedingungen und Aufsicht der Vernunft. Vermummung und Spiellust, Rokoko und Demokrit erscheinen danach wie der Versuch einer Ausflucht, sich dem Problem der Einbildungskraft ernstlich nicht stellen zu müssen.

VIERTES KAPITEL

DER TRIEB ZUM ABSURDEN
ODER DIE EINBILDUNGSKRAFT

I. Der Prinz von Pallagonia

»Was hilft es die Sinnlichkeit zu zähmen, den Verstand zu bilden, der Vernunft ihre Herrschaft zu sichern? Die Einbildungskraft lauert als der mächtigste Feind: sie hat von Natur einen unwiderstehlichen Trieb zum Absurden, der selbst in gebildeten Menschen mächtig wirkt und gegen alle Kultur die angestammte Roheit fratzenliebender Wilden mitten in der anständigsten Welt zum Vorschein bringt.«

Dieses Zitat aus dem Wort- und Gedankenschatz des achtzehnten Jahrhunderts scheint angetan, der empfindlichen Entgegnung auf die irrationalen Widersacher des gesunden Menschenverstandes, Gottscheds heiligem Eifer wider die Wahndichter, Wielands Auslassungen zum barocken Shakespeare, Ifflands Schauder vor der Maskenkomödie als eine bündige Erklärung zu dienen. Desto apodiktischer die Satzungen für Leben und Kunst und desto tiefer je nach Artung seine Verzweiflung, je mehr es dem Aufklärer, im Herzen das ideale Gemälde einer zu Bildung und Kultur stetig fortschreitenden anständigsten Welt, doch vor Augen deren ewiges Zerrbild: Roheit und barbarische Fratze, dämmerte, daß zum Wesen aller Kultur gehört, stets in Frage zu stehen, und das Zwitterwesen Mensch den Keim zum Rückfall in die nicht geheure Regellosigkeit lebenslänglich in sich trägt.

Übrigens stammt das Zitat von Goethe [1]! Angesichts der Spiegelsberge bei Halberstadt, jenem »Tummelplatz häßlicher Kreaturen« nach der Laune des Freiherrn von Spiegel, in dessen bizarrem Spielwerk ein »abscheuliches Zwergengeschlecht« und »Mißgeburten jeder Art« lauern, drängt sich Goethe 1805 jenes Urteil auf, das den Klassiker unversehens zum Zeitgenossen macht. Wenn nicht in seiner Resignation vor diesem Trieb zum Absurden, der alle gut gemeinten Vehikel, über die Einbildungskraft Herr zu werden, selbst ad absurdum führt: in der ärgerlichen Betroffenheit durch solche Sinn und Verstand narrende Monstrositäten unterscheidet sich Goethe keinesfalls von dem nach Maßgabe des Jahrhunderts Gebildeten. Auch die dem Rationalisten offensichtlich innewohnende kuriose Sucht nach dem Kuriosen, sei es Mensch oder Ding, ist Goethe nicht fremd. Er trägt nicht Anstand, sich unverhohlen als einen »Liebhaber von Seltsamkeiten und Exzentrizitäten« [2] zu erklären, und verbucht getreulich seine Bekanntschaften mit extraordinären Personen. Ein treffliches Beispiel liefert der Bericht vom Besuch des Hofrats Beireis in Helmstedt, um dessentwillen der Geheimrat 1805 auf Reisen geht. Denn der »wunderliche, in manchem Sinne viele Jahre durch schon bekannte problematische Mann ... war mir schon so oft genannt, seine Umgebung, sein merkwürdiger Besitz, sein sonderbares Betragen, so wie das Geheimnis, das über allem diesem waltete, hatte schon längst auf mich und meine Freunde beunruhigend gewirkt, und man mußte sich schelten, daß man eine so einzig merkwürdige Persönlichkeit, die auf eine frühere vorübergehende Epoche hindeutete, nicht mit Augen gesehen, nicht im Umgang einigermaßen erforscht habe« [3]. An die Besichtigung dieses kuriosen Kopfes und seines noch kurioseren Sammelsuriums wie beispielsweise der Vaucansonschen Automaten schließt sich, um – wie Goethe äußert – »die Kenntnis seltsamer Charaktere« zu erweitern, der Besuch eines »höchst wunderlichen Edelmannes« an, der tolle Hagen genannt, der ihm empfohlen worden war. Dieser Edelmann zeichnete sich dadurch aus, daß er antiken Statuen als Lendenschurz seine Manschetten überstreifte und des Abends seine Frau am Flügel nötigte, »eine höchst unschickliche und absurde Strophe« zu akkompagnieren [4].

Daß Goethe aber – dem Befinden seiner Zeit getreu – bei aller Neigung zum Absonderlichen keineswegs damit sympathisiert, sondern für seine Person den Abstand wahrt, die Auseinandersetzung scheut und alles bei der befremdeten oder belustigten Konstatierung solcher exzentrischer Phänomene beläßt, offenbart seine Meinung über Lichtenbergs HOGARTH, der seit 1794 erschien. Er war sicher, daß er in Deutschland lediglich ein gemachtes Interesse erregen könne. Denn »wie hätte der Deutsche, in dessen einfachem, reinem Zustande sehr selten solche exzentrische Fratzen vorkommen, hieran sich wahrhaft vergnügen können?« Das Echo, das Hogarth auf dem Kontinent gefunden, führt Goethe vornehmlich darauf zurück, daß man zur Betrachtung und Bewunderung seiner Stiche nur »bösen Willen und Verachtung der Menschheit« [5] mitzubringen brauche. Konnte der Klassizist Goethe schon dem vergleichsweise gutgelaunten Hogarth keinen Geschmack abgewinnen, wie hätte er sich erst zu Goya gestellt? Wesensart und Richtung jener Epoche verraten sich durch die Wahrnehmung, daß die deutsche Literatur des achtzehnten Jahrhunderts (zu schweigen von der derzeitigen Kunst) einen Charakter ähnlich dem des spanischen Groteskzeichners nicht hervorgebracht hat, der wie selbstverständlich in dem Rokoko groß und weltmännisch wird und am Ende solche makabren Abgesänge auf sein Jahrhundert phantasiert. Jean Paul unter den Dichtern wäre Goya noch am ähnlichsten zu nennen, unter den Bildenden Künstlern eventuell Füßli, aus dem modischen Klassizismus durch seinen pathetischen Dämon hervorragend, und Franz Xaver Messerschmidt, der dem verbindlichen Rokoko ein manisches Talent gegenüberstellt [6]. »El sueño de la razón pruduce monstruos«, das Motto über die andere Folge der CAPRICHOS, stand auch für den deutschen Rationalisten außer aller Frage; daß ein Künstler aber mit diesem Gemeinplatz des achtzehnten Jahrhunderts Ernst machen, Satire machen müsse, fiel im allgemeinen nicht einmal im Traum ein. Wie die ENCYCLOPÉDIE 1751 die Karikatur als eine Art »Ausschweifung der Einbildungskraft« definierte, wurde Satire, durch die Intensität der Sehweise zur Groteske radikalisiert, dann als hanebüchenes Spiel einer unverantwortlichen Einbildungskraft noch immer mißverstanden. Das freie Temperament, die souveräne Laune gerieten in Verruf der Tollheit, wie das zeitgenössische Urteil über den Prinzen von Pallagonia augenfällig macht.

Reisende waren es zunächst, welche die Bekanntschaft des legendären Mannes, der in der ganzen Literatur des ausgehenden achtzehnten und beginnenden neunzehnten Jahrhunderts herumspukt, der auf Exzentrizitäten versessenen Lesewelt vermitteln. Allen voran ist 1773 Patrick Brydone (1743–1818) durch sein in London erschienenes sizilianisches Reisewerk A TOUR THROUGH SICILY AND MALTA der eigentliche Entdecker des Prinzen geworden, über den er im 24. Brief berichtete. Seine zweibändige Beschreibung wurde von Georg Joachim Zollikofer 1774 ins Deutsche übersetzt, eine ausführliche Besprechung erschien bereits im Erscheinungsjahr 1773 in den GÖTTINGER GE-

LEHRTEN ANZEIGEN, Lichtenberg war im Sommer 1774 sein aufmerksam exzerpierender Leser, der – D 508 – in seinem Sudelheft vermerkte: »Der Prinz von Pallagonia bei Palermo hat monstreuse Statuen um sein Haus, zuweilen die Glieder von drei verschiedenen Tieren mit den Hörnern von allen an einer einzigen Figur. Brydone T. II. p. 54.« Die Anregung zur Lektüre des Buches verdankte er wohl den Auszügen, die im Aprilheft desselben Jahres in Dohms ENZYKLOPÄDISCHEM JOURNAL abgedruckt worden waren. Wie erfolgreich die deutsche Ausgabe gewesen sein muß, geht allein daraus hervor, daß 1777 bereits die zweite, 1783 die dritte Auflage erschien. Honel war endlich der andere, von Borch der dritte der Stimmung und Vorurteil machenden Berichterstatter über den sizilianischen Sonderling gewesen. Die Besichtigung von dessen ›Haus der Laune‹ wurde nachgerade Mode der Italienreisenden im achtzehnten Jahrhundert, eine Mode, der auch Goethe sich durchaus nicht entzog, als er am 9. April 1787 das Schloß besichtigte. Dieses allgemeine Vorurteil, das in dem seelischen Vermögen des Jahrhunderts von Rechts wegen und notwendig bedingt ist, macht jene geistige Divergenz zwischen den im nachhinein fixierten Epochen Aufklärung und Klassik gleichgültig: in der beiden eigentümlichen Ablehnung von »mißgestaltetem, abgeschmacktem Gebilde«, wie Goethe am 9. April 1787 in der ITALIENISCHEN REISE schreibt, sind sie gleichen Zeitgeistes. Wenn überhaupt, unterscheidet sich Goethe von dem reisenden Aufklärer durch den strengen Willen, auch das Widrige sich forschend zu vergegenwärtigen; vom Absurden Rechenschaft zu geben, unterzieht er sich der verdrießlichen Mühe, dieses Museum des Gegenklassischen zu »schematisieren« [7].

Von seinem Vater übernahm der Prinz von Pallagonia, der 1722 geboren wurde und Kammerherr des Bourbonenkönigs Karl III. war, die Anregung, die er von etwa 1746 an mit Eifer in die Tat umsetzte, nämlich das Pallagonische Stammhaus zu einem ›Haus der Laune‹ und des Widersinns umzubauen! Es handelt sich demnach um einen aristokratischen und ›Barockulk‹ [8], der ohne Zweifel niemals wieder so vollendet praktiziert worden ist wie an diesem Ort, in seiner Zeit aber nicht allein stand. Ähnliche, wenn auch vielleicht nicht so konsequent und geistvoll durchgeführte Schöpfungen gab es an vielen, auch kleinen süddeutschen Fürstenhöfen, selbst geistlichen Residenzen; so etwa im Park zu Laxenburg, des Grafen Hoditz Schöpfung Roswalde in Mähren, nicht zu vergessen Freiherr von Spiegels Naturgroteske und die Zwergen-Galerie im Freien des Schlosses Mirabell zu Salzburg.

Wollte man die Pallagonische Ausgeburt in Architektur und Plastiken allgemeiner charakterisieren, so ließen sich hauptsächlich drei gegenklassische Stilprinzipien nennen: Travestie geradezu des Pathetischen; Asymmetrie; Paralogismus. Vergegenwärtigt man die Idee, die sich hinter dieser Laune verbirgt, so kommt einem Tiecks Ausspruch in den Sinn: »Wer mit Vernunft die Vernunft verachtet, ist im Grunde wieder dadurch vernünftig!« Wenn Pallagonias Schöpfung ein aus Stein gehauener Wahnsinn war, so doch Wahnsinn, der Methode hatte oder, treffender, Pointe. Zeitgenössische Besucher allerdings vermochten darin lediglich das Produkt der »verwirrtesten Einbildungskraft« zu sehen. Selbst Goethe, um eine wertfreie Schilderung der Anlage bemüht, mischt diese vorgefaßte Meinung als selbstverständlich ein: es stand einmal fest, daß der Prinz Pallagonia ein menschenscheuer Sonderling gewesen, der umnachtet solche künstlerische Mißgeburt zu Wege brachte. Diese Legende besaß im übrigen so viel Leben noch im zwanzigsten Jahrhundert, daß ihn namhafte Psychiater unbedenklich als ein Exemplar von pathologischem Künstler rubrizierten! [9] Von der »Pallagonischen Raserei«, dem »grenzenlosen Wahnsinn des Besitzers« die einzelnen »Elemente der Tollheit« getreulich zu notieren, »Aufschluß über den ganzen Wahnsinn« zu geben, auch wenn der gute Geschmack inmitten eines derartigen »Tollhauses« gleichsam durch »Spitzruten des Wahnsinns« gehetzt wird, war Goethes, war der übrigen Besichtiger ordentliches Anliegen [10]. Aus der Vielzahl von Besuchern schwante einem einzigen, »was für ein Schalk dem Fürsten hinter dem Ohre saß« – Johann Gottfried Seume, der augenscheinlich die Bewußtheit des Widersinns begriff, die Bewußtheit, mit der die »Elemente dieser Unschöpfung« (Goethe) zu einer neuen Schöpfung zusammengefügt wurden, wenn er von den »sublimen Grotesken des sublim grotesken Fürsten von Pallagonia« berichtet. Auf seinem SPAZIERGANG NACH SYRAKUS IM JAHRE 1802 war Seume nach Pallagonia gelangt, »dem Stammhause des seligen Patrons der Ungeheuer, barocken Angedenkens. Wäre ich an seiner Stelle gewesen, ich wäre hier geblieben; denn Pallagonia gefällt mir viel besser als die Nachbarschaft von Palermo, wo er das Tabernakel seiner ästhetischen Mißgeburten aufschlug. Wieland läßt den geächteten Diagoras in der Gegend von Tempe, aus Ärgernis über Götter und Menschen, ein ähnliches Spielwerk treiben; aber der Grieche tut es besser und genialischer als der Sizilianer.« Und mindestens ironisch gesteht auch Kotzebue dem Prinzen solche sublime Raffinesse zu, wenn er von dem »bizarren Geschmack« dieses Eigenbrötlers in Nacherzählung Borchs berichtet und den Verdacht äußert, daß der Pallagonier auf diese verzerrte Weise seine Umwelt »kalt simbolisch hätte abbilden wollen« [11]. Denn als Vexierspiel war das Ganze ausgeheckt und zu dem Zweck das hinterlistigste Arsenal von Verzauberungen, Überraschungen, Täuschungen ersonnen worden. Wie beispielsweise Stuhlfüße, die ungleich abgesägt waren, so daß niemand darauf Platz nehmen konnte; zum Sitzen einladende Sessel, unter deren Polstern sich Stacheln verbargen – Exempel für das »Fieber des Prinzen«, das auch im Schloßinnern »rast«, wie Goethe urteilte, der ihm übrigens auch aufsaß, wenn er das abstruse Wappen über dem Tore ernstlich für das Zeichen derer von Pallagonia hielt, obgleich es Lohmeyer zufolge bloß eine heraldisch unmögliche Scherzkomposition darstellte.

Für die Auffassung, die das bürgerliche achtzehnte Jahrhundert von dem Spielmäßigen hatte, ist es ungemein aufschlußreich, wahrzunehmen, daß ihm offenbar jegliches Verständnis für die Intentionen des Prinzen abging: man kannte die Spielregeln nicht! Dabei möchte man meinen, er wäre nur dem geläufigen Prinzip vom Witz als dem Äquator des Ungleichen und Fernstliegenden gefolgt und habe weniger Groteske zuwege gebracht als eine allerdings stupende Satire. Denn satirisch sind seine der Antike und der Chronologie spottenden Plastiken zu verstehen: Harlekins, von Schlangen umwunden, als eine Travestie der Laokoon-Gruppe; die Wandlung des Aktäon, Achills und Chirons, von Pulcinellen umtanzt. Dieser Zug, sich über die antiken Heroen zu belustigen, war in der Literatur der Zeit, denkt man an das komische Heldengedicht oder gar an den ULYSSES VON ITHACIA Holbergs, durchaus nichts bestürzend Neues, geschweige denn unzulässig. Und es hat den Anschein, als habe der Prinz, vielmehr Musterschüler einer aufgeklärten Zeit denn Nachsitzer eines phantastischen Barock, sich in seinem geistigen Habitus sehr gut auf die Zeit verstanden. So postiert er etwa am rückwärtigen Tor Narrheit und Klugheit als flankierende Marmorriesen, die bezeichnenderweise Bajazzo und grinsender Sokrates verkörpern. Ja es erinnert an die Tenüre des gebildeten Aufklärers, sich als einen Demokrit zu denken, wenn der Prinz am Schloßbau selbst den lachenden Philosophen die Besucher empfangen läßt. Der Vielzahl uneigen schreibender Satiriker im achtzehnten Jahrhundert wünschte man geradezu das satirische Salz des Pallagoniers. Wie da die Sucht der Zeit nach gesellschaftlichem Palaver, das allzu oft, aus Unfähigkeit zu wirklichem Gespräch, nichtssagend blieb, unmöglich gemacht wird – vermittels eines Konversationssaales mit so angebrachten Sitzgelegenheiten, daß bei dem besten Willen keine Konversation zu machen war: das ist fast von einer Jeanpaulschen Perfidie und Satire, wie sie leider selten genug im Buche steht. Was den Zeitgenossen verstimmte, war – im Gegensatz zu dem travestierenden Heldengedicht, das eine Gattung für sich bildete – wohl die bewußte Mixtur des Erhabensten mit dem Niedrig-Komischsten, sei es die Antike – verhanswurstet; sei es die Religion – profanisiert, und ärger: Flögel [12] berichtet nach dem Augenzeugnis von Borchs, daß der Prinz von Pallagonia in seinem Schloß neben dem Relief, die Leiden Christi darstellend, einen Tanz von Gauklern hängen habe! Leichter verständlich wäre jedenfalls die heftige Verwahrung der Zeitgenossen, da man ihre Empfindlichkeit gegenüber einer Brechung von Stil und Stimmung schon anderweitig kennenlernte.

Nur an einer Stelle scheint der Prinz von Pallagonia das noch immerhin einsichtige Genre des Groteskkomischen, des Satirischen mutwillig zu verlassen. Er baute nämlich, worin Goethe das »Widersinnige einer solchen geschmacklosen Denkart« in höchstem Grade ausgedrückt sieht, die Gesimse der kleinen Häuser schief nach der einen oder der anderen Seite hängend, so daß – wie Goethe [13], mit einem Blick tiefer als seine Vorgänger sehend, unbehaglich empfindet – »das Gefühl der Wasserwaage und des Perpendikels, das uns eigentlich zu Menschen macht und der Grund aller Eurhythmie ist, in uns zerrissen und gequält wird«. In dieser Bemerkung ist wunderbar erhellend ausgesprochen, was fern eines zeitbedingten Stilempfindens, fern aller rationellen Reglementiererei dem Menschen des achtzehnten Jahrhunderts einfach ein seelisches Bedürfnis war: Eurhythmie – der Wohlstand, so zu übertragen, Gleichmaß, Waagrechte, kurz die allseits ausgewogne Existenz. Mit diesem Unfug, der aus der Symmetrie verrückten menschlichen Wohnung, geht der tolle Prinz allerdings auf das wahrhaft – heißt im heutigen Sinne [14] – Groteske zu. Man könnte dreist hierin ein weiteres Zeugnis für den im Verlauf des achtzehnten Jahrhunderts festgestellten, gegen Ende zu immer unverhohlener auf die Neuzeit fortschreitenden »Verlust der Mitte« [15] sehen, wenn nicht auch diese Verrückung mit solcher bewußten geistigen Süffisanz konstruiert wäre und rechtzeitig einfiele, daß ›gout baroc‹ bei Möser als der Geschmack am Schiefen namhaft gemacht und damit ›begradigt‹ worden wäre. Im übrigen gilt für die Kunstschöpfung im rationalistischen Hoheitsgebiet fast ohne jede Ausnahme diese Regel: wo etwa auf das Absurde angenähert wird, sind es ärgerliche oder absichtliche Irritationen des allgültig Harmonischen. Disharmonie als ästhetisches Ein und Alles war nie Programmpunkt! Das Paradoxe und gleichsam Unsituierte der Karikatur als dem spottenden Zerrbild im achtzehnten Jahrhundert hat darin seinen Grund: der Karikaturist Hogarth schreibt einen Essay über das Schöne! Mit anderen Worten, mit Worten Werner Hofmanns [16]: »Indem die Karikatur mit dem Schönheitskanon bricht, das als ›normal‹ anerkannte Vorbild entstellt und die Welt des Maßvollen disproportioniert, setzt sie einen subjektiven Befreiungsakt, zugleich aber verknüpft sie sich unlöslich mit dem Vorbild, das sie entthront. Der Karikaturist lebt, wie jeder Revolutionär, von dem System, das er angreift.«

Es bleibt als Tatsache festzuhalten: die Zeitgenossen des sizilianischen Prinzen fühlten sich durch ihn aus der Waagrechten gebracht – ihre Reaktion war dementsprechend Bilderstürmerei! –, zugleich abgestoßen und fasziniert; er gab ihnen Stoff, nachzudenken und nachzudichten. Flögel widmet ihm in seiner Geschichte der komischen Literatur einen Absatz; Wieland läßt, wie wir von Seume hörten, ihn in dem DIAGORAS VON MELOS wieder erstehen. Johann Jakob Engel veranschaulicht in seinem PHILOSOPHEN FÜR DIE WELT (Erscheinungsjahr 1775/77) an dem

Pallagonier seine Meinung von dem Unterschied zwischen dem Genie und dem virtuosen Künstler: »Sie alle, meine Herren, haben von jenem gehirnkranken Sicilianer, dem Fürsten von Pallogonien (!), gehört. Wenn irgend Gedanken neu waren, so waren es die dieses Prinzen; aber wie ungeheuer, wie lächerlich, wie zurückstoßend in ihrer Neuheit! – Und dies woher? – weil eben dieser Prinz der größte und kühnste Zusammensetzer war, den es ... jemals gab. Der Löwe mußte ihm seinen Kopf, der Schwan seinen Hals, die Eidechse ihren Leib, die Ziege ihre Beine hergeben; und dies Alles setzte dann der unbegreifliche Sonderling zu einer einzigen, scheußlichen Chimäre zusammen. Aber, werden Sie sagen, hier waren auch alle Teile im Widerspruche: sie waren aus der ganzen Tierwelt ohne Zweck und Wahl zusammengerafft; und was da ihre Verbindung geben konnte, mußte freilich ein ebenso widriges als unmögliches, ein der Natur völlig unbekanntes Ungeheuer werden. Muß denn das immer so sein? Muß denn jede Zusammensetzung nur fremdartige, unpassende Teile verbinden? – Ich fürchte, so lange sie bloß Zusammensetzung ist, muß sie es in der Tat: denn einmal gehören die Teile nicht zu Einem, sondern zu verschiedenen Ganzen; und wenn da ihre Verbindung auch nicht immer Ungeheuer, lächerliche oder zurückschreckende Fratzen gibt: so gibt sie doch sicher auch keine schönen, übereinstimmenden Werke, keine echten Werke des Genies und der Kunst.«

Es ist selbstverständlich, daß die Romantik zu dem sonderbaren Prinzen sonderliche Affinität besaß. In Arnims GRÄFIN DOLORES erschien der »wunderliche Prinz« wieder. Eichendorff beschrieb in AHNUNG UND GEGENWART jenen sizilianischen Prinzen, »der in seinem Garten und Schlosse alles schief baute, so daß sein Herz das einzige Gerade in der phantastischen Verkehrung war«. In dem ROTEN TOD Edgar Allan Poes gar scheint das verzeichnete Bild des Pallagoniers eben recht, den diesem Dichter eigentümlichen Begriff des Fiebrig-Phantastischen, des ausgetüftelt Abenteuerlichen, ja ausgesprochen Grotesken in deutlicher Allusion realisieren zu helfen. Wie keine zweite war die absurde Schöpfung des Prinzen von Pallagonia geeignet, die Gedankenkette des achtzehnten Jahrhunderts über Wesen, Unwesen, Glanz und Greuel der Einbildungskraft immer erneut anzuspannen. Man entschied, je nach Artung, daß diese Kraft in jedem Fall unstatthaft sei oder aber unter Observanz einer wachen Vernunft so eben passieren dürfe, oder gelangte auch zu dem Schluß, den Goethe, wenn schon nicht angesichts des Pallagonischen ›Hauses der Laune‹, sondern des monströsen Tummelplatzes eines Freiherrn von Spiegel zieht: »Da fiel es denn recht auf, wie nötig es sei, in der Erziehung die Einbildungskraft nicht zu beseitigen sondern zu regeln, ihr durch zeitig vorgeführte edle Bilder Lust am Schönen, Bedürfnis des Vortrefflichen zu geben.«

Zweifellos ist die Bemerkung auf die rationale Pädagogik gemünzt, die lieber die unausgelotete Einbildungskraft von vornherein totschwieg. Mit diesem Satz entfernt sich Goethe nach Einsicht und Tendenz allerdings völlig von der rationalistischen Generation. Er distanziert ihn andererseits auch von den Stellungnahmen der Romantiker zu dem Problem. Ludwig Tieck wünschte 1823 in seiner Novelle DIE VERLOBUNG der Jugend inständig, daß sie an Hand der Märchen in die Welt des Nicht-Geheuren schon von klein auf Eingang fände, damit ihr nicht diese Kraft verkümmere wie der Eltern-Generation: die Phantasie: »So scheint es mir auch nicht gut getan, die Phantasie der Kinder nicht bilden zu wollen, auch in der sonderbaren Kraft, die das Grauen sucht und blinde wilde Schrecknisse ersinnt. Dieser Trieb ist in uns, er regt sich früh; und soll er unterdrückt werden, strebt man ihn zu vernichten, was nicht möglich ist, so wächst er in der finsteren Tiefe fort und gewinnt an Macht, was er an Gestaltung verliert ... Wird dagegen in der Kinder-Phantasie auch das Seltsam-Ängstigende in Gestalt gebracht, wird es in Märchen und Erzählungen gesänftiget, so vermischt sich diese Schattenwelt sogar mit Laune und Scherz, und sie selbst, die verworrenste unseres Geistes, kann ein Wunderspiegel der Wahrheit werden.«

Hatte Goethe vorzuschlagen, der Einbildungskraft Richtung auf das Edle zu geben, hatte die Romantik geradezu »gegen alle Kultur« Laune, die Einbildungskraft auf den Plan zu rufen, so verbleibt die rationalistisch eingeschworene Generation in einem merkwürdig mißtrauischen Konnex mit diesem ungreifbaren Phänomen: auf den ersten Blick mit weniger Berechtigung, da sie, noch dazu dem späteren Betrachter, durchaus den Eindruck macht, als könnte sie niemals aus der gutsituierten Mitte sich verrücken, die Waagrechte einbüßen, den seelischen Wohlstand. Aber wenn es während des achtzehnten Jahrhunderts eine Generation gegeben hat, die einigermaßen unbehilflich und nachgerade rettungslos der Magie der Einbildungskraft ausgeliefert war, so diese die Vernunft auf den Schild erhebende Generation von Rationalisten!

II. Die Unmöglichkeit aller Poesie aus dem Grund der Frühaufklärung

Nichts vermag das Vernunftzeitalter so hinlänglich zu charakterisieren wie seine Haßliebe gegenüber dem schlechthin Poetischen. Mit diesem Begriff ins reine zu kommen, war weitaus schwieriger als beispielsweise die Auflösung des – später akut werdenden – Problems, wie man der Tugend (dem neu ernannten moralischen Gesetz) genugtun sollte, ohne zugleich den Witz (das nachmalige ästhetische Formprinzip) zu beleidigen. Witz und Tugend war der Titel eines Sechszeilers, mit dem Friedrich von Hagedorn die Sammlung seiner Epigramme, offenbar programmatisch, eröffnete [17]. Homer, »der Dichter aller Zeiten«, wird darin gleichsam als die Inkarnation des Witzes vorgestellt und gleichwohl verworfen, mißt man seine Kunst an einer einzigen Tat, welche »verschwiegene« Tugend übte. Die aus dem Sinngedicht abgezogene Moral führt scheinbar die Poesie überhaupt ad absurdum. Aber »indem diese Lehre, die das Dichten überhaupt verächtlich macht, im Gedicht vorgetragen wird, verliert sie doch wieder ihren Ernst und wird eingeschmolzen in den Witz des Gedichts. Hier liegt kein trockenes Moralisieren vor, sondern alles Erbauliche wird witzig ausgeformt und vollendet sich erst in der ästhetischen Form, in diesem Fall in der Pointe« [18]. Doch über dem Rokoko, das die Aufklärung so vorteilhaft – »spielende Heiterkeit des Geistes« nennt es Böckmann [19] – kleidet, vergißt sich nur zu leicht, daß zu Beginn des Vernunftzeitalters Stimmen von Gewicht sich hatten vernehmen lassen, die die Poesie zu jenen gewohnheitsmäßigen, keineswegs harmlosen Narrheiten zählten, gegen die der Rationalismus mit heiligem, wenngleich oft drolligem Zorn aufstand. Es ist kennzeichnend, daß die drei maßgeblichen Journale im Europa der Zeitenwende, die das Sprachrohr der neuen europäischen Elite bilden – Pierre Bayles NOUVELLES DE LA RÉPUBLIQUE DES LETTRES (Erscheinungsjahr 1684); Jean le Clercs BIBLIOTHÈQUE UNIVERSELLE ET HISTORIQUE (1686) und Basnage de Beauvals HISTOIRE DES OUVRAGES DES SAVANTS (1687) – rein wissenschaftliche Nachrichten- und Diskutierorgane sein wollten, nicht aber Dolmetsche oder gar Sendboten der Schönen Künste [20]! Das hatte seine guten Gründe.

Wie ein ›gothischer‹ Monolith ragte der Barock in die Neuzeit herein. Und es waren die im Geistigen wie Gesellschaftlichen machthabenden Institutionen des Barock – theologisches Regiment und aristokratische Obrigkeit –, welche, fortwährend zur innern Rede gestellt, die neuen Formulierungen veranlaßten. Insbesondere für Deutschland war die anfängliche Anlehnung und Entlehnung, die schließliche Ummünzung ehemals geistlichen Gedankenguts eigentümlich. Die deutsche Aufklärung ist geradezu als das – endlich geglückte – Unternehmen gesehen worden [21], die protestantische Individualethik in die dem Bürgerstande Sinn, Würde und Maßstab gebende Sozialethik umzudenken. ›Bestimmung des Menschen‹, Herzwort der Aufklärung bei ihrem Sinnen, wie der Mensch zur Welt leben sollte, ist, vordem frommes Anliegen, von dem protestantischen Geistlichen Johann Joachim Spalding in die deutsche Literatur eingeführt worden. In der Tat waren sich Aufklärer wie protestantischer Dogmatiker darüber einig, daß der Mensch die Pflicht zum tätigen Leben habe. Beiden galt es als heilsames Mittel gegen die von Affekten und Begierden ständig gefährdete menschliche Natur. Der protestantischen Lehrmeinung bedeutete es den Weg, Gott gerecht zu leben und um Gottes willen; nach der aufgeklärten Ansicht aber war es der, auf dem der Mensch erst eigentlich Mensch werden könnte, indem sie seiner Selbstliebe erlaubte, um des Gewinns willen tätig zu sein. Eigentlich Mensch sein aber hieß nichts anderes als vollkommener Bürger sein: gewinnbringend tätig sein um der Gemeinschaft willen, die ihm gestattete, Mensch zu sein. Ähnlich jedoch sind sich protestantische und Ethik der Frühaufklärung in dem asketischen Rigorismus, mit dem sie die Bestimmungen des Menschen in die Tat umsetzen. Johann Adolph Hoffmann, in dessen ZWEI BÜCHERN

VON DER ZUFRIEDENHEIT (1722) die Weltanschauung der Frühaufklärung klaren und folgerichtigen Ausdruck fand, ist in seiner Lehre »auf die völlige Selbstentäußerung des einzelnen zugunsten seiner Mitbürger eingestellt«, fordert den »Verzicht auf jedes individuelle Glück und uneingeschränkte Hingabe an das Wohl der Gemeinschaft«. Diese Sozialaskese durchzusetzen, ist die Aufgabe der entsagungsvollen ethischen Anschauungen der BÜCHER VON DER ZUFRIEDENHEIT: »Sie lehrt den Armen, ohne Klagen sein hartes Los auf sich zu nehmen; sie lehrt den Reichen, die weltlichen Freuden, die ihm sein Reichtum zugänglich macht, zu verachten. Aus bürgerlichem Geiste erwachsen, verlangt die deutsche Aufklärung in ihrer Frühzeit von einem jeden Menschen, daß er aufhört, Mensch zu sein, um ganz zum Bürger, zum Diener seiner Mitbürger zu werden« [22].

Erlöste so die frühaufklärerische Weltanschauung, indem sie dem Menschen mehr gab als Gott, aus der strikten religiösen Bindung, so brachte sie dem bürgerlichen Stand alles das in ein positives System, was ihm längst im einzelnen an der höfischen Lebensart anstößig erschienen war. Krasserer Gegensatz ist nicht denkbar! Hier ward das Leben als ein permanenter Arbeits- und Alltag bestanden, dort als ein totales Fest erlebt. Fassungslos und ohne Verständnis stand die bürgerliche Weltanschauung dem Lebensstil der aristokratischen Gesellschaft des Barock gegenüber, die, in sich selbst spielend, über die Notwendigkeit der Natur triumphierte, überhoben der Sorge um das tägliche Leben, die Kunst als Erhöhung ihrer Welt feierte und im Fest, in Maskeraden, Triumphzügen, Lebenden Bildern sich selbst zur Darstellung, Apotheose brachte als das, »was sie sein möchte, was sie vielleicht zu sein glaubt, was sie in jedem Fall zu sein scheinen möchte« [23]. Bezeichnenderweise war es ein Aristokrat, der – selber kritisch seinem eigenen Stand gegenüber – in einer Vergleichung von Republik und Monarchie die der höfischen Welt erst eigentlich gerecht werdenden Worte fand: Montesquieu (1689–1755), wenn er dargelegt, »daß man in der Monarchie bei den Handlungen nicht nach dem Guten frage, sondern nach dem Schönen, nicht nach Gerechtigkeit, sondern nach Großheit, nicht nach dem Vernünftigen, sondern nach dem Außerordentlichen« [24]! Es ist merkwürdig, daß sich von Beaumarchais eine ähnliche Formulierung findet, allerdings bezüglich des Ehr-Begriffes: »L'honneur, de la manière dont la plupart l'envisagent, n'est pas tant ce qui nous appelle vers nos citoyens que ce qui nous en distingue. Alors il est moins question d'actions bonnes, justes et raisonnables que d'actions belles, grandes et extraordinaires.« Auf diesen drei Worten: Schönheit, Großheit, Außerordentlichkeit ruht, kurz gesagt, die höfische und aristokratische Ethik, wie die bürgerliche mit Gutheit, Gerechtigkeit, Vernunft umschrieben ist. ›Grandeur‹ – schon Mlle. de Scudéry charakterisierte die höfischen Feste nicht so sehr als Vergnügen denn als Demonstration der Größe ihrer Veranstalter – mußte dem zu emsigem Gelderwerb angehaltenen Bürgerstand mißverständlich als eitle Verschwendungssucht, das mit Absicht aller Ordnung sich enthebende höfische Lebensideal – aller allgemein menschlichen, aller natürlichen, aller Sittenordnung – geradezu lästerlich erscheinen: »Die Hofleute verändern die Ordnung der Natur, indem sie aus dem Tage Nacht und aus der Nacht Tag machen, wenn sie nämlich zur Ausübung ihrer Lustbarkeiten wachen, da andere Menschen schlafen, und hernach zur Wiedererlangung ihrer durch die Wollüste verlorenen Kräfte schlafen, da andere Menschen wachen und die Geschäfte ihres Berufs verrichten«, stellt Ludwig Ernst von Faramond 1739 fest. Den aristokratischen Menschen zum Vorbild nehmen hieß die Ordnungen korrumpieren, in die sich die bürgerliche Welt von Vernunft wegen stellte, mehr noch: hieß die Ordnung der Natur in Frage stellen. »Bete und arbeite« war die Devise des Hamburgischen PATRIOTEN, dem einflußreichsten Wochenblatt der Frühaufklärung. Von Lustbarkeiten war da keine Rede. Wie auch sollten sie Platz haben in einer Weltanschauung, die das Evangelium der Arbeit verkündete? Ästhetischen Gegenständen widmet der PATRIOT ganze zwei Stücke seiner Zeitschrift. Es sind die Oper und die Komödie. Er kommt zu dem zu erwartenden Ergebnis, daß vernünftige Menschen und Christen an den vorhandenen Komödien unmöglich Gefallen finden können. Im übrigen hatte der PATRIOT durchaus nicht die Absicht, zu unterhalten, sondern weltanschaulich zu klären und zu erziehen. In dem Zusammenhang hat auch Johann Theodor Jablonskis ALLGEMEINES LEXIKON DER KÜNSTE UND WISSENSCHAFTEN, das zuerst 1721 in Leipzig erschien, Interesse. Trotz des anderes verheißenden Titels ist kläglichste Armut an musischen

Stichworten sein Kennzeichen. Noch in der dritten Auflage 1767 verliert es über Humor-Laune-Lustspiel-Komik-Witz-Hanswurst-Groteskekomisches nicht ein Wort.

Kam seinerzeit die Rede auf die Schädlichkeit der theatralischen Kunst, wurde übrigens als ein schwerwiegendes Argument immer auch angeführt, daß sie den berufstätigen Bürger von der Arbeit abhalte und auf die Dauer zum Müßiggang verleite, dem gefährlichsten Feind dieser asketischen Ethik. Sulzer sah sich genötigt, bei seiner Verteidigung des Schauspiels auf dieses Argument einzugehen, und schlug zur Abhilfe vor, daß die Theater als öffentliche Einrichtungen besorgt und »durch Gesetze beschränkt, nur an gewissen Tagen, wo ohnehin die wenigsten Einwohner Geschäfte treiben, erlaubt werden« [25]. Betraf dieser Ratschlag den Bürger als Publikum des Theaters, so galt eine andere Sorge – aus gleichen Beweggründen – dem Bürger, der auf dem Theater dilettierte. Noch 1799 heißt es in einem Aufsatz ÜBER PRIVATBÜHNEN im BERLINISCHEN ARCHIV DER ZEIT UND IHRES GESCHMACKS ernstlich: »... die junge Welt, die Rentenmänner und Weiber, die Gelehrten, die nicht vom mißlichen Einkommen der Feder leben dürfen, kurz – jene glückliche unabhängige Menschen sind eigentlich zu Gliedern einer Privatbühne gebildet. Allen Domestiken, Haarkräuslern, Schneidern und Kunstarbeitern der zweiten Klasse sollte von Obrigkeits wegen aufs strengste verboten werden, eine Privatbühne zu errichten, denn das Beginnen raubt dem Staat nützliche Arbeiter und Bürger, und bereichert die Bühne mit Müßiggängern und Stümpern.«

Es versteht sich fast von selbst, daß Dichten als eines rechtschaffenen Bürgerlichen unwürdig galt, ja selbst als erholsame Übung nach des Tages Arbeit langhin verargt wurde, während Dichtung so wie sie gegenwärtig war, in barockem Zuschnitt und höfischem Dienste, als für das bürgerliche Leben gar nicht von Belang, unnütz, wenn nicht schädlich, jeden Sinns, jeglicher Berechtigung entbehre. Das Dichten war in der Tat vornehmlich Kavaliersübung. Geistige Interessen gehörten während des Barock nicht zum Beruf des Bürgers, sondern waren ein Teil der dem Hofmann zur Ausübung seines Amtes unentbehrlichen Bildung. Das aufklärerische Mißverständnis von der Kunst entzündete sich gerade an dem, was der barocken Gesellschaft die

Kunst reizend machte, nämlich ein schöner Wahn und Artefakt zu sein: scheinwirklich in einer wahnhaften Wirklichkeit. Diese aus der barocken Auffassung von der Vergänglichkeit alles Irdischen, dem Vergeblichen aller menschlichen Schöpfung hervorgehende, scheinbar paradoxe Hochschätzung der Kunst war von dem bürgerlichen Zeitalter in ihrem Umfang und Bedeuten nicht nachzuvollziehen und bloß in ihren Auswüchsen überhaupt zu beurteilen. Auswüchse schalt man aber ihre Esoterik; manieristische Lust an Wortspiel und denaturierender Metapher; phantastische Schwäche für das fabelhaft Mythologische, für ausschweifende Romane, Himmel und Hölle in Bewegung setzende Theatralik. Nicht nur Gottsched verwahrte sich gegen jenen Barock, der »mit lauter ästhetischen Rätseln sinnträchtiger und gedankenschwangerer Machtwörter und Wortriesen aufgezogen« [26] daherkam! Nach Gottscheds Worten läßt sich ohne weiteres dieser Barock näher bestimmen. Es ist der unter dem unguten Begriffe ›Schwulst‹-Stil gekannte Spätbarock, den man [27] treffender unter dem Begriff des Manierismus erfaßt und damit jener Art zu dichten, die ihre theoretische Begründung in einem aus dem platonischen Idealismus bewußt deformierten Phantasie-Denken fand, in einer aus dem platonischen ›Enthusiasmus‹ radikalisierten Mania-Ästhetik sich niederschlug. Wie sich noch zeigen wird, ist es eben der Begriff der ›Raserei‹, den die Aufklärungsästhetik exorziert und mit ihm zwangsläufig den der Phantasie. Wenn man bedenkt, daß noch 1704 Johann Christoph Männling, von Lohenstein und Hofmannswaldau angeregt, sein manieristisches Lehrbuch der Poetik, den EUROPÄISCHEN HELIKON, veröffentlicht, ist es begreiflich, daß die spätbarocke Generation, vornehmlich durch die beiden zuletzt genannten Autoren verkörpert, der Gottsched-Generation als der eigentlich zu bekämpfende Hort des ›Barocken‹, das heißt, des Geschmacklosen und leider eines unguten Publikums-Geschmackes galt. Die ASIATISCHE BANISE Zieglers etwa geistert genau so konstant als hanswurstisches Schreckgespenst durch die Aufklärerliteratur, wie sie offenbar außerordentlich volkstümlich war. Ein interessantes Licht auf das eigenartige Verhältnis der Aufklärung zu jener ihr voraufgegangenen konträr entgegen schreibenden Epoche werfen Epigramm und Anmerkung Hagedorns über Hofmann von Hofmannswaldau [28]:

Zum Dichter machten dich die Lieb und die Natur.
O wärst du dieser stets, wie Opitz, treu gewesen!
Du würdest noch mit Ruhm gelesen:
Itzt kennt man deinen Schwulst und deine Fehler nur.
Hat sonst dein Reiz auch Lehrer oft verführet,
So wirst du itzt von Schülern kaum berühret.
Allein, wie viele sind von denen, die dich schmähn,
Zu metaphysisch schwach, wie du, sich zu vergehn!

»Es erklären sich nicht wenige wider den Hofmannswaldau unglimpflicher als Wernicke, der auch in der bekannten Strenge seiner Beurteilung dieses Dichters billig ist.« »Denn«, schreibt er im fünften Buch seiner Überschriften, zu welchen er Anmerkungen schreiben durfte, S. 125, »ich gestehe es mit Freuden, daß, wenn dieser scharfsinnige Mann in die welschen Poeten nicht so sehr verliebt gewesen wäre: sondern sich hergegen die lateinischen, die zu des Augusts Zeiten geschrieben, allein zur Folge gesetzt hätte: so würden wir etwas mehr als einen deutschen Ovidius an ihm gehabt haben ...

Ich hege alle Hochachtung für die Verdienste des Thomasius, des fürchterlichen Feindes so vieler Vorurteile: es gehöret aber, wie ich glaube, zu dieses Mannes Übereilungen sowohl die unerlaubte Vergrößerung des Lohensteins und Hofmannswaldaus, von denen er, in seiner Erfindung der Wissenschaften anderer Gemüter zu erkennen, die unter seinen kleinen deutschen Schriften zu Halle 1707 herausgekommen, urteilet, daß sie sechs Virgiliis den Kopf bieten können, als die unbillige Verkleinerung der Charakter des Theophrasts, die wir in seiner Ausübung der Sittenlehre, im zwölften Hauptstücke, § 61 ohne Beweis wahrnehmen müssen ...«

Wahn, Täuschung, fälschliche Einschätzung der irdischen Dinge waren zweifellos auch der Frühaufklärung geläufige Vokabeln. So bezweckte etwa die Satire des Freiherrn von Canitz, den »Wahn der tummen Welt« zu enthüllen, demgegenüber die Tugend ideal steht. Das Vernunftzeitalter hat selbst, pessimistischer oder einigermaßen heiter resigniert, die Wahnbefangenheit als dem Menschen eigentümlich bei ihrem Argumentieren, Besserwissen und Schreiben stets vorausgesetzt. In der Stellungnahme zu diesem menschlichen Phänomen scheiden sich jedoch die beiden Zeiten voneinander. Wenn Grimmelshausen in der SIMPLICISSIMUS-Ausgabe von 1671 einer Reihe von Kupferstichen, die als Illustration zu bestimmten Textstellen dienen, den gleichlautenden, seinen Wahlspruch unterlegt: »Der Wahn betreügt«, so suggeriert er dem Leser fraglos damit eine aus der Lektüre mitzunehmende Wahrheit. Der Mensch in dieser Welt ist ein Opfer des die Welt bestimmenden, Welt selbst bedeutenden Wahns, aus dem es kein Entkommen gibt, solange der Mensch von dieser Welt ist. Diese Erkenntnis hindert aber den barocken Dichter keineswegs, von dieser trügerischen Welt ein Bild zu entwerfen, das allem Wahnwissen zum Hohn von einem wirklichkeittrunkenen Leben strotzt. Der aufklärerische Geist dagegen, der mit Bewußtheit sich auf hiesigem Boden ansiedelt, glaubt an die Überwindung des Wahns vermittels der gesunden Vernunft, die sich »auf die Probleme dieser Welt und dieses Lebens beschränkt und sich dem Gesichtspunkt der Nützlichkeit unterwirft«, intellektuelle Askese übt. Sobald die Dinge ohne das »Vergrößerungsglas der Fantasei«, wie Hoffmann sagt, angesehen werden, kommt die Erkenntnis der Selbsttäuschung. Und vermöge dieser Erkenntnis vermag die Vernunft »entscheidend zur Dämpfung der Leidenschaften beizutragen, denn sobald eine Begierde einem Ding übermäßigen Wert zuschreibt und dadurch die Zufriedenheit gefährdet, kann die Vernunft die Nichtigkeit des begehrten Guts erkennen« [29]. Aufklärung über den Wahn aber ausgerechnet durch den ›schönen Wahn‹ zu geben, mußte den Rationalisten zunächst absurd anmuten. Die Dichtung selbst, da man sie als Erhöhung des Lebens nicht verstand, als Schmuck der Wirklichkeit, ja selbst als Zierlichkeit des Gedankens abgeschmackt befand, wurde wesentlich in ihrem Wahncharakter und als zum Wahn beitragend erkannt und dementsprechend verurteilt. Wenn Jean le Clerc von 1703 ab zu Leyden in 10 Foliobänden die epochale Edition des Erasmischen Gesamtwerkes veranstaltet [30], so gilt diese mühevolle Arbeit dem vorläufigen Rationalisten, nicht aber dem Belletristen Erasmus. Dessen humanistisches Elegantia-Ideal der Sprachhandhabung zu sehen, war man offenbar nicht fähig. Über Dichtung in Gänze aber fällt derselbe le Clerc 1699 in den PARRHASIANA das folgende, nun nicht weiter überraschende Urteil: »Wenn man sich an die Lektüre eines Gedichtes macht, so muß man sich klar sein, daß es sich um die Arbeit eines Lügners handelt, der uns

Hirngespinste erzählen will, oder doch zum mindesten Wahrheiten, die so verdreht worden sind, daß es schwer ist, das Wahre von Falschen zu unterscheiden ... Diese Überlegungen werden als ein Gegengift bei dieser Art Lektüre dienen, die für diejenigen, die geradlinig und richtig zu denken verstehen, von einigem Nutzen sein kann, die aber geeignet ist, diejenigen zu verwirren, deren Verstand nicht allzu stark ist, zumal wenn sie ihnen zu sehr gefällt.« Noch am Ende des Jahrhunderts fühlt sich ein namhafter Schriftsteller des deutschen Rationalismus, Johann Friedrich Jünger, in seinem komischen Roman FRITZ veranlaßt, den Begriff ›Romanschriftsteller‹ nach dem, was er allgemein gilt und was er ihm scheint, anzuspielen: Lügenerzähler oder doch wahrheitsgemäßer Berichterstatter – er beschwört das erstere und meint das letztere zu sein.

Man beobachtet mit einiger Beklemmung, wie die Aufklärung gerade wo sie glaubte, vermittels der gesunden Vernunft das Wesen der Dinge durchschaut zu haben, durch sich selbst zum Opfer einer stupenden Einbildungskraft wurde und am Wesen der Dinge konsequent vorbei sah. Man kennt, wessen sie sich rühmte: die Philosophie wurde von den »luftigen und abenteuerlichen Flügeln der Einbildungskraft in das ungeheure Leere des Übersinnlichen« entbunden, wie Jenisch 1798 in GEIST UND CHARAKTER DES ACHTZEHNTEN JAHRHUNDERTS äußerte. Der Poesie wurde der herkömmliche Vates-Charakter benommen, denkt man nur an Thomasius, für den »poetische Raserei« ein Irrtum war, der »von der verstelleten und erdichteten Raserei der heidnischen Orakel seinen Ursprung nimmt« [31]. Kurzum, sie vermeinte als Spezifikum der Dinge zu sehen, was die eigene Machination war. Dichtkunst ohne irgend transzendentes Zentrum, sei es religiöser, sei es nur ästhetischer Art, ist allerdings dem Wert nach einer Lüge gleich, ihre Aussage Hirngespinst. Le Clerc stand seinerzeit mit jener Auffassung von der Dichtkunst als einer eulogischen Art zu lügen nicht allein. Und er war ja gelinden Urteils im Vergleich etwa mit John Tolland, dem Vernunftfanatiker gegenüber allem, was ihn Vorurteil und Nahrung für Vorurteile anmutete. In dem FIRST LETTER TO SERENA entwickelte er eine besessene Idee vom Ursprung der Kraft der Vorurteile. ›Vorurteil‹ heißt ein anderes Kopfwort der Epoche. Während des ganzen Jahrhunderts bemüht man sich um seine

Definition, seine Behauptung, Zerstreuung, auf dem Papier so gut wie in der gesellschaftlichen Wirklichkeit. Noch 1763 verlangt eine Basler Preisaufgabe, ÜBER DIE VORURTHEILE Gedanken zu machen, und Thomas Abbt liefert dazu einen aufschlußreichen Beitrag, der 1780 erstmalig in den von Friedrich Nicolai herausgegebenen VERMISCHTEN WERKEN erschien.

Tolland nun zählte zu der Nahrung für Vorurteile die Ammenmärchen wie die Dichterfabeln: beide entzünden die Einbildungskraft und sind der Vernunft ganz entgegen, die Einbildungskraft aber der Nährboden, in dem die vernunftspottenden Abergläubeleien und Vorurteile wurzeln, der Anlaß für folgenreiche Verirrungen und Irrtümer, von denen die Geschichte der Menschheit voll ist – wie Bayle demonstrierte, wie es 1744 in Schwabes BELUSTIGUNGEN nachgeschrieben wurde. Dort kommt der Aufsatz VON DER WAHREN UND SCHEINBAREN GRÖSSE DER DINGE zu dem Schluß: »Wenn man die scheinbaren Größen, welche die ... Sinne und die Einbildungskraft von den Dingen geben, ... von der wahren unterscheiden könnte, so würden viele fanatische Ausschweifungen nicht so üblich sein, als sie wirklich sind, und die Begierden, welche dadurch vergrößert werden, nicht so zum Schaden der Menschen wachsen und zunehmen. Es ist daher nötig, daß Vernünftige die Einbildungskraft einschränken und die Sinne recht gebrauchen lernen.« Die Einbildungskraft einschränken war dem Rationalismus ein ständiger Programmpunkt, wie der Menschheit zum Genuß der Aufklärung, das heißt zu einer von Begierden und Einbildungen freien Lebensweise in vernünftiger Bescheidung zu verhelfen. Eingeschworene Vernunftgläubige der frühen Aufklärung hegten selbst die Überzeugung, ihre völlige Vertilgung zuwege zu bringen. Glaubten sie doch, daß die mähliche Einsetzung der Vernunft allerorten, die Intellektualisierung des Lebens aller Schichten von selbst dem Arsenal der Einbildungskraft, Dichtern wie Dichtung den Garaus machen würde. Dahingehend äußert sich der Abbé Thublet noch 1735 in den ESSAYS SUR DIVERS SUJETS DE LITTÉRATURE ET DE MORALE [32]: »Je vollkommener die Vernunft werden wird, um so mehr wird die Urteilskraft der Einbildungskraft vorgezogen werden und um so geringer werden dementsprechend die Dichter geschätzt werden. Die ersten Schriftsteller, so sagt man, sind Dichter gewesen. Das will ich wohl glauben; sie konnten nichts anderes sein. Die letzten werden Philosophen sein.« Welche Auswirkung diese von der Aufklärung ausgesprochene Geringschätzung des Dichters, ihre Ansicht, er habe sich durch den Philosophen erübrigt, auf die Stellungnahme einer in Posivitismus befangenen und einem grundlosen Fortschrittsglauben anhängenden bürgerlichen Gesellschaft zu dem Dichter während 1735 und dem Ende des neunzehnten Jahrhunderts gehabt hat, wäre eine Untersuchung wert. Erst ein Dichter des zwanzigsten Jahrhunderts wagt aus Strömungen dieser Jahrzehnte den Schluß zu ziehen, daß alle Welt dichten möchte, recht erst die Philosophen: Gottfried Benn 1951 in seiner Vorlesung über PROBLEME DER LYRIK.

Derartige Intentionen des erklärten Rationalismus, der mit solcher erschreckenden Plattheit am Ende des Jahrhunderts nicht so sehr die Schriftsteller als das Bürgertum weithin charakterisiert, nehmen sich im burlesken Vexierspiegel des romantischen Satirikers so aus: Willibald ist aus Liebeskummer Hypochonder und exaltiert geworden, und sein vernünftiger Freund verschreibt ihm einen Arzt, der die verblüffende Diagnose stellt: »ich kann das Wesen, das Ihnen weis macht, es triebe Angst und Verzweiflung Ihr Blut schneller zum Herzen, wenn Sie es durch mehrere Flaschen Wein und auserlesene Speisen erhitzt haben, nicht anders nennen als einen ›Hanswurst‹, der in Ihrem Busen wohnt.« Diesen »bösen Dämon«, diesen »bösen Feind des menschlichen Glücks« zu überwinden, wird Willibald zur Kur nach Gottfriedland geschickt, und die Kur besteht darin, daß ein Patient, so wie er Entzückungen äußert, Außerordentliches tut, sagt oder schreibt, mit einer »bunten Karbatsche« Prügel bezieht! So widerfährt es Willibald, als er seinem Entzücken über einen Sonnenuntergang beredten Ausdruck gibt, des weitern, als er neuerdings entflammt einer Schönen jenes Landes inbrünstige Briefe schreibt – Dokumente eines Menschen, »der durchaus von einem Hanswurst regiert wird«! Wenn die bittere Ironie der Satire auch will, daß DER BESESSENE zuletzt als geheilt entlassen wird, die eigentliche Beklemmung der Erzählung geht von einem Satz wie diesem aus, den der verstörte Willibald spricht: »Aber man wird ja doch am Ende irre; wird denn hier alle Poesie verfolgt, ist es denn in diesem Lande so durchaus Contrebande, daß man sich kaum eine bildliche Redensart erlauben darf?« Bernhardi, denn niemand anders ist der Verfasser, gibt in dieser Bambocciade als ein ›angenehmer Simplificateur‹ Gefahren, die zweifellos in dem rigorosen Rationalismus lagen, drastischen und auch treffenden Ausdruck. Mit der Chiffre ›Hanswurst‹ dekuvriert er die Gleichmacherei der Vernunftmenschheit, den Supremat des Kollektivs über das Ich, die Ausrottung des poetisch Eigensinnigen, die unsympathetische Beziehung der Geschlechter und liefert darüberhinaus eine ungezwungene Bestätigung der These, daß der Rationalismus in Hanswurst und Phantasie ein und dasselbe Übel bekämpfte! Man muß sich gleichwohl hüten, rationalistische Schriftsteller und rationalistische Gesellschaft jedenfalls ineins zu sehen. So sagt etwa Jünger in der GESCHICHTE DES KLEINEN BLAUEN MANNES, die in VETTER JAKOBS LAUNEN 1787/92 veröffentlicht wurde: »... man darf nur etwas stärker fühlen als andre Leute, darf in seinem Tun und Wesen etwas Originelleres haben als andre Leute, darf dann und wann etwas lebhafter, etwas fröhlicher sein als andre Leute, so kann man diesen Ruf gar bald erlangen. Trifft sichs vollends, daß man etwa gar Verse macht, so ist der Henker gar los! Und so kann es dem klügsten Manne begegnen, daß andre ungleich weniger Kluge um ihn her über ihn mit Achselzucken ausrufen: Geht doch! Der Mensch ist ein Narr!«

In einem Zeitalter, das mit Gewalt aus dem Verband des christlichen Glaubens drängte und mit dem neuen, dem Vernunftglauben auch nach der Jahrhundertmitte keineswegs zu Rande gekommen war – »der stolze Priester seiner eigenen Vernunft, die doch in diesem Tal der Irrwische und Schatten noch gewaltig in den Kinderschuhen herumstolpert«, spottete Jung-Stilling –, erlitt die Dichtkunst das gleiche Los wie die theatralische; »Religionäre« (Bayle) wie Rationalisten waren einig in ihrer Distanzierung von derart, wie man will, witzlosen oder gottlosen »Lappereien«. Und aus einem gewissen Blickwinkel beide zu Recht! Der Zeitgeist ließ als einzig der Vernunft gemäßen Traum den Traum von einer durch und durch logischen Sprache gelten, welche funktionierte wie ein Rechenwerk. Und selbst dieser Traum war aus dem phantastischsten Barock überkommen! Leibniz bildete da Gipfel – er stand mit dem Tausendkünstler Athanasius Kircher in Korrespondenz – und

Ende, zugleich Übergang, »indem er durch den Rückgang auf die mathematische Naturkenntnis eine Aufklärungshaltung gewinnt, die der sprachlichen Äußerung einen neuen Sinn gibt« [33]. Diese Epoche mußte in der nach einem alogischen Ordnungsprinzip gefügten Wortkomposition nahezu einen Hohn auf die Vernunft sehen, jedenfalls eine Gefahr für sie, immer latente Irritation. Dem überzeugten Christen diesseits des Barock dagegen mußte Dichtkunst durch sich selbst verdrießlich erscheinen: zu billigen bloß da, wo sie Gott die Ehre gab, ganz und gar verwerflich aber in den Werken, die Gott aus dem Spiel ließen. Gegenüber den weitschweifigen Extravaganzen einer toll gewordenen Individualität, wie sie der Roman des späten Barock zeitigte, trat dem rigorosen Rationalismus der puritanische Theologe zur Seite. 1698 veröffentlichte Gotthard Heidegger in Zürich seine MYTHOSCOPIA ROMANTICA ODER DISCOURS VON DEN SOGENANNTEN ROMANS, einen so völligen Verspruch dieser Dichtungsart, der die Zukunft gehörte, daß zu ihrer Verteidigung sich Christian Thomasius und Nicolaus Hieronymus Gundling (1671–1729) immerhin bemüßigt fühlten, wie Jablonskis ALLGEMEINES LEXIKON zu berichten weiß [34].

Eine Rechtfertigung der Poesie vor den christlichen Eiferern und dem Rigorismus so und so vieler Rationalisten der älteren Generation mußte aus dem Geist des Rationalismus erfolgen, mit dessen Argumenten und Materialien. Spruchreif war diese bemessene Rehabilitation aber erst, nachdem die Aufklärung tatsächlich zu einer Bewegung geworden, deren Ziel es war, den ›Laien‹ zu intellektualisieren. Zuvor war der Gedankenaustausch der rationalistischen Weltanschauung exklusive Sache einiger weniger studierter Geister gewesen, eine Art riskanten Glasperlenspiels, jedoch innerhalb einer europäischen Gelehrtenrepublik, die es wie Bayles ›République des Lettres‹ lediglich auf dem Papier gab.

Die DISCOURSE DER MAHLERN wurden ein Opfer dieser Kursänderung. Dem bürgerlichen Leben ihrer Zeit letztlich fernstehend, formulierten Bodmer und Breitinger ein Programm, das »die enge Cirkel dieser wenigen politen Personen« ansprechen sollte, welche das Rüstzeug eines guten Lesers von vornherein mitbrachten: »das reife Discernement, die Kenntnis der Sprache und ihrer Zierlichkeit, die lebhafte Imagination, den fertigen

Geist«! In der Absicht, die bereits Aufgeklärten zu unterhalten, erreichten sie nur, daß sie den ›Gelehrten‹ zu volkstümlich, dem Volke zu gelehrt waren und so überhaupt keinen Leserkreis fanden. Mit der Einbeziehung des unaufgeklärten Volkes in das Programm des Rationalismus ließ sich aus der Dichtung gerade in dem Punkt Nutzen ziehen, um deswillen sie den Denkern der Frühaufklärung suspekt und indiskutabel erschienen war: daß sie der logischen Klarheit philosophischen Denkens ermangle, nichts erweise, sondern, sinnlichen Stoffes, auf die Sinnlichkeit ihrer Leser einwirkte. Mit anderen Worten: wollte man dem Nichtintellektuellen – für die Aufklärung immer der, der in allem sich von seiner Einbildungskraft leiten ließ – den Gebrauch der Vernunft, das Handeln nach Plan, ein durchdachtes, nicht von Leidenschaften beunruhigtes Dasein vorbildlich machen, so geschah das nach Meinung der Aufklärung am besten, indem man die abstrakte Vernunftformel in ein anschauliches Bild kleidete. Die Dichtkunst, sagt Thomasius 1713 VON DEM STUDIO DER POESIE, »hat ihren unstreitigen Nutzen um der Schwachen willen, welche die heilsamsten und zum Studio der Weisheit gehörigen Wahrheiten eher vertragen können, wann sie in allerhand Erfindungen und Gedichte gleichsam eingehüllet sein, als wann sie nacket und bloß ihnen vor die Augen gelegt werden«. An dieser Auffassung von der Dichtung hat das Vernunftzeitalter durch das ganze achtzehnte Jahrhundert lediglich in der Nuancierung geändert, beispielsweise in der Art, wie es späterhin das komische Genre einzuverleiben wußte. Sinngemäß dagegen hat es sich zu dieser Formulierung stets verstanden. Man nehme etwa Gellert in der schon zitierten Fabel DIE BIENE UND DIE HENNE, wo er gleichfalls als die Eigenart der Poesie, die nicht lehrt wie die Philosophie, reimte:

Dem, der nicht viel Verstand besitzt,
Die Wahrheit durch ein Bild zu sagen.

Überaus aufschlußreich ist das 24. Stück in Engels PHILOSOPHEN FÜR DIE WELT, das von dem MORALISCHEN NUTZEN DER DICHTKUNST handelt. Wohl ist jetzt nicht mehr negativ gemeint, daß das dichterische Talent in einer vorzüglichen Stärke und Vollkommenheit der unteren sozusagen ästhetischen Seelenkräfte liegt: Phantasie, Fiktionsvermögen, Witz und neuerdings empfindliches Herz machen dann den Dichter, der keineswegs »allemal auf unmittelbare Beförderung der Tugend, auf unmittelbare Erweckung edler und rechtschaffener Gesinnungen« hinarbeiten muß. Es wird sogar kühn postuliert: »Was bekümmert's den Dichter, der bloß für die Einbildungskraft schreibt, ob nicht vielleicht der Vernunft, nach einer philosophischen Analyse der Begriffe, die Dinge ganz anders erscheinen, als sie sich jener malten?« Aber soll der Dichter auch die Einbildungskraft stärken – zerrütten darf er die Vernunft nicht, sein Witz nicht die geselligen Regeln leiden machen, seine Liebesschilderung nicht zu Ausschweifungen verführen. Vollends auf die Linie des sattsam bekannten Rationalismus schwenkt der Aufsatz mit dem Eingeständnis, alles das habe Geltung lediglich für eine Theorie von Dichter und Dichtkunst. Tatsächlich ist ihm der Dichter – wie weiland Gottsched – auch Mensch, Untertan Gottes, Glied der Gesellschaft, Staatsbürger, und als solcher hat er seine Pflichten zu erfüllen und darf nicht nichts als Dichter sein wollen. Daher die Folgerung: »Insofern er Dichter ist, sind wir nur seine *Kunst*richter; aber wir sind auch seine *Sitten*richter, insofern er Mensch ist: und wehe ihm, wenn ihm an dem Tadel des Sittenrichters weniger liegt als an dem Spotte des Kunstrichters!«

Wenngleich somit Dichtern wie Dichtung eine ethische Daseinsberechtigung gegeben war, vermochte das an der landläufigen Reserviertheit des Rationalismus gegenüber dem immer nicht ganz geheuren Etwas ›Dichtung‹ nichts zu ändern. Man erkennt im Gegenteil aus der Begründung eines Thomasius, daß Abbé Thublet nur folgerichtig zusammenfaßte, was die Zeit sich selbst nicht vollends eingestand, wenn sie Dichtung als Mittel zur Volksaufklärung widerwillig rehabilitierte. Setzt man den rationalistischen Glauben voraus, daß die Menschheit unaufhaltsam auf dem Weg zur »Selbstveredelung« (Jenischs Formulierung) fortschreite, muß Thublet die Tage der Dichter zu Recht für gezählt halten, überflüssig innerhalb einer von Vernunft geleiteten Gesellschaft: Fossil aus den ersten Tagen der Menschheit. Die Existenz von Dichtern, der Bedarf an Poesie gemahnte den Aufklärer ärgerlich, daß das Ziel einer völligen Intellektualisierung noch immer nicht erreicht, sondern die Menschheit mindestens mit dem einen Fuß immer noch auf einer früheren geistigen Stufe stehe. Denn hinter Erwägungen der Art verbarg sich eine dem achtzehnten Jahrhundert geläufige Denkweise, nach der der vornehmliche Gebrauch der Einbildungskraft, anstelle der klaren Maßregeln folgenden Vernunft, wesentlich dem Kindesalter des Menschen vorbehalten sei, in übertragendem Sinne der Kindheit des Menschengeschlechts, dem oder jenem Volk, schließlich der Ungebildetenschicht eines Landes. Goethes anfangs zitierter Ausspruch, daß die Einbildungskraft jene Einbrüche in die gebildete Kulturwelt verursache, durch die jäh das barbarisch Urzeitliche wieder emporbricht, begreift sich in diesem Zusammenhang.

»Die Neigung zum Wunderbaren und der Hang zum Fabelhaften scheint ... ein wesentliches Stück der Kindheit des einzelnen Menschen und ganzer Nationen zu sein«, heißt es etwa bei Flögel [35]. »Was also in den südlichen Gegenden die Hitze des Himmelsstrichs wirket, das bringt im Stande der Kindheit in nordlichen Gegenden die gleichsam noch jugendliche Einbildungskraft herfür, deren freies Spiel noch nicht durch die Gesetze der kalten Vernunft, durch den Zwang des Despotismus, der Sitten und Gebräuche gehindert wird ... Dem Pöbel, der sich nie zu denken unterwindet, sind die ungeheuersten Verbindungen ebenso angenehm wie den Kindern, weil er in gewisser Absicht fast nie aus der Kindheit herausschreitet ...« Bei einem Vergleich der Alten mit den Neuern kommt er weiter zu dem bezeichnenden Schluß, »daß die erstern eine weit lebhaftere und reizbarere Einbildungskraft besessen haben als die letztern«, wobei ihm die Griechen besonders merkwürdige Beispiele bieten: »Es beraubten sich einige, nachdem sie den Phädron des Plato gelesen, freiwillig des Lebens ... Die Vorlesungen des Todesredners Hegesias verführten so viele zum Selbstmord, daß ihm Ptolemäus Stillschweigen gebieten mußte. Die Eumeniden des Aeschylus erfüllten das Parterre mit solchen Grausen, daß die Schwangern vor Schrecken unzeitige Geburten zur Welt brachten.« Eindrucksfähigkeit verbunden mit der Liebe zum Übertriebenen – Kennzeichen von Nationen, »deren Seelenkräfte noch nicht ausgebildet sind, wo die Einbildungskraft mit der Vernunft davon läuft« [36] – war dem Rationalismus für die Neuzeit in dem italienischen Volke, dessen Appetit an der Stegreifkomödie, an maskierten Personen und Karikaturen exemplarisch vorhanden: ein ewiger Stein des rationalistischen

Anstoßes. Mit ihrem Anspruch an die Sinne, mit ihrer nichts beweisenden Form bewies die Dichtung durch sich selbst ihre Abkunft von, ihre eigentliche Zugehörigkeit zu der ›geistlosen‹ Epoche des menschlichen Geistes. Der Bruch zwischen dem, was sie von Natur wegen war und nur geben konnte, und dem, was sie neuerdings um eines sozialen Nutzens willen geben sollte, geht, nur schlecht und recht verkittet, durch das ganze Vernunftzeitalter. Er findet amüsanten Niederschlag wie in Jablonskis Formulierung zum Stichwort *Einbildungskraft*, daß, da einmal Dichtkunst »eine lebhafte Einbildungskraft« erfordert, sie »glücklicher in der Jugend als im Alter getrieben« werde. Er wird offenbar in affekterfüllter Rede eines Gottsched, wenn er bei Gelegenheit von Voltaires »unordentlichem Roman«, dem CANDIDE, in die alte abschätzige Tirade verfällt: »Der Poet erklärt, beweiset und widerleget nicht; sondern erdichtet.« Einigermaßen erschütternd wirkt diese Disproportion sich an dem Schicksal einiger Schriftsteller der Zeit aus. Neukirch, der erste Dichter, der sich das Programm der deutschen Aufklärung voll zu eigen gemacht hatte, wurde von dem ersten preußischen König, der dieses Programm durchführte, aus dem Hofdienst entlassen, und zwar mit der Begründung, daß das Amt eines Hofdichters mit den Prinzipien aufgeklärter Staatsführung unvereinbar sei. Haller findet am Ende, nachdem die SCHWEIZERISCHEN GEDICHTE anderes bewiesen hatten, in der Erkenntnis, daß philosophische Begriffe und Anmerkungen sich reimen ließen, seinen wichtigsten Beitrag zur zeitgenössischen Literatur. Hauptzweck der Poesie sei die weltanschauliche Klärung und der Unterschied zwischen Dichter und Philosoph der, daß der Dichter »malt und rührt«, der Philosoph aber »erweiset« [37].

Übrigens hat die vernünftige Rechtfertigung der Dichtkunst, für die Thomasius stellvertretend zitiert wurde, etwas ungemein Jesuitisches, hält man sich lediglich an den Wortlaut. Hier wie da wird die Kunst als das probate Mittel erfaßt, mit dessen Hilfe die Schwachen im Geiste beziehungsweise im Glauben zur Einkehr überredet werden sollen. Sogar die innerliche Einstellung zur Kunst ist nahezu gleich. Denn wenn auch der Begriff ›Jesuitentheater‹ aus dem Gesamtkunstwerk des Barockzeitalters gar nicht wegzudenken ist, so bleibt gleichwohl bemerkenswert, daß selbst unter probabilistischen Jesuiten eine negative

Einschätzung der theatralischen Kunst weit verbreitet war [38]. Eines anderen Zeitalters sind sie in dem, wie sie die Nützlichkeit der Kunst verstanden: einen die Sinne betörenden Film unmenschlicher Schrecken, unmenschlicher Laster, unvorstellbarer Höllenschauder, phantastischer Schicksale dem Publikum vor Augen zu führen, so effektvoll rationell, daß auf eine gänzlich unklassische Art eine beabsichtigte Katharsis erreicht wurde.

Der Rationalismus hingegen engte auch in der Beziehung die Zulässigkeit der Kunst ein. Strikt leugnete er – den Beweis allerdings schuldig bleibend –, daß »was Göttliches in der Poesie wäre«, warnte vor der irrigen Meinung, der selbst der von der Aufklärung allein akzeptierte Opitz noch gefolgt war, daß es eine poetische Raserei gebe, ja er vermochte offenbar nicht zu sehen, daß Barockkunst vielfach, zumal aber in der Jesuitentheatralik und dem spätbarocken Manierismus, Irrationalität bei wachestem Verstande war. Unter solchen Denkvoraussetzungen bestimmte er mit Thomasius als die eigentliche Kunst des Dichtens, »daß die erdichteten Sachen wahrscheinlich sein oder doch der Wahrscheinlichkeit ziemlich nahe kommen« [39]! Das war immerhin ein diskutabler Versuch, die Kunst der im Barock scheinbar manifestierten Willkür zu entreißen und ihr eine strenge Gesetzlichkeit aufzuerlegen – jedoch mit indiskutablen Mitteln. Dieses Prinzip, in Gänze gehandhabt, macht aus den poetischen Opera der frühen Aufklärung so rührende je nachdem oder enervierende Unternehmen, die Poesie mit sich selbst zu überlisten! Es mag zuerst verwundern, daß ein Roman wie Don Quijote der Aufklärung so lieb, so exemplarisch gewesen sein solle wie danach der Romantik. Diese Vorliebe verwundert nicht weiter, wenn man weiß, daß die Aufklärung in dem Ritter von der traurigen Gestalt nicht das tragisch-komische Symbolbild des ewig an dem platten Sosein der Welt anstoßenden menschlichen Idealismus bemerken wollte, sondern die maßgebende Satire auf den Narren von einem Menschen, der, durch die Lektüre romantischer Abenteuerbücher um den gesunden Menschenverstand gebracht, in die Welt hinausritt – selbst von toller Einbildungskraft geritten –, als sei sie nicht die Welt. So verstanden, fügte sich dieser Roman trefflich in das Aufklärungsprogramm, und unter seinem Namen, mindestens aber in seinem Namen, wurden der aufklärerischen Gesellschaft zahllose auf den Tag zielende Nachschöpfungen gereicht [40]. Es ist das menschliche Kuriosum an der Dichtung der Aufklärung, daß sie sich nur den Namen ›Dichtung‹ zu erschreiben vermochte, so sie gegen den Anlasser aller Poeterei – gereimter wie ungereimter – sich in Hitze schrieb: die Einbildungskraft. Swifts Satire lebt geradezu von der Erkenntnis, daß die Einbildungskraft den Menschen die richtige Proportion nie finden lasse. Der Satiriker Swift aber lebt weiter, weil ihn seine eigene Einbildungskraft weit über seine moralische Begutachtung hinausführte, so weit, daß er am Ende selbst zu einer Figur aus dem konterfeiten Pammoronium geworden ist.

Hatte jedoch die Knebelung der Einbildungskraft innerhalb der rationalistischen Dichtung höchstens solche unendliche Verödung im Gefolge, so wirkte sie sich auf die religiöse Dichtung einigermaßen verheerend aus. War dort, wie das exemplarische Gedicht WITZ UND TUGEND lehrte, der Dichtung wenigstens als einer Art Sinnspiel doch Spielraum gelassen, so führte sich der christliche Dichter, war einmal die Phantasie in Acht und Bann erklärt, anders ausgedrückt: war in das Verhältnis zu Gott die Reflektion geraten, selbst in eine über das Gedicht hinausgehende Absurdität, aus der keine witzige Volte enthob.

Die zwiespältige Aufnahme der Apokalypse des Johannes verrät die Irritation der Gläubigen als Zeitgenossen des seit der Renaissance vordrängenden Rationalismus. Mystik und Mathematik waren seither nicht immer unvereinbare Gegensätze, bisweilen machten sie zusammen selbst eine spannende Individualität. Zu den Schwarmgeistern, die in der Apokalypse die poetische Offenbarung göttlichen Geistes, gottbegeisterten Geistes ausgesprochen sahen und glaubten, zählt im achtzehnten Jahrhundert etwa der Pfarrer und Uhrenbauer Philipp Matthäus Hahn (1739–1790). Dieses »große mechanische Genie«, wie ihn Salzmann nannte, ersann Sonnenuhren, astronomische Kunstwerke, Rechengeräte; er baute eine Maschine, die das Weltall in Bewegung zeigte, verfiel auf die Erfindung einer Maschine von immerwährender Bewegung. Aber »derselbe Geist der Subtilität und des Grübelns über Gegenstände der Mathematik, übertragen auf andere, vorzüglich theologische Gegenstände, erzeugte bei ihm paradoxe und mystische Vorstellungen, und wenn seine Arbeit über die Offenbarung Johannes seltsame Ideen enthält, so muß man bedenken, daß der große Mathematiker Newton ein nicht weniger seltsames Buch über die Apocalypsis schrieb«. Tatsächlich machten Newtons OBSERVATIONS UPON THE PROPHECIES OF DANIEL AND THE APOCALYPSE OF ST. JOHN nicht nur in London, wo sie 1733 erschienen, Sensation. Lichtenberg trieb darüber – A 107 – seinen hinterlistigen Spott: »Newton war am Geist ein Macrochir, er konnte höher hinauflangen, die Offenbarung Johannis erklärte er schlecht, weil vielleicht dazu eine große Nase nötig war.« Nach Meinung der Musteraufklärer Sigmund und Carl im MARTIN FLACHS war die Offenbarung Johannis das typische Buch für Schwärmer. Die köstliche Informationsquelle aber für dieses Phänomen ist den Zeitgenossen und auch uns Friedrich Nicolais kluger Roman LEBEN UND MEINUNGEN DES HERRN MAGISTERS SEBALDUS NOTHANKER von 1773. Der Streit seiner Zeit um die symbolischen Bücher spiegelt sich darin einsichtig wider. Der Crusianer Nothanker, der eigentliche Rationalist, wird mit dem Sterneschen Tick versehen, die Prophezeiungen in der Apokalypse auf seine Zeit auszulegen: »Jeder Mensch hat sein Steckenpferd, und Sebaldus hatte die Apokalypse dazu erwählt, welches er auch seine ganze Lebenszeit durch, vom Montage bis zum Freitage fleißig ritt.« Nicolai erwähnt in seinem Zusammenhang die Zeitgenossen Bengel, Michaelis und Crusius, der mit einem Plan der Offenbarung Johannis hervorgetreten war, ferner die »zweihundert schwäbischen tiefsinnigen« Erklärer der Offenbarung, unter ihnen Ömler, Trescho, Tiede, Öder, Semler. Begreiflicherweise reagierte Jung-Stilling gegen die Tendenz des Romans überaus empfindlich. Dabei hatte aber Luther schon sein Unbehagen über die Apokalypse in der Vorrede zu seiner Septemberbibel von 1522 ausgesprochen: »Auch so ist kein Prophet im Alten Testament, geschweige im Neuen, der so gar durch und durch mit Gesichten und Bildern handelt, daß ich's fast ... nicht spüren kann, daß es von dem heiligen Geist gestellet sei« [41].

Aber man schrieb sich an der Aporie getrost vorbei und hatte vielleicht zuinnerst ein ungutes Gefühl, gleich ob man als Aufgeklärter, als Geistlicher schrieb oder als ein aufgeklärter Pfarrerssohn, der das Gesicht der zeitgenössischen Literatur weithin bestimmte: von den fünf Generationen zwischen Reformation und Aufklärung hat kein englischer protestantischer Geistlicher ein »weltlich-schöngeistiges« Buch unter seinem Namen in der Landessprache erscheinen lassen [42]; im übrigen ist ja der weite Kreise ziehende Goeze-Streit um das zeitgenössische Theater aus der Frage entstanden, ob es statthaft sei, daß – wie in Hamburg geschehen – ein Pfarrer theatralische Gedichte verfertige! Berufsmäßige Ausübung der Dichtkunst machte sowohl die landläufige Einstellung beider Kirchen wie auch der Aufklärung zu einem Ding der bürgerlichen Unmöglichkeit, ›Romaniste‹ jeden scheltend, der nur von fern den Verdacht erweckte, als treibe er das Dichten aus Profession und nicht »nach zurückgelegten ernsthaften Geschäften«, als Resultat »müßiger Stunden« [43]. Weises Vorrede zu DER GRÜNENDEN JUGEND ÜBERFLÜSSIGE GEDANKEN, 1768 zu Leipzig erschienen, gibt davon einen spaßigen Aufschluß: »Überflüssige Gedanken heißen solche Gedanken, die man bei müßigen Nebenstunden als einen zulässigen Zeitvertreib zu führen pflegt. Denn weil man kraft seines obliegenden Amts an dergleichen Neben-Werk nicht gebunden ist und ein ander bei seinen Verrichtungen ebenso weit kommt, der sich solcher Gedanken äussert, als geschieht es nur zum Überfluß und gleichsam zur Zugabe, wie bisweilen ein Gastwirt seinen Gästen ohne Not aus einer überflüssigen Liberalität etliche Kannen Wein frei passieren lässet. Parergon heißet nicht ein böses Werk, sondern ein Werk, welches zum Überfluß neben der ordentlichen Arbeit getrieben wird. Und wo würden die Auctores Horarum Subsecivarum, Dierum Canicularium, Dierum Genialium und andere, welche ihre Arbeit Otium genannt, zurechte kommen, wenn man nichts Überflüssiges vornehmen dürfte. Gellius wäre mit seinen Noctibus Atticis längst unter die Werke der Finsternis gezählet und in den Indicem librorum prohibitorum gesetzet worden« [44]. Und selbst dann blieb man lieber anonym oder verhehlte sich hinter Decknamen. Den Argwohn, den während des Vernunftzeitalters weithin sowohl Christen wie Rationalisten gegenüber allem hegten, was zu den Schönen Künsten tendierte, hat bezeichnenderweise auch ein Mann zu spüren bekommen, der nach seiner ganzen Herkunft weder Freigeist noch Schwärmer war, sondern – wo er zur Feder griff – erbauungsliterarisch einem wohl verinnerlichten, aber nie exzentrisch ungeselligen Christentum das Wort redete: Jung-Stilling! Er liefert übrigens selbst ein hübsches Beispiel von dem zeitgenössischen Schreiblustigen mit dem schlechten Gewissen, wenn er berichtet, daß er, angetan von Wielands Lucian-Übersetzung, dieses Werk erstand, zugleich aber eine »rügende Stimme in seiner Seele« vernahm, die ihm vorwarf: »Du kaufst so ein teueres Werk von sieben Bänden! – und zu welchem Zweck? – bloß um zu lachen! – und du hast noch so viele Schulden – und Frau und Kinder zu versorgen! – und wenn dies alles nicht wäre, welche Hilfe hättest du einem Notleidenden dadurch verschaffen können? – du kaufst ein Buch, das dir zu deinem ganzen Beruf nicht einmal nützlich, geschweige notwendig ist. Da stand Stilling vor seinem Richter wie ein armer Sünder, der sich auf Gnade und Ungnade ergibt. Es war ein harter Kampf, ein schweres Ringen um Gnade – endlich erhielt er sie, und nun suchte er auch an seiner Seite dies Vergehen so viel möglich wieder gut zu machen. Haben Lucian und Wieland – dachte er – Szenen aus dem Reich erdichteter Gottheiten geschrieben, teils um das Ungereimte der heidnischen Götterlehre auf seiner lächerlichen Seite zu zeigen, teils auch um dadurch die Leser zu belustigen, so will ich nun Szenen aus dem wahren christlichen Geisterreich zum ernstlichen Nachdenken und zur Belehrung und Erbauung der Leser schreiben, und das dafür erhaltende Honorarium zum Besten armer Blinder verwenden . . .« Diesem es sich herzlich schwer machenden Mann mußte es passieren, daß er bei den strenggläubigen Schönthalern, bei denen er seine Arztpraxis eröffnete, auf Grund seiner Lebensbeschreibung »den Verdacht der Freigeisterei« auf sich zog, sich einen »Romanhelden und Phantasten«, einen »Mann, der keine Religion hat«, nennen hörte. Als 1786 seine Berufung auf den Lehrstuhl für Nationalökonomie an der Marburger Universität in Vorschlag kam, gab es hingegen gelehrte Leute, »die seinem Ruf entgegenstanden, weil sie glaubten, ein Mann, der so viel Romanen geschrieben hätte, sei einem solchen Lehrstuhl schwerlich gewachsen«.

III. Die Einbildungskraft als Problem für Dichter und Denker des Rationalismus

Unvoreingenommener sieht man nun die Situation Gottscheds, als es ihm darum zu tun war, der deutschen Nation wider den Barock, wider argwöhnische Theologenfakultät und abweisende Erzrationalisten eine akzeptable Poesie und erst recht einen schmackhaften Dichter zu formulieren. Indem er anordnete, daß der Poet »auch ein rechtschaffener Bürger und redlicher Mann« sein soll, verwahrte er ihn vor dem bösen Leumund, machte er seine Tätigkeit zu einem bürgerlichen Berufe. Tatsächlich bildet Gottscheds Behauptung, »daß der Dichter in demselben Sinne nützlich sei wie der Handwerker, der Beamte und der Erzieher«, den ersten Schritt in der Entwicklung, »die von protestantischer Ablehnung aller belletristischen Bestrebungen zu der hohen Stellung der schönen Literatur in der zweiten Hälfte des Jahrhunderts führt« [45]. Natürlich handelte es sich um eine Poesie, die nicht frei dachte, sondern musterhaft bürgerlich und die Kirche sozusagen im Dorf beließ; um Dichter, die wußten, wozu und für wen und was sie schreiben sollten. Daß Gottsched dabei empfahl, einen vernünftigen Gebrauch von der Einbildungskraft zu machen, ist selbstverständlich. Seine Ansicht von subjektiver künstlerischer Äußerung überrascht nicht weiter: »Sich etwas ohne Beobachtung eines zureichenden Grundes einzubilden, heißt eigentlich träumen oder phantasieren ... gleichwohl bedienen sich ungeschickte Maler, Poeten und Komponisten vielmals dieser Kraft und bringen dadurch lauter Mißgeburten zur Welt, die man Träume der Wachenden nennen könnte. Die Grotesken der ersten und ungereimten Fabeln der anderen können hiervon zu Exempeln dienen.« So liest man in den Stücken aus den ersten Gründen der gesammten Weltweisheit.

Geistige Mißgeburten hieß man also Träume der Wachenden, welche die Phantasie aushheckte. Näher als den »Malerträumen« – wie Kayser [46] im Falle Gottscheds vorschlägt – scheint jene Formel doch der christlichen Gedankentradition und Begriffssprache zu stehen. Es wäre nicht das einzige Mal, daß die Aufklärung ehemals geistliches Denkgut sich mundgerecht gemacht hätte, anwendbar auf das ästhetische Wirkungsfeld, das seinerseits im Dienst der menschlichen Vernunfterziehung stand. Gleichsam mitten in solchem Säkularisierungsprozeß begriffen, findet man diesen Topos in dem großen Karmen DAS REICH DER TUGEND UND DES LASTERS, das Dezember 1744 unter dem Initial A. P. L. C. in den BELUSTIGUNGEN veröffentlicht wurde. In einer akkuraten Übertragung christlicher Gedanken und Herzwörter – Gott, Hölle beibehaltend, Sünde zu Laster verbürgerlichend und heiligmäßiges Leben zu Tugend –, konzipiert es eine Weltgeschichte dieser beiden Mächte. Sein düsteres Resümee ist, daß sich der »Menschenfeind«, das Laster, mit List der Tugend ähnlich zu machen und den Menschen für sich zu gewinnen vermochte, so daß der Verfasser am Ende mahnend ausruft:

Berauschte Sterbliche! wenn soll der Dunst verrauchen?
Wenn, *wachend Träumende*, wenn wollt ihr Witz gebrauchen?

Die Zeile spricht den neuen aktuellen Gegensatz vollendet aus. Witz, worunter diese Zeit natürlich den Verstand begriff, gebrauchen zu lernen, ist ja eine der vordringlichsten Aufgaben, welche die Aufklärung der wachend traumbefangenen, das heißt einer der Einbildungskraft allzu folgsamen Menschheit gestellt hat. Und Witz zu zeigen, war der Poesie bei diesem Schulwerk aufgegeben, Witz zu lehren durch gutgewählte moralische Exempel, die es in eine klare, ansprechende Form zu bringen galt.

Innerhalb der Geschmacksepoche des Rationalismus, jener Epoche also, die das Problem des Alogischen in einem Augenblick aufgriff, »wo die Erkenntnistheorie die Verwendbarkeit der Phantasie unter strenger Leitung des Verstandes gerade noch zugestand« [47], ist Gottsched von vornherein solche Bedeutung beizumessen, wie sie gemeinhin die Schweizer genießen. Als Dozent für die Wolffsche Philosophie hat er aus dessen System mit Erfolg und mindestens so viel Einsicht wie die Schweizer der Ästhetik überschrieben, was ihm nur für die Dichtkunst ratsam schien. Bäumler [48] sieht geradezu den Unterschied zwischen Schweizern und Gottsched lediglich in der Anwendung, die sie von Wolffs Bestimmung in der PSYCHOLOGIA EMPIRICA § 477 und 479 machten, nach der eine »imaginatio viva« zusammen mit dem »ingenium« die dichterische Ader, die

»facilitas fingendi«, ergebe. Die Schweizer fanden darin die Rechtfertigung ihrer Liebe zur Imagination. Gottsched, der in ihr nicht die Seele des Dichters anerkannte, bestärkte sie in seiner Ansicht, vornehmlich der regelnden Vernunft ihr Recht zu lassen, dem »urteilenden Verstande«, dem Witz, das heißt dem, was Wolff das »ingenium« benannt hatte. Allein auf Grund seiner geistigen Abhängigkeit von Wolff hat Gottsched die Einbildungskraft beim dichterischen Prozeß nicht vollends bestreiten können. Das erhellt schon aus dem oben zitierten Satz, nach dem Phantasieren das schöpferische Einbilden ohne zureichenden Grund ist: sinngemäß müßte denn Dichten ein gegründetes Phantasieren sein. Der Art ist auch Gottscheds in der KRITISCHEN DICHTKUNST mitgeteilte Überzeugung, daß der Dichter einer starken Einbildungskraft bedarf – das weiß sogar Jablonskis ganz im Sinne dieser Leipziger Aufklärung verfaßtes Lexikon. Aber man redete einer Einbildungskraft das Wort, die nicht eigentlich schöpferisch war, sondern als eine Art Bildermagazin – »guardarobe« nannte sie schon Muratori! – dem Witz half, zweckdienliche Auswahl bei Verfertigung eines Poems zu treffen. Der hübsche Begriff des Bildermagazins erlitt eine weitere Einschränkung, denn man meinte Bilder, die der Natur entnommen waren, keine erdichteten, sondern wahre, zumindest doch wahrscheinliche Bilder – um Realismus war es dem Gottschedschen Klassizismus bekanntlich nie zu tun. Folgerichtig mußte Gottsched zu seiner Verurteilung des CANDIDE gelangen, als eines eklatanten Beispiels dafür, wohin es führt, wenn ein »ungeschickter« Poet willkürlich nachschreibt, »was seiner unordentlichen Einbildungskraft in einem fieberhaften Parroxismus träumet«. Demgegenüber konnte die Einführung des Witz-Begriffes als ein positives Regulativ wirken.

Diesem Begriff kommt innerhalb der deutschen Aufklärung eine ähnliche Bedeutung zu wie dem des ›Genies‹ innerhalb des Sturm und Drangs und der romantischen Epoche: er ist gleichsam ein Geniedenken noch in der Verpuppung. Dennoch hat die Geschichte endlich den Schweizern recht gegeben, die den Phantasie-Begriff vorzogen, geht man davon aus, was zuletzt der deutschen Geistesgeschichte im Verlauf jenes Jahrhunderts Gepräge gab: der Kampf wider die Vernunft, wider den abstrakten Rationalismus. Gewiß ist der Beitrag der Schweizer zu diesem

Kampf vergleichsweise dürftig gewesen. Bodmer hat zwar das ästhetische Problem des Jahrhunderts, das romantische, bemerkt, ohne es doch lösen zu können [49]. Kritisch betrachtet, gehen der Schweizer Gedanken über den Phantasie-Begriff nicht über das hinaus, was davor schon Gravina, Muratori und Addison gedacht haben. Gewiß haben sie ihr Plädoyer für die Einbildungskraft nicht so großzügig verstanden, das Unwahrscheinliche schlechthin zu rechtfertigen. Einig in der Begeisterung für Miltons PARADISE LOST, eiferten sie vielmehr, diese Begeisterung zu begründen und das Erhabene vor der aufklärerischen Poetik zu verteidigen. Jedoch war Bodmer so hellhörig, in Klopstock den deutschen Milton zu begrüßen, und Breitinger einsichtig genug, dem Menschen einen Hang zu allem zuzuschreiben, »was fremd, selzam und ungemein ist« [50], mit der Folgerung für den Dichter, daß er diesem Hang entgegenkommen müsse. Gottsched, unpedantisch genug, bemerkte in § 18 der KRITISCHEN DICHTKUNST allerdings, daß es »freilich wohl möglich sei, Fabeln zur bloßen Belustigung zu ersinnen«, als da sind »Märlein«, wie sie »Ammen ihren Kindern erzählen, ja dergleichen die meisten Romanschreiber in ihren Büchern ausbrüten, auch viele neuzeitige Komödienschreiber« [51] auszuhecken pflegen. Da er aber einmal Dichtkunst als Schulaufgabe der Nation formulierte, ist ihm nicht das interessante Fabulieren, sondern das sinnreiche Demonstrieren die ethischere Art des Dichtens. Wie eine Replik auf die Schweizer und poetische Rechtfertigung der Gottschedschen Bildungsziele mit der Dichtkunst klingt geradezu der 1754 von Uz verfaßte Brief AN HERRN HOFRATH C. [52], eine Traumfiktion, in welcher der Gott des guten Geschmacks an den deutschen Parnaß eine Rede folgenden Wortlauts hält:

Das Wahre nur ist schön; und wollt ihr würdig dichten,
So muß die Dichtung nicht auch die Natur vernichten.
Oft fliegt sie schwärmend auf; allein verflieget sich,
Und wird nicht wunderbar, nur abenteuerlich.
In Ländern voller Lichts, in aufgeklärten Zeiten,
Soll wider die Vernunft allein die Dichtkunst streiten?
Wie? dieses Himmelskind schmückt pöbelhaften Wahn,
Pflanzt alten Irrtum fort und pflanzet neuen an?
Mit Märchen spielt allein die lachende Satire:
Die hohe Muse weiß, was ihrem Ernst gebühre.

Dennoch ist Gottscheds und die nach seiner Weise oft ärgerliche Rigorosität, mit der die Phantasie an die urteilskräftige Vernunft gebunden bleibt, für die Betrachtung jener Kraft als eines Triebs zum Absurden innerhalb des achtzehnten Jahrhunderts zuletzt vielsagender als beispielsweise obiger Ausspruch Breitingers. Dieser – womöglich Relikt aus dem »curieusen« Zeitalter des verflossenen Jahrhunderts – spielt auf eine der menschlichen Natur ewig innewohnende Neigung an, die am Ende seines Jahrhunderts in System gebracht wurde: das Romantische. Vielsagender aber ist Gottscheds Reserve deshalb, weil in dem Augenblick, wo das ›Romantische‹ außer aller Frage, als Maßstab fest steht, die Einbildungskraft selbst fraglos geworden ist, nicht ferner der Streitrede wert. Die Empfindlichkeit des achtzehnten Jahrhunderts gegenüber allem Irrationalen läßt sich, kurz gesagt, schlüssiger an dem ausgesprochenen Rationalismus studieren, gerade da, wo er mit solcher abweisenden Unbedingtheit auf dem Vernunftwahrscheinlichen, Zweckschönen bestand. Selbst die erstaunlichsten Metamorphosen des Rationalismus haben an seiner Sensibilität gegenüber diesem Phänomen so gut wie nichts zu ändern vermocht – wie drei Beispiele aus dem Anfang, der ungefähren Mitte und dem Ende des Jahrhunderts belegen sollen.

Es ist merkwürdig, daß dem Rationalismus die Einbildungskraft vorzüglich in Verbindung mit dem Komischen heikel wurde. Interessanterweise haben ja auch Bodmer und Breitinger ihren Zentralbegriff nur für das Pathetische verstanden wissen wollen. Wann immer die Schauspielerexistenz verdacht wurde, war zuerst der Komödiant, nicht so der Tragöde gemeint. Dahinter muß die nicht geheure Ahnung gestanden haben, daß das Komische eigentlich geartet sei, den Menschen aus einem selbstbeherrschten ›Wohlstand‹ in unkontrolliertes Außersichsein zu versetzen, in eine ungesittete Barbarei. Dazu steht keineswegs in Widerspruch, daß die Aufklärung inständig nach dem deutschen Originallustspiel verlangt hat. Gerade das eigentlich lachende Lustspiel wurde darunter nicht verstanden, sondern eines, das davon ausging, daß Unsitte am besten durch Bloßstellung unschädlich gemacht werden könne. Das Lachen, das solcher Art Komödie antwortete, war absichtlich kein hinreißendes, hemmungsloses Lachen, sondern eine intellektuelle Freude dessen, der sich dem zur Schau gestellten lästerlichen Objekt überlegen dünkt. Aus dem Grunde konnte, wie schon gesagt, Gottsched von der Lustigen Person unmöglich Gebrauch machen, selbst als sie das »ridendo dicere verum« von sich behauptete. Denn sie stellte durch sich selbst die Verkörperung eines irrationalen Komischen dar. Wer sollte sie kontrollieren, da sie aus dem Stegreif spielte? Sie war der pure Subjektivismus, da sie stets von der charakterlichen Verfassung des jeweiligen Narrenspielers abhing und immer gewärtigen ließ, daß entweder im Sittlichen (durch Zotereien) oder im Ästhetischen (durch der Natur spottende Wortspiele und Handlungsweisen) des Widersinnigen zuviel getan würde. Darin, daß sie nicht Handlungen des gemeinen Lebens nachahmte, sondern mit ihren Lazzi selbst die Traumvorstellungen weit übertraf, sah zuletzt Gottsched das Verwerfliche der buntscheckigen Kreation. Folgerichtig lehnt er jene Art von erudierter Komödie ab, die wohl bis ins kleinste ausgeschrieben und in ihrer Art, Typen ans Gelächter auszuliefern, einer rationalistischen Lustspielproduktion sogar vorbildlich war, die aber doch nie leugnete, wes Geistes Kind sie gleichwohl blieb, sollte ihr Verfasser selbst – Molière sein. Mit einem richtigen Instinkt tadelte Gottsched an Molière, was ihn mit jener harlekinschen Attitüde (tatsächlich) verbindet: nämlich die komödiantische Lust, das Naturgegebene in eine aberwitzige Absurdität zuzuspitzen. Gottsched, der Destouches ganz allgemein über den »niedrigen« Molière stellte, erkennt das abschreckende Beispiel in dessen Geizhals, der in seinem hypertrophen Argwohn sich von seinem Bedienten auch die dritte Hand zeigen lassen will!

Eine lachenmachende Logik in dem scheinbar Alogischen wahrzunehmen, war augenscheinlich diese Generation von Rationalisten noch unfähig. Desto mehr offenbar die Generation jener, die – sei es auch nur indirekt – im Banne Baumgartens, der der erste deutsche »Denker des Besonderen« (Bäumler) war, zu dichten, zu denken anfingen. Mösers Harlekin-Verteidigung ist nach ihrem Wortlaut eine genaue Entgegnung auf Gottsched. Daß die Verteidigung nicht gar so umstürzlerisch gedacht war, ergab bereits die Durchsicht des theoretischen Textes; vollends Aufklärung über die mäßige Kühnheit der These gibt Mösers praktische Anwendung von dem »Groteskekomischen«, die er in dem kurz nach der VERTHEIDIGUNG, nämlich 1763 geschriebenen und nie zur Aufführung gelangten Nachspiel DIE TUGEND AUF DER SCHAUBÜHNE; ODER: HARLEKIN'S HEIRATH macht, ein theatralisch wenig sagendes Stück, das schon Nicolai »einen Beleg zu seiner Vertheidigung des Groteskekomischen« nannte [53]. In der VERTHEIDIGUNG hatte Möser-Harlekin gelegentlich bemerkt: »Die aufrichtige Freude des Skaramusche, da er diejenigen, welche ihn derbe schlagen, um deswillen noch auslacht, daß er sie betrogen und durch seine von mir entlehnte Kleidung zu einem Irrtum in Ansehung der Person verführt habe, ist noch immer ein Meisterstück des Lächerlichen in dieser Art.« In dieser Spielschilderung läßt Möser seine Auffassung vom Wesen des Groteskekomischen zu besserem Verständnis Bild werden. Das leuchtet aus dem »Funfzehnten Auftritt« des Nachspiels ein, der das Zitat in die Musterkomödie transponiert und auf Harlekin überschreibt. Diese Szene ist die immerhin komischste aus dem ganzen Stück, aber gleichwohl nichts weniger als grotesk, nicht einmal in dem Sinne, in dem schon Zeitgenossen den Begriff nachschrieben und verstanden. Jean Paul griff dieses Motiv übrigens in einer Skizze wieder auf, die sich in den Satirenheften von 1790 (17. Hft., Nr. 65) befindet, Vornotiz zu den PERSONALIEN VOM PHILOSOPHISCHEN PROFESSOR ZEBEDÄUS, DER SO AUSSERORDENTLICH GELASSEN WAR UND ÜBER ALLEN HENKER IN DER WELT SCHARF NACHSANN. Flögel [54] zitiert bei Gelegenheit der Commedia dell' arte des Engländers Moore Schilderung einer Szene, in der ein Stotterer (sicher ist der mit diesem Gebrechen belehnte Tartaglia gemeint) über ein beliebiges Wort stolpert, beim Versuch, es herauszubringen, immer atemloser wird und den Eindruck erweckt, er müsse jeden Augenblick an dem Wort ersticken; endlich rennt Harlekin seinen Kopf dem Stotterer in den Leib, »und das Wort flog so laut aus seinem Munde, daß es der entfernteste Teil des Hauses hören konnte. Dies wurde auf eine so allgemein komische Art vorgestellt«, das »ungereimte Mittel« kam so unversehens, daß der reservierte Engländer »unverzüglich in ein lautes Gelächter ausbrach«. In dieser Szene spricht sich eigentlich das Wesen der Commedia dell' arte unverfälscht aus. Auf ein treffliches Kürzel bringt es vollends dieser Satz: »Harlequin will sich selbst ermorden, und nachdem er gegen jede Todesart etwas einzuwenden findet, entschließt er sich endlich, sich tot zu kitzeln.« Das ist die Commedia dell' arte, gesehen durch ein Lichtenbergsches Temperament zwar – das das Wort bei seiner Wirklichkeit nimmt wie die Commedia dell' arte die Dinge –, aber doch weit näher dem Groteskekomischen als Möser.

Nicht das ungewollt Komische der naiven Dummheit ist ihr und Harlekins Kennzeichen – »Mir sieht Jeder die gute lächerliche Dummheit an« –, nicht Drolerie aus einem kindhaften Unverstand, wie Möser glaubt, sondern die den Rationalisten verrückende Beweiskraft, daß in dem Alogischen, folgerichtig zu Ende gespielt, eine bestechende Logik steckt, wenn – das allerdings ist die Voraussetzung, die das achtzehnte Jahrhundert lieber nicht oder aber wider Willen und besseres Wissen anerkannte – der Mensch lediglich als Objekt einer tollkomischen Welt gesehen wird. Überall da, wo die Commedia dell' arte den Menschen sich selbst entfremdet, spielt sie den Jux in eine groteske Dimension hinüber, aber auch nur da. Deswegen scheint es einigermaßen heikel, in Voraussetzung Callots die Commedia dell' arte ohne weiteres für das Groteske zu zitieren. Darum auch kann die Wiener Volkskomödie hier von keinem Belang sein. Mösers wohlmeinende Imitation, darauf bedacht, dem Zeitgenossen zu beweisen, daß die Harlekinade in keinerlei Hinsicht heikel sei, benimmt auf diese Weise geradezu den Materialien des Grotesken das Schockierende. Zeiten, die ein Wirklichkeits-Erlebnis haben, in dem die Grenzen zwischen Wachen und Träumen nicht mehr existieren, haben das Zweideutige der Existenz vorzüglich in die Gestalt des Doppelgängers, des Janusköpfigen, des Narrenspielers und in das Bild des Spiels im Spiel, der Bühne auf der Bühne projiziert. Kennzeichen barocken Theaters und der Romantik etwa eines Tieck ist die Verführung des Publikums in ein Labyrinth von Seinsdimensionen. Man hat kürzlich diesen Topos für die unterschwellige, von Zeit zu Zeit aber in der abendländischen Geistesgeschichte verwirrend reich zu Tage getretene Strömung eines sogenannten Manierismus namhaft machen wollen und als inneren Beweggrund dieses sinnberückenden Topos angenommen: »Im daidalischen Zerrspiegel erscheint die Welt als Absurdum« [55].

Als Spiel im Spiel nun ist auch die Mösersche Pièce intendiert: »Der Schauplatz ist auf dem Schauplatze« ihre Ortbestimmung von Anfang an. Aber jener Topos dient hier gleichsam nur zur Demonstration der theoretischen Ausführungen, daß Harlekins Welt eine Welt für sich, sogar zweifach gegen die Vermischung von Realität und Irrealität abgeschlossen, ist. Wurde in dieser Wonne über eine schimärische Spielwelt etwas vom Geiste des Rokoko bemerkt, so bestätigt HARLEKINS HEIRATH den Verdacht noch um einiges mehr. Es sind Kinder, die Erwachsene spielen, wie sich die Porzellanharlekine und Kolumbinen als kavaliersmäßig verkleidete Knaben und damenhaft tuende Mädchen geben; Heiraten wird gespielt und liebend gern immer wieder gespielt. Vergebens würde man darin nach einer Sexualsphäre suchen, die der Komödie von alters zu eigen war; aber auch die höfische Rokoko-Erotik ist ausgemerzt. Eine neckische Sittigkeit macht den Bürgerlichen Harlekin wieder schmackhaft.

Das Exempel Mösers ist bis zum gewissen Grade symptomatisch für die landläufige zeitgenössische Einstellung zu dem Problem. Von demselben Möser, der der verhaltenden Frühaufklärung mit der Behauptung gegentrumpft, der Mensch sei ein Wesen, »das an der Kette seiner Einbildungskraft liegen müsse« [56], stammt nichtsdestoweniger die didaktische Erzählung DIE REGELN BEHALTEN IMMER IHREN GROSSEN WERTH – mindestens für die breite Masse. Die Erzählung schließt mit der Anmerkung eines Philosophen, »daß die gemeinen Wege oder Regeln immer nötig blieben, wenn die Genies sich auch noch so weit davon entfernten«. Übrigens dichtete auch Möser, der 1743 als Student in Göttingen der ›Teutschen Gesellschaft‹ angehörte, seinen ARMINIUS nach dem Muster Gottscheds.

Weit weniger aufregend als die Feststellung, in welchem Maße das achtzehnte Jahrhundert von Begriffen wie ›Groteske‹ und ›Einbildungskraft‹ sprach, ist die Beobachtung, wie wenig es davon Gebrauch machte. Bis zum Ende des Jahrhunderts zeigt der Rationalismus immer wieder ein für das heutige Empfinden fast ridiküles Feingefühl gegenüber allem Abnormen. Es findet Dinge regelwidrig, die dem modernen Augenmaß nur so eben, wenn überhaupt, von dem Normalen abweichen. Das geht triftig aus einem dritten Beispiel hervor, welches Kepplers 1792 erschienenen KRITISCHEN UNTERSUCHUNGEN ÜBER DIE URSACHE

UND WIRKUNG DES LÄCHERLICHEN entnommen ist. Karikatur, so denkt Keppler wie so und so viele vor ihm, wird das Komische, »wenn es die Grenzen der Wahrscheinlichkeit verletzt«. Und er veranschaulicht seine Definition an Pfeffels Fabel DER JUNKER UND SEIN KOCH, die erzählt, daß der Junker für sechs Gäste *ein* Kalb schlachten lassen will, auf des Kochs Hinweis, soviel Fleisch würde bei der Hitze schlecht, aber anordnet, ein halbes zu schlachten! Man sieht, der Unterschied zwischen Gottscheds Warnung vor dem Alogischen eines Molière und dieser empfindlichen Auffassung von Karikatur liegt lediglich darin, daß der frühe Rationalismus samt und sonders verdammte, was nun, in einem Begriff zur Räson gebracht, unbeschadet passieren darf. Gleich stark geblieben ist dagegen die Feinfühligkeit gegenüber dem, was – mit Worten eines Zeitgenossen – der gesunden Vernunft als Träume eines Wahnwitzigen [57] oder doch als Spiele einer souveränen Vernunft mit dem Ungereimten vorkommen mußte. Es ist vielsagend, daß selbst Lichtenberg, dessen Neigung zu Shakespeare bekannt ist, seine Kunst des irrationalen Sagens so umschreibt: »Shakespeare hat eine besondere Gabe, das Närrische auszudrücken, Empfindungen und Gedanken zu malen, dergleichen man kurz vor dem Einschlafen oder im leichten Fieber hat.«

Diese Sensibilität legt aber einen Schluß nahe, der zunächst fragwürdig scheinen mag: von den Bewegungen, die das achtzehnte Jahrhundert so aufgeregt machen, ist es vorzüglich der Rationalismus, der das Irrationale tief durchlebt, durchleidet und daher immer wieder durchdenkt. Es genügt allein der Hinweis auf die Fülle der Schriften, die von dem Rationalismus zu dem Thema geschrieben oder ins Deutsche übersetzt worden sind und fast durchweg über die ästhetische Betrachtung hinaus eine Art Therapie zu geben im Sinn hatten. Neben dem Italiener Muratori, dessen Werk ÜBER DIE EINBILDUNGSKRAFT DES MENSCHEN 1785 in Leipzig, mit Zusätzen von Richarz, erschien, waren es Engländer, die man gern apostrophierte: Addison, des späteren Thomas Penrose FLIGHTS OF FANCY von 1775 und besonders Marc Akensides bereits 1744 erschienene PLEASURES OF IMAGINATION, die der 185. der BRIEFE, DIE NEUESTE LITERATUR BETREFFEND 1761 als Heilmittel jenen empfahl, »die itzt in Deutschland ihre unwürdige Muse auf Gräbern und Kirchhöfen herumschweifen und schwärmerische Narrenspossen predigen lassen«. Des speziellen Werks der Schweizer wurde schon gedacht; von deutschen Autoren erwähnen wir Feder, der ÜBER DEN MENSCHLICHEN WILLEN UND DESSEN NATURTRIEBE schrieb; Tabor, der 1786 eine Studie ÜBER DIE HEILKRÄFTE DER EINBILDUNGSKRAFT veröffentlichte. Wir nennen weiter J. F. Zückerts 1764 erschienene Schrift VON DEN LEIDENSCHAFTEN; Th. Barnes' in Wagners Beiträgen abgedrucktes Werk ÜBER DIE WILLKÜRLICHE GEWALT, WELCHE DIE SEELE ÜBER DIE SENSATIONEN AUSÜBEN KANN; nicht zu vergessen Leonhard Meister und seine 1775 erschienene Darlegung ÜBER DIE EINBILDUNGSKRAFT, die 1785 erweitert wurde, und endlich Kant, der 1798 VON DER MACHT DES GEMÜTHS, DURCH DEN BLOSSEN VORSATZ SEINER KRANKHAFTEN GEFÜHLE MEISTER ZU SEYN Bedeutendes zu sagen wußte und in der KRITIK DER URTEILSKRAFT zugleich eine Neuorientierung der Einbildungskraft unternahm. Man kann sagen, gerade weil mit dem Rationalismus wesentlich verwoben, ist es ihm weniger möglich gewesen, das Irrationale in Dichtungen von der eigenen Person zu objektivieren.

Im Laufe der Untersuchung über das Verhältnis der Aufklärung zum Bühnenbuffo, über die rationalistische Vorstellung von dem Narren schlechthin und die Inklination des Rationalismus zum Närrischen ist dieser und jener Name gefallen, der beispielhaft für einer ganzen Epoche unberuhigte Stellungnahme zum Irrationalen stehen mußte, Namen wie der eines Gottsched, Bodmer, Baumgarten, Sulzer, Flögel, Möser. Als einzelne Beiträger zu dem allgemeinen Zeitthema traten sie bislang in Erscheinung. Sie waren jedoch nicht bloß Vertreter eines, wenn auch nach und nach modifizierten, Rationalismus, sondern hatten in irgendeiner Weise an einer bestimmten Epoche dieses Rationalismus teil, die als Epoche der Ästhetik in die Philosophiegeschichte Eingang gefunden hat. Offenbar zugleich mit der psychologischen Geschichtsbetrachtung gibt sich die neuere Ästhetik als der markanteste Ausdruck einer abendländischen Weltansicht diesseits der Renaissance, zutiefst von dem Wesen der lebendigen Individualität gepackt und irritiert. Als Lehre vom Geschmack, wie sich die neue Ästhetik selbst definiert, konstituiert sie sich somit als eine »Wissenschaft vom ästhetisch schöpferischen und genießenden Subjekt« [58] und bedeutet damit in der abendländischen Geistesgeschichte den Augenblick, wo das Individuum selbst in seiner sinnlichen, das ist der ästhetischen Erscheinung Gegenstand der Reflektion geworden ist. Die Konstituierung des ästhetischen Subjekts durch die Epoche des Geschmacks, nichts anderes als die Erkenntnis vom Menschen in dem ganzen Reichtum seiner sinnlichen Erscheinung, macht eigentlich, gerade wo man das Wesen des Menschen triftiger einzusehen glaubte, erst den Menschen zum Problem. Denn man mußte feststellen, daß der ästhetische Mensch »eine letzte Gegebenheit, eine irreduzible Tatsache« ist, »vor welcher, wie es scheint, das Denken kapitulieren muß« [59]. Auf streng logischem Wege vollzieht die Epoche ihre Erkenntnis von dem letztlich Alogischen der Individualität, dem Maßstablosen der Person, von dem »Subjekt in seiner unfaßbaren Verantwortungslosigkeit, seiner tiefen inneren Freiheit«. Mit Recht nennt Bäumler diese bedachte Einsicht »in das aller logischen Durchsichtigkeit entzogene Wesen der Individualität«: *Irrationalismus* und sieht als kennzeichnend für das achtzehnte Jahrhundert an, daß es das Irrationale als philosophisches Problem empfand [60]. Nur da, wo die Ratio noch Geltung hat, kann aber überhaupt von einem Problem des Irrationalen gesprochen werden: gebundene Zeitalter wie das mittelalterliche und gänzlich entbundene wie etwa die Renaissance sind darum unter dem Begriff nur bedingt zu fassen. Von einem Problem des Irrationalen ist tatsächlich nur da zu reden, wo auch die Möglichkeit seiner Lösung bedacht wird. »Insofern ist das 18. Jahrhundert die klassische Zeit des Irrationalismus: es hat nicht nur das Erlebnis des Individuellen, sondern auch noch den Mut, es auf die Ratio zu beziehen.« So ergibt sich die nur anfangs paradox anmutende Tatsache, daß nicht der Rationalismus, »sondern das Problem des Irrationalen, vom Boden des Rationalismus aus erblickt«, für das achtzehnte Jahrhundert »in philosophischer Hinsicht« und, wie man hinzufügen kann, hinsichtlich der dichterischen Produktivität und der Seelenlage der rationalistischen Gesellschaft, bezeichnend ist [61].

Nur in den Antworten, die zu verschiedenen Zeiten des Rationalismus auf das Problem des Irrationalen gefunden werden, sind Differenzierungen merklich. So trennt beispielsweise den Kartesischen Rationalismus, der zuletzt an Stelle der historischen Autorität, wie sie noch für die Renaissance die Antike vorstellte, eine sozusagen abstrakte Autorität, die Vernunft einsetzte, gründlich von Leibniz dessen Anerkennung des Irrationalen, Zufälligen, Bösen als Problem. Während für Descartes der Traum noch eine Verdunkelung des Denkens war, macht nach den Vorstellungen von Leibniz der Traum die Seele zur Schöpferin von Bildern, wie sie wachend nur schwerlich zu finden sind. Darum erscheint Leibniz als der eigentlich *moderne* Rationalist, das ist mit Bäumlers Worten ein »Denker des Irrationalen« [62]. Leibniz verdankt die deutsche rationalistische Philosophie von vornherein ein innigeres Verhältnis zu dem Problem. Selbst in der Interpretation seiner Gedanken durch Wolff wirkt sich des Vorgängers freiere Anschauung noch aus, stimuliert die Schweizer zur Ekloge auf die Einbildungskraft, die bezeichnenderweise Wolff gewidmet wurde, läßt zunächst auch den Wolffschüler Gottsched frei denken – solange es nicht die Anwendung in der Praxis, Dichtung als Vehikel der Volksbildung galt. Man denke an Gottscheds Formulierung, daß der Dichter und Künstler »der ursprüngliche Kenner der Weltweisheit« im »umfassenden Sinne« sei, eine Idee, die Schwabe 1745 in den GEDANKEN VON DER AUFNAHME DER WELTWEISHEIT DURCH DIE FREYEN KÜNSTE noch dahingehend erweitert, daß die Philosophie nur dazu da wäre, des Dichters kühne Sprünge »mit dem künstlichen Bau der systematischen Brücke nachzumachen«, und daß ein vollkommener Weltweiser überhaupt ein Redner und Dichter sein müsse. Gedanken, die im Keim an Hamann und Herder anklingen, werden, in die Tat umgesetzt, platte Lehrdichtung [63]!

Vor dem Schimärischen, das aus dem späten Barock in Romanen, Ammenmärchen und buntscheckigen Possenspielen herüberlichterte, reservierte sich Gottsched hinter der maßregelnden Poetik Boileaus, unter Zuhilfenahme des Zweckbegriffes, der für geraume Zeit die landläufige Entgegnung des Rationalismus auf das Problem des Irrationalen blieb: »Was innerhalb der mechanischen Regelmäßigkeit des modernen naturwissenschaftlichen Weltbildes nicht Platz fand, konnte innerhalb der Leibnizischen Philosophie durch den Zweckbegriff eine rationale Rechtfertigung finden. Innerhalb des Cartesianismus dagegen blieb nur übrig, das Irrationale zu leugnen – oder sich dem Irrationalismus in die Arme zu werfen« [64]. Über seinen verheerenden Auswüchsen, die der Begriff, popularisiert, in Verherrlichungen der platten Nützlichkeit erfuhr, darf sein redlicher Sinn nicht vergessen werden. Wenn nach der Jahrhundertmitte Dichtung und zumal die vordem verfemte komische Literatur als eine Art säftereinigenden Purgativs gepriesen wurde, weil sie von der Hypochondrie erlöse, so wurde doch hier vermittels des eleganter aufgeputzten Zweckbegriffes das Ästhetische von seiner Funktion her ernst genommen und befürwortet.

Befreiend in dem unentschiedenen Gedankenzwist des Rationalismus mit dem Irrationalen hat Gottlieb Alexander Baumgarten gewirkt, der bezeichnenderweise wieder enger an die Leibnizsche Philosophie anschloß. War die Bedeutung Baumgartens als *der* deutsche Philosoph im vorkantischen achtzehnten Jahrhundert lange Zeit in Vergessenheit geraten – Zeitgenossen haben ihn offenbar nach Verdienst zu würdigen gewußt. So äußert etwa Abbt 1763 in einem Aufsatz über LEBEN UND CHARAKTER G. A. BAUMGARTENS, daß allein schon seine Ästhetik »seinen Namen den dauerhaften Verzeichnissen für die Nachwelt einverleibe« [65] wird! Mit einem Satz überhob er den zeitgenössischen Intellektuellen des schlechten Gewissens, er werde dem Rationalismus untreu, so er dem Irrationalen mehr Raum zugestand, als durch Wolff in philosophischer, durch Gottsched in ästhetischer und ethischer Hinsicht lizensiert worden war; mit einem Satz, nämlich dem, der in den 1735 geschriebenen, aber erst Mitte des Jahrhunderts wirksam werdenden MEDITATIONES PHILOSOPHICAE DE NONNULLIS AD POEMA PARTINENTIBUS § 9 steht: »Eine vollkommene sinnliche Rede ist ein Gedicht.« Das Individuelle wurde nun mit Baumgarten geradezu Kennzeichen des Poetischen. In Baumgartens Namen, wenn auch verwässert und wolffianisiert durch Meier, dessen Ästhetik 1748 unter dem Titel ANFANGSGRÜNDE ALLER SCHÖNEN KÜNSTE UND WISSENSCHAFTEN erschien [66], wurde der »ästhetische« Rationalismus für alle jene von dem rigorosen Rationalismus unterdrückten Genres beredt, die das Merkmal des Individuellen, des Zufälligen, Exzentrischen, des einigermaßen Regellosen trugen. Es handelte sich dabei vornehmlich um jene Genres, die mit dem Komischen in Verbindung standen oder doch mit ihm in Verbindung gedacht wurden: die Literatur der Spätaufklärung ist weithin komischen, mindestens komischsatirischen Charakters! Neben Sulzer, der – wie Baumgarten die Ästhetik – die Psychologie von Wolff ablöste, ist der modifizierte Baumgarten und nicht Kant der Baumeister der spätaufklärerischen Weltanschauung geworden. Flögel kommt, durch Baumgartens Ästhetik angeregt, 1765 in seiner GESCHICHTE DES MENSCHLICHEN VERSTANDES, in der Genie und Einbildungskraft gefeiert werden, andeutungsweise zu der Rechtfertigung eines irrationalen Systems!

Diese Tatsache ist geeignet, Grenze und, mit einigem Vorbehalt, Größe des späten Rationalismus zu bezeichnen. Kant, der den durch das Jahrhundert zerrenden Widerstreit zwischen Rationalismus und Sentimentalismus, eben Einbildungskraft und Urteilskraft in ein beiden gerecht werdendes System brachte, der die Gedankenarbeit des vorläufigen Rationalismus an dem Problem des Irrationalen wenigstens in der logischen Sphäre krönend abschloß, hat den späten Rationalismus entscheidend nicht mehr zu beeinflussen vermocht. Er wurde im Gegenteil von der rationalistischen Intelligenz da und dort satirisiert – vor allem von der Berliner Aufklärung, aus deren Mitte Nicolais Satire LEBEN UND MEINUNGEN SEMPRONIUS GUNDIBERTS, EINES DEUTSCHEN PHILOSOPHEN hervorgeht, aber auch von Garve, Kästner, den Göttinger Philosophen Meiners und Feder. Kant hat vielmehr auf jene Strömung eingewirkt, die, grob gesagt, von den Schweizern über die Geniebewegung in der Klassik mündete. Man denke an Schillers Wort an Goethe: »Das Bewußtlose mit dem Besonnenen vereinigt macht den poetischen Künstler aus.« Der mit Baumgarten sich situierende Rationalismus hat Kants Überwindung des Phänomenalismus und Subjektivismus in der Wendung zum Metaphysischen nicht mehr nachzuvollziehen Kraft und womöglich auch die Einsicht nicht gehabt. In der Bejahung und Beschreibung des Individuellen, in der Bedrängnis durch das Individuelle ist er stehengeblieben, einigermaßen auf verlorenem Posten. Einerseits hatte ihn stets ein krasser Widerpart vor dem ausschweifenden Irrationalen zurückschrecken lassen: verkörperte es sich hier in der Exzentrik des Schwärmertums, welche den Rationalismus auf dem ganzen Weg durch das Jahrhundert begleitete, so dort in der bewußten Phantastik des Spätbarock, der der Gottschedschen Aufklärung Maßstab eines ungut Irrationalen war wie die Geniebewegung, bizarr in Worten und Taten, dem Baumgarten-Rationalismus und die romantische Buffonerie der späten Aufklärung. Andererseits ging er nicht wie die Klassik den neuerdings maßstabsetzenden Bund mit der Antike und der aus ihr hergeleiteten Humanität ein – die »innere Vollendung in sich ruhender Individualität« [67] ging ihm immer ab. Scheinbar weniger elementar als die erklärten Gefühlsbewegungen des achtzehnten Jahrhunderts, hat der Rationalismus in dem Maße, wie die Nachahmungstheorie, klassizistischen Rationalismus' Heilmittel gegen den drohenden Subjektivismus, in den eigenen Reihen an Fürsprechern verlor, das Problem des unzurechnungsfähig Individuellen und uferlosen Irrationalen an dem eigenen Leibe, nicht bloß auf dem Papier erlitten, erfahren – gemeistert nicht.

Wendet sich die Aufmerksamkeit nun wieder zu der Literatur in diesem Zeit- und Gedankenraum, so ist folgendes voraus zu sagen: Rationalismus war noch zu Wolffs und Gottscheds Zeiten keine Sache, die sich von selbst verstand, sondern ein Ziel, das in zahllosen Kampfschriften verfochten wurde. Die Empfindlichkeit gegenüber allem, was Werk der Einbildungskraft schien, war nicht durchaus Einbildung hypersensibler Rationalisten, sondern Reaktion auf die allerorten beobachtete Tatsache, daß die Mehrzahl der Menschen in Wahn und Aberglauben befangen scheu existierte. Noch an der Wende zwischen Barock und Aufklärung hatte zum Beispiel die Vorführung künstlicher Figuren, die sich wie lebend bewegten, für den unbedarften Zuschauer etwas Zauberisch-Unheimliches, wie aus einem in der 1733 aus dem Englischen übersetzten und zu Frankfurt am Main erschienenen GESCHICHTE DES TEUFELS stehenden Bericht aus Bern erhellt. Nachdem der dortige Magistrat erfahren hatte, was für seltsame Dinge französische Marionettenspieler mit ihren Puppen trieben, nämlich »daß sie redeten, die vorgelegten Fragen beantworteten, erschienen und in einigen Augenblicken wieder verschwünden, plötzlich sich erhüben, als ob sie aus der Erde kämen und wieder fielen als ob sie verschwünden«, gab er die Spieler »des Teufels Streiche schuldig«. Und nur die Flucht rettete sie davor, als Teufel oder Teufelsmeister zum Feuer verdammt zu werden! Gleich verheerend wirkte auf eine ähnlich abergläubische Bevölkerung noch in der zweiten Hälfte des Jahrhunderts ein Lieblingsscherz der Gießener Studenten, nämlich das sogenannte »wüste Gesicht«. Das war eine abscheulich anzusehende Larve, die über einem Bündel Lappen auf einer hohen Stange befestigt wurde. »Diese Larve nahm ein Student, trat des Abends spät vor ein Haus, wo die Leute, wie es in Gießen gewöhnlich ist, wegen der Feuchtigkeit im zweiten Stock logierten, und klingelte oder klopfte. Kam nun jemand ans Fenster, um zu sehen, wer da wäre, so hielt man ihm das wüste Gesicht dar, worüber denn die guten Leute zu Tode erschraken« [68].

Vornehmlich waren aber die Fortschritte des naturwissenschaftlichen Zeitalters angetan, den mit der Wirkung technischer Erfindungen und mechanischer Kunstwerke entweder gar nicht oder nur oberflächlich vertrauten Zeitgenossen bis zum Paroxysmus zu verstören. In einem Schreiben an einen guten Freund VON DEM NUTZEN DER ZEITIGEN ERLERNUNG DER NATURLEHRE WIDER DEN ABERGLAUBEN kommt J. G. C. Breitkopf 1744 in den BELUSTIGUNGEN auf dieses aktuelle Problem zu sprechen und erwähnt erstaunliche Begebenheiten wie etwa: »Ich mag die Stadt, die in unserer Nachbarschaft ist, nicht nennen, da die düstere und stärkere als eine menschliche Stimme eines Sprachrohrs ein großes Schrecken bei den Leuten verursachet hat. Ja, man hat mich versichern wollen, wiewohl ich solches nicht glaube, daß man öffentliche Vorbitten deswegen angestellt hat, um von dem Gespenste erlöst zu werden, welches diese entsetzliche Stimme hätte. Und zu Anfang dieses Jahrhunderts hat in einer Stadt in Franken ein Sprachrohr, welches leichtfertiger Weise die Toten auf dem Kirchhofe angerufen, ein solch Entsetzen bei den zum Gottesdienste versammelten Leuten erwecket, daß sie eilends davon gelaufen und mit Zittern den jüngsten Tag erwartet haben.« Beinah ist man versucht, in dem letzten Beispiel eine Quelle für die makabre Schilderung der sechsten der NACHTWACHEN VON BONAVENTURA zu vermuten, wie es ihm in den Sinn gekommen, in den letzten Stunden des Säkulums »mit dem Jüngsten Tage vorzuspuken und statt der Zeit die Ewigkeit auszurufen«. Gerade der spätaufklärerische Trivialroman hat von dem Schauderbaren der Mechanik liebend gern Gebrauch gemacht [69]. Die verblüffende Übereinstimmung beweist jedoch nicht mehr und nicht weniger, als daß die Schicht rationaler Gelassenheit aus einem ungemein gesunden Menschenverstand außerordentlich dünn und durch das ganze Jahrhundert leicht zu korrumpieren gewesen ist.

Die zeitige Erlernung der Naturlehre schien der Aufklärung das hinreichende Mittel, jener unintellektuellen Weltansicht den Garaus zu machen. Was die Natur nach Dafürhalten des Rationalismus lehrte, war ja eben ihre kausalen Gesetzmäßigkeiten wahrzunehmen, deren einziges Wunderbare in der zweckvollen Verknüpfung von Ursache und Wirkung zu sehen war, während der Aberglaube, das Produkt einer unbedachten Einbildungskraft, in die Natur alogische Kräfte geheimniste und Naturbegebnisse nicht als physikalische Erscheinungen, sondern übersinnliche Zeichen deutete. Das Stichwort des Aberglaubens machte während des ganzen achtzehnten Jahrhunderts die Aufklärer enragiert und beredt, wie uns viele Titel überliefern, mögen sie DIE GESTRIEGELTE ROCKENPHILOSOPHIE ODER AUFRICHTIGE UNTERSUCHUNG DERER VON VIELEN SUPERKLUGEN WEIBERN HOCHGEHALTENEN ABERGLAUBEN lauten und die Schrift eines Anonymen sein, die 1709 zu Chemnitz erschien, mögen sie die PSYCHOLOGISCHE ENTWICKLUNG DES ABERGLAUBENS darlegen und Karl Heinrich Heydenreich zum Verfasser haben, einen Mann also, der uns bereits verschiedentlich begegnete. Man predigte bessere Einsicht auch auf diesem Gebiet, das heißt, man schrieb Predigten wie etwa Christian Hahnzog in einer 1784 zu Magdeburg erschienenen Schrift WIDER DEN ABERGLAUBEN DER LANDLEUTE; und es ist nicht ungewöhnlich, daß solcher Prediger wider den geistigen Aberglauben in Wirklichkeit ein aufgeklärter Geistlicher war wie etwa Heinrich Ludwig Fischer, der von etwa 1750 bis 1820 Pastor in Eimsen und wohnhaft in Alfeld war, ein fruchtbarer Schriftsteller, dem es um die Verbesserung der Landschulen und die aufklärende Erziehung des Volks zu tun war und der neben einer BAUERNPHILOSOPHIE in den Jahren 1790 bis 1794 zu Leipzig ein dreibändiges BUCH VOM ABERGLAUBEN veröffentlichte.

Die Welt zu entzaubern ist geradezu Beweggrund des älteren Rationalismus, aufzuräumen mit der Vorstellung, es gebe Teufel und dämonische Mächte: das Zweischneidige des rationalistischen Unternehmens äußert sich auch darin nicht anders als bei der Vertreibung des diabolischen Harlekin. Das erkannte schon Lichtenberg, der sagt: »Unsere Welt wird noch so fein werden, daß es so lächerlich sein wird, einen Gott zu glauben, als heutzutage Gespenster.« Um die Bekämpfung des Hexenwahns hat sich der holländische Theologe Balthasar Bekker (1634–1698) verdient gemacht, dessen 1691 erscheinendes Buch DE BETOVERTE WEERELD den Gesichtspunkt klar machte. Seine Physiognomie hat übrigens Lavater beschrieben: »Ein Gesicht ohne alle Grazie: gebildet, möchte ich sagen, den Teufel wegzuscheuchen. Knöchern und doch locker, gewaltsam, wild und doch weich. So besonders in bessern Bildern von ihm die Stirn, die Augenbrauen, die Augen, die Nase, der Mund, das Kinn, der Hals, das Haar; Auge und Nase besonders sind entscheidend für mächtig zerstörenden, mutvollen Verstand. In dem Munde Leichtigkeit zu reden und die Begriffe gelassen und weitläufig auseinander zu setzen.« In Deutschland war es vor allem Thomasius, dessen Schrift DE CRIMINE MAGIAE zuerst 1702 erschien und in Übersetzung 1704 und 1706 aufgelegt wurde. Auf ihn und Bekker fußte der Pietist und Prediger in Kopenhagen Eberhard David Hauber (1695–1765), der zwischen 1738 und 1745 eine dreibändige BIBLIOTHECA MAGICA, NACHRICHTEN UND URTHEILE VON SOLCHEN BÜCHERN, WELCHE DIE MACHT DES TEUFELS IN LEIBLICHEN DINGEN BETREFFEN herausgab und, wie Salzmann schreibt, »viel zur Schwächung des Glaubens an Teufelsbesitzungen und Zauberei« beitrug. Dasselbe Verdienst, welches sich Thomasius um das protestantische Deutschland erworben hatte, erwarb sich endlich Ferdinand Sterzinger (1721–1786) um das katholische und namentlich um Bayern. Der Professor des geistlichen Rechts und Obere des Theatinerordens bekämpfte hier die gleichen Vorurteile und denselben Aberglauben wie jener fünfzig Jahre früher und legte damit den ersten Grund zu einer größeren Freiheit des Geistes und mit ihr zu einer gereinigten Philosophie in Bayern. Er begann diesen Kampf mit einer Rede VON DEM GEMEINEN VORURTHEILE DER WIRKENDEN UND THÄTIGEN HEXEREY, die er 1766 am Namensfeste des Kurfürsten in der Akademie hielt. »Von dieser Schrift«, heißt es 1781 in den Annalen der Baierischen Literatur [70], »beginnt eigentlich die Periode unsers *denkenden* Zeitalters in Baiern. – Der Aberglaube wurde bei der Wurzel angegriffen; man fing an, mit offenen Augen nicht mehr blind zu sein, nicht alles zu glauben, sondern erst zu untersuchen; kurz man fing an zu denken.«

Bekker, Thomasius, Sterzinger – alle diese Männer verfolgten in ihren Reden und Schriften den verdienstvollen Zweck, dem Wahnsinn der Hexenprozesse und dem verheerenden Hexenglauben, der Wunder- und Schauergläubigkeit überhaupt Einhalt zu gebieten [71]. Aber ihr rationaler Nachweis der Nichtexistenz von Teufel und Hölle ruinierte zugleich eine Welt, die auf eine andre Weise in der Ordnung war, wenn sie sich in dem leibhaftigen Kontakt mit Gott und Satan wußte, und erreicht nicht mehr, als daß das vormals reale Dämonische, dem dergestalt immer zu wehren war, sich als ein irgend Irrationales und nicht minder Dämonisches in die individuelle Psyche flüchtet. Mit der Einbildungskraft ist der rationalistischen Epoche das vordem objektiv Dämonische wieder erstanden! Der Barock hatte auf die Frage nach der Ursache menschlicher Mißgeburt noch eine physikotheologische Antwort bei der Hand, wie zum Beispiel 1616 Liceti, der aus der Unmenschlichkeit von Mißbildungen Satan herauslas und folgerte: »Wenn eine Frau sich einem Manne naht, in dem der Dämon sitzt, oder wenn eine Frau sich mit den Liebkosungen eines Dämons Incubus abgibt, so ist klar, daß sie bei jeder Empfängnis ein Monstrum mit teuflischem Gesicht gebären muß« [72]. Der Rationalismus, dämonischen Einfluß strikte leugnend, wußte sich das gleiche Phänomen nur so zurecht zu reimen, daß er »starke Einbildungen« schwangerer Weibspersonen als Grund annahm, wenn »sie statt wohl gestalteter Kinder häßliche Mißgeburten zur Welt bringen«. So liest man unter dem Stichwort ›Einbildungskraft‹ in Jablonskis Lexikon. Zu dem Stichwort ›Schwangeres Weib‹ weiß das gleiche Lexikon vornehmlich zu sagen, was vor ihm neben anderen Harsdörffer, Kenelm Digby (1603–1665), Th. Fled von »den Kräften der Einbildung« auf die Leibesfrucht zu erzählen gewußt haben, und referiert deren geringste Exempel, wie daß »durch fleißiges Ansehen eines Mohren schwarze, eines gemaleten Bären haarige Kinder zur Welt gebracht werden«. In einem Briefe an Blumenbach, der 1786 die abstruse, aber zeitgemäße Fortpflanzungstheorie eines Hildesheimer Organisten Hencken rezensierte, spottete Lichtenberg wohl: »Bei den blauen

Mänteln (vermutlich des Sancti Chori musici) ist mir eingefallen, worum wir nicht wenigstens zuweilen grüne Hasen zu sehen bekommen, da die armen trächtigen Mütter gewiß öfters, während der Schwangerschaft, über den grünen Mantel der Natur gejagt werden.« Daß aber die Mutmaßungen über Muttermal und Mutterleib keinesfalls bloß laienmäßiger Gallimathias, sondern wissenschaftliches Urteil gewesen sind, erhellt aus dem 1756 erschienenen und sehr erfolgreichen Buch des Helmstedter Professors Johann Gottlob Krüger über die EXPERIMENTALSEELENLEHRE. Darin führt Krüger, der noch auf Moritz' MAGAZIN einwirkte, in Berufung auf die Leibnizsche Monadenlehre aus, daß, wenn die Mutter eine lebhafte Vorstellung hat und ihren Körper berührt, sich die Seele des Kindes einbildet, »sie solle das Bild an den Ort setzen, welcher ihr angewiesen worden, und dieser Irrtum macht, daß ihr Gebäude beschimpft wird und verdirbt«. Im gleichen Jahr hatte in Petersburg der ehemalige Göttinger Medizinprofessor Roederer eine von der Petersburger Akademie preisgekrönte Abhandlung DE VI IMAGINATIONIS IN FOETUM NEGATA, QUANDO GRAVIDAE MENS A CAUSA QUAECUNQUE VIOLENTIORE COMMOVETUR. Lichtenberg erwähnt – C 191 – die Preisschrift in Zusammenhang mit der Erörterung von Gespenster-Historien, Aberglauben, »Muttermählern«.

Lavater fühlt sich in seiner aus dem deutschen Geistesleben nach der Jahrhundertmitte gar nicht wegzudenkenden PHYSIOGNOMIK bemüßigt, EIN WORT ÜBER DEN EINFLUSS DER EINBILDUNGSKRAFT AUF UNSERE EIGENE UND ANDERE PHYSIOGNOMIEN zu verlieren, und er besprach im Ernst WIRKUNGEN DER EINBILDUNGSKRAFT AUF DIE MENSCHLICHE BILDUNG [73], aufschlußreich genug: »könnte eine Frau ein genaues Verzeichnis führen von den kraftvollen Imaginationsmomenten, die während ihrer Schwangerschaft ihre Seele durchschneiden, sie könnte vielleicht die Hauptepochen von dem philosophischen, moralischen, intellektuellen, physiognomischen Schicksale ihres Kindes zum voraus erkennen. Die durch Sehnsucht, Liebe, Haß der innersten Menschheit bewegte Einbildungskraft kann mit blitzschneller Eile töten und lebendig machen, vergrößern, verkleinern, den Keim von Vergrößerung und Verkleinerung, Weisheit und Torheit, Tod und Leben, der sich erst zu einer bestimmten Zeit und unter bestimmten Umständen entwickeln soll, dem organisierten Fötus einprägnieren.« Übrigens ist auch Lavater, fest von der Wirkung der mütterlichen Einbildungskraft auf das Kind überzeugt, dafür, »schöne Kinder in sich hinein zu imaginieren« [74]. Wenn Jablonski aus diesem Grunde anführt, daß die Alten »den Schwangern nichts als schöne Gestalten vor den Augen« haben schweben lassen wollen, so ist dies der naive Ausdruck einer rationalen Gläubigkeit, die in Goethe einen sentimentalischen Ausdruck fand, wenn er rät, der Einbildungskraft der Jugend durch Vorführung »edler Bilder« Richtung auf das Schöne, das Vortreffliche zu geben!

Gewiß beschränkte sich Jablonskis Lexikon keineswegs auf das Zitat von Gewährsmännern für den Einfluß der Einbildungskraft auf die Frau, speziell im schwangeren Zustand, sondern wies zugleich – ohne allerdings Namen zu nennen – daraufhin, daß einige »neuere diese Kräfte in Zweifel gezogen haben«. Aber der etwaige Zweifel des späteren Rationalismus führte ja zu keiner präzisen Erkenntnis über die Ursachen der Mißbildung, sondern höchstens zu einer lakonischen Feststellung solchen unfaßbaren Phänomens. Im übrigen ist die Meinung des Rationalismus von der Frau überhaupt geeignet, ein weiteres Schlaglicht auf sein Verhältnis zur Einbildungskraft zu werfen. Das Weib erschien geradezu als die Verkörperung jener unintellektuellen Menschlichkeit, die Einbildungen kein vernünftiges Pendant entgegenzusetzen hat, als eine inkorporierte Sinnlichkeit, ständig lauernd, auszubrechen und sich und andere zu irritieren. Schon den Knaben der Beeinflussung durch das Weibliche zu entziehen, war ein hauptsächliches Anliegen der aufklärerischen Pädagogik. Und sie sah diesen unguten Einfluß bei der ›Rockenphilosophie‹ der Weiber, den Ammenmärchen in der Kinderstube beginnen und bei romanhaften Heiraten enden, welche die Leidenschaft schloß.

Wezel schildert in DIE ERZIEHUNG DER MOAHI, der dritten seiner 1777–1778 zu Leipzig erschienenen SATIRISCHEN ERZÄHLUNGEN (I,193) die Unmenschlichkeit der zum radikalen Vollzuge gelangten Pädagogik aus Vernunft, aber ohne Realitätssinn: »Ein Künstler erfand eine Maschine, die er die schöne Tortur nannte, wo den Kindern, wenn sie eine Feder berührten, sich ein ganzer Teller mit den lachendsten Konfituren darbot, und wenn sie etwas davon nehmen wollten, ein Prügel hervorfuhr, der sie empfindlich auf die Hände schlug ... Ein andrer lieferte ein außerordentlich schönes Mädchen, das er die Wollust nannte, welches die Knaben umarmen mußten, wofür sie mitten in der Umarmung aus allen Öffnungen ihres Leibes mit Wasser über und über besprützt wurden«!

Daß die Pädagogik der Aufklärung auf den Erwachsenen zielte, ist hinlänglich bekannt, auch, daß sie schon das Kind auf den Erwachsenen hinzuspielen suchte. Man könnte aber diese Tendenz der Aufklärung noch dahingehend verdeutlichen, daß man sagt, sie bezweckte ein Erwachsensein im Sinne einer Menschheit, die sich vollends ermannt hat. Wenngleich Stilling auf die völlige »Religionisierung« seines Lebens aus war, kann er nichtsdestoweniger von der augenscheinlichen Artung des Menschen im achtzehnten Jahrhundert einigen Aufschluß geben. Er gesteht etwa, daß ihm jener Grundtrieb, nämlich für »Jesum Christum, seine Religion und Reich« zu leben und zu wirken, nicht ursprünglich »eingegeistet« gewesen sei, sondern seinem natürlichen Charakter der »ins Große und Ganze« gehende höchst leichtsinnige »Genuß physischer und geistiger sinnlicher Vergnügen« gemäß war! Diese Sinnlichkeit forderte »immer belustigende Abwechslung; Romanen oder sonst unterhaltende Geschichten zu lesen, das war's eigentlich, wohin meine Sinnlichkeit ihre Richtung genommen hatte; meine Imagination, meine Phantasie war immerhin mit den allerromanhaftesten Bildern in unaussprechlicher Lebhaftigkeit beschäftigt, und mein Leichtsinn setzte sich über alle Bedenklichkeiten weg«. Unvergeßlich ist auch Garves Stoßseufzer bei Gelegenheit von WERTHERS LEIDEN im PHILOSOPH FÜR DIE WELT: »Wird einmal eine Zeit kommen, wo die immer abwechselnde, immer gleich eingeschränkte Sinnlichkeit durch den immer gleich großen, unendlich weiten Verstand, der vom Anfang bis zum Ende alle Örter und alle Einwohner und Begebenheiten umfaßt, wird überwogen und dadurch die Ruhe des Geistes und Herzens festgestellt werden?«

In Hinblick auf das Fernziel einer kompletten »Intellektualisierung des erwachsenen Menschenteils« (Jenisch) widmete die Pädagogik der Bildung des Weibes großes Augenmerk. Da Lehrer sich im allgemeinen auch nicht mehr Gedanken, andere Vorurteile zu machen pflegen als ihre Zeit, richteten sie das weibliche an der Erziehung des männlichen Geschlechts aus, was Daniel Jenisch in seinem Räsonnement über GEIST UND CHARAKTER DES ACHTZEHNTEN JAHRHUNDERTS, POLITISCH, MORALISCH, ÄSTHETISCH UND WISSENSCHAFTLICH BETRACHTET 1798 einen glücklichen Gedanken hieß: »diese Anschließung des weiblichen Geschlechts muß als ein wesentlicher Fortschritt zur Veredlung desselben so wie des kommenden Menschengeschlechts angesehen werden, wenn es anders wahr ist, daß wenigstens zwei Drittel des Guten so wie des Bösen in der Welt mittelbar oder unmittelbar durch Weiber oder um der Weiber willen geschieht, wenn es wahr ist, daß weisere und bessere Mütter auch weisere und bessere Kinder bilden und daß Kinder die Hoffnung des Menschengeschlechts sind« [75]. Die zeitgenössische Literatur hat als einen – lehrreichen – Gemeinplatz: das Frauenzimmer, dessen klarer Kopf endlich verführt wird, nicht weil es blind vor Liebe geworden wäre, sondern weil der Verführer seine Einbildungskraft hinzureißen wußte – durch einschlägige Bücher oder eine Illustration wie etwa Ledas mit dem Schwane! Die Zeichnung nach diesem Tizian-Gemälde ist der Verführer in Wezels satirischer Erzählung DIE UNGLÜCKLICHE SCHWÄCHE; in Schummels EMPFINDSAMEN REISEN DURCH DEUTSCHLAND sind es Schriften von Rost, die eine Kindsmörderin zu Fall brachten. In Laukhards tragisch-komischer Geschichte von EULERKAPPERS LEBEN UND LEIDEN ist es DER IM IRRGARTEN DER LIEBE HERUMTAUMELNDE CAVALIER, dessen gemeinsame Lektüre die beiden Liebenden fallen läßt. In Cramers ERASMUS SCHLEICHER ist es der Sekretär und wahrlich Liebediener des eigentlichen Verführers Hanno, der des Opfers »lebhafte Phantasie mit so süßen hinreißenden Bildern der feinsten Wollust zu erhitzen« weiß, daß »ihn oft selbst schwindelte«.

Die theoretische Radikalität, welche den Menschen als Vernunftwesen formulierte, so er den Namen Mensch zu Recht tragen wollte, und ihm geradezu als tierisch verdachte, von Natur wegen auch Triebwesen zu sein, hat alle sympathetische Anziehung der beiden Geschlechter zuletzt mit der Einbildungskraft als eine Täuschung der Sinne selbst in Frage gestellt. Um der bürgerlichen Gesellschafts-Ordnung willen ließ man lieber eine ungefühlige eheliche Übereinkunft gelten als den, wie es in den BAMBOCCIADEN von Bernhardi heißt, nicht abzusehenden

»Rausch des Verstandes« Liebe. Stilling gibt dafür einen schönen Beleg. Nach dem Tode seiner ersten Frau, nach zehnjährigem schweren Ehestand, erkennt er, »daß sein Schwiegervater, seine selige Christine und er selbst damals weder nach den Vorschriften der Religion noch der gesunden Vernunft gehandelt hätten; denn es sei des Christen höchste Pflicht, unter der Leitung der Vorsehung jeden Schritt und besonders die Wahl einer Person zur Heirat, nach den Regeln der gesunden Vernunft und der Schicklichkeit zu prüfen, und wenn dies gehörig geschehen sei, den Segen von Gott zu erwarten«! Als in Schöpfels MARTIN FLACHS die Braut Karls spurlos verschwindet und ihr Verlust ihm trübe Stunden macht, mahnt ihn sein Freund brieflich an: »Die Ausschweifungen Ihrer Einbildungskraft können die gefährlichsten Folgen für Ihre Gesundheit haben, und – was verlöre dann die Welt, was verlöre besonders ich, wenn Sie in Ihrer Blüte dahin stürben?«

Das Verhältnis der Geschlechter zueinander hat, wie es sich im Schrifttum der Zeit darstellt, daher vielfach etwas Verquältes, das nicht große Chance läßt, Seele und Leib in eine natürliche Proportion zu fügen. Entweder künstelt man sich in die Schilderung ätherischer Seelenliebschaften hinein oder man gleitet geradezu in ein unappetitliches Auskosten verfänglicher Situationen ab [76]. Nie ist beispielsweise Kotzebues Art der Geschlechtszeichnung glücklicher charakterisiert worden als durch Herder, der sich, wie Böttiger notierte, bei diesem Schriftsteller in ein »feines Bordell« versetzt fühlte. Hingegen entsprach der moralischen Integrität des jungen Mannes, wie er vor der Ehe sein sollte, der offenbar rücksichtslose und ja legalisierte Verbrauch an Frauen, den diese Männer des achtzehnten Jahrhunderts, häufig mehrmals heiratend, haben. Zimmermann an Lavater: »Deine Frau schon wieder krank? Lavater, zerstöre doch nicht immer wieder ihre Gesundheit durch Unmäßigkeit im ehelichen Werk«!

Innerhalb einer Epoche, die dem ehelichen Pflichtgefühl das Wort redete und die Sinnlichkeit exorzierte, liest sich der völlig unverblümte Althing geradezu als ein bürgerlicher Boccaccio. Es ist bezeichnend, daß der Ausbruch aus dem Tabu die Einbildungskraft auf einen Schlag bis in Abgründe einer ungeheuerlichen sexuellen Phantasie verführt. Der Zeichner feiner Bordelle,

Kotzebue, gab 1790 in der Bühnen-Satire DOCTOR BAHRDT MIT DER EISERNEN STIRNE, ODER DIE DEUTSCHE UNION GEGEN ZIMMERMANN. EIN SCHAUSPIEL IN VIER AUFZÜGEN, VON FREIHERRN VON KNIGGE diesem alterierten Rationalismus einen bestürzenden Ausdruck! Klockenbring, Redakteur des HANNOVERSCHEN MAGAZINS, einer der Angegriffenen, verlor darüber den Verstand. Kästner gab am 23. April 1792 Nicolai eine Paraphrase der Affäre, in die außer Kotzebue und Zimmermann auch Marcard verwickelt war: »Die Geschichte mit K. und M. ließe sich so erklären: Ein Junge M. gibt dem andern K. Dreck, da wirf auf die Leute, die unserm Spielkameraden Z. seine Ungezogenheiten verwiesen haben. K. wirft und trifft statt der Leute Z. selbst. Tummer Junge, sagt M. zu K. habe ich dir den Dreck deswegen gegeben, daß du nicht geschickt werfen sollst?«

Ebeling [77] hat einmal recht. Dieses von Geilerei, Schwulerei strotzende Stück, das die Bahrdt–Boie–Hippel–Kästner–Lichtenberg–Mauvillon und so fort am Ende in einem Abort versinken läßt, repräsentiert »den Bodensatz der Cloaque der Komik«. Es ist zugleich ein Zeugnis dafür, wie eine Äußerung fern der besserungsästhetischen Fessel aussah.

FÜNFTES KAPITEL

DER SPÄTRATIONALISMUS –
EIN BEDLAM FÜR VERSTIMMTE TALENTE

I. Unruhige Geister, fliegsame Seelen

Ludwig Tieck meinte, wie es in den Kritischen Schriften (III, 100) heißt, von 1770 an eine »sehr tadelnswürdige Verzärtelung« des deutschen Bürgertums zu bemerken, eine Verzärtelung, »die sich für moralische Bildung gibt«. Er brachte jene bürgerliche Seelenregung mit dem schwindenden Gefallen an Holberg und Goldoni in Zusammenhang und äußerte: »Diese kränkliche Schwäche erträgt zwar täglich das Empörendste, ja erbaut sich daran, erschrickt aber vor jedem derben Stoß und meint in jeder echten Posse und Schalkheit die Tugend gefährdet.« Eine falsch verstandene Idealität nebst einer durch die protestantische Ethik ausgeprägten sinnenfeindlichen Moral hat das Bürgertum des achtzehnten Jahrhunderts weithin zu jener schamhaften Stellungnahme vermocht, die aus der Welt zu schaffen meinte, was nicht zur Sprache kommen durfte. Das führte zu den seltsamen Exaltationen in ein verstiegen Geistiges oder kraß Materielles, wenn nicht gar in Psychopathentum und geistige Zerrüttung. Aus der dem Jahrhundert fassungslosen Polarität zwischen Kopf und Geschlecht, die aber doch in einer genauen Korrespondenz gedacht wurden, formulierte es sich als Heilmittel der Melancholiker und überhaupt der am Geiste Kranken den ärztlich verordneten – Beischlaf! So kann man es wenigstens bei Reil in Zitat der 1795 zu Leipzig erschienenen Abhandlung über den Wahnsinn des Italieners Vincenzo Chiarugi (1759–1820) lesen, der 1793 zu Florenz sein dreibändiges Werk Della Pazzia in genere, e in specie veröffentlicht hatte. Für die Exaltation ins kraß Materielle ist allein Lamettries kecke Menschmaschinen-Theorie das bedeutende Beispiel.

Der deutschen Gebildetenschicht war es fast einhellig ein Greuel, so zu denken: Haller äußerte durchaus nicht eine private Meinung, als er gegen Lamettrie anschrieb [1]. Dabei war jedoch die Anspielung auf die Menschmaschine ein probates Mittel in Satiren, und gerade die Literatur der Spätaufklärung in ihren achtbarsten Vertretern hat offenbar beständig unter diesem, wie man glaubte, Fluch gelitten, daß der Mensch sich nie oder nur auf Augenblicke seiner Irdischheit überheben könne, sondern mit einem »doppelten Janusgesichte« als »Grenzgott auf der Scheidung beider Welten« steht, wie Reil eindringlich vorstellte: »Mit seinem Geist blickt er in die intellectuelle, mit dem Gefühl seines Organismus in die materielle Welt hinüber.« Die Definition, nach der der Mensch das Mittelding zwischen Tier und Engel sei, läßt sich bis zu Seume wiederfinden – sie steht bei ihm in der ELEGIE AUF EINEM FESTE ZU WARSCHAU. Vor ihm fand sie in Flögels GESCHICHTE DER KOMISCHEN LITERATUR (I, 102) Eingang. In Wielands Fragment von 1760 THEAGES. ÜBER SCHÖNHEIT UND LIEBE finden wir endlich auch den Hinweis auf den Mann, der die Definition eigentlich prägte: »Ein Mensch, der ganz Vernunft, ganz Geist, ganz Gedanke ist, ist zwar ein stoischer Mensch in seiner stoischen Welt; in der wahren Welt aber gibt es keine anderen Menschen als (wie unser Haller sagt) Mitteldinge von Engeln und Vieh.« Albrecht von Haller war in der Tat der glückliche Finder jener ungemein eingängigen Formel. »Zweideutig Mittelding von Engeln und von Vieh« heißt der Mensch in seinem 1732 bis 1733 entstandenen Lehrgedicht ÜBER DEN URSPRUNG DES ÜBELS – die umfassendste dichterische Gestaltung der Leibnizschen Theodizee im achtzehnten Jahrhundert. Voltaires CANDIDE und Lamettries L'HOMME-MACHINE machen sozusagen das eine Gesicht der janusköpfigen Epoche, machen für den Zeitgenossen ihre Fratze, wenn Leibniz und etwa Haller ihr holdes Antlitz zeigen. Von der Popularität der Hallerschen Formel zeugt endlich eine artige Parodie, die Kästner in einem Briefe an Friederike Baldinger vom 1. Dezember 1777 überliefert: »Und bei der Gelegenheit fällt mir ein, daß Naumann, der Verfasser des Nimrods, einmal ein Hochzeitcarmen machte, darinnen er die Braut so beschrieb:

Du artig Mittelding von Jungfern und von Weibern;

Das Original des Verses war freilich Hallers Mittelding von Engeln und von Vieh, und so machte der Dichter den Weibern kein großes Kompliment.«

So kann man sagen, daß die Einbildungskraft erst problematisch zu werden begann, als das Leib-Seele-Sein des Menschen problematisch wurde. Auch in dieser Hinsicht war der Epoche letztes Wort die bloße Feststellung, ohnmächtig, das Problem zu meistern. »Man ist nicht Herr seiner Leidenschaften und Neigungen, aber wohl seiner Handlungen. Diese müssen allemal der Herrschaft der Vernunft unterordnet werden« [2]. Man fügte sich in das scheinbar Unabänderliche und sah umso strenger darauf, daß die gesellschaftliche Ordnung, der einzelne als Glied dieser Ordnung, immer intakt blieb und unanstößig funktionierte.

Desto frappierender ist die Beobachtung so und so vieler Einzelgänger, die, nach ihrer Denkungsart durchaus abhold jeder geniemäßigen Exzentrik, ihrem Lebenslauf nach nie in jener bürgerlichen Gesellschaft heimisch geworden sind, sondern geradezu das Irrationale in Person und Leben, den erstaunlichsten Pikarismus ausgelebt haben. Wie ein Abenteuerroman liest sich die von 1792 bis 1802 erschienene, selbstverständlich zur Abschreckung und Warnung geschriebene Biographie des Pfälzer Pfarrerssohns Friedrich Christian Laukhard [3], der 1758 geboren wurde, Theologie studierte, an der Universität Magister wurde, unter die Soldaten ging, zu den »Neufranken« desertierte, als Hospitalwärter und – wieder in Uniform – schwäbischer Korporal weiterlebte und endlich 1822 in Kreuznach als Privatlehrer und Schriftsteller starb. Ähnlich tumultuarisch auch die Lebensreise Ignatz Aurelius Feßlers (1756–1839), der vom Mönch bis zum protestantischen Sektierer und aufgeklärten Geheimbündler und schließlichen Pädagogen alle nur denkbaren Vermummungen der Zeit mitmachte. In die Kategorie der damals so zahlreichen Menschen mit den sonderbaren Lebensläufen, der Forster, Dentzel, Cloots und Trenck, gehören ferner Wilhelm Ludwig Wekhrlin (1739–1792), Georg Friedrich Rebmann, der zwielichtige Rudolph Erich Raspe [4], auch August Friedrich Goué (1745–1789), der aus Goethes Leben bekannte Hofkavalier und Legationssekretär in Wetzlar, wo er unter seinen Tischgenossen einen lustigen Ritterorden stiftete; zuletzt dem Trunk und einem abenteuerlichen Leben ergeben, war er von jeher ein windiger Spaßmacher, gleichwohl nicht ohne Genie und umfassende Kenntnisse. Ein signifikantes Mischmasch-Schicksal des achtzehnten Jahrhunderts erlitt der Verfasser des seinerzeit berühmten Lustspiels NICHT MEHR ALS SECHS SCHÜSSELN, der Schauspieler Gustav Friedrich Wilhelm Grossmann (1746–1796). Bei Salzmann lesen wir die unnachahmliche Formulierung: »Er endigte seine Laufbahn nicht glücklich; seine Kräfte wurden durch erfahrene Widerwärtigkeiten und durch Sorgen gelähmt; die politischen Ereignisse der Zeit gaben seiner regen und lebhaften Einbildungskraft eine falsche Richtung, eine gewisse Sansculotterie auf der Bühne zog ihm bürgerliche Ahndung zu und eine an Wahnsinn grenzende Überspannung ging in ein schleichendes Fieber über, welches ihn tötete.« Vollendet pikarisch mutet endlich der Lebenslauf von Johann Christoph Sachse an. Er wurde 1761 oder 1762 geboren, war der Sohn eines Hirten und späteren Schulmeisters. Lange Zeit stand er in Diensten und trieb sich nach Handwerksburschenart durchs Leben. Seit 1800 war er Bibliotheksdiener in Weimar, wo Goethe ihm seine Hilfe und sein Wohlwollen schenkte. Er starb 1822. In seinem Todesjahr gab Goethe den nach Tagebuchaufzeichnungen von Sachse verfaßten Roman seines Lebens unter dem Titel DER DEUTSCHE GIL BLAS heraus – ein »Naturwerk«, wie er es im Vorwort nannte. Eine der chamäleonischsten unter geradezu ›barocken‹ Lebenskreuz- und Querfahrten inmitten einer situierten oder doch sich situierenden Gesellschaft ist sicherlich diejenige Jung-Stillings (1740–1817), der hier, obgleich nicht von rationalistischem Schlage, wenigstens Erwähnung finden darf. Denn weigert man sich, mit Stilling in der Planlosigkeit seines Lebens die ordnende Hand Gottes walten und »es schon machen« zu sehen, ist dieses Leben außerordentlich durch seine bewußte Auslieferung an das gänzlich Irrationale und Zufällige. Nur der unbeirrbare Glauben an die göttliche Lenkung bewahrt ihn vor dem erklärten Fatalismus eines CHEVALIER HASARD, dessen Memoiren, von Gatien de Courtilz verfaßt, 1703 erschienen, wie vor dem lebensmüden Schoppizismus: ein christlicher Pikarismus aber ist das ohne Zweifel. Übrigens sei hier auch das nervöse Leben Karl Philipp Moritz' erwähnt, der, 1757 geboren, als Sechsunddreißigjähriger stirbt. »Unüberlegtheit, Impulsivität, Herzensnot drängten diesen im römischen Sinne als Jüngling mit 37 (?) Jahren Dahingegangenen ewig auf die angsterfüllte Straße der Flucht, enthoben ihn der Seßhaftigkeit eines festen Amtes, dessen er als Bürger so nötig bedurfte, und benahmen ihm alle behagliche Würde, die eine späte Professur an der Akademie einzuschließen schien« [5].

Wir beobachten merkwürdig ungegründete Existenzen, die aber nichts weniger als romantisch scheinen; widerwillige Außenseiter, die nichts sehnlicher wünschen, als in Ordnung zu kommen; Pikaros ohne die deutliche Erkenntnis dieser Existenz. Gewiß stimmen solche bizarren Lebensläufe eher zu dem Rationalismus nach der Jahrhundertmitte. Das aufrüttelnde Erlebnis der älteren Generation – das Erdbeben zu Lissabon von 1755 – war mehr angetan, den Geist in Unordnung zu bringen. Kant und Zimmermann berichten uns davon 1756 in Traktat und Gedicht; Voltaire gab LE DÉSASTRE DE LISBONNE den Anstoß zu seiner Fragestellung gegen die beste aller Welten; Rousseau entgegnete ihm mit zeitgenössischem Unmut. Von Elisabeth Goethe lesen wir aus dem November 1755, wie sehr das Erdbeben den jungen Wolfgang bewegte: »Betrachtungen aller Art wurden in Gegenwart der Kinder vielseitig besprochen, die Bibel wurde aufgeschlagen, Gründe für und wider behauptet; dies alles beschäftigte den Wolfgang tiefer als einer ahnen konnte, und er machte am Ende eine Auslegung davon, die alle an Weisheit übertraf. Nachdem er mit dem Großvater aus einer Predigt kam, in welcher die Weisheit des Schöpfers gleichsam gegen die betroffene Menschheit verteidigt wurde und der Vater ihn fragte, wie er die Predigt verstanden habe, sagte er: Am Ende mag alles noch viel einfacher sein als der Prediger meint, Gott wird wohl wissen, daß der unsterblichen Seele durch böses Schicksal kein Schaden geschehen kann.« Das bewegende Ereignis der Menschen vor der Jahrhundertwende stellte dagegen die Französische Revolution mit allen ihren Vorwehen und Weiterungen dar: sei es abwehrend, sei es bejahend, sie zog den Zeitgenossen in ihren Bann, in Rumor und entgeisternden Strudel. »Wie zur Zeit der Königin Elisabeth«, sagt Johann Daniel Falk in einem von ihm so genannten »Aphorismus«, den er 1803 in den zu Weimar erschienenen KLEINEN ABHANDLUNGEN, DIE POESIE UND KUNST BETREFFEND veröffentlichte, »liegt eine große Erschütterung hinter uns, die alle Geister bedeutend aufregt. Was dem Engländer die Reformation war, ist dem Deutschen die französische Staatsumwälzung. Nahliegende Völker teilen fast jedesmal das Heilbringende einer solchen Crisis, mehr noch als die Nation, welche sie eigentlich unmittelbar trifft. Das Erdbeben, das an Ort und Stelle Städt' und Länder verschüttet, löst sich,

funfzig Meilen von dort, in einen befruchtenden Regen auf.«
In diesem Zusammenhang muß auch Lichtenbergs gedacht werden. Am 5. Oktober 1789 erlebte Frankreich nach einem tumultuarischen Sommer den Aufstand seiner Hauptstadt, in dessen Verlauf der König und die Nationalversammlung genötigt wurden, von Versailles nach Paris überzusiedeln. An demselben Tag, »da die Revolution in Frankreich ausbrach«, ist, wie Lichtenberg 1794 kurz nach dem französischen Nationalfeiertag dem Freund Müller von Itzehoe mitteilte, »eine höchst merkwürdige in meinem Körper« ausgebrochen. Er wurde morgens um fünf Uhr von einem »krampfigten Asthma befallen«, das ihm »über vier Wochen hintereinander fast täglich mit Ersticken drohte«. Das Allgemeine und das Private, politische Revolution und Aufstand eines Leibes in eine irritierende Beziehung zu setzen, ist eine kühne Gleichung aus der tieferen Mathematik des privaten Lichtenberg. Ist sie darum schon vermessen? »Die Welt ist ein allen Menschen gemeiner Körper«, notierte er sich schon 1769, »Veränderungen in ihr bringen Veränderung in der Seele aller Menschen vor, die just diesem Teil zugekehrt sind.« Zu den Wahnideen des alten Zimmermann gehörte, daß er als Aristokrat von neufränkischen Revolutionären verfolgt werde; Lichtenberg träumt einen Angsttraum von der Belagerung der Stadt Mainz. Er hütete sich wohl, so Unausdenkbares zu Ende zu denken. Aber er beobachtete aufmerksam und fand es denkwürdig genug, wenn partielle Sonnenfinsternis und partielle »Geistesverfinsterung« des englischen Königs zusammenfielen, ein Komet aufkam, als sich der Prozeß Ludwigs XVI. zu Ende neigte, und gleich nach der Hinrichtung verschwand [6].

Selbstverständlich läßt sich auch in den ersten Jahrzehnten der eine und der andere Lebenslauf verfolgen, der das Sprunghafte, Abgebrochene, das Chamäleonische als seinen Stempel trägt, auch unter der korrekten Perücke. Des Lessing-Vetters Christlob Mylius (1722–1754) kurzfristiges, überhaupt zu kurz kommendes Leben kann zum Beispiel dienen. Er ist der Aufklärer auf dem Papiere, der jedoch mit der eigenen Existenz nie recht klar gekommen ist. Kästner schrieb nach dem Tode »unseres Freundes« im Oktober oder Anfang November 1754 an Lessing und verglich Mylius mit Günther, »der uns sehr viel größer scheinen würde, wenn die Sammlung seiner Gedichte sehr viel kleiner wäre. Man kann wirklich diese Ähnlichkeit des Dichters der nur ein Dichter war, und des Naturforschers der ein Dichter hätte werden können, noch weiter treiben; man kann von dem letzten sagen was der erste von sich sagt: daß

... Zeit und Glück nicht wollte,
Daß seine Dichterkunst zur Reife kommen sollte.«

Wir nennen Johann Christian Trömer, der gegen 1697 geboren wurde und 1756 starb. Er nannte sich den Sohn eines französischen Vaters und einer deutschen Mutter, stammte wohl aus Dresden, war Buchhändlerlehrling in Nürnberg, Wittenberg und Leipzig. Von 1729 an betätigte er sich als Kammerdiener, Schreiber und Theaterdirektor beim Herzog Johann Adolph von Sachsen-Weißenfels, war in Paris und Danzig und 1734 als lustiger Reisebegleiter seines Herzogs auch in Petersburg. In den Ämtern eines Oberpostkommissärs, Alleen- und Bauaufsehers, in denen wir ihn anschließend finden, scheint er sich weniger wohl gefühlt zu haben denn als Lustiger Rat am Hofe Augusts III. in Dresden! Im Jahre 1728 begann er seine Erlebnisse und komischen Situationen in der Sprache eines Franzosen, der sich das Deutsche nur unvollkommen angeeignet hat, zu veröffentlichen: Picaro greift zur Feder.

Ganz einzigartig aber steht in jener Zeit die Erscheinung Heinrich Lindenborns da [7]. Lindenborn ist geradezu ein Hohn auf die rationale Gesellschaftsordnung und muß dennoch als einer der einflußreichsten Aufklärer in den Ländern am Rhein gelten. Mit ihm wagt sich sozusagen erstmalig die von dem Theater der Aufklärung vertriebene Lustige Person in Gesellschaft und exerziert auf eigne Faust und nach dem eigenen Kopf eine Existenz, die ihm erst am Ende des Jahrhunderts, in solchem Selbstverständnis auch dann nur in der Literatur, nachgelebt worden ist. Er verkörpert, kurzum, Hanswurst, der als *Diogenes* zum weisen Spötter wurde – lebende Satire und leibhaftiger Satiriker ineins. Auf Diogenes war die Epoche im allgemeinen nicht eben gut zu sprechen. Die Ausnahmen sind rasch aufgezählt. In Hippels LEBENSLÄUFEN fand sich der zynische Philosoph wiederholt und freundlich erinnert; in Jung-Stillings LEBENSGESCHICHTE wird der Garten eines Kaufmanns erwähnt, in dem sich ein »Diogenes Faß« befand, groß genug,

»um darinnen allerhand Betrachtungen anzustellen«! Wieland, der einen Nachlass des Diogenes fingierte, schätzte unter den Philosophen des klassischen Altertums den Zyniker am höchsten, auf den sich einst Jakob Thomasius zu berufen pflegte. Und von einem Freunde Wielands, dem schon genannten Riedel stammt ein Zitat, das Diogenes und in ihm Hanswurst rehabilitierte. Wir entnehmen es seinem Brief an Klotz: »Wenn man viel Witz haben muß, um die Menschen auf eine solche Art anzubellen wie Diogenes, so gehört zugleich viel Selbstverleugnung dazu, in eine solche Lage sich zu versetzen, wo man gewiß weiß, daß das erste Gelächter nothwendig auf uns selbst zurückfallen muß. Von beiden Seiten ist mir Diogenes ein merkwürdiger Mann ...« Und vollends »Hanswurst ist gerade der Diogenes, der sich närrisch stellt, um die Torheiten anderer desto lebhafter zu malen, wie ein kluger Vater die unanständigen Posituren seines Kindes nachahmt, damit es wie im Spiegel sich sehe und beßre«! Jean Paul, dessen Humorist und ernstlicher Narrenspieler manches von der Positur des Diogenes besitzt, sollte später den gleichen Gedanken wieder aufgreifen. Wir denken an jenen Satz im § 40 seiner Vorschule, wo er das Ideal eines Hanswurst entwirft: »Aber könnte nicht eben darum Harlekin wieder tafel- und bühnenfähig werden, wenn er sich ein wenig geadelt hätte moralisch? Ich meine, wenn er bliebe, was er wäre im Lachen, aber würde, was einmal eine ganze Mokier-Sekte von Pasquinen war im Ernste? Nämlich frei, uneigennützig, wild, zynisch – mit einem Worte, Diogenes von Sinope komme als Hanswurst zurück, und wir behalten ihn alle.«

Diogenes von Sinope war als Hanswurst in Gestalt von Lindenborn tatsächlich Jahrzehnte zuvor zurückgekehrt und in Köln zu Hause. Ohne die Grenzen seiner Vaterstadt, in der er 1712 geboren wurde, je nennenswert zu überschreiten, hat seine Lebensart etwas völlig Asoziales. Lindenborn, Sohn eines Schneiders, zum geistlichen Stande bestimmt, tritt in den Stand der Ehe und wählt den verachteten eines Gelegenheitsschreibers. Berühmt macht ihn die seit 1742 von ihm herausgegebene und allein verfaßte satirisch-moralische Wochenschrift Der die Welt beleuchtende Kölnische Diogenes; der Name seiner Zeitschrift wird bei den Mitbürgern alsbald der seine! Übrigens ist Lindenborn nicht der erste und auch nicht der letzte, der in jenem Jahrhundert ein Druckerzeugnis unter dem Namen des Weisen aus der Tonne vorstellt: in den Jahren 1736 und 1737 erschien zu Danzig die Wochenschrift DER TEUTSCHE DIOGENES, und Jenisch gab 1799 unter dem Titel der DIOGENES-LATERNE anonym satirische »Illuminazionen« heraus. »Beleuchtungen« hatte auch der »Kölnische Diogenes« gegeben. Ähnlich einem Jeanpaulschen Siebenkäs sind das »Lokalstücke und zugleich Weltbilder« [8], und es verwundert nicht weiter, daß zu dem satirischen Rüstzeug dieses Narren aus Vernunft der Topos von der Welt als einer Schaubühne ebenso gehört wie das Sinnbild des weltabbildenden Jahrmarkts, das bei Goethe die endgültige Gestaltung findet [9]. Es ist betrüblich, daß so lebenslustigem, geistvoll buntscheckigem Rationalismus kein langes Leben beschieden war. Heinrich Lindenborn starb am 21. Mai 1750 in Bonn, im Alter von nur 38 Jahren.

Alle diese regelwidrigen Leben sind auf den allgemeinen ›Behaviour‹ nicht von Einfluß gewesen. Sie wurden verlacht, ignoriert, verachtet. Eigentlich bedräuendes Gegenbild war dem Rationalismus eine Zeiterscheinung, die leibhaftig den eigenen, mühsam verhaltenen Konflikt zwischen Vernunft und Sentiment, Urteilskraft und Phantasie, zum Paroxysmus gesteigert, vor Augen führte. Das war das Phänomen der Hypochondrie. In ihr erschien die rationalistische Problematik als vexierendes Negativ wieder. Sie war die womöglich ingeniöseste, sicherlich aber die aufschlußreichste Entgegnung des Rationalismus auf das Problem der Einbildungskraft!

»Die Hypochondrie ist es oder, welches einerlei ist, die Melancholie; die Schwermütigkeit, die Passio hysterica; kurz die Milzsucht« [10]. Die beredte Fülle von Synonymen, welche Dr. Krebsstein, der zur Heilung des Quistorpschen HYPOCHONDRISTEN verschriebene Arzt, für ein und dieselbe Krankheit parat hat, kaschiert noch launig genug die tatsächliche Unfähigkeit nicht nur der damaligen Medizin, dieses, wie Helfrich Peter Sturz in einem FRAGMENT AUS DEN PAPIEREN EINES VERSTORBENEN HYPOCHONDRISTEN [11] formulierte, »polypenartige Ungeheuer« zu diagnostizieren und womöglich zu bannen. Unabsehbar ist die Menge der Zeitgenossen, die unter dieser Krankheit litt, unglaublich die Schar derer, die ihrem leidenden Mitmenschen auf Abhilfe sannen und zur Erbauung im Leiden ihre eigene Leidensgeschichte mitteilten. Im Jahre 1781 erschienen zu Gotha die BRIEFE EINES ARZTES AN EINEN HYPOCHONDRISTEN von Claude Révillon. Die Übersetzung aus dem Französischen fertigte Ludwig Christian Lichtenberg an, der ältere Bruder des verheerend hypochondrischen Göttinger Professors. Im 49. Band der ALLGEMEINEN DEUTSCHEN BIBLIOTHEK finden wir 1782 folgende köstliche Besprechung: »Der Verfasser und Übersetzer waren beide mit hypochondrischen Zufällen beschwert, und beide wollen nach der in diesem Werkchen vorgetragenen Methode Hülfe gefunden haben; beide wollen aber auch diese erhaltene Hülfe ihren leidenden Nebenmenschen bekannt machen: und so entstand das Werkchen und seine Übersetzung.« Der Rezensent kommt nach der Lektüre zu dem günstigen Schluß: »Hypochondristen werden das Werkchen nicht ohne Nutzen und Vergnügen lesen. Sie finden hier und dort Waffen, um jenen auszuparieren, welche ihnen vorwerfen, daß ihre meiste Krankheit nichts als Einbildung war.« Es soll nicht verschwiegen werden, daß Möser am 14. Mai 1781 Nicolai schreibt, er denke dieses Werk zu erwerben, weil er sich für seine eigene Hypochondrie davon etwas verspreche ... Was heute lachhaft anmutet, hatte seinerzeit darum doch allen Grund zu Ernst und Erörterung. In den Jahren 1797 und 1798 veröffentlichte Heydenreich zu Leipzig eine PHILOSOPHIE ÜBER DIE LEIDEN DER MENSCHHEIT. Er nannte sie im Untertitel »ein Lesebuch für Glückliche und Unglückliche, speculativen und populairen Inhalts«. Wir nennen es nun triftiger ein Kompendium zeitgenössischer Leidwesen. Wen erstaunt, wenn unter ihnen die Hypochondrie aufgeführt ist? Heydenreich gibt dazu seine »Psychologischen Bemerkungen« und bedenkt überdies den »Unterschied des Spleens der Männer und der Hysterie der Frauen von der Hypochondrie«.

Gemäß ihrer mechanistischen Auffassung vom Menschen, aber auch gestützt durch eine jahrhundertealte Tradition war die Zeit eher geneigt, in der Hypochondrie ein Körperleiden zu erblicken. Hippokrates und Galen hatte man dafür als namhafte Autoritäten! Erst Charles Lepois erklärte 1618 Hysterie und Hypochondrie für »Gehirnleiden«, eine Theorie, die von Robert Whytt 1764 wieder aufgenommen wurde, indem er auf die erstaunliche Empfindlichkeit der Nerven bei der Hypochondrie hinwies. Ernst Anton Nikolai gab schließlich in seiner PATHOLOGIE 1765 seiner Zeit die Kompromiß-Formel an die Hand: der Sitz des Phantasierens und der Melancholie sei teils in Leber und Milz, teils in Gehirn und Nerven zu suchen! Daß der Hypochondrist das Opfer der »genauen Sympathie zwischen dem Unterleib und der Seele« sei, wie Schiller 1780 in seinem Report ÜBER DIE KRANKHEITSUMSTÄNDE DES ELEVEN GRAMMONTS äußerte, setzt sich als die zeitgenössische Meinung von dieser Krankheit fest, popularisiert wie etwa in Unzers Wochenschrift DER ARZT, die im 58. Stück des dritten Teils ausdrücklich betont, daß die Hypochondrie, obwohl man sie von jeher die Milzkrankheit genannt hat, doch »mehr eine Krankheit der Einbildungskraft als des Körpers sei«, und dementsprechend zweierlei Arten der Hypochondrie konzediert, »eine, wenn die erste Ursache derselben von einer körperlichen Krankheit im Unterleib herstammt, und eine andere, wo die verdorbene Einbildungskraft den Anfang macht und den Körper anstecket«. Dementsprechend schlägt auch der Herr v. G in Hippels LEBENSLÄUFEN vor, »wenn der Mensch an der Seele krank ist, die Kur des Leibes, und wenn er am Leibe hinfällig ist, die Seelenkur« anzuwenden, als nicht zu verachtende »sympathetische Mittel«! Noch später beginnt dem Jahrhundert da und dort zu dämmern, daß Wahnsinn keine physische Krankheit, sondern Seelenleiden ist, und überlegt es »psychische Curmethoden«. Erhard, Langermann, Kloekhof und Reil brachen ihnen Bahn. Reils RHAPSODIEN von 1803 bedeuten für die Psychiatrie einen eklatanten Wendepunkt, »indem sie jetzt dem Reich der Heilkunde angegliedert wurde, während sich vorher fast ausschließlich Theologen und Philosophen mit diesem Gebiet beschäftigt hatten« [12]. Man denke an den Pfarrer Johann Friedrich Oberlin, der sich 1778 des unglücklichen Lenz annahm, an Salzmann, Wagnitz, an Hermann Diedrich Laer (1742–1826) auch, der in seinem Pfarrhause in Netze ein Asyl für Geisteskranke eröffnet hatte.

Mag die einfache Hypochondrie nichts weiter sein als die »krankhafte Beschäftigung mit dem Wohlbefinden des eigenen Körpers«, wie 1954 der GROSSE BROCKHAUS definierte, der Zeit fürchterlich und für die Zeit symptomatisch wird die Hypochondrie eigentlich dort, wo sie als Leiden der Einbildungskraft die Gemüter erregt und die Vernunft bestürzt hat. In diesem Sinne ist das einsichtigste literarische Dokument aus dem früheren Rationalismus Quistorps Komödie DER HYPOCHONDRIST, welche 1745 im sechsten Bande von Gottscheds DEUTSCHER SCHAUBÜHNE erschien. Es wurde oben Gottscheds wortreiche Verwahrung gegen den Pritschmeistertyp von Dichter zitiert: es wurde gefolgert, daß auch Hanswurst ein Opfer jener Furcht vor der unkontrollierten Einbildungskraft geworden ist. Und es ist bemerkenswert, daß von einem Parteigänger Gottscheds ein Lustspiel geschrieben wird, das sich vornimmt, ein Opfer jener grassierenden Einbildungskraft-Maladie der Zeit als lächerliche Figur auszustellen. Krankheiten der Seele als Ungereimtheit des Verstandes anzusehen und zu behandeln, hat für den Späteren etwas Unmenschliches, wenigstens aber durchaus nichts Lächerliches an sich. Man lacht heute eher über die Lächler von damals. Ein Thema, das nur ein paar Generationen weiter die Gemüter bis zum Wahnsinn erregt, wurde hier vertan, abgetan; ein Krisenphänomen als »närrisches Zeug« eines »unsinnigen Menschen« dem Verlachen preisgegeben, bar jeder Einfühlung, daß es sich hierbei nicht um willkürliche Äußerung, Marotte, »Hirn-Gespenster« eines überspannten Sonderlings handelte. Darum ist der Schluß naheliegend. Dem »Eulenspiegel« und »Phantasten« empfiehlt sich als Remedium die Ehe – das soziale Institut also – mit der Jungfer Fröhlichin, die als Vertreterin der verständigen Aufklärung, der Gelassenheit, aus der alle maßvolle Lebensfreude sprießt, heilkräftig auftritt. Von dem heilsamen Einfluß der Weiber auf die offenbar »männliche« Krankheit berichtet Kästner einem Weibe – Friederike Baldinger – in einem Briefe vom 19. März 1778. Dort erzählt er von der Frau des Fechtmeisters Gellert und dem berühmten Hypochonder, dem Dichter Gellert: »Ihr Schwager der Dichter wohnte bei ihnen und plagte sie mit seiner Hypochondrie. Einmal bildet er sich ein, er wird gleich abfahren, macht es auch so natürlich, daß Gärtner sich zu ihm setzt und ihm Sterbegebete vorliest. Die Gellertin kömmt ohngefähr dazu; Sind Sie nicht klug, daß Sie mit dem Hypochondristen solch Zeug vornehmen? jagt den Betenden weg und macht Gellerten so viel Possen vor, daß er das Sterben vergißt.«

Bezeichnenderweise ist Quistorps Held, Ernst Gotthart, ein Vertreter der jüngeren Generation, der an dem Malum hypochondriacum leidet. Sein Vater, ein wohlhabender, selbstbewußter Lederhändler, hat für das unordentliche Phänomen bloß die achselzuckende Bemerkung übrig: »Wie kann doch ein Mensch, der nur noch eine Unze gesunde Vernunft im Kopfe hat, solch närrisches Zeug anfangen?« Denkwürdig des weitern ist, daß Quistorp mit seinem Helden einen Menschen schildert, der sich in der Poesie – wenn auch nur für sich und gute Freunde – übt: als Krankheit der Gelehrten ist die Hypochondrie von der Aufklärung langhin geführt, als die Krankheit »tiefdenkender, tiefempfindender Geister« noch von Schiller in dem vorher erwähnten Aufsatz namhaft gemacht worden. Ein Überblick über das Auftreten jenes Leidens beweist allerdings, daß vorzüglich die ›Intelligenz‹, Dichter wie Denker, unter ihm gelitten haben; und es ist Jean Paul, der in der UNSICHTBAREN LOGE sich selbst als den durch die »Anstrengung der empfindenden Phantasie« hypochondrisch gewordenen Autor deskribiert, allerdings in einer launigen Distanz. Bei ihm ist diese Krankheit ganz zu einer Krankheit der Dichter geworden, in dem Maße, wie das Dichten eine geistige Ausschweifung in fremde Leidenschaften, fremde Seelenräume geworden ist: »ein Algebraist überlebt allemal einen Tragödienschreiber!« Übrigens hat Jean Paul dieses Motiv, sich als Hypochonder einzubilden und zu beschreiben, schon früher einmal konzipiert, wenn auch nicht voll zur Ausführung gebracht, und zwar in der September 1789 entstandenen Skizze MEINE ÜBERZEUGUNG, DASS ICH TODT BIN. Diese Überzeugung hatte übrigens auch der Quistorpsche Hypochondrist zu Zeiten. Jean Paul aber gab sie phantastischen Anlaß, sich die Existenz während dem Totsein abenteuerlich komisch auszumalen.

Gleichsam Algebraisten sind die vernunftgesunden Zeitgenossen, wo sie dem Hypochondristen seine Verstöße gegen die allgemeine Konvenienz vorrechnen und überhaupt Hypochondrie notifizieren. Erstes Merkmal des hypochondrischen Ernst Gotthart ist seine in jedem Fall exzentrische Gebärdung und Ambivalenz der Stimmungen! »Wo er sitzet, da sitzet er wie ein toter Klotz, setzt die Hände unter den Kopf und träumet.« Diese Kennzeichnung des Hypochonders stimmt aber genau mit dem herkömmlichen Emblem der Melancholie überein! Das darf nicht weiter verwundern: die Begriffe Hypochondrie und Melancholie werden in der Aufklärungszeit noch promiscue gebraucht. Jablonskis Lexikon schildert sogar den Zustand der Hypochondrie eingehender unter dem Stichwort »Melancholey«, während der Artikel »Hypochondrie« nur zu einem Drittel sich der »Krankheit der Gelehrten« widmet, im übrigen aber einer ebenso genannten Krankheit der – Pferde! Auf den Zustand solcher heillosen Versunkenheit folgt bei dem Hypochondristen der jähe Umschlag in die Lustigkeit, und er ist, wie es bei Quistorp heißt, dann wiederum »lustiger, als es sich für ihn schikket«. Das heißt, der Hypochondrist vereinigt in sich jene beiden menschlichen Verhaltensweisen, gegen die der bürgerliche Rationalismus von Anfang an sich verwahrt hat: die Maßlosigkeit des Misanthropen mit der Maßlosigkeit der Lustigen Person! Eigentlich unheimlich erschienen diese Äußerungen dadurch, daß sie in *einem* Menschen zusammen fanden und so unvermutet ausbrachen – es war das irrationale Wesen Mensch, das da unversehens vor Augen trat und scheinbar die Ambivalenz als das normale Maß in sich austrug. Was an der Schauspielerexistenz immer als unbürgerlich, um nicht zu sagen: unmenschlich verargt worden war, äußerte sich hier an einem Mitglied der bürgerlichen Gesellschaft. Sicherlich wußte man sich zu raten, indem man »so jählinge Veränderung in den Gemütsbewegungen eines Menschen, ohne die geringste äußerliche Ursache« in nichts »als in der Einbildungskraft eines Rasenden« suchen mochte; das wenigstens legt die Geschichte DER JUNGE HERR in den BELUSTIGUNGEN vom Juli 1742 nahe. Der Hypochondrist trat – bedenkt man das verbindliche Vokabular – gewissermaßen die Nachfolge von Pritschmeister und Bühnenbuffo in der sozialen Wirklichkeit an. Und desto eindringlicher erging der Ratschlag Knigges an den Bürgerlichen, um des Bestandes seiner Ordnung willen zu Recht: »Sei, was Du bist, immer ganz, und immer Derselbe! Nicht heute warm, morgen kalt; heute der lustigste Gesellschafter, morgen trocken und stumm, wie eine Bildsäule!« Es war jedenfalls die eine bestürzende Erfahrung der älteren Aufklärung, daß der Mensch ZWEYERLEY GESTALTEN IN EINER PERSON zu beherbergen vermöchte: bezeichnender Titel eines Aufsatzes in den BELUSTIGUNGEN vom Oktober 1742, der diese Wahrnehmung im Bildstock einer Maria bedeutet, der so geschaffen war, daß man ihn »auf einer Spille herum drehen konnte«, und übrigens »zwei Gesichter hatte, ein lächelndes und ein trauriges«. Noch für Hufeland am Ende des Jahrhunderts galt als vornehmliches Symptom von Hypochondrie, »wenn man eine sehr veränderliche Gemütsstimmung hat, so daß man plötzlich ohne Ursache still und traurig und ebenso plötzlich ohne Ursache ausgelassen lustig werden kann« [13]. Pockels in Moritzens MAGAZIN bemerkt dieses Phänomen des jähen Umschwungs ebenfalls und spricht, »während er diese Tatsache rein körperlich zu deuten bemüht ist, gleichzeitig von der Möglichkeit einer verborgenen Gesetzlichkeit, da das Gegensätzliche oft näher stehe als das Ähnliche« [14]!

Die andere Erfahrung dürfte nicht weniger bestürzend gewesen sein. In dem Hypochonder produzierte ein »verrückter Verstand« jenes Phantasieren ohne hinreichenden Grund, jenes Wahndichtertum, das der rationalistischen Poetik solcher Greuel gewesen ist, weil man es in Bezug auf den Menschen, nicht als ästhetisches Spielwerk sah. Läßt man einmal außer acht, daß der Hypochondrist seine Phantasmagorien wider Willen produzierte, und betrachtet man sein Seelenvermögen mit Augen einer nachromantischen Generation, so ist er zweifellos innerhalb des achtzehnten Jahrhunderts der erste ›moderne‹ Dichter und Mensch, wenngleich unfähig, dieses Phantastische in ein Gedicht zu überschreiben. Schon Adam Bernd hat in seiner für Hypochondrie und Seelenkunde überhaupt außerordentlich lehrreichen Selbstbiographie darauf hingewiesen, daß Hypochondristen auf Grund ihres Leidens eine besondere Beobachtungsgabe hätten: »Zu solchen Zeiten sehen die Menschen durch ihren Leib alle Dinge an, als wie wenn man eine Sache durch ein rot, grün oder gelb Glas ansieht, welche uns rot, grün oder gelb muß vorkommen. Ich habe mehrmals aus Scherz das Paradoxon behauptet und gesagt, unser Leib urteilet.« [15]

Jablonski erwähnt eines Melancholikers, der bildete sich ein, »er werde in eine Schildkröte verwandelt, und blieb, so lange die Krankheit währete, welches gemeiniglich in den Hundstagen geschah, unter seinem Bette liegen«! Mit anderen Worten, der Hypochondrist erleidet im achtzehnten Jahrhundert als seelischen Notstand, was zweihundert Jahre später, man denke an Kafkas VERWANDLUNG, ästhetisch erst seine Erlösung gefunden hat. Ernst Gotthart muß erleben, wie eine Frau in dem Augenblick, als er ans Fenster tritt, unten auf der Straße tot zusammenbricht, und folgerichtig bildet er sich ein, er habe die Frau getötet, habe Basilisken-Augen! Das angekränkelte Individuum sieht, fühlt hier nach jener nur dem Rationalismus absurd scheinenden alogischen Logik, in der – wie das Beispiel der Commedia dell'arte zeigte – das elementare Theater ganz naiv zu Hause war: Sehen, Fühlen nach einer magischen Kausalität, paralogischen Vernunft, wonach die neuere Literatur artifiziell wieder Zugang suchte. So betrachtet, das heißt nicht als lachhafte Exaltation, wie Quistorp sie nahelegte, ist die bedeutendste Szene in dem Hypochondristen die, wo Ernst Gotthart seinen Vater plötzlich beschwört, bei ihm zu bleiben, weil eine Wolke im Zimmer sei, und erst das Zimmer sich zu verlassen getraut, als sein Vater, auf den »Fiebertraum« eingehend, voraus schreitet; mit »fürchterlichen Gebärden« läßt Quistorp seinen kranken Helden gleichwohl ausrufen: »Ei, Herr Vater! sehen Sie, die Wolke verläßt uns nicht. Sie zieht immer vor uns her.« Bleibt man in dem Bilde, so ließe sich sagen, daß dem Rationalismus jene dräuende Wolke durch das ganze Jahrhundert vorgeschwebt ist.

Es verlockt, derartige Krankheiten gleichsam als die Geniestreiche der Natur zu sehen, Ärzte als ihre bemühten Interpreten: einer ingeniösen Krankheit ist wie einem Kunstwerk nur beizukommen, indem man die Methode, das ist die Diagnose daraus abzuleiten versucht. Daher auch standen die Ärzte im achtzehnten Jahrhundert so ratlos gegenüber jener neuesten Naturäußerung ›Hypochondrie‹ – mit dieser Krankheit eilte die Zeit in dem und dem um ein Jahrhundert voraus! Wie Lena in dem Büchnerschen Lustspiel der entsetzliche Gedanke kommt, daß es Menschen gibt, »die unglücklich sind, bloß weil sie *sind*«, so formuliert die Jungfer Fröhlichin bei Quistorp, wenn auch wesentlich prosaischer: »Den Gesunden ist alles gesund. Sollte nicht den Hypochondristen auch alles hypochondrisch sein, Herr Doktor?« In dem Zusammenhang interessiert Eichendorffs Würdigung des Sentimentalismus, über den er sich 1851 in dem Essay Der deutsche Roman des achtzehnten Jahrhunderts in seinem Verhältniss zum Christenthum wie folgt äußert: »Auch wird die moderne Poesie der nur durch ihren Mißbrauch berüchtigt gewordenen Sentimentalität niemals entbehren können; denn was ist die Sentimentalität anders als das in sich vertiefte Gemüt, das alle Erscheinungen der Welt auf sich bezieht? Diese der subjectiven Zeitrichtung entsprechende Innerlichkeit gibt uns nicht mehr die Dinge wie sie sind, sondern wie sie der Dichter empfindet, genießt oder erleidet ... Der moderne Dichter ist wie eine Äolsharfe, an der sich der lebendige Hauch der Welt melodisch bricht.« Man könnte geradezu die Entwicklung der Kunst auf die Jetztzeit zu als eine schrittweise ästhetische Normalisierung vormals normwidriger Seelenzustände charakterisieren, des Krankhaften, Ungesitteten, Absurden. Es darf in dem Zusammenhang noch einmal festgestellt werden, daß der Rationalismus nicht aus Unkenntnis etwa des Manierismus, des Extravaganten, Phantastischen seine Art zu dichten formulierte, sondern aus der genauen Kenntnis solcher Abnorm, wie er es empfand. Unter den anakreontischen Reimen eines Johann Peter Uz findet sich ein PALINODIE [16] betiteltes Gedicht, das diesen Tatbestand ausgezeichnet spiegelt. Es liest sich zunächst – im Umkreis der gewohnten Weise – erstaunlich unheimelig, gewissermaßen so, als sei Hypochondrie hier bewußt die neue dichterische Muse geworden:

Laßt ab von mir, ich will mich selbst verdammen;
Gespenster! ach! die ihr mit Klauen dräut,
Um Gräber spükt und Kindern oder Ammen
Am liebsten sichtbar seid!

Ich glaubte sonst: der Tote kömmt nicht wieder;
Ein eisern Band hält seine Füße fest:
Wo ist ein Grab, das die vermorschten Glieder
Aus kalten Armen läßt?

Im Grabe schläft Ulyß, nach langen Reisen;
Da schläft Achill, nur lebend im Gedicht:
Da kümmern sich die Narren, wie die Weisen,
Um andre Narren nicht.

So schwatzt Vernunft, die allzeit blind gewesen:
Ich glaub indes, was mein Balbier bezeugt,
Was wir im Faust und im Kalender lesen;
Und kein Kalender leugt.

Ich glaube nun die klägliche Geschichte
Vom schwarzen Mönch, der nächtlich wachen muß;
Den Hexentanz und Marthans Nachtgesichte,
Selbst Satans Pferdefuß.

Was Aberglaub im Finstern ausgebrütet,
Hört itzt mein Ohr, von banger Lust entzückt,
Seit über mich der Hypochonder wütet
Und mein Gehirn verrückt.

Der Jugend Rot flieht meine blassen Wangen:
Ich seh, erstaunt, mein schwarzes Haar gebleicht
Und welke Haut um meine Knochen hangen:
Mein schwerer Odem keicht.

Bis dahin scheint das Gedicht eine verblüffende Absage an die Vernunft, an die Überlegenheit, mit der der rationalistische Dichter Poesie handhabte. Aber die Schlußstrophen löschen diesen Eindruck und erweisen noch dazu, daß Uz diese ganze »poetische Raserei« als eine witzige Pointe brauchte, in der sein Gedicht ausklingt, recht sehr anakreontisch, recht sehr Rokokopoet und klar bei Verstand:

Will ein Gespenst bei meinem Bett erscheinen,
So sei es Fleisch und fähig schlauer Lust,
(Versteht mich recht!) mit runden weißen Beinen
Und einer weißen Brust.

Ähnlich wie Uz seine Phantasie auf den gegründeten Boden der Vernunft wieder heimführt, rettet sich Ernst Gotthart durch die eheliche Verbindung mit der inkorporierten Aufklärung, der Jungfer Fröhlichin, und muß nicht weiterhin fürchten, was er während der Hypochondrie so formulierte: »wo meine Phantasie einmal stärker wird als die Vernunft: so bin ich hin.« Gewiß ist in diesen Worten »gleichsam die ganze Wertherkrise der siebziger Jahre antizipiert« [17], gleichwohl ist es angebracht, die Grenze dieses frühaufklärerischen Sentimentalischen aufzuzeigen.

Ernst Gotthart ist wohl Individuum, aber voll der Unlust zum individuellen Geschick und liebendgern in Übereinstimmung mit dem Kollektiv! Seine Hypochondrie äußert sich bezeichnend genug auch in der gutbürgerlichen Sorge, die er allerdings ins Extreme steigert, ob er auf dem Gang durch die Stadt »auch einen jeden tief genug gegrüßt hat«. Die, sozusagen, Einfältigkeit seiner als Krankheit erlittenen Individuation bezeugt vollends der folgende seelische Mangel: zwar besitzt er bereits die folgenreiche Ambivalenz der Stimmungen, die irrationale Wendigkeit, das in nuce Proteische der modernen Menschheit, wie das achtzehnte Jahrhundert es ausbilden half; aber gänzlich fehlt ihm, der noch den unkontrollierten, unwillkürlichen Machtkampf zwischen Vernunft und Phantasie, Wirklichkeit und einem auch wirklichen Innenleben mit einer »passiven Ironie« [18] über sich ergehen läßt, das Vorstellungsvermögen einer Äußerung konträr zur Seelenverfassung! Für ihn ist es einmal ausgemacht, »wie kann ich lustige Lieder singen, wenn mein Herz voller Angst ist?« Erst der spätere durch die Hypochondrie gegangene Rationalismus hat – vor den romantischen Seelenjongleurs – diese oxymoronische Bewußtheit erlangt und Abstand in der eigenen Person von der landläufigen Ansicht genommen, daß, wie Hippel in den LEBENSLÄUFEN sagt, das Lachen eigentlich einem »kleinen, dicken Manne« herrlich steht, der »eben wegen seines lustigen Wesens so dick und fett geworden«, und daß die »Lustspieler« besser »keinen langen, groß gewachsenen Menschen Possen reißen lassen« sollten!

Als einziger Zeuge aus der Frühaufklärung ahnt der Autor der GEDANKEN VON BON MOTS in den BELUSTIGUNGEN vom Februar 1744, daß dergleichen Bonmots, »so lustig sie auch von außen klingen«, durchaus nicht »Geburten lustiger und aufgereimter Köpfe, sondern die untrüglichsten Merkmale, daß sie von einem Misanthrope und Menschenfeinde herkommen«, sind! Heutige Terminologie würde an ihre Stelle den Begriff des ›Pyknikers‹ und des ›Asthenikers‹ setzen. In der Tat sind ja der Dürre und der Fette die beiden zeitlosen Prototypen des Komischen, und es ist aufschlußreich, daß die naive Komik ihre Verkörperung stets in dem pyknischen Spaßmacher fand: Hanswurst war bekanntlich so gestaltet, der Hofnarr Frölich wie der Münchener Volkskomiker Weißferdl. Hingegen scheint der enkaustische, der zweisinnige Humor von Eulenspiegel über Schuch und Schoppe, Nestroy bis Karl Valentin eher in einem asthenischen Leibe heimisch. Der letzte namhafte deutsche Hanswurst des achtzehnten Jahrhunderts, Franz Schuch – er starb 1763 –, hat entweder tatsächlich oder aber doch für das zeitgenössische Gefühl jene Zwiespältigkeit vorgelebt und ausgespielt; wenigstens liest man in Flögels GESCHICHTE DES GROTESKEKOMISCHEN: »Außer der Bühne war er ein finsterer ernsthafter Mann, der wenig sprach; er sagte oft: sobald er die Hanswurstjacke anzöge, wäre es nicht anders, als wenn der Teufel in ihn führe!« Die Zeitgenossen sentimentalisierten und dämonisierten Schuch sich zu einem Manne, »der den unheimlichen Spannungen seines Wesens durch tolle Bizarrerien Luft zu machen liebte« [19]: weshalb soll Schuch weniger Kind seiner Zeit gewesen sein, ambivalenter Gefühle mächtig, als sein zeitgenössisches Publikum?

Der Melancholiker, der sich in Witz und Lachen rettet – niemand wäre übrigens hinlänglicher damit charakterisiert als Georg Christoph Lichtenberg, der »Kolumbus der Hypochondrie«, wie Feuchtersleben ihn treffend genannt hat [20]. Ambivalenz ist das vorzügliche Kennzeichen seines Wesens. Zeitlebens schwankt er »zwischen Heiterkeit und Pessimismus, Reflexion und Gefühl, Bewußtem und Unbewußtem, logischem Denken und Intuition, moralischer Selbsterkenntnis und sinnenfroher Lebensnähe, geistiger Angriffslust und melancholischer Selbstversenkung« [21]. Selbst sein ewiges Privatleiden, die Hypochondrie, teilt sich ihm zweideutig mit: als schöpferische Naturanlage und als pathologisches Erzübel. Die »hypochondrische Attention gegen sich selbst« (J 973) zeitigt diese Fülle der aus dem eigenen Ich abgezogenen Einsichten in das Irrationale, die ihn scheinbar zu einem vorläufigen ›Romantiker‹ machen: man denke an die Bedeutung, die Lichtenberg nicht bloß seinen Träumen, sondern dem Phänomen Traum als solchem und der Existenz nicht bei vollem Bewußtsein beimaß: »Die Geschichte enthält nur Erzählungen von wachenden Menschen; sollten die von schlafenden minder wichtig sein? Der Mensch tut freilich alsdann wenig, aber gerade da hätte der wachende Psychologe am meisten zu tun.« Man sehe das erstaunliche Bekenntnis eines gleichwohl Rationalisten: »Ich habe oft stundenlang Phantasien nachgehängt, in Zeiten wo man mich für sehr beschäftigt hielt. Ich fühlte das Nachteilige davon in Rücksicht auf Zeitverlust, aber ohne diese Phantasien-Kur, die ich gewöhnlich stark um die gewöhnliche Brunnenzeit gebrauchte, wäre ich nicht so alt geworden, als ich heute bin ...« Man versteht, daß Jean Paul in Bayreuth die Lichtenbergschen Schriften mit dem größten Eifer studierte [22]. Lichtenberg, der Professor für Experimentalphysik, der an Vorzeichen glaubt: »Jedes Kriechen eines Insekts dient mir zur Antwort auf eine Frage über mein Schicksal. Ist das nicht sonderbar von einem Professor der Physik? Ist es aber nicht in der menschlichen Natur gegründet und nur bei mir monströs geworden, ausgedehnt über die Proportion natürlicher Mischung, die an sich heilsam ist?« Lichtenberg, der kultivierte Aufgeklärte, den nichts so greulich anmutet wie der Barbarismus – bizarre Phantastik, Sprachverunstaltung – des Geniekults, gesteht offen sein erpichtes Interesse an etwaigen Relikten der Barbarei innerhalb seiner zeitgenössischen Kulturwelt: »Es ist mir keine Betrachtung angenehmer, als die, in den poliertesten Zeiten Spuren von Gebräuchen der rohesten Völker aufzusuchen, freilich ebenfalls verfeinert!« Aber darf man schlechthin sagen, es habe der witzige Kopf Lichtenbergs seinen tiefen Grund in der, wie Lichtenberg in der BESCHREIBUNG EINER MIR BEKANNTEN PERSON prägt, »Pusillanimität« seines Gemütes? Auch dafür geben Selbstzeugnisse Belege. Er ist allerdings bloß Kind seiner Zeit, des späten Rationalismus, wo er um Begriff und Wesen von Narrheit und Vernunft immer wieder spielt, über das Komische sinniert und das Satirische behauptet. Aber der Begriff des Narren stellt sich ihm schließlich sehr persönlich als seine Möglichkeit der Selbstbehauptung dar: vor den andern, der Gesellschaft, der Umwelt und vor dem eigenen labilen Ich. Er wählt (B 56, 11. Juni 1768) geradezu die doppelte Existenz: »Heute gesund und morgen tot und noch trauriger, von 1 bis 2 bei Kästnern Philosoph und von 8 bis 9 bei Wackern (ein Göttinger Gastwirt) ein Narr. Meine Muse, obgleich in Harlekins Kleidern, wagt sich nicht in diese Zirkel, zufrieden, daß man sie nicht mit einem pereat segnet ...« Denselben Gedanken drückt – B 49 – das Ende eines satirischen Gedichts auf Göttingen und seine Einwohner aus, wo es heißt:

Und soll die Wahrheit ja was anziehn,
So seis der Wams vom Harlekin.

Es ist eigentlich der späte Rationalismus, der dieses bedrückende Doppelleben des empfindlichen Menschen legitimiert. Nicht nur bei Lichtenberg besteht solche zerreißende Spannung zwischen dem launigen Gesellschafter und dem rettungslos annihilierenden Grübler fern von den Menschen. Man denke etwa an Goethes Charakteristik von dem Maler Seekatz in DICHTUNG und Wahrheit: »ein sehr hypochondrischer und in sich gezogener Mann, der zwar unter Freunden durch eine unvergleichlich heitre Laune sich als den besten Gesellschafter bewies ...« Aber erst bei Lichtenberg hat sie die zeitgenössische Sentimentalität vollends abgestreift und steht als ein bewußter Willensakt bestanden da, der von weitem an jenen ebenso zweideutigen, ebenso sonderlingshaften, ebenso mißgestalten Kierkegaard vorerinnert, dessen Tod den Schwager Christian Lund zu dem entwaffnenden Satz veranlaßte: »Ja, ist das nicht ein ungemütlicher Gedanke, daß ein Mensch, der allzeit so vergnügt aussah, so grundmelancholisch gewesen ist ...« [23]. Und ähnlich Lichtenbergs Selbstbekenntnissen sind Kierkegaards Tagebücher der Jahre 1834 bis 1855 das erschütternde Dokument einer gleichen Zerfallenheit. »Janus bifrons« nennt sich Kierkegaard, mit dem einen Gesicht lachend, mit dem andern weinend, und es ist eine ähnliche Seelenlage, wenn er berichtet: »Ich komme eben von einer Gesellschaft, in der ich die Seele war; der Witz strömte aus meinem Mund, alle lachten, bewunderten mich – aber ich ging, ja der Gedankenstrich muß so lang sein wie der Radius der Erdbahn – hin und wollte mich erschießen« [24]. Wie Kierkegaard selbst so nichtssagend gewordene komische Manifestationen wie den volkstümlichen Eulenspiegel durchdachte, in ihm das Satyrartige im Norden repräsentiert und in dem zeitgenössischen Bühnenbuffo Beckmann am Königstädter Theater in Kopenhagen und dessen Widerspiel Grobecker Chiffren menschlicher, ja seiner eigenen Existenz ausgedrückt fand, so notierte sich Lichtenberg (F 441) als literarisches Projekt, ohne es je zu verwirklichen, den »Eulenspiegel zu einem Erfinder einer großen Sache zu machen«. Erst Gerhart Hauptmann ist es dann gewesen, der dem alten Volksbuchhelden solche menschliche Problematik angedichtet hat, daß dessen Humor nicht mehr Sache jovialer Säfte scheint, und Bonaventura war es, der einem Oxymoron den geistigen und bildhaften Grund schuf, das sich bei Lichtenberg ohne weiteres notiert findet – F 1168 – das Oxymoron: »Der tragische Hanswurst!«

Es ist verführerisch, eine ideelle Linie von Lichtenberg zu dem Romantiker zu ziehen, der in der achten der Nachtwachen den Tragischen Hanswurst als neuen Chorus der Tragödie ›Mensch‹ pronunzierte. Eins steht ohne Zweifel fest: Nach

Lichtenbergs ambivalenter Sinnes- und Lebensart, seiner Affinität zum Närrischen liegt es nahe, seine Notiz romantisch zu deuten. Die Bedeutung läßt sich dahingehend zusammenfassen: der hohe Mensch wird zum Narren über seine als tragisch empfundene Deszendenz, immer Mensch zu bleiben. Andererseits wird die Maske Hanswursts diesem Menschen zum Mittel, sich über die menschlich bedingte Tragik spielend zu erheben, als sein »eigener Hofnarr und sein eignes komisches italienisches Masken-Quartett«, aber auch als sein eigener Regent und Regisseur dazu. So schreibt Jean Paul in § 34 der VORSCHULE DER ÄSTHETIK über HUMORISTISCHE SUBJEKTIVITÄT. Friedrich Schlegel formulierte gleich tiefsinnig [25]: »Alle Menschen sind etwas lächerlich und grotesk, bloß weil sie Menschen sind, und die Künstler sind wohl auch in dieser Rücksicht doppelte Menschen.« Sowie der Mensch dazu gelangt ist, die Welt als seine Bühne, das Erdentreiben als eine opera buffa e seria auszuspielen, wird das lastend Menschliche ein bloßer Anlaß zu Gelächter und Drüberhinspielerei, und als der »wahre Gott des Lachens, der personifizierte Humor«, wie Jean Paul in § 40 der VORSCHULE DER ÄSTHETIK den Hanswurst definiert, gelingt es sogar, den Tod zu überspielen, wie im SIEBENKÄS Leibgeber [26]! Der tragische Hanswurst, Mensch in einem von dem Leben veranstalteten Spiel, das ihn so oder so Narr sein läßt, sieht die Romantik in einer spezifischen Strömung des Spätrationalismus vorausnehmen. Das ist jener merkwürdige Roman von dem gefährlich sensiblen Jüngling, mag er WOLDEMAR oder ANTON REISER heißen – idealistische Jugend, die unter der Diskrepanz zwischen Innen und Außen leidet und daran zugrunde geht oder sich in Skepsis rettet, konstatierend, daß die Welt ein Narrenhaus ist, Narrenspiel treibt, zum Narren den Menschen hält. In Tiecks WILLIAM LOVELL droht die Meinung von dem Narrenwesen vollends zynischen Charakter anzunehmen. Bei Jean Paul findet sich die Aufspaltung des folgenreichen Typs: einerseits in den egozentrischen, skrupellosen Ichspieler Roquairol, der die verheerende »Einsträngigkeit« in ein faszinierend absurdes ästhetisches Spiel steigert [27], andererseits in den tragisch-komischen Lebensspieler Schoppe. Der Humorist, von Jean Paul selbst im TITAN dem Roquairol verwandt gesagt, ist zugleich die Entgegnung auf den Typ namens Roquairol-Lovell-Reiser-Woldemar-Werther: eine geharnischte Verwahrung gegen das unheilige »Schlemmen und Prassen in Gefühlen« [28], gegen das Pathetische, das nurmehr Geste ist, gegen die Maskiertheit und elende Heuchelei, gegen bodenlose Frivolität einer entarteten Aristokratie wie gegen die borniete Seriosität des Bürgertums. Der Humorist vom Geblüte Schoppes pariert ein unecht Erhabenes, indem er es nicht ernst nimmt, so den Weg zu bahnen für ein neues, erfülltes Pathos. Der Schoppizismus zeigt dem Menschen der Jahrhundertwende das Lachen über sich selbst – die Anton Reiser luxurierten in allen Seelenregungen, die eine ausgenommen, sich selbst komisch zu finden. Es ist die Tragödie des Humoristen, daß positive, die eigene Person nicht schonende Satire gleicherweise zur Einsträngigkeit verleitet und ihn selbst zu einem Glied in der unguten Entwicklungsgeschichte der Neuzeit macht. Unfähig zur Vergesellschaftung wird der Humorist zum entwertenden Umwerter allen Bestands, obzwar noch nicht in Gottesferne, wie später. Und selbst der dem tragischen Hanswurst Bonaventuras voreilig nachgesagte Nihilismus ist, im Munde des Humoristen, nichts anderes als die unausgesprochene Herzbitte um ein Zeichen von Gott: daß Gott ist [29]. Lichtenberg leibhaftig wie die genannten Romanhelden des späten Rationalismus stehen mit der romantischen Frühgeneration und Jean Paul in einem seelischen Kontakt, den die literarische Gruppierung allzu leicht verdeckt: erfüllt von der Ambivalenz des menschlichen Wesens, der Disharmonie zwischen Vernunft und Phantasie, der schwierigen Übereinkunft zwischen Ich und Gesellschaft, durchdrungen von dem Labsal, das dem Menschen in dem Lachen gegeben ward, und der Angst vor der völligen Individuation, die zum Nihilismus führen möchte, dem gräßlichsten Nihilismus, zum Wahnsinn. Aus der ansehnlichen Reihe jener ›interessanten‹ Rationalisten und Heautontimorumenen mag hier lediglich der, wie Goethe in den ANNALEN 1789 vermerkte, »talentvolle, frühverschiedene« Schriftsteller Joachim Christoph Friedrich Schulz Erwähnung, dessen höchst spannende Geschichte der eigenen Hypochondrie Beachtung finden [30].

»Man wird bei meiner Krankheitsgeschichte wechselweise lachen und zittern, und oft wird man nicht wissen, zu welchem von beiden man sich in der Eil entschließen soll. So wahr es ist, daß die ernsthafteste Sache ihre lächerlichen Seiten hat und daß das Auge, welches Tränen der Wehmut vergießt, auch voll Wasser steht, wenn sein Besitzer nicht weiß, wie er sein übermäßiges Lachen los werden soll.« In diesen zwei Einleitungssätzen gibt Schulz paradoxes seelisches Reagieren zur Einstimmung auf ein paradoxes seelisches Phänomen kund, weist in Kürze auf jene unter anderm durch die Hypochondrie erfahrene Seelenmöglichkeit des spätrationalistischen Menschen hin, daß Lachen keineswegs Ausdruck souveräner Vernunftperson sein muß, sondern körperlicher Ausdruck einer außerordentlichen seelischen Verlegenheit, die genau so gut in Weinen umschlagen kann. Stimmt man Pleßner zu, daß nur solche Grenzlagen zum Lachen reizen, »die, ohne bedrohend zu sein, durch ihre Unbeantwortbarkeit es dem Menschen zugleich verwehren, ihrer Herr zu werden«, so sieht sich der Rationalist zwiefach in eine exzentrische Situation gestellt. Den aller Vernunft spottenden hypochondrischen Phänomenen antwortet ein unwillkürliches, nicht dem Verstand untertanes Gelächter, das ihm aber, gerade indem er dadurch »unter sein Niveau beherrschter oder wenigstens geformter Körperlichkeit sinkt«, seine Menschlichkeit demonstriert, nämlich »da noch fertig werden zu können, wo sich nichts mehr anfangen läßt« [31].

Die Ausgangssituation der von Schulz beschriebenen Hypochondrie ist geläufig: angestrengte literarische Tätigkeit, unregelmäßiges Essen, ein sowieso nicht robuster Körper. Erste immer noch rein physische Symptome sind periodischer Kopfschmerz, Druck unter der Herzgrube, Gliederlähmung, Händezittern, eine Überempfindlichkeit der Nerven und Sinnesorgane und vollends Appetitlosigkeit. »Zu Ende des zweiten Monats, an einem Sonntage«, abends »um 11 Uhr«, notiert der gewissenhafte Selbstbeobachter die folgenden ›Sensationen‹. Er sieht doppelt: Schreibfeder, Tintenfaß, linke und rechte Hand, den Leuchter, die Flamme. Und seine Seele, schreibt Schulz, sah das alles mit einer Empfindung an, die sich der Verfasser nur in seiner Kindheit gehabt zu haben erinnern kann, wenn er »etwas Unerwartetes sah, das aber keinen fürchterlichen, sondern halb lächerlichen, halb erstaunenswerten Eindruck« auf ihn machte. Und auch hier ist die Reaktion der ratlosen Seele: sie lacht! Wohl wußte sie noch gut genug, daß es nicht zwei Leuchter, zwei Hände, Tintenfässer waren, aber sie hatte nicht Kraft, zu untersuchen, wie diese Täuschung entstehen konnte, und die »Ursachen, welche die Veranlassung dazu gaben, aus dem Wege zu räumen«. Zu dem Phänomen des Doppeltsehens gesellt sich, sowie er seine Augen schließt, alsbald die Einbildung, er läge in einem »unermeßlichen Gewölbe«, und »Ströme von Farben, die in ihrer Mischung den Farben des Regenbogens sehr ähnlich, aber doch überhaupt bald finsterer, bald feuriger waren als diese, wogten und webten vor meinem geschlossenen Auge, wirbelten bald zusammen, bald mit Gewalt auseinander und arbeiteten in schrecklichen Bogen, Kugeln und Schlangenwinden in-durcheinander, den Gewitterwolken ähnlich, wenn sie bald zusammen rollen, bald auseinander schnellen«. In einer spezifischen Korrespondenz zu dem von Schulz leidend erfahrenen »unermeßlichen Farben-Chaos« steht in TRISTRAM SHANDY, den Sterne selbst als gegen die Milzsucht geschrieben erklärt [32], jene farbgraphische Seite einer auf dem Farbendreiklang geometrische Formen fügenden gegenstandslosen Malerei, die Sterne listig ein »buntes Sinnbild« seines Werkes [33] nennt! In übertragenem Sinne ist also der das Abstruse bewußt einbeziehende Sternesche Humor das Arkanum für jene durch die Hypochondrie erlittene absurde Erfahrung, die Schulz in völlige Grundlosigkeit zu reißen droht: »Unbegreiflich, unbegreiflich! und immer unbegreiflicher, je tiefer ich darüber nachdenke! Kein Lichtstrahl fällt in die Finsternis, die alle Untersuchungen dieser Art umgibt! Die Seele wird irre, wenn sie über sich selbst nachdenkt, so irre, als wenn sie über die vollkommenste Seele, von der sie ein Ausfluß ist, nachdenken will.«

Wir verfolgen mit Schulz weitere Stadien einer Seelenspaltung: »Bei dieser Gelegenheit erwachte abermals ein zweites inneres Ich und sagte deutlich: Du bist ja nicht krank! aber ein anderes erwiderte: Ach ich bin von Herzen krank!« Endlich tritt eine völlige Fühllosigkeit ein. Nachdem die Schilderung der Hypochondrie bis zu jenem Punkt gelangt ist, wo der »letzte Strahl des Verstandes« erlosch, während die »aufgeregte Phantasie gewaltsam arbeitete«, erfährt der Hypochondrist durch einen gewaltsamen Unfall seiner Physis, der ihm ein ebenso gewaltsames Gelächter entlockt, die Genesung von der »schrecklichen Revolution, die meinen Geist wie meinen Körper zu zerstören drohte«. Zeit, Diät, Bewegung und Reisen tun danach ein übriges, ihn vorübergehend wiederherzustellen. Salzmann schrieb über den 1762 zu Magdeburg geborenen Schriftsteller: »Das Reisen war nur ein Palliativ-Mittel für ihn gewesen. Die Gicht stellte sich im Gefolge andrer Übel bei ihm ein, quälte ihn Jahre lang und raubte ihm zuletzt den Verstand. Er starb in einem Paroxysmus im Oktober 1798.«

Schulz erlaubt einen fesselnden Einblick in seelische Ausdruckszwänge der spätrationalistischen Generation. Bedeutender noch sind der Art Zeugnisse dafür, wie tief der Rationalismus, läßt man seinen Beweggrund vorläufig außer acht, in das unverstellt Irrationale sich einzulassen fertig bringt! Denkt man an die Wolffsche Bestimmung der Einbildungskraft als jenes seelischen Vermögens, das Dinge vorstellt, die nicht möglich sind, so ist alle der Hypochondrie nachschreibende Literatur gleichsam von der Einbildungskraft diktiert. Selbstverständlich muß der genaue Zublick diese Bemerkung dahin korrigieren, daß gut rationalistisch der gesunde urteilskräftige Verstand an solchen Orten eine in Tätigkeit befindliche Einbildungskraft unreflektiert und mit Akribie nachschreibt. Der Zweck solcher Schreibübungen in dem »Unwahrscheinlichen«, ja »Abentheuerlichen« ist ein für alle Mal, abzuschrecken, aufzuklären oder gar einer jungen Wissenschaft Anschauungsmaterial zu liefern: Schulz nennt selbst seine Geschichte einen »Beitrag zur Seelen-Naturkunde«. Die Feststellung, daß im achtzehnten Jahrhundert Hypochondristen oft die trefflichsten Psychologen, umgekehrt die trefflichsten Psychologen kränkelnde Hypochondristen gewesen sind, ist wiederholt getroffen worden. Geht man davon aus, daß vornehmlich der Protestantismus Träger der auf die Selbsterkenntnis zielenden aufklärerischen Sittenlehre war, läßt sich allerdings schließen: Diese säkularisierten Protestanten »kennen den Vorgang der Beichtbeziehung nicht und müssen sehr mühselig durch die oftmals einer Hypochondrie Vorschub leistende Eigenbetrachtung zur Erfahrungsseelenkunde aufsteigen« [34].

Gerade diese vorsätzliche Objektivität des Berichterstatters, die absichtlich nicht die Phantasie bemüht, veranlaßt aber jene einfühlsame Art des Schreibens, mit der man außerhalb des Logischen angesiedelte Phänomene anschaulich zu machen strebte. Das heißt, die rationalistische Literatur stand dort, wo sie um der wissenschaftlichen Seelenerkenntnis willen, scheinbar unter Verzicht auf literarische Ansprüche, intensiv schildert, der mit der Romantik siegreich bleibenden Kunsttheorie näher als der eigenen und entdeckte um der zweckdienlichsten Darstellung anomaler Zustände willen nicht nur im Inhaltlichen, sondern auch und sogar im Formalen für sich selbst Neuland, zumal bei der Demonstration des verheerendsten menschlichen Schrecknisses, des Wahnsinns! In den Biographien der Wahnsinnigen von Christian Heinrich Spieß, die 1795 bis 1796 in 4 Bänden zu Leipzig erschienen, findet sich die Geschichte von Karoline G-von H., ein virtuoses Erzählerstückchen. Spieß schildert darin eine Schizophrene aus der Perspektive der Schizophrenie, das heißt, er konfrontiert mit dem ahnungslosen Leser eine Alte, die so natürlich eine wahnhaft erfundene, mit Zutaten aus dem Leben ihres Mannes gespickte Geschichte ihres Lebens erzählt, daß der Leser von ihrem klaren Kopf notwendig überzeugt sein und glauben muß, daß sie für ihre angeblich wahnsinnige Tochter betteln zu gehen genötigt ist. Die Konsternation ist desto größer, als der Erzähler sich von der Alten zu der Tochter führen läßt, die gerade, Kopf zur Wand gedreht, schläft, worauf die Alte den Kopf der Schlafenden sanft herumdreht – »ich sah von neuem und sah immer nur einen bemalten Haubenstock vor mir liegen, der mich mit seinen starren schwarz gemalten Augen fürchterlich angrinste. Mein Erstaunen, meine Verwunderung, meine Verwirrung blieb der Mutter nicht unbemerkt, es mehrte ihr sanftes Lächeln, mit welchem sie mich unverwandt anblickte. Nicht wahr, sprach sie endlich, ich habe eine schöne Tochter?« Erst eine weitere Geschichte, die sich anfangs wie die Biographie einer völlig anderen Person liest, entdeckt dem Leser den Wahnsinn dieser Frau, bringt deren frappantes – durch die Kunst des Erzählers frappantes – Spaltungsirresein in eine Person, die als Jüdin Esther L. identifiziert wird, welche ihr eigenes Leben vergaß.

II. Der Mensch als Monstrum und Kuriosität

Allerdings steht dieses Erzählertum, das sich unter dem Vorsatz, der Wissenschaft vom Menschen zu dienen, erstaunlich freizügig äußerte, erst am Ende der Epoche, die Seelennaturkunde umso eher und ausschließender auf ihren Lehrplan der Aufklärung setzte, als man willens war, alles seelisch Nebulose zu Nutz und Frommen der vernunftgeleiteten Lebensführung aufzuhellen, wenn nicht gar abzustellen. Psychologie als die verbindliche Anleitung zu jedermanns Selbsterkenntnis; Selbsterkenntnis als Handhabe gegen unvernünftige Neigungen; Seelenvernünftigkeit als Bedingnis der individuellen Tugend so wie allgemeine Bekanntmachung seelischer Anomalien aus Furcht vor »Unordnung in der bürgerlichen Gesellschaft«, wie es bei Feder in seiner 1785 in Göttingen und Lemgo erschienenen Abhandlung ÜBER DEN MENSCHLICHEN WILLEN UND DESSEN NATURTRIEBE heißt, ist im guten wie im argen mit dem Rationalismus innig verwoben. Dazu rechnet auch die Tatsache, daß er unter Psychologie zuerst eine auf die Moral angewandte Wissenschaft verstand und voran trieb, übrigens in Übereinstimmung mit der von dem Pietismus geübten psychologischen Praxis, die auf die Freiheit von Sünden zielte. Tatsächlich hat zumindest die ›psychologia empirica‹ des früheren Rationalismus vom angewandten Christentum mehreres entlehnt, bewußt, wo es ihm um Erweisung eines sittlichen Lebens ging, das nicht die Religion, sondern die Vernunft zum Maßstab setzte. Bis weit über die Jahrhundertmitte hinaus blieb dieser Einfluß wirksam. So schlug etwa Obereit, das Mitglied der Münchener Akademie, vor, eine Klasse für ›Experimental-Ethik und Tugendreizungskunst‹ einzurichten! Und selbst Karl Philipp Moritz, dessen MAGAZIN ZUR ERFAHRUNGSSEELENKUNDE, an dem Obereit Mitarbeiter war, die ethisierende Psychologie erst eigentlich zu einer medizinischen Disziplin zu machen bestrebt war, beweist sich in einem Aufsatz über SEELENHEILKUNDE [35] nur als einen Christen wider besseres Wissen, wenn er ausführt: »Das eigentliche Glück unsres Lebens hängt doch davon ab, daß wir so wenig wie möglich neidisch, habsüchtig, eitel, träge, wollüstig, rachsüchtig usw. sind; denn alles dies sind ja Krankheiten der Seele, die uns oft mehr wie irgend eine körperliche Krankheit die Tage unsres Lebens verbittern können.« Es mutet merkwürdig an, eine Charakterveranlagung als seelische Krankheit aufzufassen. Man sollte besser von ›geistlicher‹ Krankheit sprechen. Denn durch die Nennung von Neid, Trägheit, Wollust, Eitelkeit etc. stellt sie sich als eine klassische Säkularisation der traditionellen Skala von den christlichen Todsünden heraus! Dementsprechend findet sich schon bei Thomasius eine Lehre von den Affekten und Anmahnung zur Selbsterkenntnis innerhalb seiner Sittenlehre, die den Zweck verfolgte, Religion durch Philosophie und Vernunft zu überwinden. Das Kapitel von der Ausübung der Sittenlehre, das dem Problem der praktischen Verwirklichung der menschlichen Bestimmung zu bürgerlich tätigem Leben galt, handelt, wie der Untertitel sagt, geradezu Von der Arzteney wieder die unvernünftige Liebe / und der zuvor nöthigen Erkäntniss sein selbst. Unvernünftige Liebe ist der genaue Gegensatz zur wahren Bestimmung des Menschen, ist die Formel für alle jene Verfehlungen, die Einbildungskraft und Leidenschaften verursachen, weshalb die von Thomasius anschließend entwickelte Affektenlehre »die Ursachen der allgemeinen Unsittlichkeit erklären und auf Besserung dieses Zustandes hinwirken« [36] soll. Die bestechende Begriffsklarheit more geometrico machte wohl, daß Wolffs innerhalb seiner Sittenlehre entwickeltes psychologisches System im Bewußtsein seiner Zeit und lange danach wirksamer gewesen ist. Von Thomasius bis hin zu den Autoren des Magazin findet man jedoch die ständige, sei es unausgesprochene Wendung zur Psychologie unter dem Leitbild des Sokrates.

»Man könnte über den ganzen Vorgang das γνῶθι σαυτόν schreiben, denn das ist tatsächlich das psychologische Merkwort dieser Loslösung von der Heteronomie, dies Wort, das man als sokratisch empfand, jedenfalls als den bezeichnendsten Ausdruck seines Wesens, wenn es auch nicht von ihm stammte.« [37] Sokrates verkörperte dem Rationalismus den der theologischen Dogmatik unbedürftigen Weltweisen, der musterhaft jene autonome rationale Moral besaß, zu deren Erlangung Selbsterkenntnis und ›moderatio affectuum‹ die nötigen Mittel waren. Sokrates war zugleich die Verheißung, daß lediglich Unwissenheit von der moralischen Perfektion abhielt. Bewußtheit der menschlichen Leidenschaften und ihrer Auslöser mußte die Vernunft ohne weiteres instand setzen, über solche Narrheit obzusiegen. Aus diesem Grunde versteht sich übrigens die verblüffende Bemerkung, daß der Rationalismus seelische Leiden, sogar Wahnsinn, als ein selbstverschuldetes Übel beurteilte, ungnädig je nachdem oder rührender Vorsorge voll, vor nie mehr gut zu machender Unvernunft zu bewahren. Das spricht wie selbstverständlich, auch wenn seine Exempel nicht durchaus beweiskräftig sind, aus den Worten, die Spieß seinen BIOGRAPHIEN DER WAHNSINNIGEN vorausschickte. »Wenn ich Ihnen die Biographien dieser Unglücklichen erzähle, so will ich nicht allein Ihr Mitleid wecken, sondern Ihnen vorzüglich beweisen, daß jeder derselben der Urheber seines Unglücks war, daß es folglich in unsrer Macht steht, ähnliches Unglück zu verhindern.« Des Thomasius Begriff der unvernünftigen Liebe ganz wörtlich nehmend, möchte Spieß geradezu »das leichtgläubige Mädchen, den unvorsichtigen Jüngling an der Ausführung eines kühnen Plans«, Liebesleidenschaft mit obligaten Folgen, hindern, weil er meint, daß solche Seelenaufregung ihnen »den Verstand rauben könnte«!

Jene Überzeugung steht vollends hinter der Fülle popularmedizinischer Broschüren, die aktuelle Verirrungen der bürgerlichen Psyche und Physis vorbeugend erörtern und, medicinae mentis allesamt, so oder so Diätetiken der Seele sein wollen. Hufelands MAKROBIOTIK ODER DIE KUNST DAS MENSCHLICHE LEBEN ZU VERLÄNGERN ist am Ende des Jahrhunderts das verbreitetste Werk dieser Art. Das 1796 zu Jena erschienene Werk hatte Hufeland dem Kolumbus der Hypochondrie, Lichtenberg, drei Jahre vor dessen Tode gewidmet: »seinem verehrtesten Lehrer und Freunde zum öffentlichen Zeichen der aufrichtigsten Hochachtung und Dankbarkeit.« Lichtenberg schrieb ihm dafür am 9. Januar 1797 einen überschwänglichen Dankbrief. Hufeland erhielt nicht nur von Göttingen Erwiderungen. Kants Aufsatz VON DER MACHT DES GEMÜTHS war als ein Antwortschreiben an Hufeland abgefaßt. Und Feuchterslebens DIÄTETIK DER SEELE, die das aus dem achtzehnten Jahrhundert überkommene Wort seinem Biedermeier zum geflügelten Begriff machte, stützt, beruft sich eben auf Hufeland und Kant als Vorgänger!

Karl Philipp Moritz folgte von vornherein dem herrschenden Denkgeist, als er 1783 ein den vielfältigen psychischen Erkundungen seiner Zeit angemessenes Organ schuf, war auf dem laufenden, als er das Schlagwort ›Erfahrungsseelenkunde‹ in den Titel aufnahm, und hielt sich an den Sokratismus, wenn er das ›Gnothi sauton‹ seinem Magazin als Motto voranstellt. Mit seiner Berufung als Lehrer ans Gymnasium zum Grauen Kloster in Berlin war Moritz in das Hauptquartier der norddeutschen Aufklärung geraten, bei dessen Vertretern das Studium des menschlichen Herzens zum eigentlichen Programm einer Erfahrungsseelenkunde wurde. Unnötig zu betonen, daß der Hypochonder Moritz mit seinem autobiographischen Roman ANTON REISER einen ungemein aufschlußreichen Beitrag zur Seelenkunde geschrieben hat. War es ihm mehr um Mannigfaltigkeit als um eine apriorische Systematik der Psychologie zu tun, so ist er auch hierin mit der spätaufklärerischen Intelligenz nach Baumgarten gleichen Geistes. Diese Mannigfaltigkeit kündet sich bereits in der Fülle der Mitarbeiter an: Menschen der verschiedensten Berufe, vornehmlich aber Pädagogen, Archivare, Pfarrer und Mediziner wie etwa Marcus Hertz. Angesichts der überraschenden, die herkömmliche Psychologie Lügen strafenden Erkenntnisse hat man von einem ›Sturm und Drang‹ [38] der Psychologie gesprochen. Ein wenig glücklicher Ausdruck, da er mit jener gegen den Rationalismus gerichteten literarischen Bewegung innig verbunden ist. Es waren aber Rationalisten, die an diesem Ort geradezu entschuldigend entdecken, was von der Romantik dann als ein Selbstverständnis ihres Menschseins empfunden wird. Unverkennbar ist das moralische Moment dieser psychologischen Selbstaufklärer und darüber hinaus kennzeichnend, daß alle Neuheiten der Sicht hinter aufklärerischem Stil versteckt sind und heiklen Konstatierungen sogleich vorsichtige Einschränkungen folgen.

Das MAGAZIN erlaubt erneut die Beobachtung, daß der Rationalismus mit Unternehmen, die nach dem Irrationalen forschten, um seiner sicherer zu sein, das Irrationale eigentlich entband. Die wissenschaftliche Akribie, mit welcher der rationalistische Autor an dem eignen Leibe Studien machte, läßt diese Art Literatur gewissermaßen skrupellos werden und bringt ein allgemein intaktes Tabu außer Geltung, nämlich das der moralischen Delikatesse in Bezug auf Dinge, die den Menschen näher bei dem Tier als beim Engel stehen ließen. So bekennt etwa Vieweg in dem MAGAZIN ungescheut, »er habe oftmals den unwiderstehlichen Zwangsgedanken, er müsse seinen geliebten Bruder erdolchen, so daß er sich vor dem harmlosen Federmesser auf dem Schreibtisch ängstige«! Er entsinnt sich dabei, daß ihn in der Kindheit der Vorgang des Schlachtens tief beeindruckt habe. Wenn auch Vieweg nicht weiter folgert, so ist gleichwohl sein Vorschlag, solche Erlebnisse ohne moralische Rücksicht zu untersuchen, als die Geburtsstunde des ›Komplexes‹ zu buchen [39]. Lichtenberg, der sein Magazin insgeheim schrieb, teilt von sich eine ähnliche Bemerkung mit: »Ich fand oft ein Vergnügen daran, Mittel auszudenken, wie ich diesen oder jenen Menschen ums Leben bringen oder Feuer anlegen könnte, ohne daß es bemerkt würde, ob ich gleich nie den festen Entschluß gefaßt habe, so etwas zu tun ...«

Hatte der Hypochondrist, so weit er sie der Öffentlichkeit kundtat, Sensationen mitzuteilen, die der Vernunftkunst als potenzierte Traumvorstellungen schrecklich erscheinen mußten, entdeckte der rigorose Psychologe die Kluft zwischen der moralischen Person, die man Bürger unter Bürgern war, und dem amoralischen Ich, das man subkutan blieb. Die signifikanteste Eigenart des MAGAZINS, gleichermaßen geeignet, dem Rationalismus und seinem Trachten nach polizierter Ordnung den Garaus zu machen, äußert sich in Moritz' Vorliebe für die Darstellung von Kranken. Seine von Mendelssohn vorgeschlagene MAGAZIN-Einteilung in Seelennaturkunde, Seelenzeichenkunde, Seelendiätetik fällt gegenüber der Rubrik ›Seelenkrankheitskunde‹ dürftig aus! In ihr aber finden sich »Berichte von Krankengeschichten aus dem täglichen Familienmilieu, er läßt Hertz einen selbsterlebten deliranten Zustand bei einer Infektion beschreiben, er sammelt Berichte von schizothymen Käuzen, von depressiven Zuständen« [40] – kurz, der Affinität des späteren Rationalismus zu dem Unnormalen wurde mit Psychologie und Beispielsammlung wie etwa in den zehn Bänden des MAGAZINS Möglichkeit gegeben, Kuriosa mitzuteilen und zu erfahren. Die Begeisterung für die Naturwissenschaften überhaupt artete in dem Maße, wie sie volkstümlich wurden, zu einem Sammeleifer für das Widernatürliche der Natur, zu jener sattsam bekannten Anlage von Kuriositätenkabinetten aus. Der Helmstedter Professor Beireis verdient darum an dieser Stelle neuerdings Erwähnung: Goethe, der reine Wissenschaft betrieb, sah mit Recht in ihm eine frühere Epoche. In den großen europäischen Journalen der Zeit, die den Naturwissenschaften einen erheblichen Teil ihrer Seiten widmeten, boten die von Lesern eingesandten Artikel als Beiträge zur Naturkunde Kuriositäten wie diese an: »Eine Henne, die noch nie ein Ei gelegt hatte, hat nach einem großen Lärm aufs merkwürdigste gesungen und dann ein Ei von einer das Natürliche weit übersteigenden Größe gelegt, das zwar nicht, wie das Volk glaubte, das Bild eines Kometen, wohl aber das meherer Kometen trug. Man hat einen Schmetterling gefangen, der den Kopf eines kleinen Kindes hat. Ein Mädchen hat mehrere Spinnen, Schnecken und andere Insekten erbrochen . . .« [41]

Die Neugier auf die Natur war allerdings nicht frei von Beklemmung. Derselbe Rationalist, der durch das Erlebnis seiner Hypochondrie auf das Phänomen des Unfaßbaren wider Willen gestoßen wird, hat eine präzise Witterung für das Unerhörte um ihn herum. Friedrich Schulz notiert unter dem 24. Februar 1784 eine HÖCHSTSELTSAME NATURERSCHEINUNG, die er selbstverständlich als einen »Beitrag zur Naturforschung« [42] bei den andern entschuldigt und vor sich rechtfertigt, indem er es eine »wahrhaft fruchtbare Beschäftigung für den denkenden Kopf« nennt, »der Natur auf ihren verstecktesten Wegen« nachzugehen, sich zu unterhalten »mit den unendlichen Gestalten, Abstufungen und Sonderbarkeiten, die sie hervorbringt«. Die seltsame Naturerscheinung ist aber ein »Geschöpf, welches sich weder unter eine der Menschen- noch der Tier-Klassen setzen läßt«. Weiblichen Geschlechts hat es eine menschenartige Gestalt, frißt und handelt jedoch wie ein Tier. Es ist 32 Jahre alt, dreieinhalb Fuß lang und hat folgendes Aussehen: »unnatürlich dicken Kopf, auf welchem nur hie und da einige Zöpfchen blonder Haare zu sehen waren. Die Stirne war breit und flach wie eine Ochsenstirne, aber glatt und ohne die mindeste Runzel. Augenbrauen hatte es gar nicht. Die Nase war volle zwei Zoll breit und schien so breit gedrückt zu sein. Sie hatte nur ein Loch, das andere war mit dem Scheideknorpel zusammengewachsen. Die Oberlippe fehlte ganz; aber zu deren Ersatz sah ich eine schöne, dichte und weiße Reihe von Oberzähnen, die aber ungewöhnlich breit waren. Die Unterlippe war rund und sehr dick, aber blau und häßlich. Gleich unter dem Kinne stand ein Fleischgewächs, größer als ein gewöhnlicher Kropf, aber hängend und schlaff. Nahe unter demselben erhob sich eine hohe gewölbte Brust. Ein paar kleine, runde Tetons, wie eines vierzehnjährigen Mädchens, ... schwebten hier auf und ab, und dicht unter ihnen wölbte sich ein hoher Bauch, wie einer schwangeren Weibsperson. Die Füße waren krumm und gingen einwärts. Zehen fand ich gar nicht; sie waren zusammengewachsen. Ihre Arme waren dünn und ungestaltet. Der Knochen schien nur mit einer dünnen, gelben Haut überwachsen zu sein. Sonst war das Ganze (!) mit einer hochgelben Farbe tingiert, die es unbeschreiblich häßlich machte.« Weiter notierte der Beobachter, daß es fast immer schläft, beim Erwachen aber herzzerschneidend blökt und zu essen begehrt. Es kann weder hören noch reden, riecht unleidlich, daher man es sommers im Garten hält; es bewegt sich auf dem Bauche, auf Händen und Füßen fort. Daß es die Sonne liebt, nimmt Schulz immerhin für ein menschliches Rühren, während ihn eine andere Beobachtung eher auf das Tier im Weibe insgemein schließen läßt: »Wenn das Geschöpf an der Sonne liegt (bes. im Frühling) so wälzt es sich solange, bis es ganz entblößt ist, und dann stöhnt und drängt es, hat kurzen Atem und scheint zu lächeln.« Diese sonderbaren Verhaltensweisen des Tierwesens sind, wie Schulz folgert, nichts anderes als »Äußerungen des Naturtriebes, die man auch bei noch sehr jungen Mädchen beobachtet haben will«. Hätte Schulz seinen Aufsatz nicht ausdrücklich als einen Beitrag zur Naturforschung erklärt, so könnte die Geschichte leicht als die ruchlose Satire eines Misogyns passieren. Ob der rationalistische Autor den Menschen von sich aus satirisierte oder aber die Satiren sozusagen der Natur nachschrieb – es waren jedesmal bloße Variationen über dasselbe Thema von dem Wesen zwischen Tier und Engel, dem Teratom Mensch.

Das verhältnismäßig knappe Zitat aus Schulz könnte zu der Annahme verleiten, als sei hier nach Maßgabe der Zeit tatsächlich ein biologischer Befund halbwegs sachlich beschrieben worden und Schulzes Meinung, »einem Naturforscher sei es erlaubt, über Dinge zu sprechen, die man sonst mit Stillschweigen übergeht«, eine notwendige, heutzutage selbstverständliche Behauptung wissenschaftlichen Forschens gegen die Einsprüche sei es der Theologie, sei es der Moral. Aber wendet man die Aufmerksamkeit an die Substantiva, mit denen Schulz sein Naturphänomen fixiert, so bemerkt man eine eigenartige Anteilnahme und geradezu ein peinigendes Wörterspiel mit dem Wesen zwischen Mensch und Tier. Es ist ihm ein fürchterliches Ungeheuer, ein Mondkalb, eine Mißgeburt, bei dessen Anblick ihn, wie Schulz gesteht, Grausen hätte durchschüttern müssen, wenn er nicht »durch das Studium der Naturgeschichte abgehärtet wäre«. Das heißt, die kühle Observanz gleichsam des Wissenschaftlers kaschiert notdürftig Rührung oder Schauder, die man vor solchem menschlichen Unwesen empfindet. Und das Interesse des Studienobjekts liegt nicht in seiner Artung an sich, sondern an seiner genetischen Zweideutigkeit, die es nach dem Menschen wie nach dem Tier tangieren läßt, macht wiederum jenes unausgesprochene Entsetzen vor der durch solche Phänomene aufgerührten Frage, wie weit sich Menschheit überhaupt definiere.

Diese zugleich gefühllose und außerordentlich empfindliche Entgegnung auf derartige Abnormitäten, vor denen man in dem gleichen Maße zurückschreckt, wie man sie mit Lust studiert, kennzeichnet einen verbreiteten Gebildetentypus der rationalistischen Epoche. Es liegt nahe, sie dadurch eingehender zu bestimmen, daß man sie als Äußerung des sentimentalen Menschen charakterisiert! Nach Wieser ist ja Sentimentalität »die Unfähigkeit, die dem modernen Menschen eigentümliche Spannung in seinem seelischen Dasein aufrecht zu erhalten« [43]. Der sentimentale Mensch sieht sich aus der kosmischen Bindung entlassen, ohne daß er bei sich selbst Kräfte zur Selbstbehauptung mobilisieren kann. So sagt Wieser mit einiger Berechtigung: »Die pedantische Seelen- und Körperzergliederung wird geradezu herausgeboren aus der Sehnsucht nach dem verlorengegangenen Kreislauf des kosmischen Daseins.« Es kann hinzugesetzt werden, daß die nach Verlust der kosmischen Bindung peinigend empfundene Beziehungslosigkeit des Menschseins zu jener Hellhörigkeit und Scharfsichtigkeit gegenüber allem geführt hat, was die menschliche Existenz in Frage zu stellen schien. Lavater rettete sein Gottverständnis durch die menschenliebe Emphase, daß die »schlechteste lebende Mißgeburt sogar« doch noch »edler als das beste, schöne vollkommenste Tier« ist!

Aber der weniger in Gott getroste Zeitgenosse sah, je mehr

er sich auf den Menschen einließ, nur die Bloßlegung tierischer Triebkräfte oder außer-, unmenschlicher Artungen. Die verzerrte menschliche Bildung bot eine Attraktion, die schaudernd und mit krampfhafter Objektivität genossen wurde. In ihr zeigt sich spiegelbildlich, wie dem achtzehnten Jahrhundert der endgültige Begriff vom Menschen mehr und mehr verfällt. Sie bestätigt überdies, daß die Beteuerung der göttlichen Ebenbildlichkeit, Ebenvernünftigkeit des Menschen, der Ordnungsruf der Schönen Künste, die pädagogische Ansprache Reaktionen auf eine genau gefühlte immanente Disproportion, Unordnung und Labilität waren. Lichtenberg faßt auch dieses aktuelle Dilemma ins Wort: »Ordnung führet zu allen Tugenden! aber was führet zur Ordnung?«

Die Vorliebe gerade für das Abnorme blieb ja keineswegs Sache der Laien. Heyne lud zum Göttinger Universitäts-Anniversarium im September 1784 durch ein Programm ein, dessen Gegenstand lautete: HISTORIAE NATURALIS FRAGMENTA EX OSTENTIS PRODIGIS ET MONSTRIS. Die medizinische Wissenschaft des achtzehnten Jahrhunderts kennzeichnete eine intensive Hinwendung zu den Mißgeburten aller Art. Selbst bei einem Arzt, der auch aus der Sicht der heutigen Medizin Rang beanspruchen kann – es ist Philipp Theodor Meckel, der 1803 starb –, war die wissenschaftlichen Ansprüchen eher genügende Systematisierung der Teratologie sehr persönliche Gefühlssache, zu schweigen von den frühern Caspar Friedrich Wolff und Albrecht von Haller. Jean Paul hat diesem exemplarischen Zug des achtzehnten Jahrhunderts, nicht nur seiner Medizin, eine unsterbliche Gestalt in seinem DR. KATZENBERGER gegeben. Katzenberger hat bei Jean Paul selbst »monstris epistola« geschrieben und ersteht die 1791 in Mainz erschienenen ABBILDUNGEN UND BESCHREIBUNGEN EINIGER MISSGEBURTEN, DIE SICH EHEMALS AUF DEM ANATOMISCHEN THEATER ZU KASSEL BEFANDEN. Ihr Verfasser ist Samuel Thomas Sömmerring (1755–1830), Anatomieprofessor am Carolinum in Kassel, ab Herbst 1784 in Mainz, dann Arzt in Frankfurt: Freund Forsters, Heinses und – Lichtenbergs! Im LEBEN FIBELS erwähnt Jean Paul 1811 vollends einen Rektor magnifikus Stengel, der über die Mißgeburt gehandelt hat.

Zweifellos mangelt Katzenberger völlig die sentimentale Betroffenheit über das Mißmenschliche, die im übrigen so charakteristisch ist, aber er gibt auch nicht den trockenen Wissenschaftler ab, dem es bloß darum geht, Monstrositäten methodisch zu bearbeiten. Zum eigentlichen Lebensinhalte Katzenbergers hat Jean Paul seine anatomisch-pathologische Sammlung gemacht. In seiner Jagdleidenschaft auf Monstrositäten zeigt sich der ungefühlige, zynische Mediziner von jener Seite des Rationalismus, in der ein Fanatismus der Vernunft merkwürdig irrational wird. Wie sehr Jean Paul das medizinische Wesen seiner Zeit in dieser launigen Darstellung von Monstrositätenjagd und anatomisch-pathologischem Sammeleifer traf, hat Johann Friedrich Meckel der Jüngere bestätigt, als er ihm 1815 seine Abhandlung DE DUPLICITATE MONSTROSA COMMENTARIUM zueignete. Wollte man Katzenberger aus dem satirisch-humoristischen Zusammenhang der Dichtung lösen und ihn als leibhaft lebend denken, so wäre auch er ein nicht ganz geheurer Zeitgenosse zu nennen. Seine ausschließliche Leidenschaft für das Abnorme macht mit geradezu wissenschaftlicher Konsequenz das normative Menschenbild, die proportionierte menschliche Bildung gegenstandslos. Es ist ein atemberaubender, den närrischen Charakter folgerichtig zu Ende denkender ›schwarzer‹ Witz Jean Pauls, der von der landläufigen Einbildungskraft-Theorie launigen Gebrauch macht, daß Katzenberger sein schwangeres Weib mit aller Diabolie vermögen will, eine Mißgeburt zur Welt zu bringen. Katzenberger gesteht in der 14. Summula seiner Tochter, daß er während der Schwangerschaft ihrer Mutter »eben nicht sehr darauf achtete, aufrechte Tanzbären, Affen oder kleine Schrecken und meine Kabinetts-Pretiosen fern von ihr zu halten, weil sie doch im schlimmsten Falle bloß mit einem monströsen Ehesegen mein Kabinett um ein Stück bereichert hätte ...«.

Aber diese närrische Attitüde hat so gar nichts Belustigendes mehr, wenn sie einem leibhaftigen Zeitgenossen nachgesagt wird. Flögel schrieb getreulich nach, was Borch dem Prinzen von Pallagonia unterstellt hatte: »Der Geschmack des Prinzen an Ungeheuern ist so groß, daß er in die lebhafteste Freude würde versetzt werden, wenn ihm seine Gemahlin einmal eins gebären würde. Er verschwendet sein ganzes Vermögen an Ungeheuer.« [44] Davon abgesehen, daß diese Stelle womöglich Jean Paul zu dem Katzenbergerschen Tick angeregt hat, ist ja dieses Gerücht nicht so sehr für den Pallagonier als für seine irrigen Zeitgenossen ungemein aufschlußreich. Der Prinz von Pallagonia scheint nachgerade eine kathartische Konstruktion, ein mythischer Sündenbock – was unter anderem Narr auch ehemals war [45] –, angetan, Heilloses aus der eignen Psyche auf einen in jedem Betracht Unheiligen glücklich zu distanzieren.

Übrigens zeigte nicht allein die rationalistische Seelenkunde solche Neigung zu dem Abnormen. Auch die gleichzeitig großen Aufschwung nehmende Physiognomik hat zuletzt diesen heiklen Zug. Sie war gleich der Semiotik eine Lehre von Ausdrucksbewegungen des Menschen, die versuchte, aus den Gesichtszügen, den Worten und Gebärden Rückschlüsse auf den Charakter eines Menschen zu ziehen. Beide waren von Anfang an Sache des Rationalismus, zumindest seiner Philosophia practica. Auch in diesem Fall ist Thomasius, der bei Sokrates »Spuren dieser Methode gefunden hatte«, zuerst zu nennen. An seine NEUE ERFINDUNG EINER WOHLGEGRÜNDETEN ... WISSENSCHAFT, DAS VERBORGENE DES HERTZENS ANDERER MENSCHEN ... AUS DER TÄGLICHEN CONVERSATION ZU ERKENNEN, die 1691 in Halle erschien, schließt Wolffs Abhandlung VON DER KUNST, DIE GEMÜTHER ZU ERKENNEN, in der er »Vernünftige Gedanken von Tun und Lassen« zu Papier brachte, gleichsinnig an und gibt dem achtzehnten Jahrhundert weiter, was in seinen Anfängen ebenso wie die Autopsychologistik im Dienste der Sittenlehre tunlich schien. War die Lehre von der Selbsterkenntnis eine Art Individualpsychologie, welche den einzelnen zu dem tugendmäßigen Leben anleiten sollte, so die Beobachtung anderer Sozialpsychologie, ein rationaler Weg, das Leben zu bestehen, ohne enttäuscht, getäuscht zu werden. Die PHYSIOGNOMISCHEN FRAGMENTE Lavaters hatten darum bei dem Bürgertum nach der Jahrhundertmitte diesen beispiellosen Erfolg, weil sie ein vorhandenes Verlangen zu befriedigen, eine Unsicherheit zu beseitigen versprachen. Man ist im allgemeinen geneigt, Lavater näher zu dem Sturm und Drang, lieber als Goethe-Freund zu sehen, und es scheint umso weniger begründet, ihn innerhalb einer rationalistischen Strömung festzustellen, da gerade von Seiten des ausgesprochenen Rationalismus ihm schärfste Attacken geschrieben worden sind. Man denke namentlich an Lichtenberg, der dessen ingeniöse Pfadfindung im TIMORUS ironisch umschrieb: »Mir graute zuweilen, wenn ich ihm nachsah; auf der Scheidewand zwischen Wahnwitz und Vernunft, wo sie am dünnsten ist, läuft er euch hin, wie wir auf der gleichen Erde, und kommt selten ohne eine Ladung des Unsäglichen wieder zurück.«

Sieht man aber darauf, was Lavater bei seinem Unternehmen endlich vorschwebte, so zeigt sich, daß seine eigentliche Intention die eines phantastischen Rationalisten war, so unbeirrbar überzeugt, daß eine Ordnung des Außerordentlichen, eine Irrtümer ausschließende Singularität möglich und vollends wünschenswert sei. Helfrich Peter Sturz denkt in seiner Erklärung über die Physiognomik [46] mit einer feinen Ironie Lavaters Naturadynata zu einem exzentrischen Ende. »Ich bewundere den Mann, der sich an dieses Elementarwerk der Schöpfung wagt, und wenn ich mich dem Gedanken ganz überlasse, daß die Ausführung nicht schlechterdings unmöglich sei, so erwarte ich noch mehr als Lavater; ich denke mir dann eine so reiche, so bestimmte, so ausgebildete Sprache, daß nach einer wörtlichen Beschreibung eine Gestalt wieder hergestellt werden kann, daß eine richtige Schilderung der Seele auf den Umriß des Körpers hinweist, daß ein Physiognomiker aus einem künftigen Plutarch große Männer zu palingenesieren vermag, daß es ihm leicht wird, ein Ideal für jede Bestimmung des Menschen zu entwerfen.« Dazu merkt Lavater an: »Vortrefflich – und, der Verfasser mag scherzen oder ernsten – was ich alles ohne Träumerei ganz zuverlässig schon von dem folgenden Jahrhundert mir erwarte, wovon denn, so Gott will, in den physiognomischen Linien bereits einige weitläufige Versuche gewagt werden sollen.« Auf Sturzens groteskes Gemälde, daß, mit solchen Idealen die Gemächer der Obrigkeit behängt, niemand mehr aufmucken kann, »wenn ihn sichtbar seine Nase davon ausschließt«, ein zu ihm unpassendes Amt zu erhalten, antwortet Lavater emphatisch: »Lacht und lächelt – Wahrheitsfreunde und Feinde – so wird's, so muß es kommen!« Lavater ist bei allem irrationalen Impetus und einem ingeniösen Instinkt, womit er sich in die Physiognomik einläßt, nach seiner hier kundgetanen Denkweise jenem ursprünglichen Rationalismus vergleichbar, der die Mathematizität in allem auf den Plan zu rufen gesonnen war. Man beachte, daß er den mechanistischen Bonnet, dessen Essai analytique sur les facultés de l'âme zu Kopenhagen

1760 erschien und die deutsche Psychologie stark beeinflußte, 1768 seinen geistigen Vater nennt.

Gegen den Rationalismus dieser Art hat, wie schon dargestellt, der spätere Rationalismus selbst Front gemacht. Lichtenberg ist bloß Rationalist, wie er sein sollte, wenn er in seinem Aufsatz ÜBER PHYSIOGNOMIK WIDER DIE PHYSIOGNOMEN gegen Lavater gerade das ewig nicht einzusehende Irrationale, das Singuläre der menschlichen Bildung und ihrer Relation zur Psyche behauptet und, wenn überhaupt, bei der Beobachtung des Menschen in Aktion, an der Pathognomik mehreren Sinn sieht. In einem aber gehören beide der gleichen Generation an, das ist nach ihrer Überzeugung, daß der Mensch sich am zulänglichsten von seinen außerordentlichen Vertretern ableiten lasse: von dem Genie und noch besser – da verbürgter – von dessen ganzem Gegenteil, dem Narren. Lavater empfahl ohne Bedenken dem Anfänger in der Physiognomik den Besuch der Irrenhäuser und das Studium ihrer Insassen: »Eine der wichtigsten Regeln sei also: Fange bei den außerordentlichen Charakteren an! Studiere und erforsche vor allen Dingen die extremsten Charaktere, die äußersten Enden entgegengesetzter Charakter...; jetzt den geborenen Toren, dann den geborenen Weisen. Besuche in dieser Absicht Torenhospitäler und zeichne dir erst von den allergeistlosesten Gesichtern die Grundform, die auffallendsten Züge, erst die, welche allen gemein sind, sodann das, was jeder besonders hat.« So heißt es in dem Aufsatz ÜBER DAS STUDIUM DER PHYSIOGNOMIK. AN DEN HERRN GRAFEN VON THUN IN WIEN. Lichtenberg notierte sich gleichsinnig: »Aus der Narrheit der Menschen in Bedlam müßte sich mehr schließen lassen, was der Mensch ist, als man bisher getan hat.«

In dem Maße, wie die Physiognomik populär wurde, artete sie ähnlich der Psychologie in eine kuriose Sucht nach dem absonderlichen Menschenleben, in hemmungslose Kopfjagd aus. Wie man in Sizilien das Pallagonische Unwesen in Augenschein nahm, so visitierte der aufgeklärte Menschenfreund der Jahrzehnte vor 1800, in Österreich reisend, den ominösen Franz Xaver Messerschmidt, dessen Ruf als Bildhauer mit dem eines geisteskranken Sonderlings sich so eben die Waage hielt. Friedrich Nicolai gibt im sechsten Band seiner BESCHREIBUNG EINER REISE DURCH DEUTSCHLAND UND DIE SCHWEIZ IM JAHRE 1781 von dem Besuch bei diesem seltsamen Charakter einen instruktiven Bericht. In der Literatur der Zeit wird diese Sucht wiederholt bespöttelt; so von Musäus in den Physiognomischen Reisen, die 1778 in zwei Bänden zu Altenburg erschienen, und zumal von Wezel, der in dem 1773 bis 1776 erschienenen Tobias Knaut mit Selmann einen geistreichen jungen Mann schilderte, der als ein »psychologischer irrender Ritter« nach »abenteuerlichen Charakteren« auszieht. Diesem Hange zu frönen, geht er verkleidet unter Menschen, und die »besondern Charaktere waren sein eigentlicher Raub, auf den er am liebsten ausging. So kam es, daß sein Haus eine moralische Raritätenkammer war, wo oft die abenteuerlichsten Charaktere neben einander figurierten«, ein – man beachte den Ausdruck – »psychologisches *Theater*, wo er Mienen, Blicke, Handlungen anatomisierte...«

Der Besuch des Irrenhauses stand vollends auf dem selbstverständlichen Besichtigungsprogramm des reisenden Rationalisten. Das muß nachgerade zu einer Seuche ausgeartet sein, nach Reil zu schließen, der »Besuche neugieriger Fremden« und die Gewohnheit der Wärter in Heilanstalten, »die Kranken auf ihre fixen Ideen zu helfen, um die Zuschauer zu belustigen«, unzulässig findet. Beispiele liefern J. J. Engel in dem Philosophen für die Welt, dessen 30. Stück dem Irrenhaus gewidmet ist: Pfarrer-Vater und Sohn »besahen, nach ihrer Ankunft, die Merkwürdigkeiten der Stadt, und noch den Tag vor der Rückreise des Vaters gingen sie in die öffentliche Anstalt für Wahnsinnige und Rasende!« Der Pfarrer Matthias Claudius schrieb, eine meisterhafte Reportage, den kulturgeschichtlich hoch bedeutenden Besuch im St. Hiob, dessen lakonischer Schluß lautet: »Wir nahmen darauf Abschied und gingen weg, nicht ganz gleichgültig.« Spieß beschreibt in den Biographien das Hospital der Wahnsinnigen zu P. Die Erzählungen des Anstaltsleiters weckten »Verlangen« in ihm, »das Haus des Jammers« zu besichtigen. Wezel schildert, wie Selmann zu einem »Schauspiele, das für den Beobachtungsgeist eine reiche Nahrung sein muß«, reist: das Schauspiel ist ein Mann, dem Liebe und Verzweiflung angeblich den Kopf verrückt haben! Wenn Wezel zeigt, daß Selmann dabei sich selbst zum Narren hält, so erinnert das entfernt an Hogarths berühmtes Bild, das den Zyklus des RAKE'S PROGRESS beschließt, zwei Damen darstellend, die sich das Schauspiel ›Tollhaus zu Bedlam‹ ansehen [47]. Das berüchtigte Londoner Irrenhaus, das Swift in die Literatur eingeführt hat, wurde auch von einem Deutschen besucht, beschrieben: Lichtenberg. Daß das wahre Studium des Menschen der Mensch sei, hat das ganze Jahrhundert gern und oft Pope nachgesprochen. Wirklich nachgekommen sind diesem Wort nur wenige. Lichtenberg gehört dazu. Als er das achte Blatt von Hogarths WEG DES LIEDERLICHEN beschreibt und deutet, ist ihm sein Besuch in Bedlam wieder vor Augen: »Mit meiner Empfindung bei dem Schlusse dieses Kapitels weiß ich daher nichts zu vergleichen als das unbeschreibliche Wohlbehagen, das meinen ersten freien Odemzug begleitete, als ich im Oktober 1775 nach einem kurzen Besuche in diesen Begräbnissen wieder in die freie Luft von Moorfield hervortrat.«

Der Gottschedsche Rationalismus hatte, um der gesunden Vernunft willen, den Theaternarren gleichsam ans Narrenhaus eskamotiert. Gewisse Zitate aus Texten von Michaelis, Flögel, Sonnenfels gaben dieser Gesinnung beredten Ausdruck. An dieser Stelle zitieren wir lediglich eines unbekannten Verfassers ZUFÄLLIGE GEDANKEN ÜBER DIE DEUTSCHE SCHAUBÜHNE ZU WIEN, VON EINEM VEREHRER DES GUTEN GESCHMACKS UND GUTER SITTEN, der 1760 folgendes ausführt: »Stellen wir uns ein Tollhaus vor, lassen wir eine Menge Leute ihren Blick auf das Rasen und die törichten Handlungen derer werfen, die ihr Schicksal dahin gebracht hat. Werden wir wohl denjenigen loben können, der bei diesem traurigen Anblick fähig ist, ein Vergnügen zu empfinden? – Nun gehen wir aus diesem Tollhause auf unsere Schaubühne. Wen ahmet hier ein Bernardon nach? Ich glaube kein Verbrechen zu begehen, wenn ich in seinen Vorstellungen meistens den unglücklichen Wahnwitz der elendesten Narren in den Tollhäusern entdecke!«

Der späte Rationalismus begab sich ins Narrenhaus wie in ein Theater und beschaute sich – Narren! Vergegenwärtigt man sich, faßt man schließlich die Reaktion des späten Rationalismus auf so und so viele aus der Ordnung fallende Phänomene zusammen, so ergibt sich das folgende Diagramm: eine unselige Adhärenz an groteske Ausbildungen. Seine Ästhetik widmete ihnen großen Raum; bei der naturwissenschaftlichen Betrachtung standen sie obenan; für die Psychologie waren sie der eigentliche Beweggrund und ebenso für seine Gesellschaftslehre. Die UNTERSUCHUNG DER DÄMONISCHEN LEUTE UND DER SOGENANNTEN BESESSENEN, wie der Titel einer bezeichnenden Schrift des Baumgarten-Schülers Salomo Semler (1725–1791) lautet, beschäftigte den Geist der Zeit. Der späte Rationalismus hat den Begriff des Groteskekomischen geprägt und angesichts der nicht mehr komisch zu nehmenden menschlichen Grotesken sich in die Formulierung eines »Fürchterlich-Grotesken«, nach dem von K. Ph. Moritz geprägten Ausdruck [48], noch so eben reserviert. Mißt man diese Epoche an früheren wie etwa dem europäischen Barock oder einer späteren wie der deutschen Romantik, so muß es allerdings scheinen, als habe der Rationalismus weder im Ästhetischen noch im rein Wissenschaftlichen die groteske Dimension bis auf ihren Grund gefaßt und bleibend gegenständlich machen können. Bisweilen liegt es sogar näher, die beobachtete Neugierde auf das Absonderliche als eine höchst triviale Sensationslust abzutun. Und beispielsweise dem modischen Schreiber Spieß abzunehmen, daß er bei Niederschrift seiner BIOGRAPHIEN DER WAHNSINNIGEN einen ethischen Beweggrund und nicht die klügliche Einschätzung des Zeitgeschmacks besaß, fällt schwer, da man ihn landläufig mit den sogenannten Trivialschriftstellern zu Ende des Jahrhunderts zusammenzählt. Dennoch scheint es damit eine triftige seelische Bewandtnis zu haben, wenn man erfährt, daß Spieß zuletzt selbst wahnsinnig und der Beschreiber seltsamer Naturerscheinungen, Friedrich Schulz, eine alienierte Naturerscheinung geworden sind.

SECHSTES KAPITEL

ANSICHTEN DER VERNÜNFTIGEN TOLLHEIT

I. Die Fratze der Vernunft

Ein trauriges, wenngleich ergiebiges Unternehmen, die Galerie spätaufklärerischer Geister daraufhin durchzusehen, von welchem Belang für die eigene Person ihre oft so ennuierende therapeutische Schreibweise gewesen ist. Spießens Schicksal – solche tragisch-komische Diskrepanz zwischen der geäußerten Überzeugung, daß Wahnsinn selbstverschuldet sei, und der nichtsnutzigen Erfahrung, wider das bessere Wissen vom Wahnsinn ereilt zu werden – teilen so und so viele namhafte Zeitgenossen. Der Schluß liegt nahe, daß diese Krankheit gerade mit dem Rationalismus und der durch ihn verursachten Spannung zwischen einem dezidierten Vernunftmenschtum und einer nicht in Schach zu haltenden sinneskräftigen Reizbarkeit korrespondierte. Unsere nachträgliche Folgerung wird durch eine zeitgenössische Stimme, noch dazu eines Wissenschaftlers, gestützt. Johann Christian Reil (1759–1813) berief sich 1803 in den Epoche machenden Rhapsodien über die Anwendung der psychischen Curmethode auf Geisteszerrüttungen auf das Zeugnis Johann Gottfried Langermanns in der Dissertatio de Methodo cognoscendi curandique animi morbos stabilianda, Jena 1797, dem zufolge erst im Jahre 1772 »die Stellen für Wahnsinnige in den öffentlichen Häusern zu Torgau und Waldheim verdoppelt« worden sind, zwanzig Jahre später es aber schon wieder an Raum mangelte, »alle zuströmenden Narren aus Chursachsen aufzunehmen«. Die Zunahme der Geistesstörungen schlug im wahren Sinn des Wortes – zu Buche. Es ist erstaunlich, wie viele Ärzte und Seelsorger vor allem im letzten Jahrzehnt des Jahrhunderts gegen den Wahnsinn anschrieben. Ist es wirklich erstaunlich? Reil sah die Anfälligkeit der Zeit für den Wahnsinn in dem Wesen der bürgerlichen Verfassung notwendig begründet! Überall da, wo der Mensch sich über den Naturzustand erhoben hat, Bedürfnisse, Neigungen, Wünsche äußert, die sozusagen ›luxuriös‹ sind, überall da, wo der Mensch sich um der bürgerlichen Ordnung willen zu Konventionen verstehen muß, die ihn in seiner Bewegungsfreiheit hindern, ist die Gefahr einer ›Störung des Gemüts‹ gegeben. In Reil begegnet uns der aufmerksam durch die Gedankenschule des achtzehnten Jahrhunderts gegangene Gebildete, mit Argumenten, die eine richtige Bemerkung durch sentimentalisches Vorurteil verfälschen. Gleich Kant faßte er den Naturzustand, die Wilden-Existenz als den Verrückungen ausschließenden Stand der ›Einfalt‹ auf und sah in der stetigen Entfernung von diesem mythischen Zustand die verheerende ›Zwiefältigkeit‹ des modernen Menschen unaufhaltsam Fortschritt machen. »Wir rücken Schritt vor Schritt dem Tollhause näher, so wie wir auf dem Wege unserer sinnlichen und intellektuellen Kultur fortschreiten.« Man darf hinzufügen, je mehr sich auf Grund der fortschreitenden Intellektualisierung Mensch und Umwelt differenzieren, bis sie völlig undurchsichtig werden. Diese Konfusion des Lebens ist eine der beklemmendsten Erfahrungen jener Zeit. Man fühlt sich versucht, zu sagen, daß der Rationalismus vor Physiognomik den Menschen nicht mehr sah und der tiefere Sinn des Kniggeschen Unternehmens gewesen ist: Kompaß des unsicheren einzelnen durch die unkenntliche Menschheit zu sein! Sie findet psychotischen Niederschlag etwa in der exzessiven Antropophobie eines Ephraim Moses Kuh. Dieser 1731 geborene und 1790 gestorbene Epigrammatiker, der unter anderem mit Lessing, Mendelssohn, Ramler in Verbindung stand, geriet, von jeher schon hypochondrischen Gemüts, »aus tiefem Seelenleiden über den Verlust seines Vermögens und den geernteten schnöden Undank in Wahnsinn und Raserei, worin er, einige helle Zwischenräume abgerechnet, sechs Jahr zubrachte« [1]. Sie prägt sich in einem klassischen Beeinträchtigungs- und Verarmungswahn aus, für den Karl Julius Weber Beispiel geben kann: »Er glaubte nicht Subsistenzmittel genug für die Zukunft zu haben: er wurde weltscheu und mißtrauisch gegen die Menschen, sprach oft laut und verwirrt vor sich allein hin und betrachtete sich mit starren Blicken und bizarrem Gebärdenspiel im Spiegel.« [2].

Von größerem Interesse ist die vielmals bedeutendere Person Johann Heinrich Mercks. Unglückliche finanzielle Verhältnisse gaben den letzten Anstoß zum Ausbruch einer geistigen Krankheit, die, in einem hypochondrisch veranlagten, gesundheitlich geschädigten Menschen längst latent, zu dem bekannten Selbstmord geführt hat: »in affectu melancholico«, wie es im ärztlichen Rapport vom 30. Juni 1791 heißt. Durch Selbstmord aus Schwermut endete auch der 1762 geborene Daniel Jenisch sein Leben. Der Verfasser der DIOGENES-LATERNE stürzte sich 1804 in die Spree ... In der Saale hatte sich, ebenfalls in einem Anfall von Melancholie, am 18. März 1782 der Theologieprofessor Ernst Jakob Danovius in Jena ertränkt. Die perfekte Pointe der »infamen Geschichte«, wie Lichtenberg schrieb, ist aber, daß der 1741 geborene Danovius kurz zuvor im Kolleg gegen den Selbstmord geeifert und WERTHERS LEIDEN als eine Apologie des Selbstmordes zu den verführerischen Schriften gerechnet hatte! Ähnlich merkwürdig ist das Schicksal des Arztes Johann Georg Zimmermann (1728–1795), bei dem man wiederum auf das Phänomen des spannenden Konnexes zwischen schriftstellerischer Äußerung und seelischer Anlage stößt. Als die eigentliche Mitte in Zimmermanns Persönlichkeit erkennt man solche »Unruhe, Unbeständigkeit, dies rasche Hin- und Herwechseln zwischen Stimmungen, Standpunkten und Urteilen, die ungeheuren Schwankungen in Temperatur und Tempo seines Lebens und seiner Werke« [3]. Derselbe Mensch, der in seinem ihn berühmt machenden Buche über die EINSAMKEIT vor der zügellosen »Fliegsamkeit der Phantasie« (II 49) eindringlich warnte, sah sich zeitlebens von einer hypochondrischen Einbildungskraft übermannt! Der Tumult um den DOCTOR BAHRDT, den Kotzebue, ihn bei seinen Kontrahenten zu rächen, 1791 verfaßt und unter Knigges Namen publiziert hatte, gab seiner labilen Gesundheit den Rest. Wurde die Affäre auch schließlich bereinigt, so ging es jedoch mit ihm unaufhaltsam bergab. Er wurde zuletzt immer depressiver, hatte politische Wahnvorstellungen, »er litt an Verhungerungsideen, zeigte Verarmungswahn, witterte überall Pest, litt an Parosmien, meinte, alles schmecke leichenhaft, er habe ein Karzinom, die Nase falle ihm ab, es sei Skorbut, er könne vor Ekel nichts mehr essen, und er wiederholte beinahe dieselben Worte, die ihm der sterbende Friedrich gesagt hatte: ›Je suis un scélérat. Qu'on me jette à la voirie!‹« [4]. Gerade aber Zimmermanns nervliche Reizbarkeit gegenüber allem und jedem, die zuletzt in jenen schon von Goethe in DICHTUNG UND WAHRHEIT bemerkten »partiellen Wahnsinn« ausartete, hatte ihn mit einem besonderen Einfühlungsvermögen begabt, das den praktischen Arzt und wirkenwollenden Schriftsteller gleichermaßen auszeichnete. Ein heutiger Mediziner steht nicht an, seinem Buch über die Einsamkeit dies und noch mehr zu attestieren: nämlich daß es geradezu »aktuelle Gedanken über Verdrängung, Sublimierung und Abreaktion bringt« [5]! Übrigens endete Zimmermann, der bei Haller über die Reizbarkeit der Nerven promoviert hatte, in einer ähnlichen Psychose wie sein Lehrer, dessen seelische Erkrankung mit Opiophagie er selbst in seinem Buche geschildert hatte. Zimmermanns Sohn Jakob war 1777, da er eben seine Doktorpromotion ablegen wollte, wahnsinnig geworden...

Von solchen das eigene Werk Lügen strafenden Psychotikern unter den Schriftstellern des Spätrationalismus, die im Wahnsinn oder doch in einer eigenbrötlerischen Umdüsterung ihr Leben beschließen, ist weiterhin Friedrich Justus Riedel zu nennen, der, 1742 geboren, 1785 in der Irrenabteilung des Spitals zu St. Marcus in Wien endete. Der geschätzte Freund Flögels, Wielands, ein achtbarer Schriftsteller und weiland Professor in Erfurt, ist durch anstrengende »Studien, die ausgestandenen Entbehrungen und tiefe Gemütsleiden über die Zerstörung aller seiner Hoffnungen, ingleichen vielleicht die Nachwehen des destruierenden Lebens in Erfurt«, wie Ebeling [6] beredt doziert, »geistig und leiblich so zerrüttet« worden, daß er »nach kurzem Genuß der Ruhe in eine Hypochondrie verfiel, welche bald in völligen Wahnsinn ausartete«. Auch bei dem Schriftsteller Johann Friedrich Jünger scheint auf den ersten Blick die Bedrückung über die Ungesichertheit seiner bürgerlichen Existenz der Grund zu seiner »tiefen Melancholie, welche plötzlich in völligen Wahnsinn ausartete, und ihn am 25. Februar 1797 hinwegraffte« [7]. Aber auch bei ihm muß die zeitgenössische Zwiespältigkeit, Unausgeglichenheit als seinem Wesen gemäß vorausgesetzt werden. Heiterer Gesellschafter, der verschlossen haust; schwankend zwischen einem quälenden Mißtrauen in sein Können und exorbitanter Selbsteinschätzung – der Art sind die Züge, die dem Schriftsteller innerhalb der rationalistischen Gesellschaft im späten achtzehnten Jahrhundert leibeignen. Dieser Drang nach Ich-Behauptung, Ich-Bestätigung, der sich als Geltungsbedürfnis, Rang- und Ruhmbegierde oder schließlich als Größenwahn auszudrücken beliebt – Kompensationen eines unbestätigten, unvollendeten Individuums – ist geradezu das Kennzeichen des wohl bedeutendsten und wahnsinnigsten Schriftstellers aus dem späten Rationalismus: Johann Karl Gottlob Wezel (1747–1819).

In seinem bekanntesten Roman, dem TOBIAS KNAUT, huldigte er einem antoninischen Skeptizismus-Ideal: weise sich herauszuhalten aus der Verstrickung, Betörung, Verrückung durch die Triebe und Leidenschaften. Aber der gleiche Roman zeigte ihn mit einer geradezu manischen Sezierlust am Werke, alle besseren menschlichen Handlungen auf ein erbärmliches egoistisches Bezwecken zurückzuleiten. Seine moralische Indignation verschrieb sich aus Menschenbesserung zum Menschenhaß und aus sittlicher Radikalität zum Gott nicht mehr wiederfindenden Materialisten – es will die furchtbare Ironie seines Schicksals, daß sein Wahnsinn ihn sich Gott denken läßt [8]! Im Jahre 1801 veröffentlichte die ZEITUNG FÜR DIE ELEGANTE WELT einige interessante Einzelheiten über den wahnsinnigen Wezel zu Sondershausen: »Der Versuch des Doktor *Hahnemann*, ihm zum vollkommenen Gebrauche seiner Vernunft zu verhelfen, ist mißlungen und er lebt nun wieder zu Sondershausen in seiner Einsamkeit, sich selbst genug und unzufrieden mit den Menschen, die er weit unter sich glaubt, indem er kein Bedenken trägt, sich selbst einen Gott zu nennen. Er hält häufig lange pathetische Monologe und phantasiert zuweilen auf der Violine, beschäftigt sich aber übrigens weder mit Lesen noch mit Schreiben; und diese Art zu sein beobachtet er schon seit ohngefähr 18 Jahren. – Nur mit Mühe kann man ihn sprechen; dann sind seine Antworten schneidend und kurz abfertigend, und entsprechen ganz seinem Benehmen bei ehemaligen literärischen Fehden.«

Nicht Schriftsteller, aber selbst ein schönes unglückliches Gedicht war der, wie Goethe sagte, »abentheuerliche« Grothaus. Der 1747 geborene Nikolaus Anton Heinrich Julius Freiherr von Grothaus war Jurist, dann Offizier. Aus Furcht vor dem in seiner Familie erblichen Wahnsinn ging er auf Reisen. Er half in Korsika Paoli, das Haupt der patriotischen Erhebung zur Befreiung von Genua, befreien. Aber er vermochte sich selbst von seinem Geschick nicht zu befreien. Als Oberst in preußischen Diensten ereilte ihn am Ende der Wahnsinn, er wurde in Küstrin, später in Kulmbach interniert, wo er Kommandant zu sein glaubte. Im Jahre 1801 ist er in Bayreuth gestorben.

Es ist zu beklagen, daß bislang nie der Versuch unternommen wurde, an Leben und Werk eines nachweislich geisteskranken Schriftstellers aus der Spätzeit des Rationalismus den sich aus der Zeit und der eigenen Person wechselweise bedingenden künstlerischen Ausdruckszwang oder auch die Ausdruckshemmnis darzustellen, wie das mit dem Psychogramm eines geisteskranken Bildhauers dieses Jahrhunderts, nämlich Franz Xaver Messerschmidts, anregend geschehen ist [9]. Dabei sollte gerade die allgemein kriselnde Zeitlage des späten achtzehnten Jahrhunderts für eine solche Untersuchung sehr ergiebig sein! Heinrich Kranz, der die Krankengeschichten endogener Psychosen aus drei Generationen, nämlich die von 1886-1916-1946, ausgewertet hat, kommt zu dem in diesem Zusammenhang besonders interessierenden Schluß, daß »der große Rahmen der in der Psychose gegebenen Grunderlebnisse« in der Mehrzahl der Fälle »mit jenen Inhalten gefüllt wird, die die Zeit anbietet« [10]. Auf das achtzehnte Jahrhundert angewandt: von dem Denkgeist jener Epoche müßte in dem irritierten Sinnen von Geisteskranken ein vertrackter Reflex zu finden sein. Wie das Beispiel Messerschmidts zeigt, ist das tatsächlich der Fall.

Messerschmidt, Neffe und Schüler Johann Baptist Straubs, 1736 in Schwaben geboren, gelangt früh zu Ruhm und Ansehen. 1769 schon wird er Substitutprofessor der Bildhauerkunst an der Wiener Akademie. Aber zur Zeit seines unangefochtenen Ansehens erkrankt er plötzlich. Wie eine Notiz des Fürsten Kaunitz an die Kaiserin Maria Theresia ausdrückt, läßt sich an ihm »einige Verwirrung im Kopf« wahrnehmen, die sich in einer »nicht vollkommen gesunden Einbildungskraft« äußert, alle anderen Professoren für seine Feinde anzusehen [11]. Handelte es sich hierbei zunächst auch nur um einen vorübergehenden psychotischen Schub, der weitere Verlauf seines Lebens zeigt eine sozusagen sich ihm allgemach anheimelnde Schizophrenie, die sich nach außen hin, dem oberflächlichen Zeitgenossen als Allüre und narrenmäßige Aufführung darstellt. Er kauft sich in Preßburg an der Stadtgrenze beim Judenfriedhof ein Haus, in einer Gegend, die als unheimlich verschrien ist, was ihm – durch die Betonung seiner Einsamkeit und Unzugänglichkeit gemehrt –

unter anderem auch den Ruf eines Geistersehers eingetragen haben mag. Es ist die Schilderung Nicolais von einer Begegnung mit Messerschmidt, die Kris den Anteil des Verfassers an der psychischen Haltung Messerschmidts so deutlich verrät, daß er auf diese Darstellung seine eigene Deutung stützen kann. In den Preßburger Jahren wendet Messerschmidt seine Arbeitskraft fast ausschließlich an die Schöpfung einiger sechzig nahezu lebensgroßer männlicher Büsten, auf die sich sein Ruhm schon bei den Zeitgenossen und sein Nachruhm gründen. Mit dieser Serie, die man für gewöhnlich als ›Charakterköpfe‹ bezeichnet, obgleich sie besser der seit dem siebzehnten Jahrhundert im akademischen Kunstbetrieb verwurzelten ›Künstlerphysiognomik‹ zuzurechnen ist, scheint Messerschmidt sich ohne weiteres jenem zeitgenössischen Interesse an der Physiognomik einzufügen: als Darstellungen der Leidenschaften galten sie schon den Zeitgenossen. Er unterscheidet sich allerdings von dieser Zeiterscheinung dadurch, daß die verschiedenen Typen, welche die Köpfe verkörpern, immer Messerschmidts eigenem, jeweils vor dem Spiegel verstellten Gesicht entnommen sind, wobei sich zwei Tendenzen bemerkbar machen: eine, die ein »Stück unmittelbar verständlicher *Charakteristik*« sucht, gegenüber einer andern, die offenbar danach drängt, »Ausdruck in *Grimasse* abgleiten zu lassen«. Diese grimassierenden, dabei seltsam stereotyp anmutenden Köpfe geben in Zusammenhang mit dem, was Nicolai von Messerschmidt erfährt, Einblick in dessen verstörte Seele. Der Künstler glaubt sich von Geistern heimgesucht – welcher Art sie ihm scheinen, darf noch vorläufig außer acht bleiben –, obgleich er »beständig keusch gelebt habe«. Um über sie Macht zu gewinnen, muß er sich an verschiedenen Teilen des Körpers kneifen und vor dem Spiegel grimassieren: »Während der Arbeit selbst sah er jede halbe Minute in den Spiegel und machte dabei mit größter Genauigkeit die Grimasse, die er eben brauchte.« Dieses von fern an Webers Gebaren erinnernde spiegelbildliche Grimassieren, das Messerschmidt gleichsam versteinert, legt die Vermutung nahe, daß es sich hierbei um ›apotropäische‹ Veranstaltungen handelte, dazu bestimmt, die Geister abzuhalten oder einzuschüchtern, wie denn Messerschmidt geglaubt haben soll, durch seine Grimassen »die bewunderungswürdigsten Wirkungen von seiner Herrschaft über die Geister zu erfahren«. Die wahnhafte Einbildungskraft sieht den Rationalisten Messerschmidt sich in einem magischen Bezugssystem alogisch-logisch zur Wehr setzen. Seine Grimasse entspricht gleichsam der Maske in der apotropäischen Magie primitiver Kulte. Das magisch Zwanghafte allerdings ist hier zu zwangvoller Manie geworden, der Künstler, wie die Gleichform der Grimassen verrät, dem kranken Geist angekettet.

»Nun standen«, berichtet Nicolai, »in einem Winkel des Zimmers noch zwei Köpfe von einer schwer zu beschreibenden Gestalt. Man stelle sich vor, daß alle Knochen und Muskeln eines menschlichen Gesichts so zusammengedrückt und vorwärtsgezogen wären, daß die äußerste Spitze der zurückgeschobenen Stirn und die äußerste Spitze des hervorgedrückten Kinnknochens einen Winkel von zwanzig Grad macht, daß also das Gesicht beinahe in die Form eines Schnabels gezogen ist, obgleich doch immer die menschliche Gestalt bleibt.« Diese allgemein ›Schnabelköpfe‹ genannten Plastiken unterscheiden sich von allen anderen Köpfen dadurch, daß sie wirklich die vergleichsweise noch immer realistische Grundlage verlassen, freie phantastische Ausbildungen, Karikatur geworden sind. Widerwillig rückt Messerschmidt mit der Erklärung heraus, der Geist »habe ihn gezwickt und er habe ihn wieder gezwickt, bis die Figuren herausgekommen wären. Ich habe gedacht: Ich will dich endlich wohl zwingen; aber er wäre beinahe darüber des Todes gewesen«. Diese Erklärung kaschiert aber den eigentlichen Anlaß, der in den beiden Köpfen desto offenbarer liegt: die ungemeine Übertreibung von Schnabel und Lippe, die Betonung seiner Keuschheit machen den sexuellen Kern von Messerschmidts Wahnvorstellungen einsichtig. Daß dieses verdrängte Sexuelle sich in solcher erstaunlichen Zerrbildnerei Gestalt schafft, darf desto weniger überraschen, als die bürgerliche Konvention diese Sphäre zu einem derart streng beobachteten Tabu gemacht hatte. Wenn auch künstlerisch gar nicht vergleichbar, liegt in der grotesk sexuellen Schöpfung des DOCTOR BAHRDT durch den angestrengt ›keuschen‹ Kotzebue eine ähnliche zeitphänomenale Bedeutung.

Noch eine weitere Bemerkung scheint über das private Meinen Messerschmidts entschieden hinauszugehen. Er nennt nämlich den Geist, der ihm zur Überwindung die beiden Schnabelköpfe abzwang, den »Geist der Proportion«, der auf ihn neidisch war, weil er »der Vollkommenheit in der Proportion so nahe gekommen sei«! Es gibt wahrscheinlich kein deutsches Zeugnis aus der Welt des achtzehnten Jahrhunderts, das so erschütternd und zugleich erhellend ist wie Messerschmidts abersinnig tiefsinniges Geständnis. Was sich hier in dem Leiden eines geisteskranken Bildhauers wahn- und schmerzverzerrt ausdrückt, ist ja die Sehnsucht seiner Epoche nach dem goldenen Maß, nach Wohlstand, Eurhythmie – die wütende Reaktion auf die Disproportion des Prinzen von Pallagonia legte es klar. Die Verwirklichung dieser Sehnsucht, die über den ästhetischen Bereich hinaus den ganzen Menschen meinte, stellte, um die Disproportion zu überwinden, notwendig Disproportion bloß: wie in der Satire auf dem Papier so in den aus der Ordnung fallenden Menschen, in den AUTOSATYRICIS in der Wirklichkeit – Autosatirici sind mit dem Titel von Riedel LEUTE, DIE SICH IHRE SATYREN SELBST MACHEN. Es ist die ›absurda tragica‹ des Rationalismus, daß ihm, ehe er seine Vorstellung von einer in Selbstveredelung harmonisierten Menschheit aus der zweifellos schönen Idee in die befriedigende Tat umsetzen konnte, die Aufgabe gestellt war, unschöne Realität – verkehrte Welt, disproportionierte Menschheit – durch karikierende Nachzeichnung für ewige Zeiten verächtlich, unmöglich zu machen. Aber die Beschwörung der unendlichen Häßlichkeit ging über seine Kräfte. Wie er schließlich vor Physiognomik den Menschen nicht mehr sah, so verlor er vor den heraufbeschworenen Ungeheuern der Natur, der Seele und des Geistes, die zu bannen er nicht fähig war, die Proportion selbst aus den Augen. Das Groteske hat gewiß vor dem Rationalismus schon existiert, aber erst durch den Rationalismus hat es die heillose Qualität bekommen.

Aus seelischem Bedürfnis klassizistisch gesonnen, hat der Rationalismus gleichwohl eine Metaphysik des Häßlichen geschrieben und der Mißgeburt erst eigentlich Grund gegeben. Pope stellte es seiner Zeit in der DUNCIAD musterhaft vor. Wir denken aber auch an den 1754 zu London erschienenen ESSAY ON DEFORMITY des Ritters William Hay (1695–1755). DIE HÄSSLICHKEIT überschrieb die deutsche Übersetzung den »Versuch«, der 1755 und in zweiter Auflage 1759 zu Breslau herauskam.

Der DICTIONARY OF NATIONAL BIOGRAPHY sagt von Hay, daß er mißgestalt und kaum fünf Fuß hoch gewesen sei ... Aber auch der deutsche Schriftsteller wagte sich an den Gegenstand der Häßlichkeit. So präsentiert sich ein A. P. L. C. mit einem DAS REICH DER TUGEND UND DES LASTERS überschriebenen grellfarbigen Poem im siebenten Bande der BELUSTIGUNGEN vom Dezember 1744.

Nach ihm war am Anfang Gottes »gerechte Neigung« zu einem Reich der Tugend auf Erden, das ist zu einem Reich, in dem die von der Tugend verkörperte Vollkommenheit herrscht. Dem Menschen macht die Tugend die Wissenschaft zum Geschenk. Sie ist das Instrument zu seiner Willenskräftigung und damit Selbstvervollkommnung. Aber der Abgrund, die Unterwelt bleibt nicht untätig. Sie sucht der Vollkommenheit in forma, der Tugend, zu begegnen und gebiert ein Ungeheuer, eine ›Verfluchte Misgeburt‹, die dergestalt beschrieben wird:

O ungeschickter Leib! O ungestalte Stücke!
Wie ist dein Hals gebeugt? Wie schief dein hoher Rücke?
Dein Bauch ist aufgeschwellt: es schloddert Arm und Bein,
Und beider Paare Maß stimmt gar nicht überein.
Die ganz zerfetzte Faust krümmt sich in Adlers Klauen.
Wen wird nicht vor dem Fuß mit Bärentatzen grauen.
Wie scheußlich ist der Kopf! Wie häßlich dein Gesicht!
Wie schäumt das dicke Maul, das alles stammelnd spricht.
Die Nase mag vielmehr ein Habichtsschnabel heißen:
Man lernt kein Menschenohr nach deinem abzureißen.
Wie? bist du Maulwurfsart? Wo steckt der Augen Paar?
Es deckt recht fürchterlich ein langes schwarzes Haar.
Wie tief sind sie versenkt? Kaum mag mans Augen nennen
Und einen roten Kern, in gelb gefaßt, erkennen.
Dein trüber schieler Blick ist auf dein Vaterland,
Des Abgrunds Mittelpunkt, beständig hingewandt.
Bald ruht der eine Teil der stets verschränkten Glieder,
Der andre rast indes und hält die andern nieder.
Bald ist der ganze Leib mit Ungestüm erregt,
Da alles kriecht und hüpft, sich dreht und stampft und schlägt.
Es ist kein Maß bestimmt, kein Ziel voraus betrachtet,
Auf keine Bändigung, auf kein Gesetz geachtet.
Und diese Höllenbrut übt sich in Raserei,
Daß alles, nebst ihr selbst, noch mehr verschlimmert sei.
So läuft das Laster hin, der Feind von allem Guten.

Das Gedicht, ein aufschlußreiches Zeugnis seiner Zeit, verbürgerlicht das in Ewigkeit Böse zu dem immanent Lästerlichen. Das bedeutet ohne Zweifel eine bedauerliche Verkürzung jenes menschlichsten Mythos von dem Kampf zwischen Gott und Satan, Licht und Finsternis. Immerhin bezeugt aber dieses Gedicht, daß der Rationalismus von Anfang an eine über den menschlichen Horizont weit ausschweifende Weltansicht besaß, die ihn eigentlich für pathetische Satire prädestinierte. Nur in Hinblick auf so gelindes Satirisieren wie das eines Rabener oder eines Falk am Ende des Jahrhunderts hatte Jean Paul überhaupt Grund, von dem Humor ausdrücklich zu betonen, daß es für ihn »keine einzelne Torheit, keine Toren, sondern nur Torheit und eine tolle Welt« gebe, wie er in § 32 der VORSCHULE DER ÄSTHETIK über »Humoristische Totalität« äußerte. Jener erste Rationalismus war radikaler noch in seiner Sicht als der Jeanpaulsche Humor: gleichsam mit den Augen der Vernunft, nicht mit den menschlichen des Humoristen einblickend. So liegt auch in der Folgerung körperlicher Häßlichkeit aus sittlicher Deformation (und umgekehrt) nicht ohne weiteres die Gefahr einer den Menschen entstellenden Simplifizierung. Wohl hat augenscheinlich die bürgerliche Ästhetik mit Vorliebe zu diesem Darstellungsmittel gegriffen, wie noch im neunzehnten Jahrhundert mit einer ihn geradezu an den Rationalismus und seine anfängliche Narrendefinition anschließenden Konsequenz Gottfried Keller in dem GRÜNEN HEINRICH! Es lohnte sich, diesen Roman einmal nach seinem Wortfeld des Närrischen zu interpretieren: auf eine indirekte Weise nähert sich Heinrich der harmonischen Persönlichkeit an, indem er auf seinem Entwicklungsgang beständig mit den Aberrationen des Harmonischen, närrischen Exzentrizitäten des Geistes, der Seele, der Sinne, mit der sittlichen Verkehrtheit in einem schiefen Körper konfrontiert wird. Durch das Zerrbild lernt er das Ebenmaß erkennen. Man vergegenwärtige sich das 11. Kapitel des 2. Teils, in dem Keller den »Wurmlinger« vorstellt, eitel auf seine Figur, die einmal schön, jetzt verwachsen war: die rechte Schulter »vom unaufhörlichen spöttischen Achselzucken höher als die linke, die Ellbogen von seiner eitlen Gespreiztheit nach auswärts gedreht und die Hüften verschoben; dazu wurde er durch das Bestreben, gerade zu scheinen, nur noch krummer«. Aber über seiner Anwendung in der bürgerlichen Literatur sollte der offenbar mythische Ursprung dieses Mittels nicht vergessen werden. Das Rituell von Dreigroschenroman, Volksbuch und Märchen mit dem strahlend schönen, makellosen Heldenjüngling und einem gegenspielenden Finsterling oder Satan in Menschengestalt läßt auf eine unterschwellig fortbestehende ursprüngliche Gläubigkeit schließen, die in dem Narren deutliche Kontur annimmt. In ihm, der bei allen Völkern zuerst als Zwerg, als Mißgeburt, als Idiot in Erscheinung trat, ist die irrationale Überzeugung von der sittlichen Häßlichkeit in einem häßlichen Körper durch die Jahrhunderte intakt geblieben und, hier dämonisiert, hier verhöhnt, da unheilig und da unsittlich geschimpft, das krasseste Gegenbild zu dem wohlproportionierten Menschen gefühlt worden. Der Rationalismus hat zum Teil diesem Gefühl schärfsten Ausdruck verliehen, zum Teil sich in den Narren verstehen lernen, insgesamt jedoch die Voraussetzungen zu einem Werk geliefert, das die Radikalität des älteren Rationalismus mit dem Einverständnis des jüngeren in das Groteskekomische verband: Wezels TOBIAS KNAUT. Gleichsam nach der obigen Theorie der infernalischen Mißgeburt, gemildert höchstens durch eine groteskkomische Laune, setzt Wezel eine menschliche Mißgeburt zu dem Helden seines Romans ein. Aber weitaus rigoroser noch als die Theorie spart Wezel in dem Roman auch die kärglichste Zeichnung einer idealischen Gegenwelt, idealer Menschengestalten aus und läßt die Mißgeburt in Gänze triumphieren. Menschliche Karikaturen sind im übrigen die Zielscheibe rationalistischer Satire gewesen. Wezel dagegen nimmt die Karikatur eines Menschen her und behauptet sie als die Inkarnation des Menschen schlechthin! Das Zerrbild des Menschen, das zu seinem Sinnbild erhoben wurde, kann, so lächerlich es sein mag und so satirisch seine Bewandtnis ist, solchen zwangsläufigen Zug zur vollkommenen Entmenschlichung kaum verleugnen. Unter anderem durch dieses heikle Geistesprodukt läßt der Spätrationalismus die nachfolgende Romantik geradezu als versöhnliche Epoche erscheinen.

Verführte den Rationalismus die Beobachtung der menschlichen Unstimmigkeit eher zum Abbau seines Menschenbildes, so machten die Romantik, desgleichen Jean Paul dieselbe Beobachtung einem neuen Menschenbilde dienstbar, das die fatale

Unstimmigkeit noch einmal aufzufangen imstande war. Die Maxime von Novalis, daß der Mensch eine schöne Satire sein solle, behob glücklich die Fatalität und machte obendrein zum auszeichnenden Akzidenz des Menschen, was zuvor als sein Kainszeichen ertragen wurde: »Der Mensch erscheint am würdigsten, wenn sein erster Eindruck der Eindruck eines absolut witzigen Einfalls ist: nämlich Geist und bestimmtes Individuum zugleich zu sein. Einen jeden vorzüglichen Menschen muß gleichsam ein Geist zu durchschweben scheinen, der die sichtbare Erscheinung idealisch parodiert. Bei manchen Menschen ist es, als ob dieser Geist der sichtbaren Erscheinung ein Gesicht schnitte.« Das Bizarre ist damit gleichsam die eigentlich menschgemäße Äußerungsform geworden. Der Jeanpaulsche Humorist ist dafür exemplarisch. Dessen schöner Seele und feinem Gefühl korrespondiert richtig Hinkebein und wüstes Gesicht; seine innerliche Sehnsucht nach Einfalt, Schönheit und Harmonie exaltiert sich in die Bizarrerien von Rede und Gebärde. Nicht sittliche Häßlichkeit und Einbruch der infernalischen Mißgeburt: Laster in die ehemals vollkommene Welt sind in seiner Disproportion abgebildet, sondern, wenn man so will, der Verlust der Grazie zugleich mit der Sehnsucht nach ihr! Jean Pauls Aphorismus [12]: »Die Völker verlieren sich jedes Jahrhundert weiter von den Grazien weg, die sich, wie die homerischen Götter, in Wolken verstecken«, darf man immerhin Leit- *und* Leidmotiv seiner hohen Menschen, zu denen auch der Humorist zählt, nennen. Aber er gilt nicht minder für die romantische und, mit Einschränkung, die spätrationalistische Generation – falls man zugesteht, daß Tugend und Wohlstand Grazie, nur mit andern Worten, meinen. Der Verlust der Grazie macht die Furien los, wo nicht der Humor sich selbst auf die Zerreißprobe stellt.

Wenn Kris in der zwanghaften Karikierung eines seelischen Traumas durch Messerschmidt den unwillkürlichen Versuch einer Selbstheilung sieht, einen Versuch, auf dem alogischen Wege wieder zur Proportion zurückzufinden, so zeigt die Dichtung vornehmlich des späten Rationalismus, die zumeist mit medizinisch-therapeutischer Metapher argumentierte, das gleiche Bestreben. Bis zu einem gewissen Grade macht es den Eindruck, als habe die Kunstbetätigung den seelisch gefährdeten

Rationalisten noch einmal und hin und wieder vermocht, zu Sinnen und Vernunft zu kommen. Von Ephraim Moses Kuh etwa wird berichtet, daß, wenn »er ganz außer Stand war, vernünftig und zusammenhängend zu sprechen«, er doch »vernünftig denken und schreiben« konnte! Davon ist das folgende Gedicht ein stupendes Zeugnis, falls man Hirschel [13] glauben kann, daß es »in einem sehr heftigen Anfalle von Wahnwitz verfertigt« wurde:

Der starke Atlas nahm die Welt auf sich,
Und eine Welt voll Gram ertrage ich;
Doch, hoher Zeus! dir sei's gedankt,
Nie hab' ich unter ihr gewankt.

Kris sagte über Messerschmidts vornehmlich komische Darstellung höchst ernsthafter, wenn nicht gar bedrohlicher Zustände: »Daß gerade heitere oder komische Wirkungen mit Vorliebe herbeigerufen werden, kann man kaum erstaunlich finden, wenn man bedenkt, wie sehr gerade solche Haltungen geeignet sind, in den Dienst der Verhüllungstendenzen und der Angstbewältigung zu treten.« Dieses Urteil trifft in nicht geringerem Maße auf die Literatur des Spätrationalismus zu, die bekanntlich eine Fülle komischer Schriften zeitigte. Scheint auch die oft seichte Komik, die zage Satire solchen Schluß gleichsam durch sich selbst Lügen zu strafen: bei Gelegenheit der, sei es nur durch ihr Schicksal, bedeutenden Schriftsteller dieser Epoche darf man jedoch ihre Hoffnung achtbar, ihren Vorsatz tiefsinnig finden, mit dem Lachen seelische Not, wie sie etwa in der Hypochondrie sich greifen ließ, zu lindern und sittliche Häßlichkeit zu korrigieren.

II. Songes Hannswurstiques

Es liegt nahe, das Phänomen der seelischen Verstörung, die man mit dem Mittel der Komik zu reparieren hoffte, unter einer umfassenderen Erscheinung der Zeit zu versammeln. Das ist die Erscheinung des Humors! Goethe hat mit einem Satz in den MAXIMEN UND REFLEXIONEN gleichzeitige Phänomene, indem er sie zusammenstellte, zugleich richtig gestellt, wo er Hypochondristen, Heautontimorumenen und Humoristen in einem Atemzuge nennt. »Nehmen wir sodann das bedeutende Wort vor: Erkenne dich selbst, so müssen wir es nicht im aszetischen Sinne auslegen. Es ist keineswegs die Heautognosie unserer modernen Hypochondristen, Humoristen und Heautontimorumenen damit gemeint; sondern es heißt ganz einfach: Gib einigermaßen acht auf dich selbst, nimm Notiz von dir selbst, damit du gewahr werdest, wie du zu deinesgleichen und der Welt zu stehen kommst. Hierzu bedarf es keiner psychologischen Quälereien; jeder tüchtige Mensch weiß und erfährt was es heißen soll; es ist ein guter Rat, der einem jeden praktisch zum größten Vorteil gedeiht.« In der Tat ist häufig der Humorist auf dem Papier in Wirklichkeit ein unseligster Hypochondrist gewesen. Eichendorff [14] weiß für diese Diskrepanz, die – wenn schon nicht natur-, doch offenbar humornotwendig war, keinen besseren Zeugen anzuführen als Theodor von Hippel. Einmal mehr eröffnet sich in dessen Person das ganze zwiespältige Wesen des Spätrationalismus: der, mit Eichendorff zu reden, interessante »Conflict eines tiefgestimmten Gemüts mit der flachen Übermacht der Zeit«, eine wohlbekannte »innerliche Doppelgängerei« und scheinbare Widersprüchlichkeit in Leben und Schrift, auch von Leben und Schrift eines »rätselhaften Mannes«, dessen schillernder Charakter, vexierende Äußerungsweise Eichendorff zu dem bezeichnenden Wort »Chamäleon« Zuflucht nehmen läßt. Ein solcher Mann, sagt Eichendorff mit Recht, »hätte den Humor erfunden, wenn er ihn nicht bei den Engländern, bei Swift und Sterne, schon vorgefunden hätte. Denn was wäre der Humor anders als das moderne Bewußtsein des innern Zwiespalts, das mit den Gegensätzen, weil es sie nicht mehr zu versöhnen vermag, in einer Art verzweifelter Lustigkeit spielt, um sie sich erträglich zu machen; jene melancholische Selbstironie, die über ihre Freuden weint und über ihr Weinen lacht. Hippel war daher auch der Erste, der den Stil der englischen Humoristik mit Erfolg bei uns einführte ...«

Die letzte Bemerkung bedarf ihrer Korrektur. Einerseits findet sich in Hippels Hauptwerk, den LEBENSLÄUFTEN IN AUFSTEIGENDER LINIE, das Wort ›Humor‹ selbst nicht ein einziges Mal erwähnt. Auch der einsichtige Dialog über die Beschaffenheit jener jüngsten Seelenstimmung und Literatur-Mode behilft sich stets mit dem eingedeutschten Wort, das seine fremde

Herkunft nahezu vergessen gemacht hat: ›Laune‹. Andrerseits will es scheinen, als habe Hippel – hält man den ganzen Sterne gegen ihn – von dem Erreger des deutschen Yorickfiebers eher die EMPFINDSAME REISE als den TRISTRAM SHANDY vorbildlich befunden. Das ist im übrigen ein Merkmal der Mehrzahl aller sogenannten Humoristen dieses Zeitraums. Das sozusagen klassischste Beispiel ist sicherlich Johann Gottlieb Schummels dreiteiliger Roman EMPFINDSAME REISEN DURCH DEUTSCHLAND, der in den Jahren 1771 und 1772 zu Wittenberg und Zerbst erschien. Der empfindsame Reisende apostrophiert Yorick, himmelt den Mond, »die Mutter der Launischen Schriftsteller« an. Wo Schummel eigentlich literarhistorisch und weltanschaulich steht, bedeutet sein Friedhofsbesuch zu – Gellert! Ihn nennt er »den gemeinnützigsten Schriftsteller, der je auf Erden gelebt hat«. Das Los jenes andern Briten, Shakespeare, teilte auch Sterne: er war den deutschen Schriftstellern womöglich ein fruchtbares Mißverständnis, öfter ein empfindlicher Unfug. Erst Jean Paul hat das ihm verwandte Wesen der englischen Humoristik ergriffen und zugleich weit hinter sich gelassen. Dieses Wesen ist aber zunächst und insgesamt – von Fielding über Sterne bis Smollet – ein bürgerschrecklicher Zynismus, bewußtes Narrentum, das dem Zeitgenossen befremdend genug von dem korrekten Bürgerkleide, dem geistlichen Talar abgestochen haben mag. Man weiß von Sturz die stupenden Histörchen, die jenen britischen ›Sturm und Drang‹ souveräner Rationalisten ausreichend charakterisieren: Fieldings hanswurstige Würze eines Gastmahls; Sternes Porträtsitzung in Harlekinstracht. *Sentimental* sollte danach nichts anderes heißen als wache Sinnlichkeit, Sinnesfreude, offener Sinn für die Welt und ihre Insassen [15]. Das deutsche Lesepublikum, die ihn nachahmenden deutschen Autoren, »Yoricks-Affen«, wie sie rasch genannt wurden, sahen den Sterneschen Humor viel zu gemütlich, allzu gutmütig, hatten offenbar nicht im Kopf, daß Sterne seinen Shandy in Erinnerung an jenen Narren von Shakespeares Gnaden – Yorick nannte, und glaubten sich auf Sternes Manier zu verstehen, wenn sie Chodowiecki für den rechten Zeichner Sterneschen Humors hielten, nicht jedoch den fatalen Hogarth! »Man braucht Buch und Zeichnung nur obenhin angesehn zu haben, um sogleich gewahr zu werden, wie unser Callot (!) seinen Sterne so ganz umfaßt und erschöpft«, heißt es in einem STERNE UND CHODOWIECKI überschriebenen Aufsatz, den, von einem L.H.N. verfaßt, das DEUTSCHE MUSEUM im September 1779 veröffentlichte.

Der entscheidende Mangel der deutschen Humoristen ist vermutlich gewesen, daß sie nicht vollends Mut hatten, mit der ganzen Person für die willkommene Narrenfreiheit einzutreten. Die Allusion des Narren blieb auf dem Papiere, in Vorreden Usance, während die bürgerliche Person sich nach wie vor der Konvention bequemte, beflissen, so zu sein wie die anderen. Dergestalt eliminierte der Deutsche das riskante Element, das in dem englischen Humor eigentlich lag und wohl bemerkt wurde: solcher demokratische Aufruf zum Staatsstreich im Narrenkleide, eigentliche Souveränitätserklärung der bürgerlichen, der Vernunftperson. Flögel schien der Humor als »ein ganz abstechender Charakter von der Urbanität und den angenommenen Sitten vorzüglich ein Eigentum der englischen Nation« zu sein, »die auf dem klassischen Boden der Freiheit erzogen, die Einzwängung in Moden und das Modellieren nach eingeführten Leisten und Formen verachtet ...« Der Jean Paul noch nicht kannte, resümiert über das notwendig humorlose deutsche Staatswesen: »Unter dem Despotismus, wo jeder seine eigentümliche Denkungsart verstecken muß, um nicht Argwohn zu erwecken und sich vor Gefahr sicher zu stellen, kann er unmöglich empor kommen; in der Republik, wo die Bürger einander fast gleich sind und beinahe wie zu Sparta einerlei Denkungsart, Geisteskräfte und Sitten haben, kann er auch nicht entstehen ...«

Es würde zu weit führen, die Geschichte des Wortes Humor in dem Deutschland des achtzehnten Jahrhunderts nachzuschreiben. Hier fesselt lediglich die Ablösung dieses durch ein anderes Wort, das offenbar die Zeit triftiger in sich begriff und, von dem englischen Humor übernehmend, was immer ihm für das deutsche Milieu fruchtbar schien, eigentlich etwas Selbständiges an die Stelle der bloßen Yoricksafferei setzte. Dieses andere Wort ist aber die Laune, von dem Lichtenberg – D 68 – sagte, es werde heutzutage fast »in einem so weitläufigen Verstand genommen als das Wort Butterbrot«. So viel dem Spätrationalismus überhaupt möglich war, ist ›Laune‹ –

mehr als nur die Verdeutschung von ›humour‹ durch patriotische Puristen – der Inbegriff aller Art Irrationalismus geworden: im Individuellen so gut wie im Allgemeinmenschlichen und in der Ästhetik so gut wie in der Politik und Weltgeschichte überhaupt. Die humoristische Äußerung des späten Rationalismus lieber unter dem Begriff der ›Laune‹ zu begreifen, hat um so mehr für sich, als er geeignet erscheint, die seelische Bewandtnis so und so vieler ›Launenschriftsteller‹ feinsinnig anzuspielen. Die Abstammung der Laune von ›luna‹ verführt geradezu zu einem Wortspiel: Luna, Spenderin der Laune an lunatics, die vom Mond Geschlagenen, die Wahnsinnigen. In dem Falle Jüngers, Riedels, Wezels, Schulz' kann man ohne Bedenken sagen, daß bei ihnen einer lunatischen Seele das literarische Launen-Produkt ursächlich entsprach!

Die über die Ästhetik weit hinausgehende Bedeutung, welche diesem Begriff innerhalb des spätrationalistischen Denkens beigemessen wurde, erhellt unter andern aus Michaelis' anmutiger Launen-Theorie in Reimen, die 1791 in den SÄMMTLICHEN POETISCHEN WERKEN veröffentlicht wurde. Sie trägt den Titel DIE LAUNE, ist ein Poetischer Brief an den Hofrat Köpkens in Magdeburg und entstand zu Halberstadt am 12. Mai 1772. Danach besitzt das »Mittelding von Grazie und Faune«, die Mondbewohnerin Laune, drei dienstbare Geister, die sie nächtlicherweile auf die Erde, unter Menschen zu schicken pflegt: Grillen, Schnurren, Caprisen. Die Grillen sind eine »Art von Donnen Quixotetten«, deren Anreizung zur Phantastik im guten wie im bösen wirkend werden kann. Die eine Möglichkeit ist, daß man, von Grillen heimgesucht, aufwacht, wieder einschläft und lediglich geträumt zu haben glaubt; die andere Möglichkeit aber ist: »Man wacht darüber auf, schläft nicht ein – und der Himmel / Hat einen Jakob Böhme mehr!« Die Schnurren charakterisieren sich dagegen als »kleine muntre Harlekine«, begabt, Wohlanständigkeit und Würde jäh in ihr ganzes Gegenteil zu verkehren: »Hop! fliegt der große Ludewig / Als Tänzer auf und wundert sich.« Am diabolischsten, folgereichsten erweist sich aber jedenfalls die »kleine Furie« von Caprise. Sie hat immer Neigung, den Verstand zu korrumpieren, die gesunden fünf Sinne in eine tüchtige Unordnung durcheinander zu wirbeln, den Willen wider Willen zu entkräften. Vermöge dieser

Geister herrscht Laune über die ganze Welt, in jeglichem Menschenwerk, ja im Menschsein an sich. Im Grunde, resümiert Michaelis, ist »manches tolle Ding, seit Anno eins, auf Erden« ein solches »Gaukelspiel der Nacht«, Inszene der Laune und ihrer Helfershelfer gewesen, handele es sich nun um Nationalleidenschaften oder das einzelne Genie. Es ist die Laune, die »Forscht nach in Mendelssohn, vernünftelt in Voltairen, / Schwärmt in dem Schwedenborg, / Beweist in Wolf und prüft in Schaftesbury...«

Die Verherrlichung der Laune bedeutet, wie aus Michaelis mustergültig hervorgeht, zugleich die vollständige Anerkennung des Irrationalen als des Weltgrunds, als der Triebkraft im Menschen. Durch die ausgeprägte Launen-Theorie beweist der Spätrationalismus seine mittlerweile eklatante Entfernung von der älteren Aufklärung. Sein geradezu Erasmisches Lob der allmächtigen Narrheit ist zu gleichen Teilen kluge Kapitulation vor dem ewig befremdenden Irrationalen und ein Sieg der nachsichtigeren Vernunft über sich selbst: wenn schon das Irrationale allwaltend war, so sollte es wenigstens eine vernünftige Bereitschaft zu ihm finden. Also schrieb alle Welt poetische, prosaische ›Launen‹; also hieß ›Laune‹ alles gewinnend Geschriebene. Sie war das Feuilleton des achtzehnten Jahrhunderts. Seinen frohsinnigen Schriftstellern rühmte der Zeitgenosse ihre Laune nach; so sprach man etwa von ›Langbeinischer Laune‹. Theoretisch äußerten sich hingegen Schiebeler, auch Schillers Schwager Reinwald. Seine 1782 erschienenen POETISCHEN LAUNEN, ERZÄHLUNGEN, BRIEFE UND MISCELLANEEN eröffnete – programmatisch gleichsam – ein Lied AN DAS HÜMÖR. Garve handelte seinerseits ÜBER DIE LAUNE, DAS EIGENTÜMLICHE DES ENGLISCHEN HUMOUR UND DIE FRAGE, OB XENOPHON UNTER DIE LAUNIGEN SCHRIFTSTELLER GEHÖRE. Riedel plante vollends, eine Geschichte der Laune zu schreiben. Er veröffentlichte jedoch lediglich einen Aufsatz ÜBER DIE LAUNE, erschienen im fünften Band der LAUNEN AN MEINEN SATYR. Launig beseitigte der Rationalismus selbst die Scheidewand, die ihn von der Irrationalität immer vorsorglich getrennt hatte wie die Vernunft von der Phantasie, den Verstand vom Unverstand, das Genie vom Narren. Mochte es in Michaelis' rokokoleichten Reimen noch bloß Spielerei gewesen sein, so zu denken; Reils RHAPSO-

DIEN bekunden, daß dahinter eine überlegte Ansicht stand: »Wie wird uns beim Anblick dieser Horde vernunftloser Wesen, deren einige vielleicht ehemals einem Newton, Leibniz oder Sterne zur Seite standen? ... Eine Faser im Gehirne erschlafft, und der in uns wohnende Götterfunke ist zu einem Feen-Märchen geworden.« Der junge Jean Paul war von solchem Rationalismus, der das irrationale Wohl und Wehe vorurteilslos bedenkt, zutiefst beseelt und seines Geistes, wenn er am liebsten über Genies, Dummköpfe und Narren sinnierte. Nachdem er in sich selbst abgekürzt die Entwicklung des Rationalismus von der frühen Epoche an, die den Supremat der Vernunft unbedingt vertrat, bis zu der das Irrationale einbeziehenden späten Epoche durchlitten hat, definierte er folgerichtig den Narren als das »verstimmte Genie« [16]!

Wo immer sich das Irrationale unbeschränkter äußert, findet sich wie selbstverständlich jenes ihm verbindliche Phänomen – so im Leben wie in der Literatur –, das zumal im Zeitalter des Barock heimisch war und wie ein anderer Hanswurst in dem Spätrationalismus wiederkehrt: der Pikarismus! Der lang verpönte pikarische Roman erschien wie kein zweiter geeignet, seine fliegsam gewordene Weltansicht aufzunehmen. Er akzeptierte nun den pikarischen Helden sogar häufig als spaßhafte Inkorporation seines beunruhigten Lebensgefühls im Bannkreis der Französischen Revolution. So schrieb Vulpius in der Vorrede der ABENTHEUER UND FAHRTEN DES BÜRGERS UND BARBIERS SEBASTIAN SCHNAPPS, einem »komischen Roman aus den neuesten Zeiten«, der 1798 zu Leipzig erschien: »Die Spanier haben ihre Pikaros, Takannos, Lazarillos, Gusmanns etc. und die Franzosen haben einige dieser Gaunerhelden (in der Romanwelt), zu sich, über die Pyrenäen, ins blanke Feld ihrer Literatur gezogen. Wie wäre es denn, wenn wir einmal den Deutschen auch einen solchen Picaro, Picarillo, Picaron, Picarnazo, Picarote, einen solchen Coquin, Filou, Chevalier d'industrie und Rogue, Highway-man etc. darstellte?« Vulpius, der seinen Helden übrigens aus populären Theaterstücken Walls entlehnte, siedelte den Roman ganz ausgesprochen während der Revolutionswirren an. Sein Deutschland wimmelt von Vaganten, Exulanten, von Menschen, die aus irgendeinem Grunde unterwegs sind.

Der Unfaßlichkeit des Weltlaufes entspricht ein ungefaßter, unsteter Lebenslauf passiver Helden. Einer der typischen Pikaro-Romane des späten achtzehnten Jahrhunderts ist Jüngers sechsbändiger komischer Roman FRITZ [17]. Mit einer fast tödlichen Sicherheit berührt der Held alle sozialen Gegebenheiten der Zeit, vom Theater über Gefängnis, Universität, Hofmann- und Diplomatenexistenz bis schließlich zum Land- und Ehemann, in Ruhe und ländlicher Beglückung. Wir erfahren bewußte Vaganten aus Protest gegen Maschine gewordene Gesellschaft und Fratze gewordene Vernunft, Narren aus enttäuschter Vernunft, Ysop oder Faustin oder Bunkel oder Schleicher mit Namen – wie der Wanderer »auf dem Welttheater« Namen alle sind. Johann Traugott Plant vereinigte sie alle in dem Titel des 1794 zu Gera erschienenen Romans, der vollständig so lautet: HIERAUS KOMISCHE ABENTHEUER UND WANDERUNGEN AUF DEM WELTTHEATER; EIN CUMPAN DES FAUSTIN, ERASMUS SCHLEICHER, PAUL YSOP UND JOHANN BUNKEL. Friedrich Schulz, aus dessen Schaffen mehrfach schon vielsagende Beispiele für die Phänomenologie des spätrationalistischen Geistes zitiert wurden, kann einmal mehr mit einem Dokument dieser neuen Gesinnung dienen, das sich wie das gedrängte Referat eines pikarischen Romans liest. KINDERSTREICHE MEINER PHANTASIE [18] heißt die Nacherzählung des Lebenslaufes eines Mannes, der sich zeitlebens von seiner Einbildungskraft regieren ließ und darum an den diversesten Berufen, Ländern, Existenzweisen, die er sich plötzlich einbildete, auf die Dauer kein Genüge fand, so daß die Sprunghaftigkeit der durchgängigste Charakterzug scheint. Skizze der »Hauptsprünge seiner Seele« nennt Schulz denn auch die Niederschrift einer einbildungskräftigen Seele, die den Altgewordenen, da ihn »das närrische Ding nicht mehr auf der Erde umher jagen kann«, zum Himmel hebt und »mit dem Anblick von Freuden« berauscht, die »kein menschliches Auge gesehen hat«. Und das, resümiert der Erzähler augenzwinkernd, »ist doch wohl der beste Dienst, den sie mir tun konnte?«

Von dem leibhaftigen Pikarismus innerhalb der rationalistischen Generation war schon andernorts die Rede; nicht weniger Beachtung verdient jedoch der sozusagen seelische Pikarismus der verschiedenen Autoren dieser Epoche. Das ist die »Fliegsamkeit der Phantasie« in der Einwirkung auf die ästhetische Produktion. Zweifellos sind in der deutschen Literatur des rationalistischen Zeitraums die Beispiele nicht sehr zahlreich, die, Messerschmidts Schnabelköpfen vergleichbar, jenes Ergebnis exaltierter Kunstäußerung aus der seelischen Zwangslage merken lassen. Zumal die Satire bleibt, was die moralische Indignation, die manische Einbildungskraft betrifft, im allgemeinen weit unter dem einzigen Swift. Satire ist von allem Anfang an die magische Befähigung gewesen, durch den ganz und gar auf die Person zielenden Bespruch Unheil herabzubeschwören, das zum Tode des Opfers führen konnte. Satire war rituelle Schmähkunst, die als eine bedeutende, wenn nicht gar den Ausschlag gebende Waffe bei Beginn eines Krieges, eines Gefechts, eines Zweikampfs galt, wie es noch die mittelalterliche Epik überliefert, den heiligen Dichterseher zum heillosen Hofnarren pressend [19]. Von diesem fürchterlichen Vermögen der Satire hat während des deutschen achtzehnten Jahrhunderts bloß Liscow einen bis zum heutigen Tag erschreckenden Gebrauch gemacht. Die ingeniöse Grausamkeit gegenüber seinen Opfern Philippi, Sivers, Rodigast erklärt, warum Lichtenberg in seinem Sudelheft – B 10 – äußerte: »Ich kann nie meinen Liscow in die Hand nehmen, ohne daß mich ein geheimer Schauer überläuft, der den Gedanken begleitet, wie, wenn Dich ein Liscow verewigte.« Eigentlich bestimmend für die durchgängige Satire aber ist die gelinde und undeutliche Manier Rabeners geworden, der um seiner selbst willen Gott und Obrigkeit aus der Satire ließ, die bürgerliche Person nicht antastete und zwecks ihrer verständigen Anwendung lieber die Urteilskraft ansprechen wollte als die Einbildungskraft sprechen lassen. In seinem SENDSCHREIBEN VON DER ZULÄSSIGKEIT DER SATIRE UND DEREN EINRICHTUNG, das im August 1742 die BELUSTIGUNGEN veröffentlichten, schrieb Rabener: »Mein Vortrag muß ordentlich sein, denn ich will andere überzeugen. Er muß nicht ausschweifend sein, und meine Überlegung muß mehr Anteil daran haben als meine Einbildungskraft.«

Nicht nur er verwarf die »milzsüchtigen Satiriker« eben deshalb, weil ihre Darstellungen den »rundgeschliffenen«, den Konvexspiegeln gleichen, worin selbst die Gestalt der Grazie zur Furie verzerrt erscheint, wie Kuh in einem Sinngedicht AUF

EINEN MILZSÜCHTIGEN SATIRIKER ausführte. Das immer Problematische der säkularisierten Satire ist an ihrem Schicksal in dem Jahrhundert besonders gut zu begreifen. Danach ist allerdings Satire bloß so lange als solche an- und überhaupt zu erkennen, als sie ernstlich den moralischen, nicht ästhetischen Anspruch erhebt, die Person, den Zustand, was immer sie anprangert, zu bessern, das heißt aber zu ändern. Wenn dieser Vorsatz erfolgreich sein soll, muß die Satire notwendig dichter bei dem realen, gänzlich außerästhetischen Gegenstand bleiben. Und das bedeutet nichts anderes, als daß die Satire, unspielmäßig genommen, gar nicht erst zu einer ästhetischen Kategorie wird, sondern – wenn schon – gut formuliertes Räsonnement über diesen und jenen bemerkten Mißstand. Dieser Fortschritt der Satire von der Kunst läßt sich mit Beispielen der Zeit durchaus belegen: Damit eine groteske Beobachtung, die er in der Pfalz macht, nicht grotesk, sondern Tatsache erscheint, unterstützt sie Falk in den REISEN ZU WASSER UND ZU LANDE VON SCARAMUZ mit dem wahrheitverbürgenden Zitat aus »Ledderhoses Anleitung zum Hessenhasselschen Kirchenrechte § 593«. Offenbar erzielte diese künstlerisch anspruchslose Art der Satire bei den Zeitgenossen den erwünschten Erfolg; Jenisch zufolge [20] ist es Falks Verdienst, daß von ihm aufgedeckte Mißstände an der Berliner Charité beseitigt wurden. Ein anderes Beispiel für diese Art, Satire schwarz auf weiß zu belegen, gibt der anonyme Fortsetzer des Jünger-Romans FRITZ im fünften Bande, der von der provinziellen Journalistik in Deutschland erzählt, daß sie aus Stoffhunger die Konduitenzettel der Primaner und Sekundaner des fürstlichen Gymnasiums und sogar Serenissimi täglichen Küchenzettel abdruckte – »Wers nicht glaubt, daß solche Abgeschmacktheiten zu schreiben noch im Jahr 1798 für patriotische Beschäftigung auch unter uns gilt, der lese unter andern die Denkwürdigkeiten der Churmark. 1798. Februar, S. 209«.

In dem Augenblick aber, da die Satire ihren Gegenstand zu sehr in den ästhetischen Griff nimmt, erreicht sie offenbar das ganze Gegenteil. Der Gegenstand erlangt poetisch seine Selbständigkeit; die ästhetische Verewigung macht alle moralische Vernichtung irrelevant; Satire entkommt sich selbst in eine neue Dimension, nämlich die des Grotesken. Und in dem Maß, wie sie sich zum Kunstwerk verabsolutiert, in dem Maße macht sie von vornherein jede mögliche moralische Intention gegenstandslos. So erklärt sich wohl zum Teil der Auffassungs- und Geltungswandel etwa der GULLIVERS REISEN, auch des DON QUIJOTE. Je poetischer, je schwächer ist ihre satirische Überzeugungskraft, so daß zuletzt ohne seine Kenntnis der Anlaß völlig aus den Augen kommt. Und just in einer eigentümlichen Unverhältnismäßigkeit der Satire zu dem konkreten Anlaß liegt das groteske Niemandsland, das zu denken aufgibt.

Dafür ist Jüngers BLUTBAD, EIN GRÄSLICHES TRAUERSPIEL IN ZWEY FURCHTBAREN AKTEN, UND IN ABSCHEULICHEN ALEXANDRINERN, ALLEN GEFÜHLVOLLEN SEELEN ZUGEEIGNET ein spannendes Exempel. Es erschien 1787 bis 1792 zu Leipzig als eine von VETTER JAKOBS LAUNEN. Sollte es auch ursprünglich des französischen Autors Beffroy de Regny Erfindung gewesen sein: daß Jünger gerade diesen Launenautor eindeutscht (und ausdrücklich erweitert), sagt so viel über ihn selbst aus wie die andere Eindeutschung des englischen Romans DER MELANCHOLISCHE, der 1785/96 zu Berlin erschien. Jüngers Veröffentlichung war offenbar populär. Noch 1802 erschien zu Leipzig ein Buch, das den Titel führte: VETTER MICHELS LAUNEN. EIN SEITENSTÜCK ZU VETTER JAKOBS LAUNEN, VON J. G. JÜNGER. Angeblich als Satire auf eine zeitgenössische Schauerdramatik und abenteuerliche Haupt- und Staatstragödie konzipiert, geht die Satire Jüngers jedoch entschieden über ihren etwaigen Vorwurf hinaus. Die Handlung ist kurz die: Gräslich, Tyrann von Faldabalagoa, zweiteilt seine Tochter Horribel, weil sie zwei Liebhaber zugleich heiraten will mit der Begründung, ihr Vater halte sich ja selbst zwölf »Mamsel Neugierig«. Nachdem Gräslich sie »mitten von einander in zwei gleiche Teile« gehauen hat, sagt er: »Wie wohl wird mir's um's Herz beim Anblick dieser Leiche! / Ich bin der Glücklichste in meinem weiten Reiche.« Im letzten Auftritt, »wobei es den Zuschauern eiskalt über den Rücken läuft«, erscheint Desperat, der Horribel den blutenden Kopf seines Nebenbuhlers bei den Haaren präsentieren will, sieht die Gemordete und stellt Gräslich darob zur Rede, die damit endet, daß Gräslich »seiner Tochter das Herz aus dem Leibe reißt und es Desperat an den Kopf wirft«, während dieser Espenlaubs Schädel ihm ins Gesicht schmettert. Zuletzt läßt er Gräslich noch eine »schöne Stelle« aufsagen, um dann »seinen Dolch so tief er kann in Gräslichs Unterleib« zu rennen. Dann begeht er mit Hilfe seines Küchenmeisters Gifft Selbstmord. Dazu merkt der Autor an, der Schauspieler solle seinen Tod durch greuliche Verzuckungen so »schauderhaft als möglich« machen: »Wälzen kann er sich so lange er will.« Das Finale ist ein blutrünstiges Handgemenge und Scharmützel zwischen 128 000 Mann Infanterie, 33 000 Kavalleristen, 12 Konkubinen, 17 Städten, 85 Kammerjungfern, 18 Haushofmeistern und so fort. »Es entsteht ein Gemetzle, daß man nichts als Köpfe, Arme, Beine, Herzen, Kaldaunen umher fliegen sieht. Es darf kein einziger Schauspieler davonkommen. Die Blutströme schwellen so hoch, daß sie bis in die Loge treten und daß die Scheuerfrau darin ertrinkt.« Das Personenverzeichnis hatte sie bereits als vermutlich dazu da aufgeführt, »das Blut aufzuwischen!« Zu guter Letzt müssen auch noch »Drei Friseurs« daran glauben: man schlägt ihnen die Köpfe herunter!

Das »erhabene und prächtige Grasse« nennt Jünger in der ABGEDRUNGENEN NACHERINNERUNG das Spezifikum dieses absurden Trauerspiels. Mit einem verbindlicheren Begriff der Zeit könnte man auch von einem ›Fürchterlich-Grotesken‹, mit einem heute üblichen Schlagwort jedenfalls von dem erstaunlich ›Schwarzen Humor‹ dieser Farce sprechen! Denn davon ist sie in jedem Detail durchdrungen. Es beginnt mit der Einbeziehung des Personenverzeichnisses in die groteske Dimension, in dem eine Republik, ein Königreich so selbstverständlich aufgeführt sind, wie sie selbstverständlich auf der Bühne nicht erscheinen; man kann »sehr gut in den Plan eines Dramas verwickelt sein und dennoch ganz und gar hinter der Coulisse bleiben«, verteidigt Jünger enkaustisch sein närrisches Kunstmittel. Grotesk ist die Zusammenstellung des Orchesters, das kein einziges sanftes Instrument, dafür aber eine Bläser- und Schlagzeugbesetzung von gleichsam Wagnerscher Dimension aufweist. Wenn Jünger vollends das Orchester, welches Musik offenbar als lautstarke Kakophonie aus Leibeskräften versteht, mit drei Orgeln und zwei »obligaten Vierundzwanzigpfündern« bestückt, so erinnert das von fern an jene enragierte Musicclownerie mit Orchester, Orgel, vier Gewehren, drei Staubsaugern und einer Parkettpoliermaschine des vor wenigen Jahren verstorbenen Engländers Gerhard Hoffnung! Phantastisch schweift die Personencharakteristik aus. So trägt der Tyrann Gräslich einen »Hut von schwarzem Marmor mit einer Kokarde von Alabaster und einer Feder von Messingdraht«; einen englischen Frack »von Bärenfell mit Eisen gaborniert; eine Weste von Eisenblech mit Blei gestickt; Beinkleider von gediegenem Silber; Strümpfe von Kupfer und zinnerne Schuh«. Giffts Knopfloch dagegen »ziert ein großer Strauß von Schierling, und sein Haar ist mit Arsenik gepudert«, und Horribel wird zu einer makabren Blumenallegorie entmenscht: »Ihre Ohrengehänge sind von Tuberosen, ihr Hut ist von Sauerampf, ihre Robe von Disteln, deren Schweif dreißig Ellen lang ist. Ihre Armbänder sind von Binsen und ihr Palatin von gefülltem Mohn.« Es ist sicher nicht abwegig, in diesem Zusammenhang auf Arcimboldi hinzuweisen, der in Gemälden ein ähnliches, Mensch durch Dinge grotesk charakterisierendes allegorisches Sinnspiel getrieben hat! Bei dem 1527 in Mailand geborenen, wahrscheinlich deutschblütigen Giuseppe Arcimboldi haben wir es freilich noch mit einer gegenständlich gebundenen manieristischen Phantasie, mit einem gegenständlich gebundenen magischen Raum zu tun.

Während die exzessive satirische Phantasie eines Rationalisten hierin ahnungslos auf ein exemplarisches Stilmittel des Rudolphinischen Kunstkreises verfiel, griff sie in der kunstvollen Chaotik, der grotesken Verlebendigung der Dinge und endlich gar mit der Verwendung des Wortspiels einer romantischen, nun vollkommen sinnfreien Buffonerie vor. Jüngers Stück schloß mit der Lamentatio der enthaupteten Friseure:

So ward darum von uns manch Köpfgen aufgeputzt,
Daß man die unsrigen uns jetzt herunterputzt? –
Wer hätte das gedacht, daß sichs so sollte wenden,
Daß sich ein solches Stück muß durch ein Wortspiel enden?

Gewiß steht dieses Stück innerhalb einer das Grasse und Schokkierende durchweg meidenden rationalistischen Literatur einigermaßen allein. Wenn überhaupt, ist es bis zu einem gewissen Grade die rationalistische Traumsatire, die bewußte Verstöße gegen ästhetische Regel und Wahrscheinlichkeit durch sich selbst lizensierte: nämlich als die stets zweckdienliche, zweckgebundene Ausschweifung einer inspirierten Phantasie von Moralisten [21]! Man könnte noch daneben den utopischen Roman der Phantasie-Reisenden aus dem klüglichsten Verstande nennen. Die Aufklärer gaben Neudrucke der alten Utopien heraus und schrieben selbst neue: »von Nicolas Klimius, der in die unterirdische Welt eindringt und in das Königreich der aufgeklärten und weisen Potuaner kommt; vom Land der Elstern, vom Eisland, dessen Bewohner schmelzen, wenn ein Sonnenstrahl sie trifft; ganz zu schweigen von den Akephalen, den Kopflosen, die aus einem in der Mitte des Magens liegenden Munde sprechen, und von den Bostankis, deren Herz im rechten Schenkel sitzt«. Aber auch die tollsten Rasereien der Phantasie zielten nur darauf ab, zu demonstrieren, wie schön das Leben werden könnte, »wenn es sich endlich gehorsam den Gesetzen der Vernunft unterwerfen wollte« [22]. Von Kästner findet sich in den BELUSTIGUNGEN vom November 1744 das Stenogramm einer solchen vernünftigen Phantasterei, betitelt NACHRICHTEN AUS DER PHILOSOPHISCHEN HISTORIE. DAS IST: THATEN EINIGER MONDREGENTINNEN. Ihre Akteure und Schauplätze heißen unter anderen Prinzessin Fancyful, Land Reasoning, Measuring – die Namen sagen da genug!

Unter dem Vorwand der moralischen Bewandtnis fand eine abenteuernde Einbildungskraft Spielraum für irreguläre Phantastereien genug, ohne sich den Vorwurf des Wahndichters zuzuziehen. Philipp Hafners SONGES HANNSWURSTIQUES ODER AUF GUT CHINESISCH, ES KÖNNTE EINEM NICHT NÄRRISCHER TRÄUMEN, die 1763/64 – also kurz nach der Möserschen Harlekin-Verteidigung! – in zwei Teilen zu Wien erschienen, widerspiegeln solchen vielsagenden Tatbestand [23]. Auf dreifache Weise sieht man den Verfasser, dieses sublimste Genie des Niedrigkomischen, das von Tieck bekanntlich das hohe und wahre Komische genannt wurde, bestrebt, zu verheimlichen, daß seine Phantasie sich den Teufel um das Naturwahrscheinliche schert: durch die Traumfiktion, die seine Kreationen als romanhaft der Zensur von vornherein überhoben; durch das Zitat Hanswursts, der als ein wachend Träumender, mit seinen Handlungen die Traumvorstellungen weit überbietend, außer aller Verantwortung der Vernunft stand; endlich dadurch, daß Hafner seinen »phantastischen Gesichten, Unterweltswanderungen, Verzükkungen und Metamorphosen«, die um ein Haar in eine völlig freispielende Groteske, mindestens in die »tollste Burlesk-Komik« [24] ausarten, einen Vierzeiler anschließt, der die angespielte Groteske zur akkuraten Parabel macht. Hafner sieht offenbar den Widerspruch selbst und sucht auch ihn in einem Reim aufzulösen:

Anjetzo hat Hanswurst sogar moralisiert,
Was seinem Charakter doch keineswegs gebühret,
Doch sei es, wie es sei, das heißt schon recht getan,
Wenn man den Scherz mit Ernst zur Zeit verbinden kann.

Läßt man jedoch diese Konzessionen, die Hafner an die rationalistische Übung macht, aus dem Spiel, so bekommt die reine Erzählung oft unheimlich und modern anmutende Spannung. Dann liest sich der »übernatürliche« Traum HANNSWURST DER BESTIALISCHE VATER als eine bloß weniger dichte Kafka-Absurdität und nach der Art einer skurrilen Bambocciade der Juli-Traum, HANNSWURST DER KRUMME TANZMEISTER geheißen. Da hat sich Hanswurst die Beine gebrochen und weiß sich als Tanzmeister keinen Rat: »Ich sah mich als einen Tanzmeister einmal so armselig daher hinken, daß ich statt eines Mitleidens selbst über mich zu lachen anfing; zugleich fiel mir bei, daß es gewiß lächerlich sein müßte, wenn man einen Krückenballett einführen und solchen nach der Kunst und ihren Regeln einrichten würde.« Diesen neuen Modetanz, Boiteux mit Namen, kreiert er alsbald erfolgreich: »Der Tanz war in der Tat zum krank Lachen, denn das Herumhupfen ließ besonders possierlich, am artigsten hat es den Frauenzimmern gelassen ... und der Boiteux wurde so gemein, daß kein Ball oder sonst ein Tanzfest gehalten worden, wo nicht jedes seine Krücken sich mittragen ließ, um den Boiteux zu tanzen; diese gute Aufnahme meiner Invention hat mich auf den Gedanken gebracht, einen Ballett, worinnen man auf dem Kopfe tanzen könnte, zu erfinden« – darüber erwacht er. Und ähnlich wie Goyas SUEÑOS von seinen scheinbar sinngebenden Unterschriften in ihrem Grund nicht erfaßt werden, bleibt gegenüber Hafners vollendetstem Traum alle logische Erklärung vordergründig. HANNSWURST DER TRÄUMENDE TRÄUMER lautet sein Titel:

»Am 6ten des Herbstmonates fing ich bei der Nacht an zu schlafen, nachdem ich mich vorhero niedergelegt hatte, und als ich einschlief, so traumte mir, und zwar nichts anderes, als daß mir traumte, und in diesem Traum fing ich an abermals einzuschlafen, und da hatte ich einen Traum, welcher darin bestund, daß mir traumte, wie daß ich munter seie, darüber erschrak ich so, daß mir im Traum vorkam, als ob ich erwachte, allein bei diesem traumenden Erwachen schlief ich wieder ein, und es traumte mir gar, ich schliefe nicht, da zwang ich mich im Traum einzuschlafen, damit mir doch etwas traumen sollte; doch umsonst, es traumte mir nichts anders, als daß ich diese Nacht keinen Traum haben sollte, darüber wurd ich bös, daß ich noch zwei Uhr nachts munter wurde, die ganze Nacht nicht mehr einschlafen konnte und folgsam auch diesmal keinen Traum mehr hatte.« Der Merkspruch, den Hafner diesmal zu bedenken gibt, heißt aber so:

Das ist das wahre Bild der Träume, die uns äffen,
Man glaubt im Schlaf den Traum ganz sicher anzutreffen.
Oft quält im Schlummer uns nur eine Phantasei,
Sie ist kein echter Traum, nur flüchtigs Allerlei.

Fast zwangsläufig stellt sich eine berühmtere Version solcher phantastischen Labyrinthik mit den logischen Mitteln der Sprache ein, nämlich Karl Valentins »songe hannswurstique« von der Ente [25]. Aber beide Zeugnisse sind ja lediglich Beispiele einer überlieferten manieristischen Sinnfigur, die bekannter, verbreiteter unter dem Topos des Spiels im Spiel, Theaters auf dem Theater [26] ist. Man denke an Shakespeare und überhaupt die barocke Dramatik; man erinnere sich an den heillosen, für den einfältigen Zuschauer (im Stück) heillosen Gebrauch, den Tieck davon in seiner VERKEHRTEN WELT gemacht hat! Die beliebige Multiplikation einer und derselben Dimension ist hinreichend, dem Betrachter das ungute Gefühl zu geben, es schwinde ihm der Boden unter den Füßen, die Wirklichkeit in auch einer Wirklichkeit, und jeder Anhalt werde wahnhaft. Ohne Zweifel ist Tieck, sind die Romantiker insgesamt solchen Vexierspiels bis zur gründlichen Verstandsaufgabe besonders instruktive Gewährsmänner. Zumal die Tiecksche Novellistik nutzt häufig den Effekt wie am eindrücklichsten vielleicht in der ein Irrenhaus zur Szene machenden Novelle DIE REISENDEN. Und es ist ein früher Tieck, der den Verdacht nahelegt, Hafners SONGES HANNSWURSTIQUES seien ihm nicht unbekannt gewesen. Im Verlauf der Erzählung DIE HÖLE – ein Beitrag Tiecks zu den BAMBOCCIADEN (III 196) – wird das Hafnersche Motiv kurz aufgegriffen. »Sehr oft«, heißt es hier, »träumte ich, ich läge und schliefe, und erwachte aus diesem Schlafe und träumte in dem andern weiter, und erwachte wieder, und so mußte ich oft aus einem sechsfachen Schlafe und Traume aufwachen, ehe ich zu dem rechten Erwachen kam; wie viel leichter ist es nun, daß einem träumen kann, man wollte sich eben erst dem Schlafe überlassen.«

Aber auch der Spätrationalismus zeigt, nicht nur in Hafner, eine interessante Neigung zu dem Mittel, mit dem man einen raffinierten Kunstverstand am Werke sieht, den gesunden Menschenverstand sträflich zu berücken. Gewiß büßt das Mittel in der Mehrzahl der Beispiele aus dem Spätrationalismus entweder die in ihm liegende Dämonie oder die diabolische Lust zu vexieren ein; hier und da jedoch fand es beachtliche Gestaltung. Der spanischen ›novela‹ eines ungenannten Verfassers hat beispielsweise Johann Gottwerth Müller von Itzehoe den Stoff zu seiner komischen Geschichte DER RING abgeborgt, die ein wahrer Exzeß des Mittels ist, Schein und Sein zu vertauschen. Lichtenberg hat den Roman, der 1777 in Itzehoe erschien, mit Begeisterung gelesen. Nichts kennzeichnet das seelische Vermögen des Spätrationalismus mehr als diese für die ältere Aufklärung nicht denkbare Adaption des charakteristischsten Spanien! Bekanntlich war ein zentrales Thema gerade des spanischen Barock die Scheinhaftigkeit des Seins, der Traumgehalt des Lebens, die Unwirklichkeit der Wirklichkeit. Diese Thematik nun findet in der Nachdichtung Müllers spannende Wiederholung: selbst wenn die erstaunlichsten Verfremdungseffekte hier nur dazu dienen, durch Schock zur Besinnung zu rufen. »Der durchaus gute moralische Zweck ist ebenfalls ein Hauptvorzug ...«, hatte Lichtenberg dem Verfasser geschrieben. So bedeutet es bereits die erste und virtuoseste Erzählung. Darin wird dem pedantischen Buchhalter und am Leben und an seiner Frau vorbeilebenden Ehemann unheimlich mitgespielt, ja in dem wörtlichen Sinne: ausdrücklich treiben die Personen Posse, Farce, Komödie mitten in der seriösen Wirklichkeit! Der Buchhalter wird für tot erklärt, von seinen Bekannten, Freunden, Angehörigen ins Gesicht hinein als tot gesagt, bis er sich selbst dafür halten muß, an seiner Existenz verzweifelnd, um nicht an dem eigenen Verstand zu zweifeln. Seine verständige Eingewöhnung in die

Absurdität ist so vollkommen, daß man ihm zuletzt, damit er nicht über den Verrückungen seiner Existenzen selbst verrückt werde, einredet: er habe bloß geträumt. Die Deutung des absurden Erlebnissen als Traum macht den scheinbar Toten erst lebendig – und das was ja der Beweggrund der ganzen Inszenierung!

Erschien hier mit rationalen Mitteln das Abgründige lächelnd angespielt, so zeichnet den zeitgenössischen Trivialroman am Ende des Jahrhunderts überhaupt die Neigung zu dem unerklärlich Schockierenden, zu dem Verstandraubenden aus. Im Trivialroman findet der alte Topos eine neue Ausbildung, indem die Verworrenheit des Lebens, die Undeutlichkeit, Zweideutigkeit einer Existenz unter dem Bilde asymmetrischer, labyrinthischer Baulichkeiten – Parks, Paläste – unheimlich erscheint. »Das Gewollte, das von Menschen Ausgeklügelte, dieses in sich so überraschend vernünftig und präzis arbeitend Dämonische ist dabei nie zu übersehen. Es ist der theaterhafte Maschinenraum des Wunders, der sich vor uns auftut, und der Magier wird mehr Maschinenmeister denn etwas anderes«, das Seltsame aber, »das Dämonische, das Wunder ist am Ende ein intrigantes Spiel« [27] gewesen. Wenngleich das dämonisierte, den Verstand verrückende Ereignis im Trivialroman zuletzt regelmäßig seine rationale Aufklärung findet und dadurch den Verdacht erweckt, als sei es weiter nichts als sensationelles Mittel, darf man hier nicht weniger von einer seelischen Affinität sprechen. Ihr Kennzeichen könnte man bewußte Irrationalität nennen, die der Anspruch des Rationalismus herausforderte. Diesen Schluß legt übrigens eine Beobachtung nahe, die auf den ersten Blick fehl am Platze scheinen mag.

In Reils RHAPSODIEN nämlich finden sich einige merkwürdige Vorschläge zur Heilung von Geisteskranken. Man ziehe, meint Reil, den Kranken »mit einem Flaschenzug an ein hohes Gewölbe auf, daß er wie Absalon zwischen Himmel und Erde schwebt, löse Kanonen neben ihm, nahe sich ihm, unter schrekkenden Anstalten, mit glühenden Eisen, stürze ihn in reißende Ströme, gebe ihn scheinbar wilden Tieren, den Neckereien der Popanze und Unholde preis« – das heißt ja wohl Teufel mit Beelzebub austreiben – »oder lasse ihn auf feuerspeienden Drachen durch die Lüfte segeln. Bald kann eine unterirdische

Gruft, die alles Schreckende enthält, was je das Reich des Höllengottes sah, bald ein magischer Tempel angezeigt sein«, dem Kranken in der Rolle eines »passiven Zuschauers« als ein erster Schritt zur Heilung zu dienen.

Der zweite Schritt, den Kranken wider Willen zum handelnden Subjekt zwingend, sieht nach Reil so aus: »Man bringe den Kranken in ein geschlossenes Terrain, wo dem Auge die Übersicht des Ganzen überall durch Hecken und Irrgänge verrennt ist. In demselben droht jede Partie Gefahr. Hier fällt eine Traufe auf ihn; er sucht zu entrinnen, aber umsonst, verborgene Sprützen verfolgen ihn mit Wassergüssen. In der Nähe verspricht ein anmutiges Plätzchen Ruhe und Schutz; er sucht es zu gewinnen, aber ein scheinbar reißendes Tier empfängt ihn, das ihn ängstigt, ohne ihm zu schaden. Er bemüht sich über einen Hügel zu entfliehen, von dessen Spitze er wieder herunter rollt, wenn er sie kaum erreicht hat. An einem andern Ort sinkt der Grund, er fällt in eine Grube, aus welcher er nur mit Mühe einen Ausgang findet. Kurz alle Punkte des Lokals sind so eingerichtet, daß sie überall scheinbare Gefahren drohen, die gerade den Grad von Stärke haben, der zur Erhaltung der Aufmerksamkeit zureicht.«

Es geht an dem Wesentlichen der Reilschen Therapievorschläge entschieden vorbei, wollte man sich über die Brutalität seiner Ideen entsetzen, den Optimismus belächeln, der auf jene Weise wirkliche Geisteskrankheit zu heilen hoffte. Die Pointe des Zitats liegt aber darin, daß hier von der zeitgenössischen Seelenwissenschaft im Grunde heilsamer Schauerroman geschrieben wurde! Mit anderen Worten: der Schauerroman, aus einem Unmaß von Rationalismus in die Irrationalität eskamotierend, weist lediglich die Tagseite desselben Menschen, der der gleichzeitigen ›Psychiatrie‹ als umnachtet erschien. Schock und Katharsis, Vernunft und verrückte Einbildungskraft, Schizophrenie und versuchte Selbstheilung stehen, denkt man zumindest in einer genauen Relation. Und die absichtvolle Chaotik, die schreckende Disproportion, in die der Roman den ordentlich gesunden und nüchternen, Reil den unordentlichen Verstand versetzen will, damit er in Ordnung und Wohlstand komme, ist vorher in Messerschmidts geisteskranker Künstlerpersönlichkeit seelisch Bild und künstlerisch Zerrbild geworden. Um Reil und überhaupt die »rationale Dämonie« – mit dem trefflichen Titel eines Aufsatzes von Rommel zu reden – der zeitgenössischen Literatur in einen weiteren Zusammenhang zu stellen: solche bewußte Inszenierung von realen Angstträumen zur Heilung der menschlichen Seele muß zwar vor der tatsächlichen Geisteskrankheit versagen. Aber sie ist offenbar das Mittel, dessen der moderne, durchschnittlich ›normale‹ Mensch bedarf, um sich immer wieder in sich selbst herzustellen. In dem Sinne ist die Nervenheilanstalt, wie Reil sie erträumte, dem zwanzigsten Jahrhundert das Kino geworden, und die projizierte SCHRECKENSKAMMER DES DR. THOSTI bietet jetzt die heilsame Schauerromantik. Triftiger noch scheint der Hinweis auf das von Artaud initiierte, von Brook an den heutigen Tag gebrachte »Theater der Grausamkeit«.

Auf Hafner noch einmal zurückzukommen. Wohl hat er seine närrischen Träume als Auftragsarbeit für den berühmten Wiener Hanswurst Prehauser geschrieben und wird selbst der Geschichte der Wiener Volkskomödie eingeordnet [28]. Dennoch will es scheinen, als habe seine intellektuelle Tollheit sowohl mit Prehauser als auch mit dem Charakter der Volkskomödie eigentlich nichts zu tun, ja sei ihnen sogar entgegen. Es mangelt ihnen durchaus jene Süffisanz und Vorbewußtheit seiner Anspielung auf das Groteske, die die Hafnerschen Burlesken so entschieden ›ungemütlich‹ machen. Offenbar ist Rommel nicht ganz gut beraten, wenn er das groteske Element in Hafner so bestimmend aus dessen Kontakt und Kenntnis der Hanswurstgestaltung Prehausers herleiten will. Dabei bietet jene 1767 aufgeführte Apologie der Prehauserschen Hanswurstkomik, die gegen Sonnenfels gerichtete Satire DER AUF DEN PARNASS VERSETZTE GRÜNE HUT eine Unterscheidung an. Klemm, der Verfasser des Bühnenwerkes, hält allerdings »eine Folge von grotesken Gestalten« für die wirksamste Art, Prehauser vor dem Parnaß und dem Publikum in Szene zu setzen. Aber er nennt die Hanswurst eigene Natur, die das Grotesk-Lächerliche nicht beleidigend mache, seinen »Anstand der Dummheit«. Dieses Wort beweist die Einfalt, die mit der Groteske verstanden wurde, und zeigt – worauf Rommel hinzuweisen versäumte –, daß die »autochthone« Wiener Volkskomödie zu ihrer Rechtfertigung einen wohlwollenden

Norddeutschen bemühen mußte. Das Schlagwort stammt unleugbar aus Mösers Harlekin-Verteidigung [29]!

Was Hafner noch der ebenfalls höchst unnaiven romantischen Generation anziehend machte, war jedenfalls nicht sein Anstand der Dummheit. Ernst Baum wies darauf hin, daß Hafners Werke in der Sonnleithnerschen Ausgabe von 1812 »ein anmutig launiges Intermezzo« in Goethes Briefwechsel bilden, von Tieck und Immermann gelesen werden, in der Perinetschen Bearbeitung Arndt und Eichendorff belustigen. August Lewald brachte 1824 als Nürnberger Theaterdirektor in einer historischen Lustspielrevue an Hans Sachsens Geburtstag ein Bruchstück der MEGÄRA. Wenn Sonnenfels von Hafner behauptet, daß er, unfähig zur feineren Gattung des Lustspiels, unfähig, den »galanten Pinsel Watteaus« zu führen, gleichwohl »gar oft ganz gute Bambocciaden« gemacht habe, so erinnert dieser Ausdruck an das spätere Unternehmen der Tieck und Bernhardi. Sein Stilprinzip ist das einigermaßen unheimliche Mittel, zu befremden und zu schockieren: wie er es in seiner DRAMATISCHEN UNTERHALTUNG UNTER GUTEN FREUNDEN phantastisch exerzierte. Dieses sonderbare Werk ist als Lustspiel in einem Aufzug 1763 zu Wien erschienen. Auf die unbeschwerte Konversation der Rahmenhandlung folgt die Improvisation DER BESCHÄFTIGTE HAUSREGENT, ODER DAS IN EINEN UNVERMUTHETEN TODFALL VERKEHRTE BEYLAGER DER FRÄULE FANILLE. Das Spiel läßt sich zunächst als eine Nummernoper närrischer Subjekte ganz beschaulich an, um der letzten Szene zu mit atemraubender Geschwindigkeit sich in ein völlig absurdes Spektakel zu verkehren. Die Braut stirbt – ohne ersichtlichen Grund – dem Friseur unter den Händen, ihr Bräutigam, der Graf von Hollerblüh, wird auf die Kunde hin auf offener Szene wahnsinnig und fällt schließlich in tödliche Ohnmacht; nach ihm der Hausregent, nach dem der Friseur, danach das Kammermädchen und zuletzt der Diener. Die Krönung aber des makabren Finales ist die prompte Desillusionierung dieses theatralischen Massensterbens: aus der Kulisse wird zu Tische gerufen, und alle Akteure springen auf, als wäre nichts gewesen!

Es ist für das Empfinden seiner Zeit von Aufschluß, daß jener ungemeine Schluß bei öffentlichen Aufführungen stets umgemodelt, heimelig gemacht wurde. Hafners Verxierspiel ging im übrigen bis zu der Skurrilität, in keinem seiner komischen Stücke Liebespaaren wie Publikum ein frohes Ende zu bewilligen. Auch das anschließende Gespräch der »guten Freunde« übte daran Kritik, gegen die sich aber der Verfasser kurz und gut verteidigt: »Ich ändere auch diesen Ausgang nicht und bloß derowegen, weil er durch den erdichteten Todfall der Braut mir zu mehr Lustigem Anlaß gegeben hat, als wenn ich ihn mit allem Frohlocken beschlossen hätte.« Dann überrascht nicht weiter, daß Hafner – vor Lessing – den Gemeinplatz belächelte, nach dem die Komödie eine Sittenschule sein solle. Dieser Vorsatz scheint ihm absurd, denn »wer sich immer die Erlernung guter Sitten durch den Besuch der theatralischen Sittenschule beischaffen soll, der läuft in der Tat Gefahr, von ausschweifenden Leidenschaften eher als von dem darin vorfallenden Sittlichen eingenommen zu werden« [30]. Hafner kann als Zeuge jenes Phänomens gelten, das schon Flögel [31] bemerkt zu haben scheint, wenn er darauf hinweist, daß die »Liebe zum Übertriebenen« nicht allein bei Nationen zu finden ist, »deren Seelenkräfte noch nicht ausgebildet sind« und denen »die Einbildungskraft mit der Vernunft davon läuft, sondern auch bei denen, deren Witz die höchste Stufe der Freiheit erreicht hat.«

Die Raffinierung des Verstandes im Fortschritt des achtzehnten Jahrhunderts zeigt mehrere Autoren sich mit stupender Bewußtheit dem Trieb zum Absurden hingeben: das Barbarische, das »Abentheuerliche« anspielend wie der nichtschöpferische Zeitgenosse arkadisches Idyll und ›edlen Wilden‹. Und nur dort kann man zweifellos von Groteske sprechen, nicht jedoch bei der sozusagen einfältigen Volkstheatralik. Hanswurst als Totengräber, Henker, Scheintoter führt höchstens in archaische Konstellation, die Tod und Leben selbstverständlich ineinander band. Erst Leibgebers Tod-Spiel hat das delikat Makabre, welches das Lachen verschlägt und das Gewissen schlagen macht. Hafners intellektuelles Vergnügen aber, den Menschen als köstlichen Spielanlaß zu nehmen, siedelt die Burleske in jenem neuzeitgeistigen Elemente an, das seelische Untiefen mutmaßen läßt. Sonnenfels erwähnte in seinen BRIEFEN, daß in der MEGÄRA drei Personen als Hängeleuchter bei einem Balle dienen müssen. Es bedarf nur der geringfügigen Akzentuierung und eines schwärzeren Humors, einer Zeit, die etwas zerfallener, ohne

Norm und voller Willkür ist, um eine Variante zu erhalten, die 1839 Hermann Marggraff in seiner Darstellung von DEUTSCHLANDS JÜNGSTER LITERATUR- UND CULTUREPOCHE mitteilte: »ein junger Engländer erhängt sich, indem er sich mit Leuchtern bespickt und der eingeladenen Gesellschaft als Kronleuchter dient – man sieht, daß es uns nicht an Erfindungsgabe fehlte und daß der Humor selbst bei dieser schrecklichen Angelegenheit keine untergeordnete Rolle spielt.« Aller Komik entkleidet ist der grausige Scherz von Edgar Allan Poe in der HOPFROG-Novelle dichterisch gestaltet und danach von James Ensor zur schauerlichen Phantasmagorie ausgemalt worden.

Wenn auch rationalistischer Witz nirgends bis in solche nachromantische Groteske verschlägt, so besitzt er doch ein Stilmittel, das ihn wenigstens auf dem Wege dahin zeigt. Das Mittel, Lebewesen gleichsam als automatisch bewegt zu schildern, entseelt und wie maschinenmäßig, jenes Mittel, das Hafner in der FAMILLE anwandte: der ungefühlige Handlungsablauf in einer absurden Beschleunigung verkehrt den Menschen aus einem beseelten Organismus zum Stückgut, zum – in der Auffassung der Zeit – Tier. Es sagte sich offenbar leicht, den Menschen »das Tier, das auf zwei Beinen geht«, zu nennen, wie es Jünger in VETTER JAKOBS LAUNEN tat. Für dieses letzte Mittel liefert eine, allerdings lateinisch abgefaßte, Satire ein bemerkenswertes Beispiel. Ein zeitgenössisches Urteil für viele gab über sie Lichtenberg in einem Brief an Schernhagen vom 1. September 1873: »In Wien ist eine verhenkerte und sehr sinnreiche Schrift herausgekommen, die heißt: SPECIMEN MONACHOLOGIÄ METHODO LINNÄANA. Der Verfasser setzt die Mönche zwischen die Menschen und Affen und beschreibt sie mit Linnaeischen Ausdrücken. Es ist eine herrliche Satire; der Verfasser soll der berühmte Herr von Born sein.« In der Tat war Ignaz von Born (1742–1791), ein Hauptvertreter der Josefinischen Aufklärung, den Zeitgenossen den »Juvenal von Wien« nannten, der Verfasser jener Satire, die unter dem Pseudonym Johannes Physiophilus erschienen war. Sie wurde vierzehnmal nachgedruckt. Wenngleich die Satire die Kategorie des Grotesken ästhetisch nicht erfüllt, ist sie ihrer Intention nach eine groteske Ungeheuerlichkeit aus dem Geist des Rationalismus. Es ist interessant, daß ein späterer Satiriker das gleiche Thema, nur auf den Menschen überhaupt gewendet, mit ähnlicher Methode zu realisieren versucht: Daniel Jenisch in der Definition des Menschen als eines Thieres, welches sehr klug seyn kann, es immer seyn will und es nie oder höchst selten ist, veröffentlicht 1799 in der Diogenes-Laterne. Jenisch beabsichtigte, in dieser Satire »das karikatur-mäßige der idealisierenden Satyre mit dem drolligen der Wirklichkeit so dicht zusammenfallen« zu lassen, »daß die Wahrheit Satyre scheint und die Satyre Wahrheit ist«! Er bedauert die »Abschaffung der mathematischen Demonstrier-Methode in philosophischen Untersuchungen«, überzeugt, daß gerade vermittels dieser Methode »die närrische Klugheit und die kluge Narrheit unserer lieben Menschengattung (denn so laßt uns, in der festen Überzeugung von der Unumstößlichkeit unserer Beweise, das charakteristische Betragen der Menschengattung nur immer zum voraus benennen) in ihrem hellsten Lichte« erstrahlen könne. Dementsprechend erweist er seine Definition in sieben Paragraphen nach der Prämisse, daß »jedes Tier in seiner Art ein Sokrates und mehr als Sokrates« ist, sich selbst immer treu bleibend, während der Mensch dagegen als ein »bizarr-organisiertes Wesen« befunden wird!

Für das andre Mittel sei abermals Jünger zitiert, der gleich in der Eröffnungsgeschichte seiner Launen solche groteske Verfremdung menschlichen Lebe- und Leidwesens exemplifiziert, vor allem gegen den an Hafner gemahnenden Schluß zu. Zärtling wird in einen Wassergraben geworfen und elf Schwestern, denen er den Hof gemacht, springen ihm aus Verzweiflung nach: »Zärtling war tot; die Elf Schwestern waren eben im Begriff zu sterben, und so wie man oben aufhörte zu schreien: ›Ach mein Gott! mein Gott! was seh ich?‹ hauchten sie alle Elf ihre letzten Seufzer aus, welche ihrem armen Unglücksgefährten gewidmet waren.« Mustergültiger noch liest sich eine andere Geschichte, die kurz und gut Eine Erzählung heißt. Der Erzähler und Held berichtet die Abenteuer in einem Spuk-Schloß voll burlesker und gar sich zu unheimlicher Komik steigernder Spannung. Im Laufe der Erzählung fällt einmal das Wort ›grotesk‹ und kommt offenbar an dieser Stelle jener Bedeutung nahe, die neuerdings mit ihm verbunden wird. Nach der vorläufigen Begriffsbestimmung in der summarischen Zusammenfassung durch

Kayser [32] ist das Groteske »die entfremdete Welt«, ist »unsere Welt, die sich verwandelt hat«. Daher das Überraschungsmoment bei jeder Art von Groteske. Die »Kategorien unserer Weltorientierung versagen«, die Unmöglichkeit der Orientierung macht die verfremdete Welt uns absurd erscheinen. Wachtraum, Dämmerungsschau des Übergangs sind die schöpferischen Ausgangssituationen des Grotesken, der Gestaltung des Menschen als Marionette, Puppe, der Welt als Narrentheater. Für Kayser blieb das achtzehnte Jahrhundert in der Anwendung des Begriffes einigermaßen hinter der Häufigkeit seiner Verwendung zurück. Aber nur die ausschließliche Blickrichtung auf die Geschichte des Wortes ›grotesk‹ kann den Schluß nahe legen, daß jenes Jahrhundert seine seelische Tiefe noch nicht ermaß: offenbar hat es das, was seit der Romantik mit der Vokabel ›grotesk‹ bedeutet wird, eher unter dem Begriff des »Abentheuerlichen« verstanden! Jünger sagt nämlich dort nach der Schilderung, wie alle Gesellschaft von Geisterhand übereinanderpurzelt: »Es war die groteskeste Auferstehung von der Welt«, und grotesk kann mit einiger Berechtigung diese Surrektion genannt werden, weil der Erzähler nicht versäumt, seine menschlichen Lebewesen allgemach zu einer Art Puppe und Marionette (in der Geister Hand) zu verfremden und ihre Motorik immer mehr der einer Maschine gleich zu machen. Als eine Kerze langsam ganz von selbst zur Tür hinaus spaziert, setzten, sagt Jünger, wir uns »maschinenmäßig« in Bewegung »und zogen dem Glanze nach wie die Mücken«. Jünger akzentuiert noch überdies das Unwillkürliche, Willenlose, den grotesken Automatismus, der in die Menschen gekommen ist, indem er schildert, daß, wenn er sich erhob, »auch alle übrigen in demselben Moment wie an einem Faden gezogen auffuhren, denn alle hatten gerade dieselbe Empfindung gehabt«. Bis dahin hat Jünger die Spannung unvermindert gehalten und geradezu den Leser auf Augenblicke vergessen lassen, daß er eine Geschichte des Spätrationalismus und nicht der romantischen Manier liest. Danach kommt die selbstverständliche rationale Auflösung: der Verfasser gibt vor, alles nur geträumt zu haben!

Ganz und gar als eine ›satura lanx‹ dessen, was dem Spätrationalismus an formalem und ideellem Vermögen zu Gebote stand: sein Verständnis des Grotesken und der Karikatur, sein spannendes Verhältnis zur Einbildungskraft, als ein in jeder Hinsicht beispielhaftes literarisches Geschöpf soll abschließend die LEBENSGESCHICHTE TOBIAS KNAUTS, DES WEISEN, SONST DER STAMMLER GENANNT dargestellt werden. Dieser »Aus Familiennachrichten gesammelte« Roman ist zu Leipzig 1773–76 in vier Bänden erschienen.

»Der ganze Tobias ist eine Säule, vier Fuß drei Zoll hoch, in der Gestalt eines Pagoden. Das Fußgestelle ist gleich einem Paar Menschenbeinen gestaltet, worunter jedes einen auswärts laufenden Halbzirkel macht, die oben an den Knien und unten an den Knöcheln zusammenschließen. Der Schaft stellt einen dicken breiten Menschenleib vor, der die sämtlichen Kordilleras im Modelle auf dem Rücken trägt, aus welchem an beiden Seiten Arme herabhängen, die sich mit den Krallen eines Habichts endigen; – ... endlich das Kapitel! dies war ein spitzer Kopf, – nur sparsam mit Haaren bestreuet – das Ebenbild des Thersites; – und itzt, nach der unglücklichen Feuersbrunst, ganz kahl, wie ein gesengtes Stoppelfeld! eine platte, zween Finger breite Stirn, eine keilförmige Nase, worauf die beliebte Warze prangte, aufgeworfne blasse Lippen, eine Farbe, die aus gelb und schwarz zusammengesetzt sein mußte, große eisgraue Augen, die aus einer beständig aufgesperrten Eröffnung das fürchterlichste Weiße hervorgaffen ließen und von hochgezerrten Augenbrauen, wie von einem Wetterdache, beschützt wurden ...« Dergestalt ist Wezels Beschreibung seines Helden: ein menschliches Wesen, das sein Schöpfer selbst mehrfach »Monstrosität« und »abenteuerliche Bildung« nennt. Rechnet man das augenscheinliche Bemühen ab, durch eine drastisch markierende Wort- und Bilderwahl diese Monstrosität ins Groteskekomische hinüberzudichten, so könnte man vermuten, Wezel habe, wie der andere Schulz, nichts weiter als einen Beitrag zur Natur- und Seelenkunde liefern wollen. In der Tat gesteht der Verfasser, daß seine Anatomisierung, »dieses medizinische Gewand«, in welches er seine Moral hüllte, schickliche Kopie jener von der zeitgenössischen Wissenschaft geübten Methode sei, die unerklärbaren Wirkungen der Seele medizinisch, anatomisch zu erklären, und übrigens die Zeit nicht fern sei, da man »anatomische Theater für die Seele« errichten und »in den philosophischen Hörsälen Geisterskelette« zergliedern werde. Als ein anatomisches Theater-Stück von der menschlichen Seele, neben anderen durch Tobias Knaut auf der Bühne des Romans verkörpert, ließe sich Wezel lesen. Unter den metaphorischen Leitmotiven ist eins ausgesprochenermaßen: »Die ganze Welt ist unser Theater, und alle vergangene, gegenwärtige und künftige Geschlechter der Menschen in nördlicher und südlicher Breite des Erdbodens, Kaiser, Könige, Fürsten, – Nobiles, – Gelehrte, Schuhflicker, Küchenjungen, alle, alle sind unsere Mitspieler – Das wird eine Komödie werden!« Obendrein gibt Wezel eine nähere Bestimmung seines Theaterstückes; er äußert, daß seine Auftritte im »Geschmacke des italienischen Theaters« geschrieben sind: den Roman macht also die Welt der Möserschen Groteske, die niedrig-komische Burla aus! Innerhalb einer solchen welschen Farce fiele dem monströsen Knaut zweifellos der Part des buckligen Pulcinell zu, jedenfalls die Rolle des Narren. Daß diese Ansicht keine vage Vermutung ist, erhellt aus dem Roman, in dem Knaut für geraume Zeit direkt als ein Hofclown fungieren muß. Das löst eine Assoziation noch in anderer Richtung aus!

Geschichten des Hofnarren, wie sie von Flögel über Nick bis Welsford mehrmals geschrieben worden sind, zeigen immer wieder das andernorts schon erwähnte Phänomen, daß die Personifikation von Anmut und Würde: der Aristokrat, der Souverän von Gottes Gnaden, der Edelmann, sich als ein närrischkurioses Appendix vornehmlich Verwachsene, Idioten auch, Zwerge erwählt hat – in dem spätantiken Rom gab es einen speziellen Markt, auf dem menschliche Grotesken feilgeboten wurden! Ja es macht geradezu den Eindruck, als habe Wezel das Vorbild seines Zwergnarren Knaut in Gestalt und Artung eines Hofnarren gefunden, der unter dem Namen Bebe am Lothringischen Hofe gehalten wurde und 1764 starb. Dieser Zwerg war zunächst wohlproportioniert, änderte aber im Entwicklungsalter seine ganze Gestalt: »Sein Nasenbein wurde auffallend groß; der Rückgrat bog sich an fünf Stellen, die Rippen auf der einen Seite wurden größer als auf der andern, der Kopf hing vorwärts, die Füße wurden schwach und das eine Schulterblatt senkte sich ...« Wenn Wezel seinen Knaut als ein Wesen schildert, das in seiner Ungeistigkeit nahezu an den Idioten grenzt, so wird von diesem Bebe berichtet, daß sein Verstand nicht

»über die Grenzen des Naturtriebs« ging und seine Fähigkeit nie die »Fähigkeit eines gut dressierten Hundes« überstieg; während ihm höchstes Wesen und Unsterblichkeit der Seele über dem Begriff waren, äußerte er jedoch Zorn, Neid, Eifersucht und eine heftige Begierde in hohem Grade [33].

Die Allusionen an den italienischen Bühnenbuffo einerseits, an den zwergwüchsigen Hofnarren andererseits legen nahe, Wezels Roman die Geschichte eines Narren oder, in der Metapher zu bleiben, das niedrig-komische Schauspiel mit dem Narren in der Hauptrolle zu nennen. Es ist übrigens merkwürdig, daß jüngst ein deutscher Autor einen Roman veröffentlicht hat, der ebenfalls eine zwergwüchsige Kreatur, infantil geblieben und einigermaßen herzlos, auch in Allusion des Narren geschrieben hat: Günter Grass mit der BLECHTROMMEL! Wenn Meyer [34] Knaut gewissermaßen »eine Abwandlung des reinen Toren« nennt – Allusion von Parzifal und Simplizissimus – und sich damit beruhigt, hierin Wezels »spaßhaften, aber dennoch ernst gemeinten Versuch« zu sehen, »das Seelische auf seine biologischen Ursachen zurückzuführen«, so ist damit gar nichts ausgesagt. Entscheidend ist Wezels bewußte Verzerrung jener Symbole, in denen der abendländische Geist am liebsten seine Humanität, seine Gottebenbildlichkeit auszudrükken beliebt hat. Wollte man den reinen Toren Parzifal das unendliche, unsterbliche Poetische der menschlichen Seele nennen, Tobias Knaut wäre dann das unendlich und unsterblich Prosaische!

Tatsächlich ist dies das zweite bemerkenswerte Leitmotiv durch die Erzählung. Wezel suggeriert, daß ihm alle Menschheit mehr oder minder narrenmäßig erscheint, töricht aus edleren, niedrigeren Beweggründen, gleichwohl töricht! Es wäre jedoch nicht einem Rationalisten gemäß, eine lediglich burleske Darstellung von der Welt Narren zu geben. Wezel wies schon eingangs darauf hin, daß er sich erlaube, Moralisches medizinisch, Seelisches leibhaft auszudrücken. Das heißt, er meinte den Geist, wenn er seine sinnliche Erscheinung formulierte. Wendet man dieses ›anagogische‹ Prinzip auf den monströsen Narren Knaut an, so hieße das, in ihm den wohlproportionierten Weisen sehen müssen. In der Tat führt ihn so der Titel. Tobias Knaut ist demnach der weise Narr, dessen Äußeres aus der komischen Spielperspektive das Groteske mitbekommt wie alles Menschliche? Solche Deutung stellt den rationalistischen Narren zu nahe an den romantischen Lebensspieler und Jeanpaulschen Humoristen, um glaubwürdig zu sein. Wenn Knaut als ein anderer Vogel Merops verkehrt auffliegt, so keinesfalls zu einer Transzendenz. Wezels Gegenbild zu der menschlichen Narretei ist die stoische Philosophie, die sich ihm in dem kaiserlichen Stoiker Antonin maßstäblich verkörpert. Von diesem idealen Weltweisen, von dieser sozusagen idealen Moralität ist Knaut die medizinische Gleichung, die, vermittels der komischen Anspielung, eine Karikatur ergibt. »Stoische Karikatur« nennt denn auch Wezel geradezu seinen Helden, der auf Grund einer körperlichen und seelischen Unempfindlichkeit, Ungefühligkeit den ›Weisen‹ vortäuscht, dessen Impassibilité das Produkt einer sittlichen und geistigen Entscheidung ist. Demgegenüber steht Knaut, gleich einem Bebe an Verstand nicht »über die Grenzen des Naturtriebs« hinausgehend: animal, Verkörperung des auf sich selbst reduzierten Menschen, nicht geschmeichelt und auch nicht durchaus verrissen – unbedeutender Mensch mit einem gewöhnlichen Menschenleben. So sagte Wezel in der Vorrede zum zweiten Band, daß er nichts anderes geben wolle, als »Gemälde und Begebenheiten des gewöhnlichen menschlichen Lebens, in der Lebensbeschreibung eines unbedeutenden Tobias Knaut zusammen gestellt«!

Die Perfidie Wezels ist nur, daß er in der Karikatur ein Allgemeinmenschliches satirisiert, Menschtum, dem der geistige und moralische Überbau entwendet worden ist, den Menschen einer Welt, die niedrig-komisch ist, weil sie keine Transzendenz besitzt. Sicher wäre Wezels Roman nicht grotesk zu nennen, weil er eine Karikatur zu seinem Helden macht, anders gesagt, weil er den Menschen in der Karikatur versinnbildlicht. Aber wenn Entmenschung des Menschen ein Kennzeichen des Grotesken ist, hat er dazu die unleugbare Intention. Wezel legt die Satire in den Kontrast zwischen Körper und Geist, führt jedoch bloß den Körper vor. In dem ganzen Roman tritt keine ideale Gestalt auf, Antonin bleibt zwischen den Zeilen! Tobias Knaut ist durch seine Leibes- und Seelenbeschaffenheit die Perversion des idealen Weltweisen. Seine Handlungen sind im Effekt Handlungen eines Philosophen, nur nicht bei Bewußtsein des philosophischen Geistes, sondern lebenszwangsläufig ausgeführt. Dementsprechend sind Wezel die Menschen bloße Automaten, Maschinen, die von außen Anstoß oder aber eine groteske Beweglichkeit kriegen, die ihnen ihre Einbildungskraft mitteilt. Die Mensch-Maschine ist das dritte bedeutsame Leitmotiv, das zusammen mit denen des karikaturhaften niedrig-komischen menschlichen Rollenspiels, der satirischen Auswechslung des Geistigen durch das Sinnliche, des Sittlichen durch das Medizinische, des Seelischen durch das Seelenlose den Roman zu dem verheerendsten Fratzenwerk macht, welches das deutsche achtzehnte Jahrhundert überhaupt hervorgebracht hat. Man lese Wezels erhellenden Satz: »Ja freilich, sobald man die Maschine entdeckt hat, wodurch menschliche Tugenden regiert werden, so geht es wie bei der Illusion des Theaters: sobald wir die Stricke und das Brett zu genau sehen, auf welchem der Gott herabgelassen wird, der so pompöse Götterbefehle um sich herumdonnert, so schwindet die Illusion und unsere *Be*wunderung verwandelt sich in eine *Ver*wunderung, daß wir den verkappten Weltenrichter bewundern konnten.«

Wezels kaltschnäuzige Theatermetaphorik und Mensch-Maschinisierung sind Chiffren einer Weltanschauung, die Gott aus dem Blick verloren hat und an den Menschen nicht mehr zu glauben vermag. Sie widerlegen durch ihre erschreckende Erbarmungslosigkeit jene eilige Abfertigung, die dem Gebrauch solcher Metaphorik innerhalb des Rationalismus stets widerfahren ist [35]. Meyers im übrigen sehr instruktive Untersuchung zum Sonderling zeigt eine erstaunliche Verständnislosigkeit für gewisse Stilmittel des Wezelschen Romans. Meyer stellt geradezu als Unvermögen heraus, was Wezels bewußte Intention für sein groteskes Bild vom Menschen ist. Denn seine Manier, die mechanistische, die Einheit der Seele leugnende Psychologie, den französischen Materialismus eines Helvetius und Lamettrie seiner Zerrbildnerei dienstbar zu machen, ist nicht Gedankenlosigkeit, Unvermögen Wezels, die »organische Einheit der Persönlichkeit« zu erfassen, wie Meyer [36] meint, sondern ein genialer Trick. Daß Wezel anders kann, beweist hinlänglich sein Roman HERMANN UND ULRIKE!

Eine ähnlich verödete Welt ohne Transzendenz, Schönheit und Ideal, schrecklich in der Schlußfolgerung von dem menschlichen Rollenspiel, bietet übrigens auch der 1788 anonym zu Berlin erschienene Roman NARR JAK, WELT UND HOF mit dem Untertitel: »Voll Wahrheiten aus dem achtzehnten Jahrhundert, obgleich überirdische Geschichte«! Die Aussparung altruistischer Beweggründe, irgendeiner seelischen Regung; die Sezierung heiliggeachteter Empfindungen wie etwa der Liebe zu einem sinnlichen Wahn; die Entlarvung aller scheinbar edlen Motive als ein zufälliges, ganz der körperlichen Willkür verpflichtetes Nichts – das allein reinigt Wezel von dem landläufigen Verdacht, er habe Sterne in etwa nachgeahmt. Diesem Stilprinzip nach und, wenn man den nichtssagenden Zeitbegriff gebrauchen will, auch nach dem misanthropischen Impetus ist er höchstens Hogarth vergleichbar, der die Idealmoral nur mittelbar dadurch anschaulich macht, daß er ihren Widerpart, die Unmoral, zeichnet [37]!

Während Wezel den Menschen zum Narren und verstandlosen Automaten degradiert, feiert er die Einbildungskraft ironisch als das einzig bewegende seelische Vermögen. Das Für und Wider die Einbildungskraft ist endlich das Leitproblem durch den Roman: im Positiven wie im Negativen wird der Mensch als von ihr abhängig geschildert! Tobias Knaut, der sich schon als Kind ausmalt, er wäre Pfarrer, Baumeister, Soldat – niemand ist ohne sie lebensfähig; in dem Augenblick der Desillusionierung erfolgen die seelischen Zusammenbrüche. Die Tragikomödie Selmanns, der von vornherein die Statur zu dem Weisen, wie er sein sollte und Antonin ist, mitbringt, liegt darin, daß er bei der einsichtigsten Philosophie, »dem scharfsinnigsten Beobachtungsgeiste den höchsten Grad von Empfindlichkeit« besitzt. Er ist der Menschenkenner, den seine Einbildungskraft immer über die Menschen verblendet. Darum ist er gleich dem Knaut ein Narr und Zerrbild wie die Monstrosität von Natur: ein, nach dem Ausdruck Wezels, Don Quijote seiner Spekulation auf den Menschen. Das allen Menschen eignende Schauen, Urteilen mit der Einbildungskraft, ihr eingebildetes Rollespielen macht eine Liebesgeschichte, die glücklich enden müßte, zu einer tragisch-komischen Affäre. Der Menschenkenner Selmann geht einer Lebedame ins Netz, die sich von der gewöhnlichen Kurtisane dadurch unterscheidet, daß sie nicht so sehr Geld gegen Liebe als Geld nach einem Liebes-Spiel in dem ganzen Sinn des Wortes nimmt: »Jedes ihrer verliebten Spiele war eine nach einem durchdachten Plane ausgeführte Komödie oder Tragödie, wobei sie selbst die Hauptrolle und meistens meisterlich spielte.« Sie besaß ein Gespür für die andere Natur und richtete danach ihre Rolle ein. Aber Ironie des Marionettendirektors von Autor: Selmann, der so leicht zu erobern wäre, erscheint ihrer Einbildungskraft als bigott, und sie verhält sich danach. Ein selbstauferlegtes Konventikelleben nötigt beide zu einer Maskerade, die sie gar nicht wollen. Am Ende fällt die Liebesspielerin aus zu großer Phantasie sehr ernüchternd dem Bordell anheim und Selmann in Hypochondrie!

Das Planlose des lediglich von Einbildungskraft bewegten Lebens zeigt überhaupt der Handlungsablauf des Knautschen Lebensromans. Er ist ein pikarischer Roman mit allen Obligationen. Momentaner Aufstieg, Gunst bei adligen Damen wird Knaut zuteil, plötzlicher Reichtum und ebenso plötzlicher Verlust und Abstieg. Es ist ein Pikarismus mit der entscheidenden Nuance, daß auch er Menschenunwürdiges als das nur zu Menschliche meint. Daß die Einbildungskraft das Sinnzentrum des Romans behauptet, bedeutet Wezel überdies durch einen Exkurs, betitelt Das allegorische Seeleninstrument – bildliche Projektion der Einbildungskraft! »Ein Frauenzimmer von der blühendsten Farbe, mit einem englischen Gesichte und griechischer Kleidung, deren ganze Miene durch ein im Kopf angebrachtes Uhrwerk in einer beständig abwechselnden Grimasse erhalten wird und das der Künstler Einbildungskraft nennt, sitzt in dem geziertesten Pompe und der gezwungensten Grazie einer Theaterkönigin ... Je pathetischer, tönender, affektvoller ihr Stück ist, desto stärker und schneller werden alle Gliedmaßen ihres Körpers in Bewegung gesetzt: doch oft spielt sie auch unter den heftigsten Grimassen ein ganz gemeines Gassenlied.« Die totale Perspektive dieser Satire will es, daß Wezel wenig später eine ehrliche Ekloge auf die Einbildungskraft anstimmt: »O Einbildungskraft! du bist das göttlichste Geschenk der Natur! Zwar bist du so launisch wie ein Frauenzimmer; hängst oft, wenn dirs einfällt, hinter deine mikroskopischen Gläser düstre, melancholische Bilder oder gar ein schwarzes Tuch über die wahren Gegenstände weg; aber mag es doch! ... noch öfter machst du uns so viel possierliche, kurzweilige

Sprünge vor, daß man die Wunde schon vergißt, wenn sie kaum geschlagen ist ... Du – Ja, wenn ich in meinem Leben noch Ein Buch schreibe, so ist es eine Lobschrift auf die Einbildungskraft«!

Als ein Gassenlied, das so tut, als wäre es eine pathetische Ode, liest sich denn auch der Schluß, der Wezel noch einmal mit manischer Lust alle menschliche Hoheit exstirpieren sieht. Knaut wird nicht zu einer selbstbewußten Persönlichkeit, sondern zu deren Karikatur, dem bewußt bizarren Sonderling, und er heiratet ein Mädchen, das er ehmals als eine empfindsame Adelige verließ, im Bordell jedoch wiederfand. Hier erlangt Wezels Zerrbildnerei ihren depravierendsten Ausdruck. Die Dirne Adelheid verlangt von Knaut, à la Grandison und Klarissa entführt zu werden – das Laster wird sich in der Phantasie selbst zu einer Übertugend! Mit einem Gefährten aber verwirklicht Knaut den Plan, daß sie mit ihren Frauen in einer Höhle einige Zeit leben und »durch die strengste Enthaltsamkeit von allen ehelichen Rechten die Bewunderung der Welt, Ruhm und Ehre erwerben« wollen. Der Plan gelingt. Knaut erntet Bewunderung und steigt dadurch »zu einem Glücke empor, das seinen Ehrgeiz befriedigte«.

SCHLUSSBEMERKUNG

Man fühlt sich nach der Lektüre des Spätrationalismus an eine Bemerkung Goethes in den KURZEN ANZEIGEN erinnert, der Theognis einen traurigen ungriechischen Hypochondristen schalt und resümierte: »Wir schrieben diese widerwärtigen Ansichten der Welt einer eigensinnigen Individualität zu und wendeten unwillig unsere Bemühungen an die heitern und frohsinnigen Glieder seiner Landesgenossen.« Wezel war gewiß eine unvergleichlich eigensinnige Individualität; aber seine »ungriechische« Natur und gefährdete Seelenlage zeugten von dem eher dutzendmäßigen Verhängnis seiner Zeit und Generation. Man verbindet mit dem Rationalisten gern die Vorstellung des trivialen Prosaisten, der jovialen Humore, des gesunden Verstandes. Die hier eröffnete Galerie stellte vielmehr verstimmte Genies, jedenfalls verstimmte Talente aus, denen es offenbar nie gelang, das widerstreitende Welt- und Menschenbild durch die Kunst zu versöhnen. Einer utopischen Idealität korrespondierte in derselben Person oft genug obstinate Verzweiflung, die desillusionierte, ohne ein neues Menschenbild vorbildlich zu machen. Es konnte geschehen, daß ein Schriftsteller, der sein Jahrhundert als das humanste Zeitalter feierte, im Augenblick mit fast den gleichen Worten, gleichen Beispielen den Fortschritt der Vernunft als einen Niedergang in gräßlichste Unvernunft und finsterste Barbarei satirisierte. Gaben die Verkehrungen der Französischen Revolution, die als ein Werk der Vernunft und angewandte Aufklärung begrüßt worden war, dazu nicht den triftigsten Anlaß? Wir denken an Daniel Jenisch. GEIST UND CHARAKTER DES ACHTZEHNTEN JAHRHUNDERTS hatte er eine enthusiastische Betrachtung überschrieben, die summarisch und ganz am Ende dieses und jenes bemängelte. Dagegen hielt sich seine 1798 in der DIOGENES-LATERNE gedruckte Satire DAS ACHTZEHNTE JAHRHUNDERT an dessen »parties honteuses«, wie Jenisch hübsch formulierte, beschrieb nicht sein Angesicht, das »oft wer weiß wie sehr geschminkt ist«, sondern dessen Kehrseite. Aus dem Enthusiasten wurde jäh und wie selbstverständlich der »Handlanger von Hogarths Geschlecht«, der das abgelaufene Jahrhundert beschuldigte, das »Swiftische Halbtier«, den Menschen, seiner Torheit und seinem Verderben überlassen zu haben:

Ach, die Vertilger des Aberglaubens, die Altarzerstörer,
Sie, die Hasser des Priestergeschlechts, gewaltige Geister,
Haben dem philosophisch-beherrschten Staate!! die neuen
Bartholomäus-Nächte? – nein – Monden und Jahre bereitet.
Wehe! Jahrhundert ... alle älteren Brüder, sie nennen dich den
                                                     verruchten
Missetäter, der so viel Licht des Geistes mit so viel
Bosheit des Herzens vereint, wie ihrer keiner noch einte.

Ähnlich hoffnungslos stand Seume, ein Rationalist aus Herzensbedürfnis, vor dem *scheidenden Jahrhundert* und klagte: »Der hohe Wahnsinn schwelgt, wo die Hyänen würgen, Und spricht entsetzlich Hohn« der Vernunft!

Die Fratze der Göttin Vernunft in der Weltpolitik wie die Ungeheuer der Seele, der Aberwitz, den der Rationalismus weder im einzelnen noch in den Gemeinwesen zu bannen imstande war, alle diese Sensationen teilen dem Betrachter jener Epoche vor der Jahrhundertwende den Eindruck einer verstörten und in Gründen erschütterten Menschheit mit. Versuche zur Selbstheilung hatte der Rationalismus mehrmals unternommen. Da war die Aktion gegen den Bühnennarren. Das sittliche und schöngeistige Argument konnte kaum verhehlen, daß der Frühaufklärer in Hanswurst eigentlich die exemplarische Verkörperung der losgebundenen Einbildungskraft bekämpfte, den exzessiven »Barock«. Es ist aber eigentümlich, daß Unternehmungen des aufgeklärten Bürgertums, die auf einem dürftigeren Fundamente zweifellos nichts anderes im Sinne hatten als die schöne ausgewogene Menschlichkeit, erst recht in irrationale Verstrickung führten. Mit einer gewissen Berechtigung kann der Rationalist, der, irritiert durch die Phänomene der Unordnung, für eine strikte Ordnung plädierte, der seelenproblematischere Mensch des achtzehnten Jahrhunderts genannt werden, nicht aber das bewußt bizarre Kraftgenie. Die beständige Frage von Generation zu Generation des Rationalismus, wie weit dem Trieb zum Absurden, der Einbildungskraft, Spielraum gegeben werden dürfe, ohne die Vernunftperson zu zerrütten, ist nur obenhin ein Vorwurf der literarischen Erörterung gewesen, im

Grunde jedoch die Frage nach seinem seelischen Wohl oder Übel. Darauf fand der Rationalismus zwar Antworten, aber keine endgültige Antwort. Zuletzt war die Rehabilitation des Narren, die therapeutische Nutzanwendung des Lächerlichen und Grotesken noch ein linkischer Versuch, eine Ordnung wiederherzustellen, die vormals gleichsam von sich aus da war: indem Gott und Satan feststanden, konnte der Mensch nicht verrückt werden. Katzenjammer des späten Rationalismus wurde die verzweifelte Kopfhaltung jener Generation genannt. Man hatte wohl Befähigung, festzustellen; abzustellen war man außerstande.

Der Erznarr, Erzschelm ist vermutlich die älteste Figur in allen Mythologien [1]! Seine Funktion war von allem Anfang an, innerhalb der Gesellschaft »das Geordnete um das Ungeordnete« zu ergänzen, »innerhalb der Grenzen des Erlaubten« das »Erleben des Unerlaubten« [2] zu ermöglichen. Die archaische Gesellschaft bedurfte seiner, um sich durch seine Person der bösen Geister zu erwehren, die den Menschen bedrängen. In der zivilisierten Gesellschaft ist die Rolle des Narren bloß differenzierter geworden; seine Bedeutung jedoch blieb, was sie immer gewesen: Heilbringer zu sein, aus dem Heillosen, das zu allen Zeiten in den Narren projiziert wurde, Heilsames zu bewirken. Der Rationalismus des achtzehnten Jahrhunderts war endlich klug genug, die Gabe des Narren einzusehen, aber nicht weise genug, ihn als Arzt ordentlich zu bestätigen. Er hatte wider das bessere Wissen nicht die Unbedenklichkeit, um der Bewahrung der Ordnung willen die Unordnung zu provozieren, wie Goethe es in dem Schelmenepos vom REINEKE FUCHS vor dem chaotischen Hintergrund der Revolution tat. Der gescheite Vulpius hat diesen Tatbestand offenbar bemerkt, den Widerspruch, der dem Rationalismus eigen war, und seine Bemerkung gleichnishaft in ASTOLFS UNTERHALTUNGEN IN ELYSIUM, einer Beilage zu HARLEKINS REISEN, niedergeschrieben. Danach scheint er sich über die paradoxe Notwendigkeit im klaren, daß der Mensch den Teufel sozusagen an die Wand malen muß, um selbst nicht zu verteufeln. Zum Beweise dient ihm jenes Possenspiel mit Gesang DER TEUFEL IST LOS des Engländers Coffey, das während des ganzen Jahrhunderts in Deutschland Sensation machte, von Gottsched aber als Skandal empfunden wurde, seit es Koch 1752 in Leipzig aufgeführt hatte. Während die Gottschedin

1753 in dem KLEINEN PROPHETEN VON KÖTSCHENBRODA das Possenspiel lächerlich zu machen suchte, mokierte sich Rost hingegen in der Verssatire DER TEUFEL. AN HERRN G. KUNSTRICHTER DER LEIPZIGER SCHAUBÜHNE, erschienen in »Utopien« 1755, weidlich über Gottscheds Entrüstung [3]. Diese Daten und Fakten setzte Vulpius als bekannt voraus. Mit Gottsched, der auch noch im Jenseits zum Gotterbarmen findet, daß DER TEUFEL IST LOS nach wie vor auf dem Spielplan stehe, charakterisierte er das bedenkliche Manko des einsträngigen Rationalisten so treffend, wie er die Einstellung des späten Rationalismus durch – Aristophanes versinnbildlichte, der Gottsched entgegnete: »auf dem Theater ist der Teufel immer los! Er bleibt also an seinem Platze.« Um diese bündige Antwort ganz unanfechtbar zu machen, müßte man lediglich verbessern: auf dem Theater *sollte* der Teufel immer los sein! Vulpius begriff demnach, daß Komik ein Mittel wäre, den Teufel durch Beelzebub auszutreiben. Diese Einsicht läßt ihn – zu Recht – auch die Kotzebue-Kloake des DOCTOR BAHRDT bedeutend finden! Niemand wird Vulpius unterstellen, daß er derart unappetitlichen Absud auf der Bühne zu sehen begehrte. Die Ungeheuerlichkeit des groteskkomischen Rüpelstücks steht ihm stellvertretend für das, was – Kunstwerk geworden – die Dramatik sein sollte und die Zeit unterdrückt: »Man schreibt zwar Bahrdts mit der eisernen Stirne, aber man bringt sie nicht auf die Bühne!« Man überträgt die Freiheiten des Aristophanes in die deutsche Sprache, aber kein deutscher Schauspieldichter wagt es, sich die gleichen Freiheiten für die eigene Komödie zu nehmen. Gewiß beschäftigte sich der Spätrationalismus mit dem klassischen Hanswurst, der ihm Anregung gab, die Komödienfreiheit zu durchdenken. Auch diese Begegnung zeugt nur von dem inständigen Bemühen, zwischen der Ordnung und der Unordnung übereinzukommen. Schlosser beklagte sich 1783 in der Vorrede zu seiner Prosaübersetzung der FRÖSCHE über die »Unmöglichkeit eines modernen Aristophanes und über das Zeitalter, das sich mit Rabnerischen Satiren begnügen müsse...«

Beobachtung blieb das Los der aufgeklärten Intelligenz und eine schreckvolle Ahnung – wenn man so weitsichtig war wie Gleim, der im Jahre der Französischen Revolution an Flögel diese Epistel richtete:

Die Bürger und der Narr

Seitdem keine Narr'n auf der Erde mehr sind,
Mehr Platz die ernste Frau Pallas gewinnt,
Hanswurste, Clausnarr'n und Arlekin
An Seilen nicht mehr die Fürsten ziehn,
Mit all' ihren Schell'n und Peitschen bei Haufen
Nicht hinter dem Kaiser die Wette mehr laufen;
Die Philosophen Narrenkappen nicht tragen,
Sich privilegierend, die Wahrheit zu sagen;
Nicht Abram's von Clara den Sünder zu lachen
Im Beichtstuhl und auf der Kanzel mehr machen;
Tischreden dem Ritter kein Luther mehr hält,
Kein Roterodamus die Päpste mehr prellt,
Sankt Peters Hahn im Dom nicht mehr kräht
Und alle Welt in Gedanken geht:
Seitdem – glaub's, lieber frommer Christ
Und jeder Mameluck und Atheist –
Wird mit den Königen umgesprungen
Als wie mit kleinen und dummen Jungen.
Wird Heiliges doch fast nichts mehr geach't
Und alles Ehrsame zu Grabe gebracht;
Wird Schande getrieben am Sonnenlicht,
Vergessen die ganze Menschenpflicht!
Wird heimlich gemordet und Halsband gestohlen,
Wie's je eine Diebin der andern befohlen!

    Wir armen Seher im Büchersaal
    Seh'n alle mit Grau'n den Laternenpfahl
    Und fürchten, der Grieche wird Hottentott:
    Erbarme sich unser der liebe Gott!

ANMERKUNGEN

Erstes Kapitel: Gottsched und die Folgen

1 Zum folgenden vgl. die Standardwerke von Creizenach und Waniek, ferner Hettner, Köster, Schneider und Rommel.
2 Paul Schlenther: Frau Gottsched und die bürgerliche Komödie. Berlin 1886, pag. 109.
3 Henrik Becker verlegte in der Einleitung zu Peter Squentz, Hallesche Neudrucke Nr. 6, 1955, die Verbrennung auf das Jahr 1735 vor; s. gleichfalls Willy Jäggi im Vorwort zu Melchingers Harlekin, Basel 1955.
4 G. Wustmann: Die Verbannung des Harlekin durch die Neuberin. In: Schriften d. Vereins f. d. Gesch. Leipzigs. 2. Sammlung, Leipzig 1878, pag. 152. Rosts Epos wurde übrigens in den von Bodmer herausgegebenen »Kritischen Betrachtungen und freien Untersuchungen zum Aufnehmen und zur Verbesserung der deutschen Schaubühne, mit einer Zuschrift an die Frau Neuberin«, Bern 1743, wieder abgedruckt. Die »Betrachtungen« bringen unter anderem ein Verzeichnis aller Schimpfworte, die von der Leipziger Schule gegen die Schweizer gebraucht worden waren!
5 Nöthiger Vorrath I, pag. 3 und Beiträge VIII, pag. 486; zitiert nach Gerhard Schimansky: Gottscheds deutsche Bildungsziele. (= Schriften d. Albertus-Universität XXII 186, Königsberg 1939.
6 Otto Rommel: Die Alt-wiener Volkskomödie. Wien 1952, pag. 276.
7 Zit. nach Friedrich W. Ebeling: Geschichte der komischen Literatur in Deutschland II, pag. 303, Leipzig 1869.
8 Leitzmann: Aus Lichtenbergs Nachlaß, pag. 245.
9 s. Maria Ramondt: Between Laughter and Humour in the 18th Century. In: Neophilologus XXXX, pag. 128–138.
10 Zitate nach Sämmtliche Schriften, Reutlingen 1777.
11 Zit. nach DLE, Reihe Aufklärung, Bd. 10, pag. 293.
12 Flögel: Geschichte der komischen Literatur I, pag. 244, Leipzig 1784.
13 Zit. nach Hans Netzel: Das Süddeutsche Wander-Marionettentheater. München 1938, pag. 40.
14 Tom Jones, übers. von J. J. Bode, hrg. von O. J. Bierbaum. München 1918, III, pag. 29 f.

15 Wustmann: o. c. p 161.
16 Novalis: Fragment 2369 der Dresden 1929 von Ernst Kamnitzer veranstalteten Ausgabe.
17 Dietrich: o. c. p. 237.
18 Weltweisheit I, pag. 94, Leipzig 1739, 3. Auflage.
19 Vernünftige Tadlerinnen II, pag. 35; zit. nach Franz Servaes: Die Poetik Gottscheds und der Schweizer. Straßburg 1887, pag. 36.
20 Zit. nach Waniek: o. c. p. 118.
21 Zit. nach Korff: Voltaire im literarischen Deutschland des 18. Jahrhunderts I, pag. 222/3, Heidelberg 1918.
22 Vgl. O. Driesen: Der Ursprung des Harlekins. Berlin 1904, pag. 170 f.
23 Zit. nach Waniek: o. c. p. 107.
24 Hans Rudolf Hilty: Prolegomena zum modernen Theater. In: Akzente 6/1958, pag. 522–523.
25 Vgl. Mary Beare: Die Theorie der Komödie von Gottsched bis Jean Paul. Diss. Bonn 1927. S. auch Wayne Wonderley: Gottscheds ›Dynamic‹ Stage Directions. In: Kentucky Foreign Language Quarterly 1956, vol. III, Nr. 2. Karl Otto Conrady: Gottscheds Sterbender Cato. In: Benno von Wiese: Das deutsche Drama vom Barock bis zur Gegenwart I, pag. 67 ff., Düsseldorf 1958.
26 s. Nützliche Erinnerungen für Mitglieder von Privattheatern. Nebst vier Lustspielen für Liebhabertheater. Halberstadt 1798.
27 E. Catholy: K. Ph. Moritz. Ein Beitrag zur ›Theatromanie‹ der Goethezeit. In: EUPH. 1950.
28 Hans Friederici: Das deutsche bürgerliche Lustspiel der Frühaufklärung. Halle 1957, pag. 9.
29 J. E. Schlegel: Werke II, Kopenhagen und Leipzig 1762.
30 Michaelis: o. c. I, pag. 33.
31 Der Verf. dieser Untersuchung entdeckte die Schrift in einer Sammlung von Flugblättern und Varia aus dem achtzehnten Jahrhundert der UB München unter Signatur: P. germ. 47. fol. (31) o. J.
32 Gottsched: o. c. I, pag. 34–35.
33 Zu folgendem s. Ludwig Mathar: Carlo Goldoni auf dem deutschen Theater des 18. Jahrhunderts. Diss. München 1910.
34 Mathar: o. c. p. 18: »Hier ist die Hanswurstiade verinnerlicht und veredelt, welch ein Abstand von den gleichzeitigen pöbelhaften Belustigungen der Wiener Bühne.« Der Satz bezeugt die Voreingenommenheit Mathars!
35 Zit. nach Mathar: o. c. p. 32.

36 Hagedorn: Sämmtl. Poetische Werke I, pag. 114, Hamburg 1771, 4. Aufl.
37 Justus Mösers Sämmtliche Werke Bd. 7, I, pag. 81; Berlin 1798.
38 Zit. nach Böttiger: Literarische Zustände und Zeitgenossen. Leipzig 1838, I, pag. 146.
39 s. Fritz Hilsenbeck: Aristophanes und die deutsche Literatur des 18. Jahrhunderts. (= Berliner Beiträge z. Germanistischen und Romanischen Philologie XXXIV, pag. 67, Berlin 1908.
40 Böttiger: o. c. I, pag. 238.
41 Siegfried Melchinger: Harlekins Wiederkehr. In: Merkur, 2. Heft, Jg. XI, pag. 1037, 1957.
42 Melchinger: o. c. p. 1033.
43 s. Benno von Wiese: Schiller. Stuttgart 1959, pag. 705.
44 Melchinger: o. c. p. 1033.
45 Melchinger: Theater der Gegenwart. (= Fischer-Bücherei 118, pag. 201, 1956.
46 Wiese: o. c. p. 703.
47 Herbert Cysarz: Schiller. Halle 1934, pag. 425.
48 H. H. Borcherdt: Schiller-Nationalausgabe, Bd. 14, Teil 2, pag. 283. Weimar 1949.
49 Zit. nach Borcherdt: o. c. p. 284.
50 Rühle: Das gefesselte Theater. Köln 1957; zit. nach Melchinger: Harlekins Wiederkehr a. a. O. pag. 1035.

Zweites Kapitel:
Bürgertum und Narrentum im achtzehnten Jahrhundert

1 Salzmann, Christian Gotthilf: Denkwürdigkeiten aus dem Leben ausgezeichneter Teutschen des achtzehnten Jahrhunderts. Schnepfenthal 1802.
2 Fr. Nick: Die Hof- und Volks-Narren, sammt den närrischen Lustbarkeiten der verschiedenen Stände aller Völker und Zeiten. 2 Bde. Stuttgart 1861, pag. 205 f.
Enid Welsford: The Fool. His social and literary History. London 1935, pag. 189.
3 Herman Meyer: Der Sonderling in der deutschen Dichtung. München 1963.
4 UB München, P. germ. 47 fol. (34).
5 Alle Zitate nach: Neudrucke deutscher Literaturwerke des 16. und 17. Jahrhunderts. Halle 1878, Nr. 12–14.
6 Ernst Robert Curtius: Die Kirche und das Lachen. In: Euro-

päische Literatur und lateinisches Mittelalter. Bern 1964, pag. 422–423. 2. Aufl.

7 Zit. nach R. Alewyn: Nachwort zu Johann Beer, Narren-Spital. Rowohlts Klassiker IX, pag. 144.

8 Günther von Pechmann: Bustellis Porzellanfiguren der italienischen Komödie. (= Reclams Werkmonographien zur Bildenden Kunst 37, 1959. Siehe dazu auch Arthur Kutscher: Die Comedia dell' arte in Deutschland. (= Die Schaubühne 43, 1955.

9 UB München, P. germ. 47 fol. 18.

10 Gertrud Schubart-Fikentscher: Zur Rechtsstellung der Komödianten im 17. und 18. Jahrhundert. In: Forschungen und Fortschritte H. 11, Jg. 35, Berlin 1961.

11 Paul Böckmann: Das Formprinzip des Witzes in der Frühzeit der deutschen Aufklärung. In: Jb. d. Freien deutschen Hochstifts 1932–33, pag. 102.

12 Vgl. Leo Langer: Zur Narrenliteratur. Villach 1902; ferner G. Bebermeyer: Narrenliteratur. In: RL II, pag. 445–448; Paul Böckmann: Die Verselbständigung der Narrensatire bei Sebastian Brant und Thomas Murner. In: Formgeschichte der deutschen Dichtung I, pag. 213 f. Hamburg 1949; Rainer Gruenter: Die ›Narrheit‹ in Sebastian Brants Narrenschiff. In: Neophilologus XXXXIII, 1959.

13 Paul Hazard: Die Krise des europäischen Geistes. Hamburg 1939, pag. 139 f.

14 Vgl. Wolfgang Stammler: Geistreich. Ein Modewort des 18. und 19. Jahrhunderts. In: Gedenkschrift für FJ Schneider, Weimar 1956.

15 Arnold Hirsch: Barockroman und Aufklärungsroman. In: Etudes germaniques 9, 1954; s. auch Martin Sommerfeld: Romantheorie und Romantypus der deutschen Aufklärung. In: DVj 4, 1926, pag. 488.

16 s. Max Herrmann: Jahrmarktsfest zu Plundersweilen. Berlin 1900.

17 Korff: o. c. p. 277.

18 Böckmann: o. c. p. 519.

19 Waniek: ADB 33.

20 s. dazu Mario Wandruszka: Haltung und Gebärde der Romanen. (= Zs. f. roman. Philologie, Beih. 96. Tübingen 1954.

21 Herman Meyer: o. c.

22 Max Mendheim: ADB 41, pag. 336.

23 Jean Pauls Persönlichkeit in Berichten der Zeitgenossen. Hrg. von Eduard Berend, Berlin 1956, pag. 4.

24. Arnold Hauser: Sozialgeschichte der Kunst und Literatur. München 1953, II, pag. 35.
25. s. Otto Bollnow: Wesen und Wandel der Tugenden. (= Ullstein-Buch Nr. 209, 1958, pag. 32 f.
26. Lavater: Physiognomik III, pag. 44, Wien 1829.
27. Benno Böhm: Sokrates im achtzehnten Jahrhundert. Leipzig 1929, pag. 108.
28. s. Herman Meyer: a. a. O.
29. Manfred Thiel: Die Auflösung der Komödie und die Groteske des Mythos. In: Stud. Generale H. 4, Jg. 8, pag. 277; 1955.
30. Langbein: o. c. II, pag. 277.
31. Zit. nach Ebeling: o. c. I, pag. 187–190.
32. s. Josef Kotzur: Die Auseinandersetzung zwischen Kotzebue und der Frühromantik um die Jahrhundertwende. Diss. Breslau 1932, pag. 23.
33. Eduard Berend: Wieland und Clemens Brentano. In: Zs. f. Bücherfreunde NF XIII, 1921, pag. 125 f.
34. s. auch M. Morris: Prometheus und Hanswurst. In: Goethestudien I, Berlin 1902.
35. s. Proskauer-Witt: Bildgeschichte der Zahnheilkunde. Köln 1962.
36. Eduard Berend: Ein zeitgenössisches Pasquill auf Jean Paul. In: Zs. f. Bücherfreunde NF IV, pag. 297 ff., 1913.
37. Kotzur: o. c. p. 29–30.
38. Korff: o. c. I, pag. 166.
39. Korff: o. c. I, pag. 412.
40. s. Julius Thümmel: Über Shakespeares Narren. In: Jb. d. dt. Shakespeare-Gesellschaft, Jg. 9, Weimar 1874; Walter Gaedick: Der weise Narr in der englischen Literatur von Erasmus bis Shakespeare. Diss. Berlin 1928; Robert Hillis Goldsmith: Wise fools in Shakespeare. Michigan State Univ. Press 1955.
41. s. JH Heinzelmann: Bibliography of German Translations of Alexander Pope in the 18th Century. (= Bulletin of the Biographical Society of America 4, 1912; derselbe: Pope in Germany. In: Modern Philology 10, Chicago 1913; Aubrey L. Williams: Pope's Dunciad, London 1955.

DRITTES KAPITEL: Das Maskenspiel des aufgeklärten Geistes

1 Carlo Antoni: Der Kampf wider die Vernunft. Zur Entstehungsgeschichte des deutschen Freiheitsgedankens. Stuttgart 1951.
2 Antoni: o. c. p 20.

3 Schriften und Briefe des Herrn von Saint-Evremond. Hrg. von K. Federn. München 1912.
4 Antoni: o. c. p. 21.
5 Hazard: o. c. p. 80.
6 Antoni: o. c. p. 29.
7 Antoni: o. c. p. 27 f.
8 Alfred Bäumler: Kants Kritik der Urteilskraft I, 165, Halle 1923.
9 Jonathan Swift: Die menschliche Komödie. Schriften, Fragmente, Aphorismen. Hrg. von Michael Freund. Kröners Taschenausgabe 171, pag. 150–163.
10 Zit. nach Hazard: o. c. p. 450.
11 Nicolai: Leben Justus Mösers. In: M's. Sämmtliche Werke VII, pag. 79, Berlin 1798.
12 s. Gertrud Brück: Die Bedeutung Justus Mösers für das Leben und Denken Thomas Abbts. Diss. München 1937, pag. 6–7.
13 Vera Philippovic: Jonathan Swift in Deutschland. Diss. Zürich 1903.
14 Wolfgang Kayser: Das Groteske. Oldenburg 1957, pag. 39.
15 Antoni: o. c. p. 130 f.
16 Antoni: o. c. p. 120.
17 Novalis: Fragmente 2367, hrg. von Ernst Kamnitzer, Dresden 1929.
18 Wilhelm von Burgsdorff: Briefe. (= Deutsche Literaturdenkmale des 18. und 19. Jahrhunderts Nr. 139. Brief 69 an Ludwig Tieck wurde »Paris den 15ten May 99« geschrieben.
19 s. dazu Fritz Güttinger: Die romantische Komödie und das deutsche Lustspiel. (= Wege zur Dichtung 34, 1939; Günther Vogt: Die Ironie in der romantischen Komödie. Diss. Frankfurt am Main 1953, pag. 24–25.
20 Novalis: Fragmente 2339, o. c. p. 715.
21 Belege dazu: Friedrich Herzberg: Leben und Meinungen des Till Eulenspiegel. Breslau 1779–80, 2 Bde.
anonym: Leben und Taten von Tyl Eulenspiegel. 1779.
August Schumann: Markolph der große Narr. Schweinfurt und Leipzig 1802.
August Wilhelm Meyer (pseud. Wilhelmi): Taubmanns Leben, Anecdoten, witzige Einfälle und Sittensprüche. Paris 1797.
derselbe: Schnurren, Schwänke und lustige Einfälle des Herzogs von Roquelaure. ibd. 1797.
derselbe: Kyaus Leben und lustige Einfälle. ibd. 1797. Langbein stützte sich bei seinen Schwänken eines berühmten Spaßmachers auf dieses Buch.

derselbe: Leben und lustige Einfälle berühmter Hofnarren, ein Pendant zu Kyaus Leben. ibd. 1799.
Peter Prosch: Leben und Ereignisse des P. P., eines Tyrolers. München 1789; neu hrg. von Karl Pörnbacher. München 1964.
Lichtenberg: Seltsames Carneval; Über einige Fastnachtsgebräuche unsrer Voreltern; Christliches Ostergelächter. In: Vermischte Schriften VI, Göttingen 1845.
22 Vgl. Walter Nigg: Der christliche Narr. Zürich 1956.
23 Zu diesem Thema s. Curtius: o. c. p. 419–425.
24 s. Böhms Studie!
25 Zu Wieland: Albert Fuchs: Geistiger Gehalt und Quellenfrage in Wielands Abderiten. Paris 1934.
26 s. Eduard Berend: Der Typus des Humoristen. In: Die Ernte. Franz Muncker-Festschrift, Halle 1926.
27 Nicolai-Möser: o. c. VII, pag. 79.
28 Alle Abbildungen bei Thelma Niklaus: Harlequin Phönix. London 1956.

VIERTES KAPITEL:

Der Trieb zum Absurden oder die Einbildungskraft

1 Goethe: Annalen 1805; Zitate nach Jubiläumsausgabe XXX, pag. 188.
2 Goethe: o. c. XXX, pag. 346.
3 Goethe: o. c. XXX, pag. 159 f.
4 Goethe: o. c. XXX, pag. 180, 183.
5 Goethe: o. c. XXX, pag. 43.
6 Dazu Ernst Kris: Ein geisteskranker Bildhauer. In: Imago, Bd. XIX, pag. 384–411, 1933; Arnold Federmann: Füßli. Zürich 1927; Hans Sedlmayr: Verlust der Mitte. (= Ullstein-Buch 39, 1955, pag. 89–92; Werner Hofmann: Die Karikatur von Lionardo bis Picasso. Wien 1956.
7 Goethe: o. c. XXVII, pag. 290.
8 Karl Lohmeyer: Goethes ›Prinz Pallagonia‹ und seine Familie. (= DVj 1942, pag. 115.
9 s. Lohmeyer: o. c. p. 125.
10 Goethe: o. c. XXVII, pag. 185–191.
11 Kotzebue: Bizarrer Geschmack. In: Neue kleine Schriften. Ausgewählte prosaische Schriften XIX, pag. 157.
12 Flögel: o. c. I, pag. 65.
13 Goethe: o. c. XXVII, pag. 289.

14 Dazu die Werke von Kayser und Thiel; ferner: Margret Dietrich: Das Groteske im Drama der Gegenwart. In: Theaterrundschau V, Nr. 1, Bonn 1959.

15 Sedlmayrs Buch gleichen Titels, das die Bildende Kunst der Neuzeit als Symptom und Symbol der Zeit betrachtet, setzt ein Wort Pascals voraus: »Die Mitte verlassen, heißt die Menschlichkeit verlassen.«

16 Hofmann: o. c. p. 12.

17 Hagedorn: Sämmtliche Poetische Werke I, pag. 83, Hamburg 1771.

18 Böckmann: o. c. p. 518.

19 Böckmann: o. c. p. 477.

20 Hazard: o. c. p. 112.

21 Dazu Hans M. Wolff: Die Weltanschauung der deutschen Aufklärung in geschichtlicher Entwicklung. München 1949.

22 Wolff: o. c. p. 49, 63 f.

23 Richard Alewyn: Das große Welttheater. Die Epoche der höfischen Feste. (= rde 92, pag. 13, 14; ferner: Feste und Feiern in Europa. Hrg. und in ihrer gesellschaftlichen Rolle dargestellt von Heinz Biehn. München 1964; Josef Pieper: Zustimmung zur Welt. Eine Theorie des Festes. München 1956.

24 Zit. nach Georg Dehio: Geschichte der deutschen Kunst. Bd. 3, Buch 9, Berlin 1926.

25 Stäudlin: o. c. p. 248.

26 K. O. Conrady: o. c. p. I, pag. 66.

27 Hocke: Manierismus in der Literatur. (= rde 82/83, pag. 112 f.

28 Hagedorn: o. c. I, pag. 113.

29 Wolff: o. c. p. 30, 54.

30 Dazu K. A. Meißinger: Erasmus von Rotterdam, Berlin 1948, pag. 347.

31 Thomasius. In: DLE, Reihe Aufklärung 1, 123 f.

32 Hazard: o. c. p. 402.

33 Böckmann: o. c. p. 478.

34 s. Stichwort »Roman«; ferner Richard Ullmann und Helene Gotthard: Geschichte des Begriffs ›Romantisch‹ in Deutschland. (= Germ. Studien 50, 1926.

35 Flögel: o. c. I, pag. 224.

36 Flögel: o. c. I, pag. 137–138, 237, 238.

37 Wolff: o. c. p. 103.

38 Stäudlin: o. c. p. 150.

39 Thomasius: o. c. p. 123 f.

40 Dazu Werner Brüggemann: Cervantes und die Figur des Don Quijote in Kunstanschauung und Dichtung der deutschen Romantik. (= Spanische Forschungen d. Görresges. R. 2, Bd. 7, 1958; ferner Werner Krauss: Miguel de Cervantes. Leben und Werk. Neuwied 1966.

41 Zit. nach Werner Körte: Albrecht Dürer: Die Apokalypse des Johannes. (= Reclams Werkmonographien z. bildenden Kunst 14, pag. 3.

42 Albrecht Schöne: Säkularisation als sprachbildende Kraft. Studien zur Dichtung deutscher Pfarrersöhne. (= Palästra 226; ferner: Herbert Schöffler: Protestantismus und Literatur. Göttingen 1922.

43 H. H. Borcherdt: Geschichte des Romans und der Novelle in Deutschland I, pag. 244, Leipzig 1926.

44 Weise: Neudrucke deutscher Literaturwerke Nr. 242–245, Halle 1914.

45 Wolff: o. c. p. 160.

46 Kayser: o. c. p. 26.

47 Bäumler: o. c. I, pag. 45.

48 Bäumler: o. c. I, pag. 148.

49 Antoni: o. c. p. 48; ferner R. Verosta: Der Phantasie-Begriff bei den Schweizern. (= Programm, Wien 1908.

50 Zit. nach Wolff: o. c. p. 162.

51 Zit. nach Hans G. Peters: Studien über die Ästhetik des A. G. Baumgarten. Diss. Berlin 1934, pag. 41.

52 Uz: Lyrische und andere Gedichte, Leipzig 1756, pag. 237.

53 Nicolai-Möser: o. c. p. 81.

54 Flögel: o. c. I, pag. 241.

55 Hocke: o. c. p. 218.

56 Zit. nach Antoni: o. c. p. 123.

57 Flögel: o. c. I, pag. 225.

58 Bäumler: o. c. I, pag. 3.

59 Bäumler, o. c. I, pag. 3.

60 Bäumler: o. c. I, pag. 4–5.

61 Bäumler: o. c. I, pag. 4–5.

62 Bäumler: o. c. I, pag. 37, 39.

63 Böhm: o. c. p. 114 f.

64 Bäumler: o. c. I, pag. 114–115.

65 Abbts Vermischte Werke IV, pag. 244, Berlin 1780.

66 Dazu Ernst Bergmann: Die Begründung der deutschen Ästhetik durch Alexander Gottlieb Baumgarten und Georg Friedrich

Meyer. Im Anhang 28 ungedr. Briefe Meyers an Bodmer und Gleim. Leipzig 1911.
67 Bäumler: o. c. I, pag. 247.
68 Paul Holzhausen: Friedrich Christian Laukhard. Berlin 1902, pag. 9.
69 Dazu Marianne Thalmann: Der Trivialroman des 18. Jahrhunderts und der romantische Roman. (= Germ. Studien 24, Berlin 1923, pag. 115–118.
70 Salzmann: o. c. p. 484 f.
71 Literatur zum Hexenwesen: G. C. Horst: Dämonomagie oder Geschichte des Glaubens an Zauberei. Frankfurt 1818; L. Rapp: Hexenprozesse, Innsbruck 1874; Soldan-Heppe: Geschichte der Hexenprozesse. Neu bearb. und hrg. von Max Bauer. München 1912, 3. Aufl. 2 Bde.; Kurt Baschwitz: Hexen und Hexenprozesse. Die Geschichte eines Massenwahns und seiner Bekämpfung. München 1963.
72 Leibbrand: Der göttliche Stab des Äskulap. Salzburg-Leipzig 1939, pag. 298.
73 Lavater: o. c. p. 182.
74 Lavater: o. c. p. 188 f.
75 Jenisch: o. c. p. 339.
76 Zur Geschlechterbeziehung im bürgerlichen achtzehnten Jahrhundert: Max Wieser: Der sentimentale Mensch. Stuttgart 1924.
77 Ebeling: o. c. I, pag. 433.

Fünftes Kapitel:
Der Spätrationalismus – ein Bedlam für verstimmte Talente

1 Dazu Friedrich Albert Lange: Geschichte des Materialismus und Kritik seiner Bedeutung in der Gegenwart, Buch 1, pag. 389 bis 406. Leipzig 1896, 5. Aufl.; ferner Ernst Bergmann: Die Satiren des Herrn Maschine. Leipzig 1913.
2 Laukhard: Wolfstein, a. a. O., pag. 414.
3 Magister Laukhard. Sein Leben und seine Schicksale von ihm selbst beschrieben. Hrg. von Heinrich Schnabel. München 1912.
4 John Carswell: The Romantic Rogue: Being the Singular Life and Adventures of Rudolph Eric Raspe – Creator of Baron Munchausen. New York 1950.
5 Leibbrand: Karl Philipp Moritz, pag. 392.
6 Dazu Wolfgang Promies: Georg Christoph Lichtenberg (= rm 90, Reinbek 1964.

Anmerkungen

7 Dazu Ebeling: o. c. I, pag. 91 f. Sein Verdienst ist offenbar, auf Lindenborn erstmals hingewiesen zu haben. S. auch Karl Beckmann: Heinrich Lindenborn, der kölnische Diogenes. (= Beiträge z. Literaturgesch. und Kulturgesch. d. Rheinlandes 1, Bonn 1908.
8 Ebeling: o. c. I, pag. 91.
9 Zur Geschichte des Topos im achtzehnten Jahrhundert: Max Hermann: ›Jahrmarktsfest zu Plundersweilen‹, Berlin 1900.
10 Quistorp: Der Hypochondrist. Zitate nach DLE, Reihe Aufklärung 6.
11 Sturz: Vermischte Schriften, pag. 109, hrg. von Sebastian Scharnagl, Starnberg 1949.
12 Liselotte Müller: Johann Christian Reil und die Romantik. Halle 1935, pag. 38.
13 Walter Busse: Der Hypochondrist in der deutschen Literatur der Aufklärung. Diss. Mainz 1952, pag. 115.
14 Leibbrand: Karl Philipp Moritz, a. a. O. pag. 407.
15 Busse: o. c. p. 5.
16 Uz: o. c. p. 147–148.
17 Brüggemann: Einführung zu DLE, Reihe Aufklärung 6, pag. 24.
18 Brüggemann: Die Ironie in Tiecks William Lovell und seinen Vorläufern. Diss. Leipzig 1909, pag. 26. Er versteht unter passiver Ironie »die an sich durchaus pathologische Erscheinung des Seelenlebens, die darauf beruht, daß das Subjekt die Außenwelt oder aber auch die eigene innere Gefühlswelt nicht als Wirklichkeit in sich zu objektivieren vermag«.
19 Rommel: o. c. p. 344.
20 Feuchtersleben: Zur Diätetik der Seele. 1838.
21 Busse: o. c. p. 79.
22 Georg Regler: Jean Paul und die Kanzleibibliothek. In: J. P. Blätter H. 1, Jg. 9, 1934.
23 Kierkegaard: Tagebücher. Hrg. von Th. Haecker, München 1949.
24 Kierkegaard-Haecker: o. c. p. 77 (1837) und 52 (1836).
25 Friedrich Schlegel: Fragmente 723 der Ausgabe von Franz Deibel, Leipzig o. J.
26 Dazu ›Bibliothekar Schoppe und das Spiel mit dem Nichts‹. In: Hesperus 8, Oktober 1954, pag. 44 f.
27 Dazu Walther Rehm: Roquairol. Eine Studie zur Geschichte des Bösen. In: Begegnungen und Probleme. Bern 1957.
28 Jean Paul: SW I, 9, pag. 319.
29 Zu wenig auf Bonaventuras Herkunft aus dem späten achtzehnten Jahrhundert und dessen problematischer Seelenlage achten die Interpretationen von Dorothee Nipperdey: Untersuchungen

zur Struktur der Nachtwachen von Bonaventura. Diss. Göttingen 1954, und Heinrich Köster: Das Phänomen des Lächerlichen in der Dichtung um 1800. Diss. Freiburg 1956. Sie vergessen, daß der Narr um 1800 die groteske Maske des sentimentalischen Menschen wird!

30 Schulz: Kleine Prosaische Schriften I, pag. 149 ff. Weimar 1788.
31 Helmuth Plessner: Lachen und Weinen. (= Sammlung Dalp 54, pag. 149, 191.
32 Sterne: o. c. IV, pag. 13 der Übersetzung von Bode, 1776.
33 Sterne: o. c. III, pag. 35.
34 Leibbrand: Karl Philipp Moritz, a. a. O. pag. 401 f.
35 Moritz: Launen und Phantasien. Hrg. von C. F. Klischnig. Berlin 1796, pag. 254.
36 Wolff: o. c. p. 41.
37 Böhm: o. c. p. 4.
38 Leibbrand: Moritz, a. a. O. pag. 406.
39 Leibbrand: Moritz, pag. 407.
40 Leibbrand: Moritz, pag. 404.
41 Hazard: o. c. p. 370.
42 Schulz: o. c. p. 45.
43 Wieser: o. c. p. 29, 141.
44 Flögel: o. c. I, pag. 65–66; s. auch Walter Artelt: Jean Pauls ›Dr. Katzenberger‹ und die Medizin des 18. Jahrhunderts. In: Die medizinische Welt, Nr. 41, Jg. 10, pag. 495, 1936.
45 Welsford: o. c. p. 55 ff.
46 Sturz-Scharnagl: o. c. p. 80 f.
47 Dazu Hildegard Reiter: William Hogarth und die Literatur seiner Zeit. (= Sprache und Kultur der germanisch-romanischen Völker. Anglistische Reihe V, pag. 82, 1930.
48 Diesen Ausdruck prägte K. Ph. Moritz in dem Aufsatz »Die Pädagogen«, abgedruckt in den »Launen«, a. a. O. pag. 203.

Sechstes Kapitel: Ansichten der vernünftigen Tollheit

1 Ebeling: o. c. II, pag. 10.
2 Zit. nach ADB 41, pag. 335.
3 Leo Maduschka: Das Problem der Einsamkeit im 18. Jahrhundert, im bes. bei J. G. Zimmermann. Diss. München 1932, pag. 83.
4 Leibbrand: Johann Georg Ritter von Zimmermann. In: Psychiatrisch-neurolog. Wochenschrift Nr. 13, 1934, pag. 154.
5 Leibbrand: o. c. p. 154.

6 Ebeling: o.c. I, pag. 402.
7 Ebeling: o.c. III, pag. 589.
8 Die kurze Namensliste des Wahnsinns im deutschen Rationalismus widerlegt allein Bäumler, der den Gang der Philosophie von Leibniz zu dem die Spannung in einer klassischen Harmonie erlösenden Kant, dem Goethegleichen, allzu unbedenklich sieht (o.c. I, pag. 57): »In Deutschland konnte der Irrationalismus niemals gefährlich werden, da Leibniz ihn von Anfang an in sein Denken aufgenommen und den Nachfolgern rationale Mittel zu seiner Bewältigung in die Hand gegeben hatte.«
9 Kris: Ein geisteskranker Bildhauer. Die Charakterköpfe Franz Xaver Messerschmidts. In: Imago XIX, pag. 384–411, 1933.
10 Kranz: Das Thema des Wahns im Wandel der Zeit. In: Fortschritte der Neurologie, Psychiatrie und ihrer Grenzgebiete H. 1/2, Jg. 23, 1955, pag. 62.
11 Kris: o.c. p. 388.
12 Jean Paul: Aphorismen aus dem unveröffentlichten Nachlaß. In: Hesperus III, 1952.
13 Hirschel: Hinterlassene Gedichte von E. M. K. II, pag. 113, 202, Zürich 1792.
14 Eichendorff: o.c. p. 191.
15 Dazu Sturz-Scharnagl: a.a.O. pag. 20; ferner Wolfgang Clemen: Nachwort zu Sternes Empfindsamer Reise. (= Rowohlts Klassiker V, pag. 122, 123, 133; Gertrud Joyce Hallamore: Das Bild Laurence Sternes in Deutschland von der Aufklärung bis zur Romantik. (= German. Studien 172, Berlin 1936.
16 F. J. Schneider: Jean Pauls Jugend und erstes Auftreten in der Literatur. Berlin 1905, pag. 183–185.
17 Zitate nach der Ausgabe Leipzig 1821.
18 Schulz: o.c. I, pag. 7–42.
19 Vgl. Welsford: o.c. p. 77–112: The fool as Poet and Clairvoyant.
20 Jenisch: Diogenes-Laterne, pag. 137, 326.
21 Vgl. Heinz Klamroth: Beiträge z. Entwicklungsgeschichte der Traumsatire im 17. und 18. Jahrhundert. Diss. Bonn 1912.
22 Hazard: Die Herrschaft der Vernunft. Hamburg 1949, pag. 36.
23 Zitate nach der von Ernst Baum, Wien 1914, veranstalteten Ausgabe von Hafners Gesammelten Werken in 2 Bänden.
24 Rommel: o.c. p. 398.
25 Dazu Wilhelm Hausenstein: Die Masken des Münchner Komikers Karl Valentin. München 1948, pag. 23 f.
26 Dazu Vogt: Die Ironie in der romantischen Komödie. Diss. Frankfurt am Main 1952.
27 Thalmann: o.c. p. 84, 115 f.

28 Rommel: o.c.p. 395 f.
29 Rommel: o.c.p. 379.
30 Hafner-Baum: o.c. I, pag. 35.
31 Flögel: o.c.p. 237.
32 Kayser: o.c.p. 193–203.
33 Nick: o.c.p. 598–602.
34 Meyer: o.c.p. 33–34.
35 E. Rapp: Die Marionette in der deutschen Dichtung. Diss. München 1924; Rudolf Majut: Lebensbühne und Marionette. (= German. Studien 100, 1931.
36 Meyer: o.c.p. 35–36.
37 Reiter: o.c.p. 27.

SCHLUSSBEMERKUNG

1 s. Sam Blowsnake: Der göttliche Schelm. Zürich 1954.
2 Kerenyi: o.c.p. 173.
3 Rosts Verssatire wurde in der von C. H. Schmid herausgegebenen und 1770 zu Frankfurt und Leipzig erschienenen »Anthologie der Deutschen« wiederabgedruckt. »Der Teufel ist los« ist 1883 von Minor in DNL 72 herausgegeben worden.

BIBLIOGRAPHIE

A. Quellenwerke

Abbt, Thomas: Vermischte Werke. Berlin und Stettin 1780, VI.
- Rezension von Mösers ›Harlekin‹. In: Briefe, die neueste Litteratur betreffend XII, Brief 204 f.

Adelung, Johann Christian: Versuch eines vollständigen grammatisch-kritischen Wörterbuches Der Hochdeutschen Mundart. Leipzig 1775/77.
- Geschichte der menschlichen Narrheit. Leipzig 1785, VII.

anonym: Gedanken von Bons Mots. In: Belustigungen VI, Febr. 1744.
- Lob eines wildgewachsenen Baumgartens, ... In: Belustigungen VII, September 1744.
- Narr Jak, Welt und Hof. Satirischer Roman. Berlin 1788.
- Über Privatbühnen. In: Berlinisches Archiv der Zeit und ihres Geschmacks, Oktober 1799.

Batteux-Ramler: Einleitung in die Schönen Wissenschaften. Leipzig 1763².

Beer, Johann: Das Narrenspital. 1681. (= Rowohlts Klassiker IX, 1957. Hrg. von Richard Alewyn.

Bernhardi-Tieck: Bambocciaden. Berlin 1797/1800. 3 Bde.

Blankenburg, Friedrich von: Litterarische Zusätze zu Sulzers allgemeiner Theorie der schönen Künste. Leipzig 1796/98, III.

Böttiger, Karl August: Literarische Zustände und Zeitgenossen. Leipzig 1838, Bd. 1.

Bonaventura, Nachtwachen von: (= Litdenkmale des 18. und 19. Jahrhunderts. Hrg. von Hermann Michel, Nr. 133.

Borkenstein, Heinrich: Der Bookesbeutel. Lustspiel 1942. (= Litdenkmale des 18. und 19. Jahrhunderts. Nr. 56–57.

Burgsdorff, Wilhelm von: Briefe. (= Litdenkmale des 18. und 19. Jahrhunderts, Nr. 139.

Campe, Joachim Heinrich: Wörterbuch der deutschen Sprache. Braunschweig 1809.
- Wörterbuch zur Erklärung und Verdeutschung der unsrer Sprache aufgedrungenen fremden Ausdrücke. Verbesserte Aufl. Braunschweig 1813.

Casanova, Giacomo: Memoiren I–IV. (= Rowohlts Klassiker 43/44; 51/52; 59/60; 65/66.

Chiarugi, Vincenzo: Abhandlung über den Wahnsinn überhaupt und insbesondere nebst einer Centurie von Beobachtungen. Leipzig 1795.

Cramer, Karl Gottlob: Leben und Meinungen, auch seltsamliche Abentheuer Erasmus Schleichers, eines reisenden Mechanikus. 4 Bde. Leipzig 1798, 3. Aufl.

– Leben und Meinungen, auch seltsame Abentheuer Paul Ysops, eines reducirten Hofnarren. 2 Bde. Lpzg. 1792/3.

Cronegk, Johann Friedrich von: Sämmtliche Schriften. Reutlingen 1777.

Eckartshausen, Karl von: Arthello oder der Hofnarr. Originallustspiel. München 1789.

Eichendorff, Joseph von: Der deutsche Roman des achtzehnten Jahrhunderts in seinem Verhältnis zum Christenthum. Leipzig 1851.

– Zur Geschichte des Dramas. Leipzig 1854.

Engel, Johann Jakob: Der Philosoph für die Welt. 1775/77. (= Reclams Univ.-Bibliothek Nr. 362–63 a; o. J.

Falk, Daniel: Reisen zu Lande und zu Wasser von Scaramuz.

– Der Jahrmarkt zu Plundersweilen. Parodie des Göthischen. In: Taschenbuch f. Freunde d. Scherzes und d. Satire. Leipzig 1798 und 1800; Weimar 1801.

Feßler, Ignatz Aurelius: Der Groß-Hof- und Staats-Epopt Lotario oder der Hofnarr. Berlin 1808.

Feuchtersleben, Ernst von: Zur Diätetik der Seele. 1838. Hrg. von Rudolf Eisler, Berlin o. J.

Fielding, Henry: Tom Jones. Übers. von Bode, hrg. von O. J. Bierbaum. München 1918.

Flögel, Karl Friedrich: Geschichte der komischen Litteratur. Leipzig 1784.

– Geschichte des menschlichen Verstandes. 1765.

– Geschichte der Hofnarren. Leipzig 1789.

– Geschichte des Burlesken. Leipzig 1794.

– Geschichte des Groteske-Komischen. Neu bearb. von M. Bauer, 1914.

Garve, Christian: Über Gesellschaft und Einsamkeit. Breslau 1797.

Gellert, Christian Fürchtegott: Briefe, nebst einer Praktischen Abhandlung von dem guten Geschmacke in Briefen. Leipzig 1751.

– Lehrgedichte und Erzählungen. Leipzig 1758.

Gleim, Johann Wilhelm Ludwig: Sämmtliche Werke V, Halberstadt 1812.

Goethe, Wolfgang von: Dichtung und Wahrheit. Jubiläumsausgabe XXIV.
- Italienische Reise. Jubiläumsausg. XXVII.
- Annalen. Jubiläumsausg. XXX.
- Kurze Anzeigen. Jubiläumsausg. XXXVIII.

Gotter, Friedrich Wilhelm: Dorfgala. 1772.
- Jahrmarkt. 1778. (= DLE, Reihe Aufklärung, Bd. 10.

Gottsched, Johann Christoph: Versuch einer kritischen Dichtkunst für die Deutschen. Leipzig 1737.
- Erste Gründe der gesammten Weltweisheit. Leipzig 1739, 3. Auflage.

Gutzkow, Karl: Briefe eines Narren an eine Närrin. 1831. In: Gesammelte Werke III, Frankfurt/Main 1845.

Hafner, Philipp: Gesammelte Werke. 2 Bde. Hrg. von Ernst Baum, Wien 1914.

Hagedorn, Friedrich von: Sämmtliche Poetische Werke. 3 Thle. Hamburg 1771, 4. Auflage.

Hempel, Gottlob Ludwig: Hans kömmt durch seine Dummheit fort. Roman in 2 Thlen. Leipzig 1783.

Heydenreich, Karl Heinrich: Grundsätze des Lächerlichen mit Hinsicht auf das Lustspiel. Leipzig 1797.

Hippel, Gottlieb von: Lebensläufe in aufsteigender Linie, nebst Beylagen A, B, C. 4 Bde. Berlin 1778.

Jablonski, Johann Theodor: Allgemeines Lexikon der Künste und Wissenschaften, 2 Bde. Leipzig 1767. 3. Auflage.

Jenisch, Daniel: Geist und Charakter des achtzehnten Jahrhunderts, politisch, moralisch, ästhetisch und wissenschaftlich betrachtet. In: Archiv der Zeit und ihres Geschmacks II, 1798.
- Diogenes Laterne. Leipzig 1799.

Jünger, Johann Friedrich: Fritz. Ein komischer Roman. 6 Bde. Berlin 1796–99.
- Vetter Jakobs Launen. 4 Bde. Leipzig 1787–92.

Jung-Stilling, Johann Heinrich: Lebensgeschichte. (= Hrg. von Max Mendheim. Reclams Univ.-Bibliothek Nr. 662–67; 1908.

Kästner, Abraham Gotthelf: Briefe aus sechs Jahrzehnten. 1745 bis 1800. Berlin 1912.

Kant, Immanuel: Beobachtungen über das Gefühl des Schönen und Erhabenen. 1764.
- Der Streit der Fakultäten. 1798. (= Reclams Univ.-Bibliothek Nr. 1438–38a; 1880. Hrg. von Karl Kehrbach.

Keppler, Joseph Friedrich: Kritische Untersuchungen über die Ursache und Wirkung des Lächerlichen. Cilli 1792.

Kierkegaard, Sören: Tagebücher. Hrg. von Th. Haecker. München 1949.

Knigge, Adolph Freiherr von: Über den Umgang mit Menschen. 2 Bde. Leipzig 1792, 3. Auflage.

– Geschichte Peter Clausens. 3 Bde. Riga und Frankfurt 1783/85.

Kotzebue, August von: Dummheit und Narrheit.

– Erinnerungen von einer Reise aus Liefland nach Rom und Neapel.

– Bizarrer Geschmack. In: Neue kleine Schriften. Ausgewählte prosaische Schriften Bd. 19, 38, 42. Wien 1842/43.

– Doctor Bahrdt mit der eisernen Stirne, oder die deutsche Union gegen Zimmermann. Ein Schauspiel in vier Aufzügen, von Freiherr von Knigge. 1790.

Kuh, Ephraim Moses: Hinterlassene Gedichte. 2 Bde. Hrg. von Hirschel. Zürich 1792.

Langbein, August: Sämmtliche Gedichte. 5 Bde. Stuttgart 1838.

Langemack, G.: Unterschied unter den Thoren und Weisen. In: Belustigungen VI, Juni 1744.

Laukhard, Friedrich Christian: Franz Wolfstein oder Begebenheiten eines dummen Teufels. 2 Bde. Leipzig 1799.

– Eulerkapperes Leben und Leiden, eine tragisch-komische Geschichte. Halle 1804.

– Sein Leben und seine Schicksale von ihm selbst beschrieben. 1792–1802. Hrg. von Heinrich Schnabel, München 1912.

Lavater, Johann Caspar: Physiognomik. 4 Bde. Wien 1829.

Lessing, Gotthold Ephraim: Hamburgische Dramaturgie. (= Kröner Taschenreihe 267; 1958.

Lichtenberg, Georg Christoph: Aphorismen. (= Litdenkmale des 18. und 19. Js. Nr. 123, 131/132, 140/141.

– Vermischte Schriften VI, Göttingen 1845.

– Briefe. 3 Bde. Hrg. von Albert Leitzmann und Carl Schüddekopf. Leipzig 1901–1904.

– Aus Lichtenbergs Nachlaß. Hrg. von Albert Leitzmann. Weimar 1899.

Liscow, Christian Ludwig: Sammlung Satyrischer und Ernsthafter Schriften. Frankfurt und Leipzig 1739.

Mahlmann, August: Sämmtliche Schriften VIII, Leipzig 1839.

Marggraff, Hermann: Deutschlands jüngste Literatur- und Culturepoche. Leipzig 1839.

Meißner, August Gottlieb: Anekdoten aus dem Leben des weiland hochberühmten Klaus Narren, zum Behuf künftiger Biographen. In: Deutsches Museum II. Bd., 2. Stück, August 1779.

Meister, Leonhard: Über die Einbildungskraft. 1775; erw. 1785.

Michaelis, Johann Benjamin: Sämmtliche poetische Werke. Wien 1791.

Möser, Justus: Harlekin oder Vertheidigung des Groteske-komischen. 1761.

- Die Tugend auf der Schaubühne, oder: Harlekin's Heirath. In: Sämmtliche Werke Bd. 7/8. Berlin 1798.

Morgenstern, Salomo Jacob: Vernünfftige Gedanken von der Narrheit und Narren. Frankfurt/Oder 1737.

Moritz, Karl Philipp: Launen und Phantasien. Hrg. von C. Fr. Klischnig. Berlin 1796.

Müller, Johann Gottwerth: Der Ring. Eine komische Geschichte. Itzehoe 1777.

Muratori, Ludwig Anton: Über die Einbildungskraft des Menschen. Hrg. von G. A. Richerz. 2 Thle. Leipzig 1785.

Mursinna, Samuel Friedrich: Leben des Skaramutz. Ein Beitrag zur Geschichte des Groteskekomischen. Halle 1789.

Musäus, Johann Karl August: Physiognomische Reisen. 2 Bde. Altenburg 1779, 2. Aufl.

N., L. H.: Sterne und Chodowiecki. In: Deutsches Museum II. Bd. 3. Stück, September 1779.

Nicolai, Friedrich: Briefe, die neueste Litteratur betreffend XII, Brief 201. Berlin 1762.

- Beschreibung einer Reise durch Deutschland und die Schweiz im Jahre 1781. Berlin 1784.

Nicolai, Friedrich: Leben Justus Mösers. In: J. M.'s. Sämmtliche Werke VII, Berlin 1798.

Novalis: Fragmente. Hrg. von Ernst Kamnitzer. Dresden 1929.

Pezzl, Johann: Faustin oder das philosophische Jahrhundert. Wien 1783.

Quistorp, Theodor Johann: Der Hypochondrist. (= DLE, Reihe Aufklärung.

Rabener, Gottlieb Wilhelm: Sämmtliche Schriften. 6 Thle. Leipzig 1777.

Reil, Johann: Rhapsodien über die Anwendung der psychischen Curmethode auf Geisteszerrüttungen. Halle 1803.

Reinwald, Wilhelm F. H.: Poetische Launen, Erzählungen, Briefe und Miscellaneen. Dessau 1782.

Richter, Jean Paul Friedrich: Vorschule der Ästhetik. Histor. krit. Ausg. XI.

- Die unsichtbare Loge. SW I. Abt. 2. Bd. Weimar 1927.
- Titan. SW I. Abt. 9. Bd.
- Meine Überzeugung, daß ich todt bin. SW II. Abt. 3. Bd.
- Dr. Katzenbergers Badereise. SW I 13.

- Aphorismen aus dem unveröffentlichten Nachlaß. In: Hesperus III, 1952.

Riedel, Friedrich Just: Sämmtliche Schriften. 5 Bde. Wien 1787.

Rost, Johann Christoph: Der Teufel. An Herrn G. Kunstrichter der Leipziger Schaubühne. Utopien 1755. In: Anthologie der Deutschen. Hrg. von C. H. Schmid, Frankfurt und Leipzig 1770.

Schlegel, Johann Elias: Die Langeweile. Ein Vorspiel. 1742. In: Werke II, Kopenhagen und Leipzig 1762.

Schlegel, August Wilhelm: Sämmtliche Werke IX, Leipzig 1846.

- Vorlesungen über schöne Literatur und Kunst. Berlin 1802/03.

Schlegel, Friedrich: Fragmente. Ausg. Franz Deibel, Leipzig o. J.

Schoch, Heinrich: Harlekins Wiedergeburt. Ein Spiel lustiger Intrigue. Erfurt 1805.

Schöpfel, Johann Wolfgang Andreas: Martin Flachs, eine Geschichte des achtzehnten Jahrhunderts. 2 Bde. Leipzig 1775/76.

Schulz, Friedrich: Kleine Prosaische Schriften. Bd. I und V, Weimar 1788.

Schumann, August: Markolph der große Narr. Schweinfurt und Leipzig 1802.

Schummel, Johann Gottlieb: Empfindsame Reisen durch Deutschland. 3 Thle. Wittenberg und Zerbst 1771/72.

Seume, Johann Gottfried: Gedichte. 1804, 2. Aufl.

Sonnenfels, Joseph von: Briefe über die Wienerische Schaubühne. Wien 1768. (= Wiener Neudrucke 7.

Spieß, Christian Heinrich: Biographien der Wahnsinnigen. 4 Bde. Leipzig 1795/96; neuhrg. von Wolfgang Promies, Neuwied 1966.

Sterne, Laurence: Tristram Shandys Leben und Meinungen. Übers. von Johann Joachim Bode. 1776.

- Empfindsame Reise. (= Rowohlts Klassiker 5.

Sturz, Helfrich Peter: Vermischte Schriften. Hrg. von Sebastian Scharnagl, Starnberg 1949.

Swift, Jonathan: Die menschliche Komödie. Schriften, Fragmente, Aphorismen. Hrg. von Michael Freund. (= Kröners Taschenausgabe 171.

- Gullivers Reisen. (= Goldmann Taschenbuch 504–505.

Tieck, Ludwig: Kritische Schriften. Leipzig 1852.

- Ausgewählte Werke in 4 Bänden. Hrg. von Georg Witkowski, Leipzig o. J.

Thomasius, Christian: Von dem Studio der Poesie. (= DLE, Reihe Aufklärung 1.

Uhlich, Adam Gottlieb: Vertheidigung der Schaubühne. (= UB München P.germ. 47. fol. (31).

Uz, Johann, Peter: Lyrische und andere Gedichte. Leipzig 1756, 3. Aufl.

Vargas, von: Über die italienische Komödie. In: Archiv der Zeit und ihres Geschmacks. Oktober 1797; Juni 1798.

Voltaire: Candide. Hrg. von Dieter Hildebrandt. (= Dichtung und Wirklichkeit 12, Ullstein Buch 5012, 1963.

Vulpius, Christian August: Abentheuer und Fahrten des Bürgers und Barbiers Sebastian Schnapps. Ein komischer Roman aus den neusten Zeiten. Leipzig 1798.

– Harlekins Reisen und Abenteuer. Halle 1800.

Weber, Karl Julius: Demokritos, oder Hinterlassene Papiere eines lachenden Philosophen. 5 Bde. 1832–35. Benutzte Ausg. Stuttgart 1863, 7. Aufl.

Weise, Christian: Die drei ärgsten Erznarren in der ganzen Welt. 1763. (= Neudrucke deutscher Litteraturwerke des 16. und 17. Js. Nr. 12–14. Halle 1878.

Weisflog, Carl: Biographische Spittelfreuden des abgesetzten Privatschreibers Jeremias Kätzlein. In: Phantasiestücke und Historien. Dresden 1920.

Weiße, Christian Felix: Leben und Charakter des Verfassers (scil. Rabeners). In: Rabeners sämmtliche Schriften Bd. 1, Leipzig 1777.

– Der Teufel ist los. Posse mit Musik nach Coffey. Hrg. von Minor. (= DNL 72, 1883.

Wezel, Johann Karl Gottlob: Lebensgeschichte Tobias Knauts, des Weisen, sonst der Stammler genannt. 4 Bde. Leipzig 1773–76.

– Satirische Erzählungen. 2 Bde. Leipzig 1777/78.

Wieland, Christoph Martin: Geschichte der Abderiten. (= Reclams Univ.-Bibliothek Nr. 331–334; 1958.

B. Sekundärliteratur

Adam, Hermann August: Über Berufskrankheit in alter und neuer Zeit. Ein Stück Kulturgeschichte in Wort und Bild. Regensburg 1928.

Alewyn, Richard: Das große Welttheater. (= rde 92; 1959.

Antoni, Carlo: Der Kampf wider die Vernunft. Stuttgart 1951.

Artelt, Walter: Jean Pauls ›Dr. Katzenberger‹ und die Medizin des 18. Jahrhunderts. In: Die medizinische Welt, 41, 10. Jg. 1936.

Bäumler, Alfred: Kants Kritik der Urteilskraft. Bd. 1, Halle 1923.

Beare, Mary: Die Theorie der Komödie von Gottsched bis Jean Paul. Diss. Bonn 1927.

Bebermeyer, Georg: Zur Narrenliteratur.
- Pritschmeister. In: RL II.
Beckmann, Karl: Heinrich Lindenborn, der kölnische Diogenes. (= Beiträge z. Litgesch. und Kulturgesch. d. Rheinldes 1, Bonn 1908.
Berend, Eduard: Der Typus des Humoristen. In: Die Ernte. Franz Muncker-Festschrift. Halle 1926.
- Jean Pauls Persönlichkeit in Berichten der Zeitgenossen. Berlin 1956.
Bergmann, Ernst: Die Satiren des Herrn Maschine. Leipzig 1913.
Blowsnake, Sam: Der göttliche Schelm. Zürich 1954.
Böckmann, Paul: Das Formprinzip des Witzes in der Frühzeit der deutschen Aufklärung. In: Jb. d. Freien Dt. Hochstifts. 1932/33.
- Formgeschichte der deutschen Dichtung. Bd. 1, Hamburg 1949.
- Stil- und Formprobleme in der Literatur. Hrg. Heidelberg 1959.
Böhm, Benno: Sokrates im achtzehnten Jahrhundert. Leipzig 1929.
Boehn, Max von: Deutschland im 18. Jahrhundert. Die Aufklärung. Berlin o. J.
Boeschenstein, Hermann: Deutsche Gefühlskultur. Bd. 1, Bern 1954.
Bollnow, Otto Friedrich: Wesen und Wandel der Tugenden. (= Ullstein-Buch 209; 1958.
Borcherdt, Heinrich Hermann: Geschichte des Romans und der Novelle in Deutschland. 2 Bde. Leipzig 1926.
- Anmerkungen zu Schiller-Nationalausg. Bd. 14, 2. Teil. Weimar 1949.
Brück, Gertrud: Die Bedeutung Justus Mösers für das Leben und Denken Thomas Abbts. Diss. München 1937.
Brüggemann, Fritz: Die Ironie in Tiecks William Lovell und seinen Vorläufern. Diss. Leipzig 1909.
- Der Kampf um die bürgerliche Welt- und Lebensanschauung in der deutschen Literatur des 18. Jahrhunderts. In: DVj 1925.
Brüggemann, Werner: Cervantes und die Figur des Don Quijote in Kunstanschauung und Dichtung der deutschen Romantik. (= Spanische Forschungen d. Görresgeş. R. 2, Bd. 7; 1958.
Bruford, W. H.: Die gesellschaftlichen Grundlagen der Goethezeit. Weimar 1936.
Busse, Walter: Der Hypochondrist in der deutschen Literatur der Aufklärung. Diss. Mainz 1952.
Cassirer, E.: Die Philosophie der Aufklärung. 1932.
Catholy, Eckart: K. Ph. Moritz. Ein Beitrag zur ›Theatromanie‹ der Goethezeit. In: Euph. 1950.
Clemen, Wolfgang: Nachwort zu Sterne, Empfindsame Reise. (= Rowohlts Klassiker 5; 1957.

Conrady, Karl Otto: Gottsched. Sterbender Cato. In: B. v. Wiese, Das deutsche Drama vom Barock bis zur Gegenwart. Düsseldorf 1958.

Creizenach, W.: Zur Entstehungsgeschichte des neueren deutschen Lustspiels. Halle 1879.

Curtius, Ernst Robert: Europäische Literatur und lateinisches Mittelalter. Bern 1954. 2. Aufl.

Cysarz, Herbert: Schiller. Halle 1934.

- Die dichterische Phantasie Fr. Schillers. Tübingen 1959.

Dietrich, Margret: Europäische Dramaturgie. Wien 1952.

- Das Groteske im Drama der Gegenwart. In: Theaterrundschau V, Nr. 1, Bonn 1959.

Driesen, Otto: Der Ursprung des Harlekins. Berlin 1904.

Duvignaud, Jean: Sociologie du théâtre. Paris 1965.

Ebeling, Friedrich W.: Geschichte der komischen Literatur in Deutschland. 3 Bde. Leipzig 1869.

Edwards, Thomas R. jr.: The colors of fancy: an image cluster in Pope. In: Modern Language Notes Vol. LXXIII, Nr. 7, 1958.

Federmann, Arnold: Johann Heinrich Füssli. Dichter und Maler. Zürich und Leipzig 1927.

Fischer, F. J.: Der Salzburger Hanswurst. Diss. Innsbruck 1954.

Friederici, Hans: Das deutsche bürgerliche Lustspiel der Frühaufklärung. Halle 1957.

Gaedick, Walter: Der weise Narr in der englischen Literatur von Erasmus bis Shakespeare. Diss. Berlin 1928.

Gebhardt-Wäger, Gusti: Die Dichtung des 18. Jahrhunderts in ihrem Verhältnis zur körperlichen Krankheit. Diss. Erlangen 1948.

Görner, K.: Der Hanswurst-Streit in Wien und Sonnenfels. Wien 1884.

Götz, Max: Der frühe bürgerliche Roman in Deutschland (1720 bis 1750). Diss. München 1958.

Gradmann, Erwin: Phantastik und Komik. Bern 1957.

Greiner, Martin: Die Entstehung der modernen Unterhaltungsliteratur. (= rde 207, Reinbek 1964.

Gruenter, Rainer: Die ›Narrheit‹ in Sebastian Brants Narrenschiff. In: Neophilologus XXXXIII, 1959.

Güttinger, Fritz: Die romantische Komödie und das deutsche Lustspiel. (= Wege zur Dichtung XXXIV, 1939.

Guthke, Karl S.: Johann Karl August Musäus und das Übernatürliche im Sensationsroman. In: Archiv f. d. Studium d. neueren Sprachen. 195. Bd. Gft. 2–3, 110. Jg., 1958.

- ›Mit einem lachenden und einem weinenden Auge‹. Ein Versuch über das Tragikomische. In: Neophilologus XXXXIII, 1959.
Hallamore, Gertrude Joyce: Das Bild Laurence Sternes in Deutschland von der Aufklärung bis zur Romantik. (= Germanische Studien 172; 1936.
Haller, Rudolf: Die Romantik in der Zeit der Umkehr. Bonn 1941.
Hausenstein, Wilhelm: Die Masken des Münchner Komikers Karl Valentin. München 1948.
Hauser, Arnold: Sozialgeschichte der Kunst und Literatur. 2 Bde. München 1953.
Hazard, Paul: Die Krise des europäischen Geistes. Hamburg 1939.
- Die Herrschaft der Vernunft. Hamburg 1949.
Heinzelmann, J. H.: Bibliography of German Translations of Alexander Pope in the 18th Century. (= Bulletin of the Biographical Society of America IV, 1912.
- Pope in Germany. In: Modern Philology X, Chicago 1913.
Herrmann, Max: ›Jahrmarktsfest zu Plundersweilen‹. Berlin 1900.
Hettner, Hermann: Geschichte der deutschen Literatur im achtzehnten Jahrhundert. 3 Thle. Braunschweig 1925. 7. Aufl.
Hilsenbeck, Fritz: Aristophanes und die deutsche Literatur des 18. Jahrhunderts. (= Berliner Beiträge z. Germanistischen und Romanischen Philologie XXXIV, Berlin 1908.
Hilty, Hans Rudolf: Prolegomena zum modernen Drama. In: Akzente VI, 1958.
Hirsch, Arnold: Barockroman und Aufklärungsroman. In: Etudes germaniques IX, 1954.
Hocke, Gustav René: Die Welt als Labyrinth. (= rde 50–51; Reinbek 1957.
- Manierismus in der Literatur (= rde 82–83; Reinbek 1959.
Hofmann, Werner: Die Karikatur von Lionardo bis Picasso. Wien 1956.
Hohenemser, Herbert: Pulcinella, Harlekin, Hanswust: ein Versuch über die zeitbeständigen Typen des Narren auf der Bühne. (= Die Schaubühne 33; 1940.
Holzhausen, Paul: Friedrich Christian Laukhard. Berlin 1902.
Hüchting, Heide: Die Literatursatire der Sturm- und Drang-Bewegung. (= Neue Dt. Forschungen 311, Berlin 1942.
Jäggi, Willy: Harlekin. Basel 1955.
Kahn, Charlotte: Die Melancholie in der deutschen Lyrik des 18. Jahrhunderts. (= Beiträge z. neueren Litgesch. XXI, Heidelberg 1932.
Kaiser, Walter: Praisers of Folly. Erasmus, Rabelais, Shakespeare.

(= Harvard Studies in Comparative Literature 25, Cambridge, Mass. 1964.

Kayser, Wolfgang: Das Groteske. Seine Gestaltung in Malerei und Dichtung. Oldenburg 1957.
- Die Vortragsreise. Bern 1958.
- Die Wahrheit der Dichter. (= rde 87; Reinbek 1959.

Keferstein, Georg: Vorklassiker Justus Möser. In: GRM 1938.

Kindermann, Heinz: Theatergeschichte der Goethezeit. Wien 1948.

Klamroth, Heinz: Beiträge zur Entwicklungsgeschichte der Traumsatire im 17. und 18. Jahrhundert. Diss. Bonn 1912.

Körte, Werner: Albrecht Dürer: Die Apokalypse des Johannes. (= Reclams Werkmonographien zur Bildenden Kunst XIV.

Köster, Albert: Die deutsche Literatur der Aufklärungszeit. Heidelberg 1925.

Köster, Heinrich: Das Phänomen des Lächerlichen in der Dichtung um 1800. Diss. Freiburg 1956.

Kohlschmidt, Walter: Form und Innerlichkeit. (= Sammlung Dalp 81; 1955.

Korff, H. A.: Voltaire im literarischen Deutschland des 18. Jahrhunderts. 2 Bde. Heidelberg 1918.

Kotzur, Josef: Die Auseinandersetzung zwischen Kotzebue und der Frühromantik um die Jahrhundertwende. Diss. Breslau 1932.

Kranz, Heinrich: Das Thema des Wahns im Wandel der Zeit. In: Fortschritte der Neurologie, Psychiatrie und ihrer Grenzgebiete, 23. Jg. Hft. 1-2, 1955.

Krauss, Werner: Studien zur deutschen und französischen Aufklärung. (= Neue Beiträge zur Literaturwissenschaft 16, Berlin 1963.
- Miguel de Cervantes. Leben und Werk. Neuwied 1966.

Krieger, H.: Das Dämonische in den deutschen Wochenschriften. Diss. Marburg 1931.

Kris, Ernst: Ein geisteskranker Bildhauer. Die Charakterköpfe des Franz Xaver Messerschmidt. In: Imago XIX, 1933.

Kutscher, Arthur: Die Comedia dell' arte und Deutschland. (= Die Schaubühne 43, 1955.

Lange, Friedrich Albert: Geschichte des Materialismus und Kritik seiner Bedeutung in der Gegenwart. Leipzig 1896, 5. Aufl.

Langer, Leo: Zur Narrenliteratur. (= XXXIII. Jahresbericht d. Staats: gymnasiums Villach 1902.

Leibbrand, Werner: Johann Georg Ritter von Zimmermann. In: Psychiatrisch-neurolog. Wochenschrift XIII, 1934.
- Der göttliche Stab des Äskulap. Salzburg und Leipzig 1939.

- Karl Philipp Moritz und die Erfahrungsseelenkunde. In: Allgem. Zschr. f. Psychiatrie und ihre Grenzgebiete. Bd. 118, Hft. 1-2; 1941.
Leibbrand, Werner, und Wettley, Annemarie: Der Wahnsinn. Geschichte der abendländischen Psychopathologie. Freiburg/München 1961.
Lennig, Walter: E. A. Poe. (= rm 32; Reinbek 1959.
Lenz, Otto: J. P. F. Richter und die zeitgenössische Kritik. Diss. Gießen 1916.
Lohmeyer, Karl: Goethes ›Prinz Pallagonia‹ und seine Familie. In: DVj 1942.
Lukács, Georg: Das ästhetische Problem des Besonderen in der Aufklärung und bei Goethe. In: Festschrift Ernst Bloch, Berlin 1955.
Ludwig, Ernst: Die ästhetischen Anschauungen in Webers ›Demokrit‹. 1927.
Maduschka, Leo: Das Problem der Einsamkeit im 18. Jahrhundert. Diss. München 1932.
Majut, Rudolf: Lebensbühne und Marionette. (= Germanische Studien 100, Berlin 1931.
Mathar, Ludwig: Carlo Goldoni auf dem deutschen Theater des 18. Jahrhunderts. Diss. München 1910.
Mayer, Hans: Von Lessing bis Thomas Mann. Pfullingen 1959.
Melchinger, Siegfried: Harlekin. Basel 1955.
- Theater der Gegenwart. (= Fischer-Bücherei 118; Frankfurt/Main 1956.
- Harlekins Wiederkehr: In: Merkur 2. Hft. XI. Jg. 1957.
Meyer, Herman: Der Typus des Sonderlings in der deutschen Literatur. Amsterdam 1943; Neuauflge. München 1963.
Michelsen, Peter: Sterne und der deutsche Roman des 18. Jahrhunderts. (= Palaestra 232, Göttingen 1962.
Morris, Max: Prometheus und Hanswurst. In: Goethestudien I, Berlin 1902, 2. Aufl.
Müller, Liselotte: Johann Christian Reil und die Romantik. Diss. Halle 1935.
Netzel, Hans: Das Süddeutsche Wander-Marionettentheater. München 1938.
Nick, Fr.: Die Hof- und Volksnarren, sammt den närrischen Lustbarkeiten der verschiedenen Stände aller Völker und Zeiten. 2 Bde. Stuttgart 1861.
Nigg, Walter: Der christliche Narr. Zürich 1956.
Niklaus, Thelma: Harlequin Phönix. London 1956.

Nipperdey, Dorothee: Untersuchungen zur Struktur der Nachtwachen von Bonaventura. Diss. Göttingen 1954.

Nivelle, Armand: Kunst- und Dichtungstheorien zwischen Aufklärung und Klassik. Berlin 1960.

Payne, Robert: Der große Charlie. Eine Biographie des Clowns. Frankfurt/Main 1952.

Pechmann, Günther von: F. A. Bustelli, Italienische Komödie. (= Reclams Werkmonographien z. Bildenden Kunst XXXVII, 1959.

Peters, Hans Georg: Studien über die Ästhetik des Alexander Gottlieb Baumgarten unter besonderer Berücksichtigung ihrer Beziehungen zum Ethischen. Diss. Berlin 1934.

Philippovic, Vera: Jonathan Swift in Deutschland. Diss. Zürich 1903.

Plessner, Helmuth: Lachen und Weinen. (= Sammlung Dalp 54.

Preisendanz, Wolfgang: Lichtenberg-Literaturbericht. In: GRM 1956.

Promies, Wolfgang: Georg Christoph Lichtenberg (= rm 90, Reinbek 1964.

Ramondt, Maria: Between Laughter and Humour in the 18th Century. In: Neophilologus XXXX.

Rapp, Eleonore: Die Marionette in der deutschen Dichtung. Diss. München 1924.

Rasch, Wolfgang: Aufklärung-Forschungsbericht. In: DVj 30, 1956.

Regler, Georg: Jean Paul und die Kanzleibibliothek. In: J. P. Blätter, 9. Jg. Hft. 1, 1934.

Rehm, Walther: Begegnungen und Probleme. Bern 1957.

Reichel, Eugen: Gottsched. Berlin 1908.

Reiter, Hildegard: William Hogarth und die Literatur seiner Zeit. (= Sprache und Kultur der germanisch-romanischen Völker. Anglistische Reihe V, 1930.

Requadt, Paul: Lichtenberg. Hameln 1948; Frankfurt 1964.

Riederer, Frank: Ludwig Tiecks Beziehungen zur deutschen Literatur des 17. Jahrhunderts. Diss. Greifswald 1915.

Rokoko-Ausstellung, Katalog der, München 1958.

Rommel, Otto: Die Alt-wiener Volkskomödie. Wien 1952.

– Rationalistische Dämonie. In: DVj 17, 1939.

Rose, William: Die Anfänge des Weltschmerzes in der deutschen Literatur. In: GRM 1924.

Rühle, Jürgen: Das gefesselte Theater. Köln 1957.

Sand, Maurice: Masques et Bouffons. 2 Bde. Paris 1860.

Schierbaum, H.: Justus Mösers Stellung in den Literaturströmungen während der ersten Hälfte des 18. Jahrhunderts. Diss. München 1908.

Schimansky, Gerhard: Gottscheds deutsche Bildungsziele. (= Schriften d. Albertus-Universität XXII, Königsberg 1939.
Schlenther, Paul: Frau Gottsched und die bürgerliche Komödie. Berlin 1886.
Schneider, Ferdinand Josef: Jean Pauls Jugend und erstes Auftreten in der Literatur. Berlin 1905.
– Die deutsche Dichtung der Aufklärungszeit. (= Epochen der deutschen Literatur III, Stuttgart 1949.
Schneider, Maria: Die Einbildung als weltbewegende Kraft. In: Dt. Rundschau VII, Oktober 1946.
Schöffler, Herbert: Protestantismus und Literatur. Göttingen 1922.
– Lichtenberg. Leipzig 1943.
Schöne, Albrecht: Säkularisation als sprachbildende Kraft. Studien zur Dichtung deutscher Pfarrersöhne. (= Palästra 226.
Schubart-Fikentscher, Gertrud: Zur Rechtsstellung der Komödianten im 17. und 18. Jahrhundert. In: Forschungen und Fortschritte H. 11, Jg. 35, Berlin 1961.
Schudt, Ludwig: Italienreisen im 17. und 18. Jahrhundert. (= Veröffentlichungen der Bibliotheca Hertziana in Rom. München 1953.
Sedlmayr, Hans: Verlust der Mitte. (=Ullstein-Buch 39; 1955.
Servaes, Franz: Die Poetik Gottscheds und der Schweizer. Straßburg 1887.
Siebenschein, Hugo: Deutscher Humor in der Aufklärung. Prag 1939.
Sommerfeld, Martin: Romantheorie und Romantypus der deutschen Aufklärung. In: DVj IV, 1926.
Stäudlin, Carl Friedrich: Geschichte der Vorstellungen von der Sittlichkeit des Schauspiels. Göttingen 1823.
Steinmetz, Horst: Die Komödie der Aufklärung. (= Sammlung Metzler 47, Stuttgart 1966.
– Der Harlekin. Seine Rolle in der deutschen Komödientheorie und -dichtung des 18. Jahrhunderts. In: Neophilologus L, 1966.
Stemme, Fritz: Die Säkularisation des Pietismus zur Erfahrungsseelenkunde. In: ZfdPh. 72, 1953.
Thalmann, Marianne: Der Trivialroman des 18. Jahrhunderts und der romantische Roman. (= Germ. Studien 24, Berlin 1923.
Thiel, Manfred: Die Auflösung der Komödie und die Groteske des Mythos. In: Stud. Generale IV, Jg. 8, 1955.
Thümmel, Julius: Über Shakespeares Narren. In: Jb. d. dt. Shakespeare-Gesellschaft, 9. Jg., Weimar 1874.
Ullmann, Richard und Gotthard, Helene: Geschichte des Begriffs ›Romantisch‹ in Deutschland. (= German. Studien L, 1926.

Unger, Rudolf: Hamann und die deutsche Aufklärung. 2 Bde. 1925 2. Aufl.

Verosta, R.: Der Phantasie-Begriff bei den Schweizern. (= Programm Wien 1908.

Vogt, Günther: Die Ironie in der romantischen Komödie. Diss. Frankfurt/Main 1953.

Waniek, Gustav: Gottsched und die Litteratur seiner Zeit. Leipzig 1897.

Welsford, Enid: The Fool. His Social and Literary History. London 1935.

Wetzel, Hans: Das empfindsame Lustspiel der Frühaufklärung. Diss. München 1956.

Weydt, Günther: Der deutsche Roman seit der Renaissance und Reformation bis zu Goethes Tod. In: Stammlers Aufriß II.

Wiese, Benno von: Dichtung und Geistesgeschichte des 18. Jahrhunderts. In: DVj 12–13, 1934/35.

– Schiller. Stuttgart 1959.

Wieser, Max: Der sentimentale Mensch. Stuttgart 1924.

Williams, Aubrey L.: Pope's Dunciad. London 1955.

Wolff, Hans M.: Die Weltanschauung der deutschen Aufklärung in geschichtlicher Entwicklung. München 1949.

Wonderley, Wayne: Gottscheds ›Dynamic‹ Stage Directions. In: Kentucky Foreign Language Quarterly 1956, Vol. III, Nr. 2.

– Some notes on hypochondria and melancholy in German literature of the early 18th century. In: Philological Quarterly XXX, July 1951.

Wustmann, G.: Die Verbannung des Harlekin durch die Neuberin. In: Schriften d. Vereins f. d. Gesch. Leipzigs. 2. Smmlg. Leipzig 1878.

Zaehle, Barbara: Knigges Umgang mit Menschen und seine Vorläufer. (= Beiträge z. neueren Litgesch. 22, Heidelberg 1933.

PERSONENREGISTER

Abafi, Michael 126
Abbt, Thomas 118, 131–132, 189, 215, 332, 335
Abraham a Santa Clara 58, 59, 60, 326
Ackermann, Konrad 44
Addison, Joseph 131, 205, 211
Adelung, Johann Christian 23, 78–79, 92, 100–101, 104, 108
Aeschylos 195
Akenside, Marc 211
Alba, Herzog 154
d'Alembert, Jean Baptiste 95
Alewyn, Richard 64, 182, 330, 334
Alexander der Große, König von Makedonien 102
Algarotti, Francesco 94
Althing, Chr. 226
Andreä, Johann Valentin 94
Antoni, Carlo 122, 123, 124, 138, 210, 331, 332, 335
Antoninus 280, 317, 319
Arcimboldi, Giuseppe 301
Aretino, Pietro 100
d'Argens, Jean Baptiste de Boyer, Marquis 94
Aristophanes 46, 153, 154, 325, 329
Aristoteles 36
Arlotto, Piovano 152
Arminius 210
Arndt, Ernst Moritz 145, 309
Arnim, Achim von 178
Arnold, Gottfried 92
Artaud, Antoine 308
Artelt, Walter 338
August III., Kurfürst von Sachsen 29, 236
Augustus, röm. Kaiser 116, 159, 186

Bach, Johann Sebastian 121
Bäumler, Alfred 125, 203, 207, 212, 213, 214, 215, 217, 332, 335, 336, 339
Bahrdt, Karl Friedrich 226, 227, 325
Baldinger, Friederike 92, 231, 241
Barnes, Th. 212
Baschwitz, Kurt 336
Batteux, Charles 90
Bauer, Max 336
Baum, Ernst 309, 339, 340
Baumgarten, Gottlieb Alexander 70, 124, 147, 207, 212, 215, 216, 217, 261, 273, 335
Bayle, Pierre 81, 125, 181, 189, 191, 192
Beare, Mary 328
Beaumarchais, Pierre-Augustin Caron de 45, 95, 96, 182, 183
Beauval, Basnage de 181
Bebe, Hofnarr 315, 317
Bebermeyer, G. 330
Beckmann, dänischer Schauspieler 251
Becker, Henrik 327
Beer, Johann 64, 330
Beffroy de Regny 299
Beireis, Hofrat 171, 262
Bekker, Balthasar 220, 221
Bellegarde, Abbé 57
Benedikt, Hl. 62
Bengel, Johann Albrecht 199
Benn, Gottfried 190
Berend, Eduard 330, 331, 333
Bergmann, Ernst 335, 336
Bernd, Adam 244
Bernhardi, August Ferdinand 79–80, 96–97, 113, 190–191, 225, 309

Biehn, Heinz 334
Bierbaum, Otto Julius 327
Blankenburg, Christian Friedrich von 92
Blowsnake, Sam 340
Blumenbach, Johann Friedrich 221
Bock, Dramaturg 44
Boccaccio, Giovanni 226
Bode, Johann Joachim 327, 338
Bodmer, Johann Jakob 14, 192, 193, 203, 204, 205, 212, 214, 216, 327, 336
Böckmann, Paul 70, 93, 180, 192, 330, 334
Böhm, Benno 106, 259, 331, 333, 338
Böhme, Jakob 100, 293
Böttiger, Karl August 45, 46, 101, 226, 329
Boie, Heinrich Christian 227
Boileau-Despréaux, Nicolas 154, 214
Boissy, Louis de 15
Bollnow, Otto 331
Bonaventura 51, 218, 251, 253, 337, 338
Bonnet, Charles 269
Borch, von 173, 175, 176, 267
Borcherdt, Hans Hermann 48, 200, 329, 335
Borkenstein, Hinrich 31
Born, Ignaz von 311
Bossuet, Jacques 62
Brandes, Georg Friedrich 105
Brant, Sebastian 65, 99, 330
Breitenbauch, von 109
Breitinger, Johann Jakob 192, 193, 203, 204, 205, 206, 212, 214, 216
Breitkopf, J. G. C. 218
Breughel, Pieter 93

Brentano, Clemens 29, 50–51, 110, 331
Brome, Richard 27
Brook, Peter 308
Brück, Gertrud 332
Brüggemann, Fritz 247, 248, 337
Brüggemann, Werner 335
Brühl, Heinrich Graf von 16
Brunian, Johann Joseph von 20
Brutus, Marcus Junius 126
Brydone, Patrick 172–173
B., S. 28
Büchner, Georg 245
Bürger, Gottfried August 165
Buquoy, Graf von 100, 101, 104, 108, 115
Burgsdorff, Wilhelm von 140, 332
Busse, Walter 244, 249, 337
Bustelli, Franz Anton 65, 138, 330

C., A.P.L. 203, 285–286
C., Hofrat 205
Calderón de la Barca, Pedro 19
Callot, Jacques 60, 135, 139, 209, 291
Campe, Joachim Heinrich 88, 110, 158
Canitz, Friedrich Ludwig Freiherr von 186
Carswell, John 336
Casanova, Giacomo Girolamo 66, 72, 96
Catholy, Eckart 29, 328
Cato, M. Porcius 27, 30, 109, 163
Cervantes Saavedra, Miguel de 18, 40, 137, 197, 299, 319, 334
Chesterfield, Lord 69, 70
Chiarugi, Vincenzo 230
Chodowiecki, Daniel 59, 125, 291, 292

Christian Ludwig, Markgraf von Brandenburg 66
Christus 62, 63, 71, 92, 176, 224
Chrysostomus, Johannes 62
Cicero, Marcus Tullius 154
Claudius, Matthias 107, 271
Clauert, Hans 150
Clemen, Wolfgang 339
Clemens August, Kurfürst 66
Cloots 232
Coffey, Charles 324, 340
Conlin, Albert Joseph 60
Conrady, Karl Otto 185, 328, 334
Constantini, Angelo 148
Corneille, Pierre 137
Corregio, Antonio Allegri da 132
Courtilz, Gatien de 233
Cramer, Carl Gottlob 102, 150, 160, 225, 296
Cranach, Lucas 93
Creizenach, W. 327
Cronegk, Johann Friedrich von 20, 33–34, 151, 327
Crusius, Christian August 199
Curtius, Ernst Robert 159, 329, 333
Cysarz, Herbert 48, 329

Danovius, Ernst Jakob 278
David, König von Israel 126
Degenkolb, Magister 37
Dehio, Georg 182, 334
Demokrit von Abdera 69, 101, 140, 160–161, 162, 163, 164, 166, 167, 176
Denner jr. 18
Dentzel, Georg Eduard von 232
Descartes, René 122, 213, 214
Deslisle 15, 141
Destouches, Philippe 207
Diagoras von Melos 175, 177

Diderot, Denis 135, 165, 172
Dietrich, Margret 22, 328, 334
Digby, Kenelm 221
Diogenes von Sinope 73, 101 bis 102, 129, 236, 237–238, 312, 322, 337, 339
Dippel, Johann Conrad 160
Dohm, Christian Wilhelm von 173
Dominique 26, 154, 166
Douw, Gerard 135
Driesen, O. 328
Dürer, Alfred 335
Dyk, Johann Gottfried 48–49

Ebeling, Friedrich Wilhelm 109, 227, 238, 277, 279, 327, 331, 336, 337, 338, 339
Eckartshausen, Karl von 147
Eckenberg, Johann Carl 55
Eichendorff, Joseph von 14, 17, 144–145, 178, 245–246, 290, 309
Eisenbarth, Johann Andreas 82
Ekhof, Konrad 28, 38
Elisabeth I., Königin von England 234
Engel, Johann Jakob 177–178, 193, 194, 271
Ensor, James 311
Erasmus von Rotterdam 59, 124, 125, 126, 187, 294, 326, 331, 334
Erdmann, Pastor 36
Erhard, F. 240
Esterhazy, N. J. Fürst von 65
Eulenspiegel, Till 148, 150, 332

Falk, Johann Daniel 112–113, 160, 234, 286, 298
Faramond, Ludwig Ernst von 183
Faust, Johann 246

Favorinus 100
Feder, Johann Georg Heinrich 212, 216, 258
Federmann, Arnold 333
Federn, K. 332
Feßler, Ignatz Aurelius 113, 160, 232
Feuchtersleben, Ernst von 249, 260, 337
Fielding, Henry 20, 137, 291, 327
Fiorelli 148
Fischart, Johann 93
Fischer, Heinrich Ludwig 219
Fled, Th. 221
Flögel, Karl Friedrich 20, 39–40, 56, 59, 60, 68–69, 84, 89, 98, 103, 118, 124, 125, 130, 145, 147–148, 176, 177, 195, 208, 211, 212, 216, 231, 248, 267, 272, 279, 292, 310, 315, 325, 327, 333, 334, 335, 338, 340
Fontenelle, Bernhard 123
Forster, Georg 232, 266
Franciscus von Assisi 58, 59
Franck, Sebastian 100
Franco, Nicolaus 92
Freund, Michael 332
Friederici, Hans 31, 328
Friedrich II., König von Preußen 64, 94, 102, 116, 120, 278
Friedrich III., Kurfürst von Brandenburg 66
Friedrich Wilhelm I., König von Preußen 54, 55
Frölich, Joseph 65, 248
Fuchs, Albert 333
Füßli, Heinrich 172, 333

Gaedick, Walter 331
Gärtner, Karl Christian 241
Galen, Claudius 239
Gall, Franz Josef 112

Garrick, David 166
Garve, Christian 216, 224, 294
Gedike, Friedrich 84
Gellert, Christian Fürchtegott 31, 34, 41–42, 70, 78, 132, 133, 193, 241, 291
Gellert, Fechtmeister 241
Gellert, Frau 241
Gellius, Aulus 200
Gemmingen, Otto Heinrich Freiherr von 110
Georg III., König von England 235
Ghérardi, Evariste 137
Gleim, Johann Wilhelm Ludwig 34, 118, 325–326, 336
Goethe, Elisabeth 234
Goethe, Johann Wolfgang von 28–29, 37, 46, 66, 74, 86, 105, 111, 112, 154, 170–173, 174, 175, 176, 179, 195, 216, 223, 224, 232, 233, 238, 250, 253, 262, 268, 278, 280, 289, 309, 322, 324, 328, 331, 333, 339
Goeze, Johann Melchior 38, 200
Goldoni, Carlo 42, 43–45, 47, 154, 230, 328
Goldsmith, Robert Hillis 331
Gonella 152
Gotter, Friedrich Wilhelm 20, 327
Gotthard, Helene 334
Gottsched, Johann Christoph 9, 10, 14–27, 29, 30–31, 32, 33, 34, 35, 36, 38–39, 42, 43, 45, 50, 51, 55, 68, 95, 109, 113, 115, 118, 131, 132, 136, 140, 143–144, 151, 152, 167, 170, 185, 194, 196, 202, 203, 204, 205, 206, 207, 210, 211, 212, 214, 215, 217, 241, 272, 305, 324, 325, 327, 328

Gottsched, Luise Adelgunde Victoria 30, 94, 131, 144, 324, 325, 327
Goué, August Friedrich 232
Goya, Francisco de 172, 303
Gozzi, Carlo 42, 47, 48–50, 113
Grammont, Eleve 240
Grass, Günter 316
Gravina 205
Grimm, Jakob 89, 145
Grimm, Wilhelm 89
Grimmelshausen, Johann Jakob Christoph von 63, 103, 186, 187, 316
Grobecker 251
Grossmann, Gustav Friedrich Wilhelm 232–233
Grothaus, Nikolaus Anton Heinrich Julius von 280–281
Gruenter, Rainer 330
Gryphius, Andreas 23, 327
Günther, Johann Christian 235, 236
Günther, Karl Christian 95
Güttinger, Fritz 332
Grundling, Jacob Paul Freiherr von 55
Gundling, Nicolaus Hieronymus 55, 192
Gutzkow, Karl 161

Haecker, Theodor 337
Hafner, Philipp 145, 302–304, 305, 308–310, 311, 312, 339, 340
Hagedorn, Friedrich von 44, 73–74, 93, 180, 185, 186, 198, 329, 334
Hagen, E. A. 16
Hahn, Philipp Matthäus 198 bis 199
Hahnemann, Samuel 280
Hahnzog, Christian 219

Hallamore, Gertrud Joyce 339
Haller, Albrecht von 196, 230, 231, 266, 279
Hamann, Johann Georg 214
Harsdörffer, Georg Phillipp von 221
Hauber, David 220
Hauptmann, Gerhart 251
Hausenstein, Wilhelm 339
Hauser, Arnold 104, 331
Hay, Wilhelm 284, 285
Haydn, Joseph 65
Hazard, Paul 62, 81, 189, 263, 302, 330, 332, 334, 338, 339
H., C. F. 77–78
Hegel, Wilhelm Friedrich 145
Hegesias 195
Heidegger, Gotthard 192
Heine, Heinrich 126
Heinrich, Prinzessin von Preußen 20
Heinse, Wilhelm 266
Heinzelmann, J. H. 331
Heiter, Julius s. F. A. Mahlmann
Helfrecht, Gymnasialdirektor 112
Helvetius, Jean Claudius Hadrian 318
Hempel, Gottlob Ludwig 37, 67, 99
Hencken, Organist 221
Henrici, Christian Friedrich s. Picander
Heraklit 161, 163
Herder, Johann Gottfried 214, 226
Hermann, Max 330, 337
Hertz, Marcus 261
Herzberg, Friedrich 332
Hettner, Hermann 327
Heydenreich, Karl Heinrich 57, 70, 219, 239

Heyne, Christian Gottlob 266
Hilarius, Jocosius s. Gottfried August Bürger
Hill, Aaron 81
Hilsenbeck, Fritz 46, 329
Hilty, Hans Rudolf 27, 328
Hippel, Theodor von 51, 71–72, 73, 76, 94, 227, 236, 240, 248, 290–291
Hippokrates 239
Hirsch, Arnold 85, 330
Hirschel 289, 339
Hocke, Gustav René 209, 334, 335
Hoditz, Graf 174
Hoffmann, Ernst Theodor Amadeus 51, 107
Hoffmann, Johann Adolph 181 bis 182, 187
Hoffnung, Gerhard 300
Hofmann, Werner 177, 333, 334
Hofmannswaldau, Christian Hofmann von 19, 185, 186
Hogarth, William 59, 105, 135, 136, 171, 172, 177, 271, 272, 291, 319, 323, 338
Holbein, Hans 125
Holberg, Ludwig von 30, 175, 230
Holzendorff 82
Holzhausen, Paul 218, 336
Homer 180, 246
Hommel, Carl Ferdinand 88, 89
Honel 173
Horaz 90, 133, 158, 159, 165
Horst, G. C. 336
Hübner, E. F. 165
Hufeland, Christoph Wilhelm 244, 260
Hunold, Christian Friedrich s. Menantes

Iffland, August Wilhelm 28, 42, 45, 49–50, 113, 170
Immermann, Karl Lebrecht 51, 309

Jablonski, Johann Theodor 70, 71, 72, 73, 104, 183, 184, 192, 196, 204, 221, 223, 243, 244, 334
Jacobi, Friedrich Heinrich 160, 252, 253
Jäggi, Willy 327
Jean Paul 51, 87, 90, 103, 107, 112, 127, 150, 157, 158, 164, 172, 176, 208, 233, 237, 238, 242, 248, 249, 252, 253, 266 bis 267, 286, 287, 288, 291, 292, 295, 310, 317, 328, 330, 331, 337, 338, 339
Jenisch, Daniel 80–81, 129, 165, 188, 194, 224, 225, 238, 278, 298, 312, 322–323, 336, 339
Jester, E. F. 39
Johann Adolph, Herzog von Sachsen-Weißenfels 236
Johannes, Apostel 198–199
Jokolo, Hofnarr 154
Joseph II., dt. Kaiser 311
Jünger, Johann Friedrich 96, 113, 165, 188, 191, 279, 293, 296, 298, 299–301, 311, 312–313
Jung-Stilling, Johann Heinrich 89, 95, 150, 191, 199, 201, 224, 225–226, 233, 236–237
Juvenalis, Decimus Junius 311

Kändler, Johann Joachim 65, 138
Kästner, Abraham Gotthelf 34, 88, 92–93, 101–102, 115, 116, 216, 227, 231, 235–236, 241, 250, 302

Kafka, Franz 244, 303
Kamnitzer, Ernst 328, 332
Kant, Immanuel 106, 122, 124, 125, 129–130, 212, 215, 216, 234, 260, 277, 332, 339
Karl Theodor, Kurfürst von Bayern 20
Karoline, Landgräfin von Hessen 20
Karl XII., König von Schweden 109
Kaunitz, Wenzel Anton Fürst von 281
Kayser, Wolfgang 137, 202, 313, 332, 333, 335, 340
Keller, Gottfried 286
Kemp, Clown 27
Keppler, Joseph Friedrich 57, 98–99, 127, 128, 129, 130, 155 bis 156, 210, 211
Kerenyi, Karl 324, 340
Kerner, Justinus 145
Keyser, Georg A. 155
Kierkegaard, Sören 251, 337
Kirchner, Athanasius 191
Klamroth, Heinz 339
Klemm, Christian Gottlob 308
Klinger, Maximilian von 111
Klischnig, C. F. 338
Klockenbring, Friedrich Arnold 227
Kloekhof, C. A. 240
Klopstock, Friedrich Gottlieb 68, 205
Klotz, Christian Adolf 83, 237
Knigge, Adolph Freiherr von 61, 64, 70, 73, 74, 86–87, 89, 94, 98, 102, 107, 110, 227, 243, 277, 278
Koch, Heinrich Gotthelf 44, 324
König, Johann Ulrich von 25
Köpkens, Hofrat 293
Körner, Christian Gottfried 49
Körte, Werner 199, 335
Köster, Albert 327
Köster, Heinrich 338
Kolumbus, Christoph 249, 260
Korff, H. A. 86, 114, 328, 330, 331
Kosch, Wilhelm 140
Kotzebue, August von 28, 42, 51, 57, 110, 113–114, 145, 175, 226–227, 278, 283, 325, 331, 333
Kotzur, Josef 114, 331
Kranz, Heinrich 281, 339
Krauss, Werner 335
Krebs, Karl J. 155, 165
Kris, Ernst 281, 282, 288, 289, 333, 339
Krüger, Johann Christian 15, 31
Krüger, Johann Gottlob 222
Kuh, Ephraim Moses 277, 289, 297, 339
Kuhlmann, Quirinus 100
Kulmus, Johann Adam 144
Kurz, Joseph von 20, 39, 50, 272
Kutscher, Arthur 330

La Bruyère, Jean de 131, 133
Laer, Hermann Diedrich 240
Lafontaine, Jean de 160
Lamettrie, Jules Offrey de 95, 114, 115–116, 164, 230, 231, 318
Langbein, A. F. E. 99, 108, 140, 155, 294, 331, 332
Lange, Friedrich Albert 336
L'Angély 154
Langemack, G. 79
Langer, Leo 330
Langermann, Johann Gottfried 240, 276
La Roche, Sophie 161
Lassenius 36

Lasso, Orlando di 65
Laukhard, Friedrich Christian 88, 95, 96, 150, 152, 218, 225, 232, 336
Lavater, Johann Caspar 66, 104, 105, 116, 220, 222–223, 226, 265, 268–269, 270, 331, 336
Le Clerc, Jean 181, 187–188
Ledderhose 298
Legrand, Marc Antoine 15
Leibbrand, Werner 221, 233, 244, 256, 261, 262, 278, 279, 336, 338
Leibniz, Gottfried Wilhelm Freiherr von 66, 114, 191, 192, 214, 215, 231, 295, 339
Leitzmann, Albert 327
Lenz, Michael Reinhold 240
Lepois, Charles 239
Lessing, Gotthold Ephraim 14, 16, 31, 41, 43, 64, 84, 93, 109, 115, 118, 132, 134–135, 139, 146, 165, 235, 277, 310
Lewald, August 309
Liceti 221
Lichtenberg, Georg Christoph 19, 38, 59, 68, 69, 82, 89, 93, 105, 110, 116, 165, 171, 173, 199, 208–209, 211, 220, 221, 222, 227, 235, 249–251, 253, 260, 262, 266, 268–269, 270, 272, 278, 279, 327, 333, 336
Lichtenberg, Ludwig Christian 239
Lindenborn, Heinrich 73, 236 bis 238, 337
Linné, Karl von 311
Lionardo da Vinci 333
Liscow, Christian Ludwig 93, 297
Lodron (Laudron), Graf von 66
Löwen, Johann Friedrich 18, 19, 44

Logau, Friedrich von 93
Lohenstein, Daniel Casper von 19, 185, 186
Lohmeyer, Karl 173, 175, 333
Lope de Vega, Felix 19
Lopresti, Freiherr von 43
Lorenzoni 20
Lucian 133, 201
Ludwig XVI., König von Frankreich 235
Lund, Christian 251
Luther, Martin 36, 199, 326

Maduschka, Leo 278, 338
Männling, Johann Christoph 185
Mahlmann, Friedrich August 69, 165
Majut, Rudolf 340
Mann, Thomas 74–75
Marcard, Heinrich Matthias 227
Marggraff, Hermann 311
Maria Theresia, Kaiserin von Österreich 281
Marivaux, Pierre de 15, 31, 134, 141
Mathar, Ludwig 43, 328
Matthäus, Apostel 62
Matthesius, Christian 37
Maupertuis, Pierre Louis Moreau de 115, 116
Mauvillon 227
Meckel, Johann Friedrich 267
Meckel, Philipp Theodor 266
Megerle, Johann Ulrich s. Abraham a Santa Clara
Meier, Georg Friedrich 70, 134, 215, 336
Meiners, Christoph 216
Meißinger, K. A. 334
Meißner, August Gottlieb 149 bis 150

Meister, Leonhard 212
Melchinger, Siegfried 47, 327, 339
Meleander, Otho 152
Menander 45
Menantes 19, 23
Mendelssohn, Moses 115, 262, 277, 294
Mendheim, Max 101, 330
Merck, Johann Heinrich 277 bis 278
Merkel, Garlieb 90, 110
Messerschmidt, Franz Xaver 172, 270, 271, 281–284, 288, 289, 297, 307, 333, 339
Meyer, August Wilhelm 332, 333
Meyer, Herman 58, 99, 316, 318, 329, 330, 331, 340
Meyer, Johann Heinrich Christian 23, 24
Michaelis, Johann Benjamin 34 bis 35, 38, 39, 137, 153, 199, 272, 293–294, 328
Michelangelo Buonarroti 137
Milton, John 205
Minor, Jakob 340
Mörike, Eduard 51
Möser, Justus 45, 56, 67–68, 69, 118, 119–121, 122, 124, 131 bis 138, 139, 141, 142, 143, 144, 145, 147, 148, 150, 151, 153, 155, 165, 177, 207, 208, 209, 210, 212, 239, 302, 309, 315, 329, 332, 333, 335
Molière, Jean-Baptiste Poquelin 15, 85, 207, 211
Montaigne, Michel de 123, 154
Montesquieu, Charles de 123, 182
Moore 208
Morgenstern, Salomon Jacob 54 bis 56, 89, 125–127

Moritz, Karl Philipp 222, 244, 252, 253, 258, 260–262, 273, 328, 336, 338
Morris, Max 333
Moscherosch, Hans Michel 63
Moser, Johann Jacob 56, 57, 87, 157
Mosheim, Johann Lorenz von 92
Moßfleck, H. 155
Müller, Adam 145
Müller von Itzehoe, Johann Gottwerth 235, 305–306
Müller, Johann Heinrich Friedrich 39
Müller, J. P. 15
Müller, Liselotte 240, 337
Münchhausen, Hieronymus Freiherr von 165, 336
Muncker, Franz 333
Muralt, Beat Ludwig von 123 bis 124
Muratori, Ludovico Antonio 131, 204, 205, 211
Murner, Thomas 99, 330
Mursinna, Friedrich Samuel 148
Musäus, Johann Karl August 271
Mylius, Christlob 31, 33, 235
Mylius, Wilhelm Christian S. 147, 155

Narr, Klaus 149, 150, 152, 326
Naumann 231
Necker, Gottschalk s. Daniel Jenisch
Nemitz 157
Neri, Philipp 152
Nestroy, Johann 248
Netzel, Hans 327
Neuber, Friederike Caroline 14, 15–17, 22, 25, 29, 32, 36, 151, 327

Personenregister

Neuber, Johann 15
Neukirch, Benjamin 196
Newton, Isaak 199, 295
Nick, Fr. 56, 315, 316, 329, 340
Nicolai, Christoph Friedrich 37, 43, 44, 45, 93, 101, 109, 115, 118, 131, 139, 140, 141–142, 154, 155, 160, 165, 189, 199, 208, 216, 227, 239, 270, 271, 282, 283, 296, 332, 333, 335
Nietzsche, Friedrich 9
Nigg, Walter 333
Niklaus, Thelma 333
Nikolai, Ernst Anton 240
Nipperdey, Dorothee 337
N., L. H. 291–292
Nostradamus 100
Novalis 22, 140, 148, 288, 328, 332

Obereit, Jakob Hermann 258
Oberlin, Johann Friedrich 240
Öder 199
Ömler 199
Opitz, Christian Wilhelm 72
Opitz, Martin 186, 197
Ovidius P. Naso 186

Pallagonia, Prinz von 172–179, 267, 268, 270, 284, 333
Paoli, Pasquale 280
Paracelsus, A. Th. B. 100
Parsons 105
Pascal, Blaise 334
Pechmann, Günther von 65, 66, 330
Penrose, Thomas 211
Perinet, Joachim 309
Peters, Hans G. 205, 335
Pfeffel, Gottlieb Konrad 211
Philippi, Johann Ernst 297
Philippovic, Vera 332
Phokion 163

Physiophilus, Johannes s. Ignaz von Born
Picander 19, 26
Picasso, Pablo 333
Pieper, Josef 334
Pitaval, François Gayot de 95
Plant, Johann Traugott 296
Platon 185, 195
Pleßner, Helmuth 254, 338
Plutarch 269
Pockels 244
Poe, Edgar Allan 178, 311
Pörnbacher, Karl 333
Pope, Alexander 116, 272, 284, 331
Prehauser, Gottfried 308
Priestley, John Boynton 9
Promies, Wolfgang 329, 336
Prosch, Peter 148, 149, 150, 152, 333
Proskauer-Witt 331
Ptolemäus 195

Quistorp, Theodor Johann 31, 238, 241–242, 243, 244, 245, 247–248, 337

Raabe, Wilhelm 107
Rabener, Gottlieb Wilhelm 19, 34, 59, 93–94, 95, 126, 149, 286, 297, 325
Racine, Jean-Baptiste 137
Raffael 132
Rambach, Friedrich Eberhard 113
Ramler, Karl Wilhelm 90, 93, 277
Ramondt, Maria 327
Rancé, Dominique Armand Jean de 62
Rapp, E. 340
Rapp, L. 336
Raspe, Rudolf Erich 232, 336

Rebmann, Georg Friedrich 232
Regler, Georg 337
Rehm, Walther 337
Reil, Johann Christian 40–41, 277, 294, 295, 306–307, 308, 337
Reinhardt, Max 47
Reinwald, Friedrich Hermann 90 bis 91, 106, 294
Reiter, Hildegard 338, 340
Révillon, Claude 239
Richardson, Samuel 321
Richarz 211
Richter, Galerie 92
Richter, Jean Paul Friedrich s. Jean Paul
Riedel, Friedrich Justus 83, 96, 97–98, 118, 237, 279, 284, 293, 294
Rodigast 297
Roederer 222
Romanus, K. F. 147
Rommel, Otto 18, 249, 302, 308, 327, 337, 339, 340
Rost, Johann Christian 16, 93, 225, 325, 327, 340
Rousseau, Franz Jacob 66
Rousseau, Jean Jacques 101–102, 119, 234
Rudolph II. von Habsburg 301
Rühle, Jürgen 49, 329

Sacchi, Antonio 154
Sacer, Gottfried Wilhelm 108
Sachs, Hans 89, 309
Sachse, Johann Christoph 233
Sagar, Johann 20
Saint-Evremond, Charles de 122, 123, 131, 332
Salomon, König 58, 84, 130, 148

Salzmann, Christian Gotthilf 56, 198, 220, 233, 240, 256, 329, 336
Sand, Georges 161
Sand, Maurice 161
Sarpi, Paolo 122
Satory 145
Scharnagl, Sebastian 337, 338, 339
Schernhagen, Johann Andreas 311
Schiebeler, Daniel 294
Schiller, Friedrich von 48–50, 97, 113, 216, 240, 242, 294, 329
Schimansky, Gerhard 327
Schlegel, August Wilhelm von 50, 110, 145, 160
Schlegel, Friedrich 50, 110, 113, 114, 145, 252, 337
Schlegel, Johann Elias 31, 32, 33, 89, 328
Schlenther, Paul 327
Schlosser, Johann Georg 325
Schmid, Christian Heinrich 340
Schnabel, Heinrich 336
Schnabel, Johann Gottfried 225
Schneider, Ferdinand Josef 327, 330, 339
Schoch, Heinrich 139, 144
Schöffler, Herbert 335
Schöne, Albrecht 335
Schönemann, Johann Friedrich 19
Schöpfel, Johann Wolfgang Andreas 77, 84–88, 91, 98, 100, 115, 160, 199, 225
Schopenhauer, Arthur 107
Schröder, Friedrich Ludwig 28, 44
Schubart-Fikentscher, Gertrud 330
Schuch, Franz 20, 36, 248–249
Schütze 18

Schulz, Joachim Christoph Friedrich 253–256, 263–265, 273, 276, 293, 296, 314, 338, 339
Schumann, August 332
Schummel, Johann Gottlieb 225, 291
Schuster, Ignaz 145
Schwabe, Johann Joachim 70, 95, 151, 189, 214
Scudéry, Madeleine de 183
Sedlmayr, Hans 177, 333, 334
Seekatz, Johann Conrad 250–251
Seidel, Heinrich 107
Semler, Salomo 199, 273
Seneca, L. Annaeus 154, 163
Servaes, Franz 328
Seume, Johann Gottfried 160, 174–175, 177, 231, 296, 323
Seyler, Abel 34, 38, 44
Shaftesbury, Anthony Earl of 294
Shakespeare, William 45, 48, 50, 51, 115, 118, 120, 121, 145, 153, 170, 211, 291, 304, 331
Sivers, Henrich Jacob 297
Smollet, Tobias 291
Sokrates 161, 164, 165, 166, 176, 259, 260, 268, 312, 331
Soldan-Heppe 336
Sömmerring, Samuel Thomas 226
Sommerfeld, Martin 330
Sonnenfels, Joseph von 43, 44, 272, 308, 309, 310
Sonnleithner 309
Sophie Charlotte, Königin von Preußen 66
Spässel 89
Spaßer, Johann Martin s. E. F. Hübner
Spaßvogel, Fabian s. K. J. Krebs

Spalding, Johann Joachim 181
Spener, Jakob 35
Spiegel, Freiherr von 170, 174, 179
Spieß, Christian Heinrich 257, 260, 271, 273
Spitzweg, Carl 107
Stäudlin, Carl Friedrich 35, 38, 184, 334
Stahl, G. E. 82
Stammler, Wolfgang 330
Stanhope, Philipp 70
Stengel 266
Sterne, Laurence 83, 199, 255, 290, 291, 292, 295, 319, 338, 339
Sterzinger, Ferdinand 220, 221
Stifter, Adalbert 107
Stilb, Karl 65
Storm, Theodor 107
Stranitzky, Joseph Anton 81
Straub, Johann Baptist 281
Strehler, Giorgio 47–48
Sturz, Helfrich Peter 115, 118, 238, 269, 291, 337, 338, 339
Sulzer, Johann Georg 38, 72, 91, 93, 94, 106, 118, 133, 136, 184, 212, 216
Swedenborg, Emanuel von 294
Swift, Jonathan 59, 93, 127–128, 133, 134, 163, 198, 272, 290, 297, 299, 323, 332

Tabor 212
Tarlton, Clown 27
Tarquinius Superbus 126
Taubmann, Friedrich 55, 148, 332
Teniers, David 135
Thalmann, Marianne 306, 336, 339
Theognis 322

Theophrastos von Lesbos 133, 186
Thiel, Manfred 107, 331, 334
Thomasius, Christian 56, 61, 67, 92, 118, 186, 188, 192, 193, 194, 196, 197, 220, 221, 237, 259, 260, 268, 334
Thublet, Abbé 189–190, 194
Thümmel, Julius 331
Thümmel, Moritz August von 64–65
Thun, Graf von 270
Tieck, Ludwig 29, 30, 51, 79, 96, 103, 112, 139, 140, 145, 174, 179, 209, 230, 252, 302, 304 bis 305, 309, 332, 337
Tiede 199
Tizian 225
Tolland, John 188, 189
Tomassin 166
Tomoso 154
Trenck, Friedrich Freiherr von der 232
Trescho, Sebastian Friedrich 199
Treue 36
Trömer, Johann Christian 236

Uhlich, Adam Gottlieb 36–37
Ullmann, Richard 334
Unzer, Johann August 240
Uz, Johann Peter 99, 205, 246 bis 247, 335

Valentin, Karl 248, 304, 339
Vaucanson, Jacques de 171
Velten, Johannes 25, 26
Verosta, R. 335
Vieweg, Johann Friedrich 261 bis 262
Villoison, Anse de 101
Vergilius Maro, Publius 186
Vockerodt, Gottfried 64

Vogt, Günther 332, 339
Voltaire, François Marie Arouet de 24–25, 94, 95, 114–115, 118, 123, 196, 204, 231, 234, 294, 328
Vulpius, Christian August 18, 26, 69, 83–84, 140, 150–159, 295, 324–325

Wachtangow 49
Wacker, Gastwirt 250
Wagner, Richard 300
Wagnitz, Pfarrer 240
Waldkirch, Freifrau von 66
Wall, Anton 295
Walther, Prediger 36
Wandruszka, Mario 330
Waniek, G. 95, 327, 328, 330
Watteau, Antoine 309
Weber, Karl Julius 101, 140, 160, 277, 282
Weguelin, Jakob 129
Weigel, Christoph 60–61
Weise, Christian 26, 27, 60, 61 bis 62, 63, 67, 70, 71, 72, 73, 76–77, 78, 99, 200, 329, 335
Weisflog, Carl 75–76, 152
Weisker, Friedrich Wilhelm 43
Weiße, Christian Felix 93
Weißferdl 248
Wekhrlin, Wilhelm Ludwig 149, 232
Welsford, Enid 56, 315, 329, 338, 339
Wernicke, Christian 23, 93, 186
Wezel, Johann Karl Gottlob 67, 111, 223–224, 225, 271, 280, 287, 293, 314–321, 322
Whytt, Robert 239
Wieland, Christoph Martin 45 bis 46, 47, 48, 69, 83, 84, 93, 110, 118, 124, 154, 156, 160,

Wieland (Forts.)
  161–167, 170, 175, 177, 201,
  331, 333
Wiese, Benno von 47, 48, 329,
  331
Wieser, Max 265, 336, 338
Wilhelm, Herzog von Sachsen-
  Weimar 81
Wilhelmi s. August Wilhelm
  Meyer
Williams, Aubrey L. 331
Wilmans, Gerhard Friedrich 110
Wolff, Caspar Friedrich 266
Wolff, Christian 10, 203, 204,
  214, 215, 216, 217, 256, 259,
  268, 294
Wolff, Hans M. 182, 187, 196,
  202, 205, 259, 334, 335, 339
Wolfram von Eschenbach 316

Wonderley, Wayne 328
Woodward, Harry 166
Wustmann, G. 327, 328

Xenophon 294

Zachariä, Just Friedrich Wil-
  helm 93
Ziegler, Heinrich Anselm von
  185
Zimmermann, Christian Hein-
  rich 82–83
Zimmermann, Jakob 279
Zimmermann, Johann Georg
  von 94, 116, 226, 227, 234,
  235, 278 bis 279, 338
Zollikofer, Georg Joachim 172
Zschokke, Heinrich 103
Zückert, J. F. 212

»Der Leser findet in den AKZENTEN was er von einer literarischen Zeitschrift erwartet: Literatur.«

Bayerisches Fernsehen

Die AKZENTE, die älteste literarische Zeitschrift der Bundesrepublik, sind im dreiunddreißigsten Jahrgang. Mit der Absicht gegründet, die deutsche Literatur der Nachkriegszeit zu sammeln und sie in den Kontext der internationalen Literatur zu stellen, sind alle wichtigen Stile, Tendenzen, Diskussionen der vergangenen dreißig Jahre in ihr versammelt. In den letzten Jahren steht die Wiederentdeckung der literarischen Moderne im Vordergrund des von Michael Krüger herausgegebenen Programms. Es soll an Autoren erinnert werden, die zu Unrecht vergessen sind, obwohl sie doch entscheidend unsere ästhetische Wahrnehmungsweise geprägt haben.

Jährlich erscheinen 6 Hefte mit je 96 Seiten. Das Einzelheft kostet DM 8,80; das Jahresabonnement DM 45,– und das Studentenabonnement DM 35,40; jeweils zuzüglich Porto. Ein kostenloses Probeheft erhalten Sie in Ihrer Buchhandlung oder beim Carl Hanser Verlag, Kolbergerstr. 22, 8000 München 80.